Samoa- und Tonga-Handbuch

Wir danken folgenden Personen, die uns freundlicherweise beim *Samoa- und Tonga-Handbuch* unterstützt haben:

Titelbild:
Udo Schwark (Tonganer beim Öffnen einer Kokosnuß)

Ferner:
John Enright, Jennifer Rose, Kik Velt

Landkarten und Stadtpläne:
Alexandra Foote, Louise Foote und Robert Race

Illustrationen:
Louise Foote, Diana Lasich, Gordon Olliger

Hinweis:
Die Leser sind herzlich eingeladen, Farbfotos, Dias oder Schwarz-Weiß-Fotos einzusenden. Finden diese in der nächsten Auflage vom *Samoa- und Tonga-Handbuch* Verwendung, erhält die Einsenderin oder der Einsender ein Freiexemplar der neuen Ausgabe. Für eingesandte Fotos u. ä. kann keine Haftung übernommen werden.

DAVID STANLEY

Samoa- und Tonga-Handbuch

VERLAG GISELA E. WALTHER
BREMEN

1. Auflage 1993

Das *Samoa- und Tonga-Handbuch* ist ein Auszug aus dem *Südsee-Handbuch*, ebenfalls erschienen im Verlag Gisela E. Walther, Bremen

Titel der englischsprachigen Originalausgabe: *South Pacific Handbook* by David Stanley, erschienen im Verlag Moon Publications, Chico, CA 95928, USA

Übersetzung:
Gisela Walther und Felicitas Menz

Deutsche Bearbeitung:
Udo Schwark

Satz und Druck: Schintz Druck, Bremen
Printed in Germany

ISBN 3-923550-38-3

INHALTSVERZEICHNIS

VORWORT

Die reizvollen tropischen Inseln von Samoa und Tonga liegen quer über die internationale Datumsgrenze hinweg zwischen Neuseeland und Hawaii. Zusammen bilden sie den westlichen Teil des „alten" Polynesien, das von Einwanderern vor etwa drei Jahrtausenden besiedelt wurde. Erst viel später setzten sie von hier aus in Kanus zu den Gesellschaftsinseln und zu den Marquesas im „neuen" Polynesien über, einer Region, zu der kulturell auch die Cook-Inseln, die Osterinsel, Hawaii und Neuseeland zu rechnen sind. Fidschi im Westen ist bereits ein Teil von Melanesien.

West-Polynesien gehört zu den am stärksten den Traditionen verhafteten Gebieten in der Südsee. Hier haben die einheimischen Häuptlinge, die in Tonga „Edle" genannt werden, noch immer bemerkenswerte Macht. Von den drei Regionen, die in diesem Buch behandelt werden, sind Tonga und West-Samoa seit ca. einem Vierteljahrhundert uneingeschränkt unabhängig, während Amerikanisch Samoa ein amerikanisches Protektorat ist. In allen drei Gebieten bestehen begrenzte Formen der Demokratie. In Tonga halten der König und der Adel die Macht fest in den Händen, während in West-Samoa nur Stammesführer ins Parlament gewählt werden können und in Amerikanisch Samoa die Regierung von der Gnade der Bundesbeamten in Washington abhängt.

In Tonga und Samoa sind die alten polynesischen Bräuche besser als auf den anderen Inseln in der Südsee erhalten geblieben. Hier werden noch traditionelle Tänze aufgeführt und qualitativ hochwertiges Kunsthandwerk gefertigt. Die meisten Menschen leben noch von der Viehhaltung oder vom Fischfang. Nur in Amerikanisch Samoa hat sich die Konsumwelle in vollem Umfang ausbreiten können. Das Christentum, das diese hierarchische Gesellschaft überlagert, ist jenes strenge des 19. Jahrhunderts, in dem die alten polynesischen Tabus neue Bedeutung erhielten. Diese Inseln bilden das Herz des südpazifischen „Bibelgürtels", der sich von Fidschi bis zu den Cook-Inseln zieht und der zur Folge hat, daß es sonntags sehr ruhig ist.

Bis vor kurzem lagen Tonga und Samoa noch abseits der üblichen Reiserouten von Besuchern der Südsee, weil sie nur mit einem teuren Abstecher von Fidschi oder Neuseeland aus zu erreichen waren. Heute verbindet Air New Zealand Apia und Nuku'alofa direkt mit Auckland und Honolulu. Nun kann man auch diese schönen Gebiete bei einer längeren Reise in der Südsee leicht besuchen oder West-Polynesien leicht als alleiniges Reiseziel wählen.

IST DIESES BUCH NOCH AKTUELL?

Überall, wo Menschen in Gemeinschaft leben, herrschen Wandel und Bewegung, insbesondere dort, wo „Zivilisation" das Leben bestimmt. Die ständige Veränderung hat auch Samoa und Tonga erfaßt. Deshalb sind unseren Bemühungen, dieses Buch so genau wie möglich zu gestalten, Grenzen gesetzt. Denn laufend verändern sich Daten und Fakten, die zwar auf den ersten Blick als Details erscheinen, für den erwünschten Reiseverlauf aber doch von großer Bedeutung sind.

Daher möchten wir Sie bitten, uns Veränderungen, die Sie vor oder während Ihrer Reise nach Samoa und Tonga bemerken, mitzuteilen. Das werden in erster Linie gestiegene Preise, können aber auch Naturereignisse und Baudenkmäler sein, die in diesem Buch unerwähnt blieben, sowie Einrichtungen, die nicht mehr bestehen oder für Reisende an Wert verloren haben, und Situationen, die insbesondere von weiblichen Reisenden Aufmerksamkeit erfordern. In jedem Fall sind wir für Ihren Hinweis dankbar.

Unser Interesse liegt außerdem bei den Landkarten. Wir waren bemüht, sie so genau wie möglich zu halten. Dennoch können Sie bei ihrem Gebrauch auf Ungenauigkeiten stoßen oder bestimmte Angaben vermissen; dann sind Ihre Ergänzungen für uns von großer Bedeutung. Dies gilt auch für den Fall, daß Ihrer Meinung nach weitere Karten in das Buch aufgenommen werden sollten, worum wir dann bei der folgenden Auflage bemüht sein werden.

Ihre Briefe aus Samoa und Tonga sind uns sehr willkommen, auch Ihre persönlichen Eindrücke und Erlebnisse. Sie können uns auch Fotografien und Dias senden; sollten wir für sie Verwendung finden, werden wir Sie benachrichtigen. Sie helfen uns sehr, wenn Sie Ihre Angaben genau und ausführlich niederschreiben. Tun Sie dies am besten gleich vor Ort, denn schon bei der Aufzeichnung erinnern Sie sich unter der Flut von Eindrücken nur noch ungenau. Am einfachsten verfahren Sie, wenn Sie sich alles sofort in Ihrem *Samoa- und Tonga-Handbuch* notieren und uns später eine Zusammenfassung zusenden.

Da dieses Buch so oft wie möglich überarbeitet und neu aufgelegt wird, kommen Ihre Beiträge in kurzer Zeit vielen Reisenden wieder zugute. Denn so, wie dieses Buch Ihnen – hoffentlich – eine Hilfe war, soll es auch weiterhin eine Unterstützung für die Individualreisenden sein, die zu annehmbaren Preisen reisen und zudem über ihr Gastland über das Übliche hinaus Aufschluß gewinnen möchten.

Wenn Sie Wesentliches zur Ergänzung beitragen, werden Sie von der Neuauflage, in der Sie namentlich genannt sein werden, ein Freiexemplar erhalten.

Ihre Briefe richten Sie bitte an:
Verlag Gisela E. Walther
Oppenheimerstraße 26
D-28307 Bremen

WIR WÜNSCHEN IHNEN EINE GUTE REISE UND GESUNDE HEIMKEHR!

EINFÜHRUNG

DAS LAND

Plattentektonik: Weite Teile des westlichen Pazifik werden immer wieder durch Erschütterungen aufgeschreckt, die durch das Aufeinanderprallen tektonischer Platten ausgelöst werden. Dieses Phänomen hat man früher auf die Erdverschiebungen der einzelnen Kontinente zurückgeführt. Bei diesem Vorgang schiebt sich eine Erdplatte unter eine andere. Der Norden und die Mitte des Pazifik ruhen auf der Pazifikplatte, während Neuguinea, Australien, Fidschi, Neukaledonien und ein Teil von Neuseeland auf der indo-australischen Platte ruhen. Der westliche Rand der Pazifikplatte verläuft nordöstlich von Neuseeland bis zur Ostseite von Tonga und bis Samoa, wendet sich dort nach Westen und setzt sich dann bis hin zur Südwestseite von Vanuatu und den

TEKTONISCHE PLATTEN

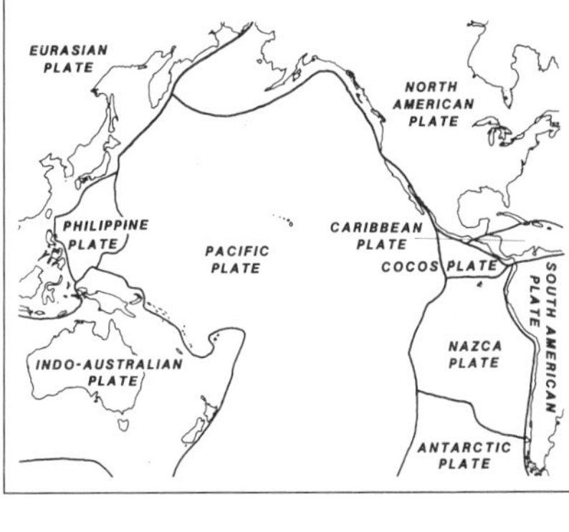

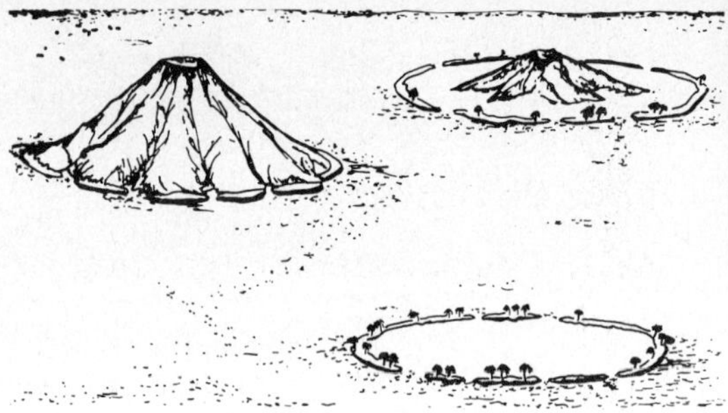

Die Entstehung eines Atolls (nach Darwin): Sobald der vulkanische Teil einer Insel absinkt, verwandelt sich das Saumriff in ein Barriere-Riff. Ist der vulkanische Mittelteil schließlich völlig in der Lagune versunken, wird aus der verbleibenden Riffinsel ein Atoll.

Salomonen sowie weiter bis Neu-Britannien fort. Nördlich von Neuguinea stößt die Pazifikplatte auf die eurasische Platte. Die Grenze zwischen beiden wird von vielen Ozeangräben gekennzeichnet.

Die Trennungslinie zwischen der Pazifikplatte und den Platten nach Westen hin bezeichnet man als Andesit-Linie. Sie wiederum ist Teil der zirkumpazifischen Zone, des „Feuerringes". Das Land, das westlich dieser Trennungslinie im Südpazifik liegt, ist zum größten Teil ein Rest des versunkenen australasiatischen Kontinents. Das Absinken dieser Landfläche liegt aber schon 100 Millionen Jahre zurück. Östlich dieser Linie befinden sich ausschließlich Vulkan- und Koralleninseln. Etwa 85 % der gesamten seismischen Energie auf der Welt tritt rund um die Pazifikplatte zutage. Da sich die Pazifikplatte beim Tongagraben unter Tonga schiebt, entstehen Vulkane und kippen Atolle ab. Weiter westlich driftet die indo-australische Platte unter die Pazifikplatte. Dieser Vorgang bewirkt, daß Neukaledonien langsam absinkt und Teile von Vanuatu und der Salomonen in Vulkane auseinanderbrechen, Erdbeben erleiden oder sich gar anheben. Fidschi, das zwischen diesen beiden geographisch aktiven Zonen gelegen ist, verhält sich erstaunlich stabil.

Darwins Theorie von der Entstehung eines Atolls: Der berühmte Begründer der Evolutionstheorie vermutete, daß sich die Atolle aus hohen Vulkaninseln gebildet haben, die sich in Lagunen absenkten. Die ursprünglich zerrissenen Riffe der Inseln wurden dabei zu einem Barriereriff, als der vulkanische Teil absank. Als schließlich der letzte vulkanische Teil unterhalb des Meeresspiegels versunken war, wies nur noch der Korallenrand des Riffs oder Atolls auf seine ursprüngliche Größe hin.

Natürlich geschah all dies über einen Zeitraum von mehreren Jahrtausenden, vielleicht Jahrmillionen, aber tief unten unterhalb jedes Atolls liegt der alte vulkanische Kern, dessen Verseuchungsgrad jeder Atomphysiker kennt. Darwins Theorie läßt sich am Beispiel von Bora Bora gut nachvollziehen, wo eine große vulkanische Insel innerhalb des Barriereriffs von Bora Bora bestehen geblieben ist. Der vulkanische Kern der Insel senkt sich noch immer, wenn auch unmerklich, und zwar um ca. einen Zentimeter pro Jahrhundert. Wer in ca. 25 Millionen Jahren nach Bora Bora zurückkehrt, wird dort ein Korallenatoll wie Rangiroa oder Manihi vorfinden.

Heiße Flecken: Sowohl die hohen als auch die niedrigen Inseln sind vulkanischen Ursprungs, der sich am besten durch die „Förderband-Theorie" erklären läßt. Dabei bildet sich ein Riß im Meeresboden, aus dem vulkanische Masse nach oben austritt. Langsam baut sich daraus ein Unterwasser-Vulkan auf, bis die Lava schließlich die Wasseroberfläche durchbricht und zu einer Vulkaninsel wird. Weil die pazifische Platte pro Jahr ca. 10 cm in Richtung Nordwesten driftet, entfernt sich so ein Vulkan über Jahrmillionen langsam von der Ausbruchsstelle in der Erdspalte. Wenn ein älterer Vulkan sich gelöst hat, tauchen im Südosten neue auf, was zur Folge hat, daß die älteren Inseln von der Spalte in der Erdkruste, aus der sie entstanden, weiter weggetragen werden.

Dann beginnt die Insel durch ihr eigenes Gewicht zu sinken, vielleicht nur einen Zentimeter pro Jahrhundert. Erosion zehrt ebenfalls am Vulkan, der zu dieser Zeit bereits erloschen ist. In warmem, sauberem Wasser beginnt sich nun an der Küste der Vulkaninsel ein lebendes Korallenriff zu bilden. Während die Insel sich senkt, wächst das Riff weiter hoch. Auf diese Art und Weise bildet sich eine Lagune zwischen dem Riff und der Küste der langsam sinkenden Insel. Ein solches Barriereriff kennzeichnet die Grenze der ursprünglichen Insel.

Während die Ausbruchsstelle nach Südosten gewandert ist, das heißt in entgegengesetzter Richtung zur gleitenden Pazifikplatte (und den wechselnden magnetischen Polen der Erde), hat der gleiche Vorgang wieder und wieder stattgefunden, bis die gesamte Inselkette im blauen Pazifik entstanden war. Die Verwitterung ist auf den zusammengesetzten Inseln und Atollen am nordwestlichen Ende der Gesellschaftsinseln sowie der Austral-, der Tuamotu- und der Marquesas-Kette am weitesten fortgeschritten. Maupiti und Bora Bora mit ihren der Verwitterung ausgesetzten Vulkankernen sind die ältesten der größeren Gesellschaftsinseln. Die Tuamotus sind durch Erosion inzwischen sogar fast bis zum Meeresspiegel abgeschliffen worden. Die Gambier-Inseln stammen übrigens von derselben Erdspalte. Hier sind die Vulkangipfel innerhalb eines riesigen Atoll-Riffs allerdings bestehen geblieben. Am jüngsten sind die Inseln an den südöstlichen Enden der Inselketten.

Durch Bohrungen auf den Atollen der Tuamotus haben Wissenschaftler ihre Theorie endgültig beweisen können. Die Korallen-Formationen am südöstlichen Ende der Kette sind über 350 Meter dick, weisen auf Hao, unweit der Mitte der Kette, 600 m Dicke und auf Rangiroa, nicht weit vom nordwestlichen Ende der Tuamotu-Gruppe, sogar 1.000 m Dicke auf. Es ist deutlich zu sehen, daß Rangiroa, wo der Vulkanfelsen heute einen Kilometer unter dem Meeresspiegel liegt, viele Millionen Jahre älter ist als die Gambier-Inseln, auf denen sich ein Vulkangipfel noch 482 m über den Meeresspiegel erhebt. Genauso faszinierend ist der Vorgang, wenn sehr alte Atolle durch angrenzende Vulkane in die Höhe gedrückt werden. Die äußere Erdschicht ist nur ein leichter, elastischer Mantel, der eine unkomprimierte Flüssigkeit umgibt. Wird dieser Mantel durch das gewaltige Gewicht eines Vulkans bis zum Bersten gespannt, deformiert sich in der Folge der Meeresgrund. Gut sichtbar wurde dies auf den Cook-Inseln. Dort erhoben sich nämlich die Inseln Atiu, Mauke, Mitiaro und Mangaia durch die Gesteinsmassen von Aitutaki und Rarotonga.

Die Bildung von Inseln setzt sich durch einen aktiven Unterwasser-Vulkan namens MacDonald, 50 m unterhalb des Meeresspiegels am südlichsten Ende der Austral-Inseln, immer noch fort. Dort wird aus einer Erdspalte pro Jahrhundert ca. eine Kubikmeile Lava ausgestoßen. Von Zeit zu Zeit sind die Rauchwolken des MacDonald über den Wellen zu sehen. Die Theorie der Plattentektonik oder der driftenden Erdkruste scheint somit in Ost-Polynesien bewiesen worden zu sein.

Das Leben eines Atolls: Ein rundes oder hufeisenförmiges Korallenriff mit sandigen, schmalen Inselchen (*Motus*) aus Geröll, das durch Stürme, Anschwemmung oder Wind entstand, ist als Atoll bekannt. Diese Atolle können einen Durchmesser von bis zu 100 km erreichen, aber die Breite der Inseln übersteigt höchst selten mehr als 200–400 m, gerechnet vom äußeren bis zum inneren Strand. Die zentrale Lagune kann normalerweise einen Durchmesser von einem bis 50 km aufweisen, auch wenn das Atoll Rangiroa sogar 77 km lang ist. Relativ selten sind Lagunen, die völlig von Landmassen eingeschlossen sind. Passagen durch die Barriereriffe finden sich meistens an der Leeseite.

Aa oder Blocklava

Ein erhobenes oder gehobenes Atoll ist ein Eiland, das durch vulkanische Aktivitäten hochgedrückt und zu einer Korallenplattform wurde. Erhobene Atolle weisen häufig riesige Meereshöhlen auf und haben zur Ozeanseite hin hohe Klippen. Die größte Korallenplattform dieser Art in der Südsee ist die 692 km^2 große Insel Rennell, die zu den Salomonen gehört.

Ist noch ein Teil der Vulkaninsel vorhanden, verbleibt häufig zwischen dem Barriereriff und der Küste ein tiefer Kanal. Das Riff dient als sehr guter Wellenbrecher und schützt so vorhandene Anlegestellen. Das Große Barriereriff vor der Küste Australiens erstreckt sich über eine Länge von 1.600 km und liegt zwischen 25 und 44 km vor der Küste. Der Boden, der aus Korallengestein entstand, ist wenig fruchtbar, weil Mineralstoffe kaum vorhanden sind. Vulkangestein dagegen zeichnet sich durch große Fruchtbarkeit aus. Finden Sie irgendwo dunkle, schwarze Strände, dann entstanden sie aus Vulkangestein. Die herrlich weißen, sandigen Traumstrände, die in Reiseführern so gern beschrieben werden, sind dagegen stets aus Korallengestein. Die schwarzen Strände sind ein wenig kühler, auch für die Augen leichter zu ertragen und ermöglichen Pflanzen, dichter heranzuwachsen. Das wiederum schafft ein wenig Schatten. Demgegenüber kann man an weißen Stränden sicherer schwimmen, denn die Sicht im Wasser ist besser.

Pahoehoe oder Pfannkuchenlava

Lavamassen können *Pahoehoe* oder Aa-Krusten schaffen. *Pahaehoe* entsteht, wenn flüssige Lava unter einer erhärteten Kruste weiterfließt und die Oberfläche sich dabei in wellenförmige Gebilde verwandelt. Aa formt sich, wenn dickflüssige Lava so schnell weiter vordringt, daß die schneller abkühlende Oberfläche aufbricht und dabei zackige, verwinkelte Gesteinsblöcke in die Höhe schiebt.

Der Treibhauseffekt: Die größte Gefahr für die Atolle der Südsee ist der Treibhauseffekt, hervorgerufen durch eine allmähliche Erwärmung der Erdatmosphäre aufgrund der Verbrennung fossiler Brennstoffe sowie der in großem Umfang betriebenen Vernichtung von Wäldern. Wenn nichts geschieht, wird sich im Jahre 2030 die Konzentration an Kohlendioxid in der Atmosphäre im Vergleich zum vorindustriellen Niveau verdoppelt haben. Da infrarote Strahlung der Sonne durch die Gasmasse absorbiert wird, läßt die gefangene Hitze die Gletscher und die polaren Eiskappen schmelzen. Da sich das Volumen des gefrorenen Wassers beim Tauen zudem erhöht, kann es bis zum Jahre 2100 zu einem Ansteigen des Meeresspiegels von einem bis drei Metern kommen, womit 5.000 Jahre zuvor gebildete Küsten zerstört würden. Eine Studie aus dem Jahr 1982 zeigt, daß der Meeresspiegel im vergangenen Jahrhundert bereits 12 cm angestiegen ist. Das wird nicht nur zu einer Verminderung der Anbauflächen auf der Erde führen, sondern ein Ansteigen des Meeresspiegels bedeutet auch, daß Salzwasser in die Grundwasservorkommen gelangt – eine fürchterliche Aussicht, wenn dazu noch die vorhergesagten Dürren auftreten.

Der Temperaturanstieg hat möglicherweise schon zu der dramatischen Zunahme von Hurrikanen in der Südsee beigetragen. So wurden z. B. in Fidschi von 1941 bis 1980 nur 12 tropische Stürme gezählt, von 1981 bis 1989 aber bereits 10. Nach einer Reihe von verwüstenden Stürmen im West-Samoa haben die Versicherungsgesellschaften

1992 verkündet, daß sie dieses Land nicht mehr weiter versichern würden. Es wurde auch bereits von abgestorbenen Korallenbänken und Korallenriffen berichtet, zurückzuführen auf angestiegene Wassertemperaturen .

Da bei den Wirbelstürmen hohe Wellen über die tiefliegenden Atolle hinwegfegen und wertvolles Land mit sich fortreißen, wird möglicherweise die gesamte Bevölkerung von Tokelau und Tuvalu schon lange vor der völligen Überflutung der Inseln gezwungen sein, ihre Heimatinseln zu verlassen. Der Bau von Deichen, um das Meer fernzuhalten, wird unerschwinglich sein, aber Australien und Neuseeland haben großzügig zugestimmt, die unglücklichen Opfer des Reichtums der Ersten Welt aufzunehmen, wenn die Zeit gekommen ist.

Leider haben diejenigen, die den größten Teil der Verantwortung für dieses Problem tragen, d. h. die Industriestaaten und an deren Spitze die Vereinigten Staaten, bisher keine Aktivitäten entfaltet, um den Umfang der Emissionen, die für den Treibhauseffekt verantwortlich sind, deutlich zu mindern. Als wäre dies nicht schon schlimm genug, sind die Hydrofluorkarbonate (HFC), die zur Zeit von Firmenriesen wie Du Pont entwickelt werden, um die ozonzerstörenden Chlorfluorkarbonate (FCKW) zu ersetzen, die in Kühlsystemen eingesetzt werden, weit wirksamere Verursacher des Treibhauseffekts als die Kohlendioxide. Dabei ist das nur eines vieler vergleichbarer konsumbezogener Probleme. Es scheint, als stürme ein Teil der Menschheit einen selbstmörderischen Hang hinunter, unfähig anzuhalten, während der übrige Teil in hilflosem Entsetzen zuschaut, wie sich die Katastrophe nähert. Es wird viel kosten, diese Richtung zu ändern, aber wir haben keine andere Wahl.

KORALLENRIFFE

Um zu verstehen, wie ein Basaltvulkan in ein Kalksteinatoll umgewandelt werden kann, ist es erforderlich, etwas über das Entstehen und Wachsen von Korallen zu erfahren. Weltweit bedecken Korallenriffe etwa 200.000 km^2 unseres Planeten, allerdings nur in den Gebieten zwischen 35 Grad nördlicher und 32 Grad südlicher Breite. Ein Riff entsteht durch eine Ansammlung vieler Millionen winziger und winzigster Korallen, die nach dem Absterben ihr kalkhaltiges Skelett wie viele Generationen vorher und nachher zurücklassen. Das sind die Skelette winziger Korallenpolypen. Wenn auch diese Skelette meist weiß sind, so zeichnen sich die lebenden Polypen durch eine außerordentliche Farbenvielfalt aus. Sie bevorzugen klares Salzwasser, dessen Temperatur niemals unter 18 Grad C sinkt. Ferner müssen sie einen Unterbau verfügbar haben, der nicht mehr als 50 m unterhalb der Wasseroberfläche liegt. Darauf baut sich dann ein Korallenriff auf. Eine solche Korallenkolonie wächst sehr langsam nach oben und bedient sich dabei der Skelette ihrer Ahnen und Urahnen als Gerüst. Sie wächst jedoch nur bis zur Wasseroberfläche bei Ebbe. Danach dehnt sich das

Riff zur Seite hin aus. Sonnenlicht ist für ein Korallenriff unersetzlich. Grundsätzlich wächst eine Korallenkolonie aufgrund des klareren Wassers wesentlich besser an der Ozeanseite. Dort steht auch mehr Futter für die Polypen zur Verfügung. Ein starkes, gesundes Riff kann pro Jahr 4–5 cm wachsen. Süßwasser oder trübes Wasser hemmt den Wachstumsprozeß der Korallen, so daß Ortc und Häfen im Pazifik überwiegend an Flußmündungen ohne Riff gelegen sind.

Die Polypen entziehen dem Wasser Kalziumkarbonat, das in den Skeletten abgelagert wird. Alle riffbildenden Korallen enthalten kalkhaltige Krusten, in deren Zellen sich mikroskopisch kleine Algen ansiedelten. Diese Algen erhalten ihre Kraft, wie alle Grünpflanzen, aus der Sonnenenergie. Die gewonnene Energie geben die Algen an die Polypen weiter und tragen so zum Wachsen eines Riffes bei. Als Ergebnis bleibt festzuhalten, daß sich die Korallen viel mehr wie Pflanzen verhalten (und auch so aussehen!), aber kaum wie Tiere. Sie wetteifern, um das Sonnenlicht zu erhalten, miteinander genauso, wie es auch Pflanzen auf der Erdoberfläche tun. Einige solcher Polypen sind Fleischfresser. Sie beziehen ihre Kraft aus dem Verzehr von kleinen Planktontierchen, die sie nachts mit ihren blitzschnell eingesetzten Tentakeln einfangen. Wenn Sie ein Stück Koralle in Händen halten, so ist dies eine Kolonie, die sich aus einer großen Anzahl von Polypen zusammensetzt.

Korallenarten: Die Korallen gehören zu einer großen Gruppe stechender Kreaturen, zu denen auch die Polypen, die weichen Korallen, die Seeanemonen, die Seefarne und die Quallen zählen. Als echte Korallen aber bezeichnet man nur jene Arten, die ein festes Skelett aufweisen. Harte Korallen, zu der beispielsweise die Gehirn-, die Bienenkorb- und die Pilzkoralle gehören, haben Außenskelette und sind wichtige Bestandteile zur Riffbildung. Innere Skelette dagegen weisen die weichen Korallen auf, zu denen z. B. die Fächerkorallen, die schwarzen Korallen und die Seepeitschen gehören. Die Feuerkorallen gehören zur Gruppe der *Milleporina.* Die stechenden Gifte dieser Gruppe durchdringen einfach und schnell auch die menschliche Haut und verursachen Schwellungen und schmerzhaftes Brennen, das bis zu einer Stunde anhalten kann. Die vielen unterschiedlichen, sich sanft in den Wellen wiegenden und farbenfrohen Seeanemonen scheinen geradezu zum Berühren einzuladen. Aber Vorsicht ist geboten, weil viele davon ebenfalls giftig sind.

Wie vieles andere im Pazifik kamen auch die Korallen aus den fruchtbaren Gewässern Südostasiens. Auch hier gilt: Je weiter Sie sich von Südostasien in Richtung Osten entfernen, desto mehr nimmt der Artenreichtum ab. Auf den westlichen Karolinen gibt es dreimal so viele Korallenarten wie auf Hawaii. Und während der Pazifik über mehr als 600 Spezies verfügt, kann die Karibik diesem Angebot lediglich 48 Arten gegenüberstellen. Formen und

Farben der Korallen scheinen endlos zu sein. Die Welt der Korallen ist unsere bisher unberührteste und am wenigsten beeinflußte Umgebung, zugleich aber auch eine Welt von unsagbarer Schönheit.

Die Erkundung eines Riffs: Wer noch nicht das einmalige Erlebnis hatte, ein gutes Korallenriff zu erkunden, der hat noch eines der aufregendsten und schönsten Abenteuer seines Lebens vor sich. Während man durch noch ursprüngliche Wälder nicht gehen kann, weil dort noch keine Wege angelegt sind, ist es ziemlich einfach, über ein noch unberührtes Riff zu schwimmen. In Tauchbasen in Samoa und Tonga kann man eine Ausrüstung zum Tauchen oder zum Schnorcheln erhalten und sich damit in das klare, warme Wasser begeben. Bei aller Freude ist aber Vorsicht geboten, denn es lauern Gefahren. Beginnen Sie die Erkundung unbedingt in flachem Wasser und schnorcheln Sie in tiefen Gewässern erst dann, wenn Sie sich sicher fühlen und die Gegebenheiten kennen. Atmen Sie leicht und nicht unnötig kräftig.

Schnorcheln Sie an einem Saumriff, dann seien Sie wachsam, denn es gibt stets tödliche Strömungen und Widerseen in den Kanälen, in denen die Gezeiten den Takt bestimmen. Bevor Sie in solchen Gewässern tauchen oder schnorcheln, sollten Sie sehr genau die Strömungen beobachten. Werden Sie von einer Strömung erfaßt und durch eine enge Riffpassage in die offene See gezogen, dann versuchen Sie diese Strömung zu kreuzen, anstatt dagegen anzuschwimmen. Ist das Einschlagen einer Richtung nicht möglich, dann lassen Sie sich lieber mit dem Strom hinausziehen, als unnötig dagegen anzuschwimmen. Irgendwann läßt die Strömung nach. Erst dann sollten Sie ruhig parallel zum Riff schwimmen und eine ruhige Stelle suchen, die Ihnen eine Kontaktaufnahme mit Leuten an Land ermöglicht. Schonen Sie Ihre Kraft und Ihre Nerven auch dafür, um später Winkzeichen geben zu können und um Personen an Land auf sich aufmerksam zu machen. Die meisten Badeunfälle geschehen in solchen Situationen, seien Sie daher achtsam.

Das Schnorcheln an der Außenseite oder an dem steilen Abfall eines Riffes ist ein aufregendes Erlebnis, denn die Vielfalt der Lebewesen (Fische und Korallen) ist großartig. Möglich ist dies jedoch nur an einem sehr ruhigen Tag, also bei ruhiger See. Aber auch dann muß eine Person Sie an Land mit den Augen verfolgen, um Sie auf möglicherweise plötzlich herannahende große Brecher aufmerksam zu machen. Ist man nämlich unvorbereitet einer solchen Welle ausgesetzt, so schlägt sie einen unweigerlich gegen das Riff. Da es auch außerhalb eines Riffs gefährliche Strömungen gibt, sollten Sie sich genau danach erkundigen, bevor Sie mit dem Schnorcheln beginnen.

Besser wird es in jedem Fall sein, sich als Schnorchler auf die ruhigere, innere Seite eine Riffs zu beschränken und die gefährlichere Seite den Sporttauchern zu überlassen. Viele Tauchsportunternehmen, die in diesem Buch genannt sind, bieten auch Tauchkurse für Anfänger an. Sie kennen die heimischen Gewässer genau und verhelfen auch Anfängern zu dem einmaligen Erlebnis, diese Unterwasserschönheiten zu erleben, ohne dabei von Gefahren bedroht zu sein. Das Hauptaugenmerk vieler Urlauber beim Erkunden von Korallenriffen aber liegt auf dem Finanziellen: Das Schnorcheln kann jeder kostenlos genießen, während die Sporttaucherei ein ziemlich teures Hobby ist. Näheres über gefährliche Meeresbewohner finden Sie in dem Abschnitt über die Fauna.

Erhaltung eines Riffs: Korallenriffe gehören zu den empfindlichsten und komplexesten Ökosystemen auf der Erde. Sie bieten Nahrung und Schutz für unzählige Arten Fische, Krustentiere (Krabben, Krebse, Hummer), Mollusken (Muscheln) und andere Tiere. Harte Korallen wachsen nur um etwa 10 bis 25 mm pro Jahr, so daß es 7.000 bis 10.000 Jahre dauern kann, bis ein Korallenriff entstanden ist. Obwohl Korallen stabil aussehen, lassen sie sich doch leicht brechen. Indem Sie sich auf Korallen stellen, Stücke davon abbrechen oder den Anker eines Segelbootes darauf werfen, zerstören Sie in Sekundenschnelle, was in langer Zeit entstand. Sobald ein Stück Koralle abgebrochen wird, stirbt es, was zur Folge hat, daß es Jahre dauern kann, bis es wieder nachwächst, und noch länger, bis das abgebrochene Stück vollständig ersetzt ist. Manchmal lassen sich solche Beschädigungen auch gar nicht wieder ausgleichen. Wenn das in einem größeren Gebiet geschieht, nimmt die Vielfalt der Meereslebewesen dramatisch ab.

Autor, Mitarbeiter und Verleger dieses Buches bitten die Leserinnen und Leser daher inständig, dem Meer weder Muscheln, Korallen, Pflanzliches noch Meerestiere zu entnehmen. Denn mit dem kleinsten Eingriff bringen Sie ein äußerst empfindlich funktionierendes System ins Wanken, das die Natur hier schuf. Hinzu kommt, daß die Korallen unter Wasser wesentlich schöner anzusehen sind. Akut wird das Problem der Verwüstung insbesondere dort, wo an langen Stränden ganze Touristenschwärme anzutreffen sind. Sie sind in der Lage, in kürzester Zeit ein Riff zu plündern und damit dem Tod zu weihen. Wollen Sie unbedingt ein Souvenir aus Ihrem Urlaub in Samoa oder Tonga mit nach Hause bringen, dann beschränken Sie sich auf das, was an den Strand gespült wurde. An vielen Stellen sind die Riffe ohnehin durch Gesetze besonders geschützt. Wir empfehlen Ihnen ferner, sich den Kauf eines Schmuckstücks oder eines Souvenirs aus Korallen oder Muscheln besser doppelt und dreifach zu überlegen. Warum wollen Sie einem anderen Menschen etwas dafür bezahlen, was Sie selbst nie tun würden?

Es bedarf dringend strengerer Gesetze der jeweiligen Regierungen, um die Meere noch besser und weitergehend zu schützen. Mit der Ausweitung des Konsums und der Industrialisierung werden früher einsame, unberührte Gebiete ebenfalls Opfer der Umweltverschmutzung und der Ausbeutung. Auch Sie können als Besucher das Ihre dazu beitragen, daß die Natur in ihrer Unberührtheit erhalten bleibt.

KLIMA

Tropische Gewässer und Tropenhimmel haben für uns stets etwas Aufregendes, wenn nicht manchmal auch etwas Elektrisierendes an sich. Während der Sommermonate auf der südlichen Halbkugel (Dezember bis März) fällt der Regen ausgiebig und oft, aber diese Zeit ist in den Gebieten südlich des Äquators auch die Zeit der Wirbelstürme. Segelboote sind in diesen Monaten besonders gefährdet. Neuseeland und das südliche Australien, die außerhalb der tropischen Zone liegen, erfreuen sich dann jedoch der schönsten Sommermonate. Viele Boote segeln dann weiter nach Süden, um den Gefahren zu entgehen. Südost-Passatwinde beherrschen zwischen April und November die Südsee. Das ist die Zeit der Segler. Da diese Monate im allgemeinen auch kühler und trockener sind, bieten sie sich für eine Reise in die Inselwelt Ozeaniens geradezu an.

Die Temperaturen schwanken das ganze Jahr hindurch zwischen warm bis sehr heiß, und zwar je nachdem, wo Sie sich befinden. Überall aber sorgt die See mit ihrer frischen Brise für Abkühlung und hilft dabei, daß man die hohe Luftfeuchtigkeit erträgt. Länder näher am Äquator (beispielsweise Samoa) sind dabei heißer als die weiter südlich (u. a. Tonga). Die dem Wind zugewandten Seiten der höheren Inseln fangen die Passatwinde direkt ab und erhalten somit auch mehr Regen. Die dem Wind abgekehrten Seiten sind daher meist trockener. Eine Dämmerung fehlt in den Tropen fast ganz. Beginnt die Sonne zu sinken, dann bleibt nur noch eine knappe halbe Stunde bis zum Einbruch der Dunkelheit.

Breite, kreisförmige Ozeanströmungen ziehen sich von Osten nach Westen über die tropische Südsee und im Uhrzeigersinn über den Nordpazifik. Nördlich und südlich der „Pferde-Breitengrade", sobald sie die Tropen verlassen, kühlen die Strömungen ab und verlaufen dann in östliche Richtung. Die vorherrschenden Winde nehmen die gleiche Richtung, die Passatwinde südlich des Äquators also nach Südosten und die Passatwinde nördlich des Äquators nach Nordosten. Dazwischen liegen Tiefdruckgebiete. Oberhalb der kalten Strömungen nördlich und südlich der Tropen wehen die Winde ostwärts. Diese natürliche Klimaanlage führt warmes Wasser nach Australien und Japan sowie kühleres Wasser nach Peru und Kalifornien.

FLORA UND FAUNA

Die Vielfalt der Pflanzenarten, die man auf den Südsee-Inseln antrifft, nimmt immer mehr ab, je weiter man sich vom asiatischen Festland entfernt. Die Wallacc-Linie zwischen Bali und Lombok wurde früher als Trennungslinie zwischen der terrestrischen Fauna Südostasiens und der Fauna von Australien angesehen. Heute neigt man eher zu der Annahme, daß eine solche scharfe Trennung nicht möglich ist, aber dennoch ist die Wallace-Linie immer noch ein vager Bezugspunkt. Viele Beuteltiere und Kloakentiere Australiens sind auch in Papua-Neuguinea beheimatet. Seekühe (*Dugongs*) kommen in Neuguinea, auf den Salomonen und in Mikronesien vor. Östlich von Neuguinea ist die Fauna eher spärlich. Flughunde und insektenfressende Fledermäuse sind die einzigen Säugetiere, die sich überall in Ozeanien verbreiteten. Ausgenommen ist lediglich Ost-Polynesien.

Die Vogelwelt dagegen ist bedeutend vielfältiger, als es die an den Erdboden gebundenen Tierarten sind. Dennoch ist auch hier eine Abnahme des Artenreichtums festzustellen, wenn man sich von Westen nach Osten fortbewegt. Wer sich auch nur ein wenig für die Natur interessiert, wird als Reisender in der Südsee besondere Freude an der Beobachtung der Vogelwelt haben. Nicht zu unterschätzen ist dabei, daß sich durch dieses Hobby auch Türen öffnen und man sehr schnell Gleichgesinnte kennenlernt. Gute Führer sind zwar mit der Lupe zu suchen (fragen Sie nach ihnen in Buchhandlungen, in Museen oder in Kulturzentren in der Südsee), bekunden Sie aber ein besonderes Interesse für die Natur, so werden Sie Kontakt zu faszinierenden Menschen bekommen, die Sie gern auf Expeditionen mitnehmen. Zur Beobachtung von Vögeln eignen sich besonders gut die frühen Morgenstunden. Sie sind dann auf Nahrungssuche, denn die Tageshitze lähmt auch sie.

Eingeführte Tiere: Polynesische Seeleute brachten wilde Schweine, Hunde und Hühner auf die Inseln, hatten aber auch Ratten und Mäuse bei sich. Kapitän Cook führte Rinder, Pferde und Ziegen ein, während Wallis Katzen zurückließ.

Um der Ratten Herr zu werden, siedelte man vor über einem Jahrhundert auf vielen Inseln Mungos an, weil die Ratten viele Plantagen ernsthaft beschädigt hatten. Allerdings bedachte man bei den Mungos nicht, daß diese Tiere tagsüber nach Beute suchen, die Ratten aber Nachttiere sind. Der gewünschte Erfolg blieb aus, denn diese beiden Tierarten haben kaum eine Chance, einander zu begegnen. Heute sind die Mungos eine Geißel für das Geflügel, für die einheimische Vogelwelt und für andere Tiere. Riesige afrikanische Schnecken (*Achatina fulica*) wurden von Liebhabern der eleganten französischen Küche auf die Südsee-Inseln gebracht. Einige dieser Tiere konnten jedoch ausbrechen, vermehrten sich, graben heute wild und zerstören die Vegetation.

Der vielleicht verhängnisvollste Neuzugang in der Tierwelt war der aus Indien stammende Mynah-Vogel (*Acridotheres tristis*), den man um die Jahrhundertwende aus Indonesien zur Insektenbekämpfung auf viele Inseln in der Südsee brachte. Die Insekten waren nämlich den Plantagenbesitzern ein Dorn im Auge, weil sie die Zitrusfrüchte und die Kokospalmen erheblich beschädigten. Was man allerdings nicht absehen konnte, war, daß sich die Mynah-Vögel derartig schnell vermehrten, daß sie nun heute selbst eine Plage sind. Ironie des Schicksals ist es, daß sie genau die Pflanzen zerstören, zu deren Rettung sie eigentlich geholt worden waren. Die Mynahs nahmen außerdem den heimischen Vögeln einen großen Teil des Lebensraums, so daß diese früher hier heimischen Arten stark dezimiert wurden.

MEERESLEBEWESEN

Den größten Artenreichtum in der Tierwelt der Südsee findet man in der stillen Unterwasserwelt bei den Fischen in den Lagunen und im offenen Meer. Dort sind Angelfische, Bonitos, Schmetterlingsfische, Aale, Barsche, Hyänenfische, Göschen, Mahi Mahis, Meeräschen, Papageienfische, Haie, Soldatenfische, Stachelrochen, Schwertfische, Trompeterfische, Thunfische und unzählige andere Fischarten vertreten.

In der offenen See beginnt die Nahrungskette mit dem Phytoplankton, das überall im Ozean existieren kann, wo Dünungen Nährstoffe wie Nitrate und Phosphate an die Oberfläche bringen. Im westlichen Pazifik ist dies in der Nähe des Äquators der Fall, wo mächtige Strömungen Wasser nach Japan und Australien ziehen. Riesige Thunfischschwärme, die mit großer Geschwindigkeit durch das Meer ziehen, bevölkern diese Gewässer. Sie ernähren sich von kleineren Fischen, die wiederum winziges Phytoplankton fressen, das in der Nähe der sonnenbeschienenen Wasseroberfläche treibt. Phytoplankton findet man auch in tropischen Lagunen, wo Mangrovenblätter, Seegras und andere Pflanzen einer weit vielfältigeren Meerespopulation wie den Riff-Fischen, Mollusken (Weichtieren wie Venusmuscheln, Tintenfischen usw.) sowie Krustentieren wie Krabben, Hummern und Garnelen als Nahrung dienen.

Man glaubt, daß sich die meisten Meeresorganismen im Pazifik in dem dreieckigen Gebiet, das von Neuguinea, den Philippinen und der malaiischen Halbinsel begrenzt wird, entwickelt haben. Diese „Wiege der indo-pazifischen Meerestiere“ umfaßt eine große Vielfalt an Lebensräumen und ist durch die verschiedenen geologischen Zeitalter hindurch stabil geblieben. Von dieser „Wiege“ aus wurde der Rest des Pazifik besiedelt.

Delphine: Obwohl die meisten Menschen die Begriffe „Delphin“ und „Tümmler“ gleichbedeutend verwenden, fehlt dem Tümmler der lange, schmale „Schnabel“ des Delphins (auch wenn dieser bei vielen Delphinen ebenfalls nicht ausgebildet ist). Es gibt 62 Delphin-Arten, aber nur 6 Tümmler-Arten. Typisch für die Delphine ist, daß sie aus dem Wasser herausspringen. Viele Legenden berichten zudem, daß Delphine Menschen, insbesondere Kinder, vor dem Ertrinken gerettet hätten (die berühmteste handelt von Telemachus, dem Sohn des Odysseus).

Da sich Delphine häufig in der Nähe von Thunfischschwärmen aufhalten, werden vor den Küsten von Mittel- und Südamerika viele von ihnen in Treibnetzen gefangen. Im Jahre 1990, nach einem Aufruf zu einem weltweiten Boykott von Thunfisch, der vom Earth Island Institute (Broadway 300, San Francisco, CA 94133, USA) initiiert worden war, erklärten Vertreter von H.J. Heinz (Starkist) und vielen anderen amerikanischen Firmen, in denen Thunfisch verarbeitet wird, daß sie Thunfisch nur auf eine Weise fangen würden, bei der Delphine nicht gefährdet würden. Leider nehmen Konservenfabriken in Italien, Japan und anderen Ländern von mexikanischen und südamerikanischen Schiffen immer noch Thunfisch entgegen, der ohne Rücksicht auf Delphine gefangen wurde. Wenn auch Sie sich für Meeressäugetiere einsetzen wollen, dann achten Sie beim Kauf von Thunfischkonserven auf das besondere Zeichen für „Delphin-Sicherheit“. Im übrigen werden bei anderen Methoden des Fischfangs und beim Fischen im Gebiet der Südsee keine Delphine gefährdet.

Haie: Die Angst, die auf der ganzen Welt vor den Haien besteht, ist im allgemeinen unbegründet. Von den mehr als 300 Arten sind nur 28 als für Menschen gefährlich bekannt. Die angriffslustigsten Haie sind die Tigerhaie, die weißen Haie, die blauen Haie und die Hammerhaie. Glücklicherweise suchten sich diese menschenfeindlichen Jäger als Lebensraum große Tiefen aus, so daß sie an den Küsten im allgemeinen nicht angetroffen werden. Dennoch kommt es immer wieder vor, daß sie, angezogen durch Abfälle, die auf Schiffen über Bord geworfen wurden, sogar bis in Häfen vordringen und dort erhebliche Probleme schaffen. Etwa 50 Überfälle von Haien werden weltweit pro Jahr gezählt. Stellt man dies der Anzahl der Menschen gegenüber, die sich alljährlich an den Stränden in Gewässern aufhalten, so ist die Aussicht, zu den Opfern zu gehören, recht gering.

Haben die Haie genügend Nahrung, sind sie auch für Menschen kein Problem, können aber weit draußen mehr als lästig und gefährlich werden. Sicherer in von Haien bewohnten Gewässern sind Sie, wenn Sie – „bewaffnet“ mit Schnorchel und Maske – Ihre Augen unter Wasser aufhalten und sich um-

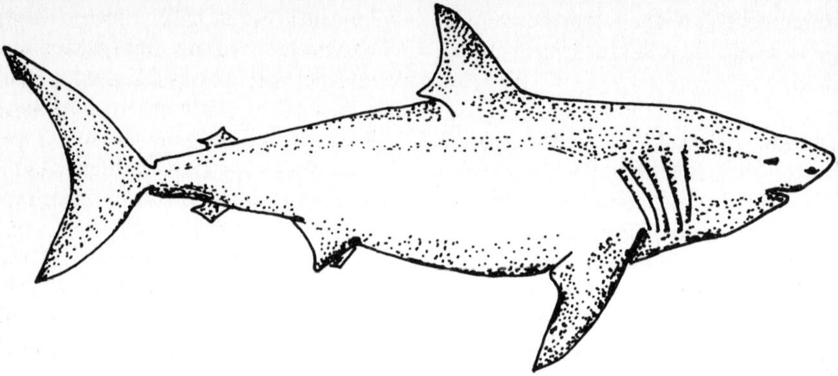

Der große weiße Hai *(Carcharodon carcharias):* Diese Haiart findet sich überall im Pazifik, wird bis zu 12 m lang und kann ein Gewicht von bis zu 3.000 kg erreichen. Die ineinandergreifenden, wie eine Säge gezackten Zähne sind scharf wie Rasierklingen und erneuern sich regelmäßig. Da dieses Ungetüm pausenlos suchend umherschwimmt, entwickelte sich der weiße Hai zu einem sehr gefährlichen Jäger, der nahezu alles frißt, um die erforderliche Energie für sein unruhiges Leben zu erzeugen. Als man an der Küste Australiens einmal ein totes Exemplar fand, holte man aus seinem Magen ein ganzes Pferd heraus. Die Mägen weiterer toter Tiere enthielten Seelöwen, Robben, Störe und ganze Thunfische. Sie verschmähen aber auch die Menschen nicht, werden selbst aber von Menschen ebenfalls zu Nahrungszwecken gefangen. Die Farbe eines weißen Hais kann von einem salzigen Braun über schieferblau und bleigrau bis fast schwarz am oberen Körperteil reichen, während die Unterseite langsam in ein schmutziges Weiß übergeht.

sichtig verhalten. Auf keinen Fall sollten Sie in Panik geraten, wenn Sie einen Hai entdecken, denn dadurch ziehen Sie ihn möglicherweise erst an. Meist sind sie lediglich neugierig. Wenn Sie einem Hai begegnen, dann schauen Sie ihm fest in die Augen und schwimmen Sie langsam zurück. Angezogen werden diese Tiere durch alles Blinkende (Messer), durch grelle Farben, durch Urin, Blut und durch Wasserspritzer. Taucher sollten sich sehr langsam in die Tiefe begeben, damit gar nicht erst die Aufmerksamkeit dieser Tiere geweckt wird.

Schwimmen Sie in Gewässern, in denen Haie vermutet werden, dann gehen Sie niemals allein in das Wasser. Begegnen Sie einem Hai, dann verlassen Sie schnell, aber ruhig das Wasser und baden Sie lieber an einem anderen Strand. Diese Grundregel sollten Sie stets beachten, es sei denn, Sie haben eine erfahrene Person bei sich, z. B. einen Tauchlehrer. Normalerweise halten sich die Haie außerhalb des Riffes auf, aber da es auch von diesem Grundsatz Ausnahmen gibt, erkundigen Sie sich genau bei Einheimischen nach den Verhältnissen. Im allgemeinen gilt, daß weiße Strände sicherer als dunkle Strände sind. Vermeiden Sie das Schwimmen unbedingt dort, wo Abfall oder Essensreste in das Meer geleitet werden. Untersuchungen ergaben, daß Haie, genau wie andere Tiere, sich auf bestimmte Gebiete konzentrieren. Daher kann der Angriff eines Hais den Menschen mitteilen, daß sie sich besser aus seinem Lebensraum heraushalten. Mehr als die Hälfte aller Opfer von Haien wird zwar nicht getötet, aber gebissen und dadurch schwer verletzt. Sie sind diejenigen, die Warnungen weitergeben können. Möglicherweise unterschätzen wir die Haie. Lassen Sie daher den gesunden Menschenverstand walten und sich nicht von nackter Angst oder Leichtfertigkeit anstecken.

Seeigel: In tropischen Gewässern sind Seeigel - lebende Nadelkissen - nicht selten. Von ihnen sind die schwarzen Seeigel die gefährlicheren, denn ihre langen, scharfen Stacheln durchdringen auch die Flossen von Schnorchlern. Aber auch die kleinen weißen Seeigel, die man ohne weiteres mit der Hand aufheben kann, durchdringen die Haut, wenn man nicht vorsichtig damit umgeht. Seeigel finden sich an Felsküsten und in Riffen, nie aber an klaren, sandigen Stränden, wo die Dünung ungehinderten Zutritt findet.
Giftig sind die wenigsten von ihnen, aber die Verletzungen durch die Stacheln sind äußerst schmerzhaft und entzünden sich schnell, wenn sie nicht fachgerecht behandelt werden. Die Schmerzen verursacht ein Protein. Wenn Sie gestochen wurden, dann tauchen Sie die betroffene Körperstelle 15 Minuten lang in sehr heißes Wasser. Dadurch werden die Schmerzen gemildert. Das heiße Wasser läßt das Protein gerinnen, und die Schmerzen lassen dann nach. Steht heißes Wasser nicht zur Verfügung, dann träufeln Sie entweder Essig oder Urin auf die Stelle mit den Stacheln (15 Minuten). Versuchen Sie anschließend, die Stacheln zu entfernen. Da sie aus Kalk bestehen, lösen sie sich aber nach einigen Wochen ohnehin auf. Dies ist allerdings ein recht schwacher Trost, denn wenn man Stacheln im Fuß hat, humpelt man während dieser Zeit durch die Gegend und verliert kostbare Urlaubstage. In einigen Gegenden sind Seeigel eine ausgesprochene Delikatesse. Die gelben oder orangefarbenen Innereien munden mit Zitrone und Salz vorzüglich.

Weitere Meerestiere: Obwohl Quallen, Steinfische, einige Seesterne, Kegelschnecken, Aale und giftige Seeschlangen den Menschen auch gefährlich werden können, sind Verletzungen durch sie doch relativ selten. Wurden Sie eines der wenigen Opfer, dann behandeln Sie die Stelle mit Methylalkohol oder reinem Alkohol (keinesfalls mit Wasser, Kerosin oder Benzin!). Die Steinfische halten sich auf dem Meeresboden auf und sind aufgrund ihrer Anpassung an die jeweilige Umgebung schwer zu sehen. Ihre Rückenflossen injizieren ein äußerst schmerzhaftes, sogar tödlich wirkendes Gift in das Opfer, das ein Gefühl spürt, als würde das Blut verbrennen. Vorsicht ist geboten, weil man besonders auf diese Tiere leicht tritt.
Heben Sie auch niemals eine lebende Kegelschnecke auf, weil einige Arten tödliche Stacheln aufweisen, die überall an der Außenschale vorhanden sein

Das Portugiesische Kriegsschiff *(Physalia)* benutzt seinen blauen, geleeartigen Blasensack, um an der Wasseroberfläche zu treiben. Die langen herunterhängenden Tentakeln dieser Qualle tragen unzählige stechende Haare.

können. Aale verbergen sich tagsüber gern in den Riffhöhlen und sind meist nur dann gefährlich und angriffslustig, wenn man sie berührt oder gar drauftritt. Unterliegen Sie niemals der Versuchung, sich ihnen zu nähern. Der kleine Blauring-Tintenfisch wird nur 5 cm lang, enthält aber ein Gift, das einen Menschen töten kann. Auch das Fleisch einiger Fischarten ist giftig. Erkundigen Sie sich daher bei Einheimischen genau, welche Tiere aus Ihrem Fang Sie essen können.

REPTILIEN

Mit Salzwasserkrokodilen, einer vom Aussterben bedrohten Tierart, muß man von den westlichen Karolinen bis Australien rechnen. Aber auch sechs von sieben Arten der Meeresschildkröten sind leider bereits vom Aussterben bedroht. Das liegt an der totalen Überfischung und dem Einsammeln ihrer Eier. Aus diesem Grund ist die Einfuhr sämtlicher Erzeugnisse aus Schildkröten in den meisten Ländern verboten. Nach Japan sind in den letzten 20 Jahren die Häute von über 2 Millionen Meeresschildkröten eingeführt worden, darunter über 1,2 Millionen Hawksbill-Schildkröten, 438.000 Grüne Schildkröten und 492.000 Ridley-Schildkröten. In Japan wird auch weiterhin mit den Panzern von Schildkröten gehandelt, aus denen Handtaschen, Gürtel, hohe Absätze, Brillenfassungen, Zigarettenanzünder und Kämme hergestellt werden. 1991 sicherte Japan auf starken Druck der Vereinigten Staaten allerdings zu, ab 1993 die Einfuhr von Hawksbill-Schildkröten zu verbieten. An Land zum Eierlegen kommen die Meeresschildkröten von November bis Februar.

Häufig trifft man auf den Inseln von Samoa und Tonga auf Geckos und auf Skinks, kleine Echsen, die tagsüber Insekten jagen. Versuchen Sie, dieses Tier am Schwanz zu packen und zu fangen, löst er ihn ab und flüchtet. Der Gecko ist dagegen ein reines Nachttier, hat

aber keine Augenlider. Da er an seinen Füßen Saugnäpfe hat, kann er auf vertikalen Flächen laufen und besitzt dank der Möglichkeit, seine Körperfarbe der Umgebung anzupassen, einen wirksamen Schutz vor Angreifern.
Landschlangen gibt es in Ozeanien wenig, und da hier auch weder Egel noch giftige Pflanzen vorhanden sind, ist die Südsee ein ideales Gebiet für Wanderer. Hundertfüßler kommen zwar ebenfalls vor, aber auch wenn ihre Bisse schmerzhaft sind, führen sie nicht zur Lebensbedrohung. Die größten Gefahren an Land stellen Hunde und Moskitos dar.

FLORA

Auch die Flora in Ozeanien hat, genau wie die Fauna, ihren Ursprung in Malaysia. Und genauso wie bei der Fauna nimmt auch bei der Flora der Artenreichtum ab, je weiter man von Malaysia nach Osten kommt. Sogar in dem sehr weit entfernten Archipel von Hawaii sind nur ganz wenige Pflanzen amerikanischen Ursprungs. Einige Pflanzenarten haben sich wahrscheinlich durch schwimmende Samen oder Früchte ausgebreitet, aber wichtiger bei der Verbreitung waren sicherlich Wind und Vögel. So können zum Beispiel die mikroskopisch kleinen Sporen von Farnen über weite Entfernungen vom Wind getragen werden. Dennoch bleibt es ein Rätsel, wie die Kammeidechse nach Fidschi und der flugunfähige Megapode nach Niuafo'ou und Savo gekommen sind. Später übernahm der Mensch die weitere Verbreitung: Die Polynesier brachten Taro, Yams, Brotfrucht, Bananen, Kokospalmen, Zuckerrohr, Kava, Papiermaulbeerbäume und noch viele andere Pflanzen mehr von Insel zu Insel.
Die hohen Vulkaninseln in Ozeanien sind weitaus artenreicher als die flachen Korallenatolle, auf denen nur ein paar harte, gegen die Trockenheit unempfindliche Pflanzen wie Kokospalmen und Pandanus gedeihen. In den Fluß-

Pandanus wächst auch in Samoa und Tonga.

tälern und an den dem Wind ausgesetzten Seiten der Hänge von hohen Inseln sind Regenwälder anzutreffen, während auf ungeschützteren Flächen Sträucher und Gebüsch wachsen. In den trockeneren Gegenden sind die Hügel mit hartem Gras bewachsen. Dennoch sind auf einer vergleichsweise großen Insel wie Viti Levu im Vergleich zu indonesischen Inseln nur relativ wenig unterschiedliche Pflanzen anzutreffen. Das Fehlen von blätterfressenden Tieren erlaubte der Vegetation, sich weitgehend ohne schützende Stacheln oder Dornen zu entwickeln, die man sonst so oft findet.

Die Entfernungen, die Trockenheit und der unfruchtbare Boden haben dafür gesorgt, daß der Artenreichtum auf Atollen am niedrigsten ist. Auch wenn ein tropisches Atoll üppig grün aussehen mag, mögen dort nicht mehr als 15 verschiedene Pflanzenarten vorkommen. Auf Atollen muß Taro, ein Wurzelgemüse mit breiten herzförmigen Blättern, in tiefen organischen Gruben angebaut werden. Die Vegetation eines erhobenen Atolls scheint viel dichter und artenreicher zu sein, aber es ist wahrscheinlich, daß von den dort vertretenen Pflanzenarten nur die Hälfte heimisch ist.

Mangroven findet man gelegentlich an einigen Küstenlagunen der hohen Inseln. Die Luftwurzeln der gegen Salzwasser resistenten roten Mangroven verankern sich in den seichten, oberen Lagen der sauerstoffhaltigen Sümpfe und meiden die unteren, schwefelwasserstoffhaltigen Schichten. Die Bäume bieten winzigen Organismen einen Lebensraum, die sich in den gezeitenabhängigen Sümpfen mit nistenden Vögeln und Fischen sowie Schalentieren Nahrung suchen und laichen. Die Mangroven übernehmen zudem an Land die gleiche Aufgabe wie die Korallen entlang der Riffe. Da zwischen den Wurzeln Ablagerungen zurückgehalten werden, schieben sich die Bäume weiter

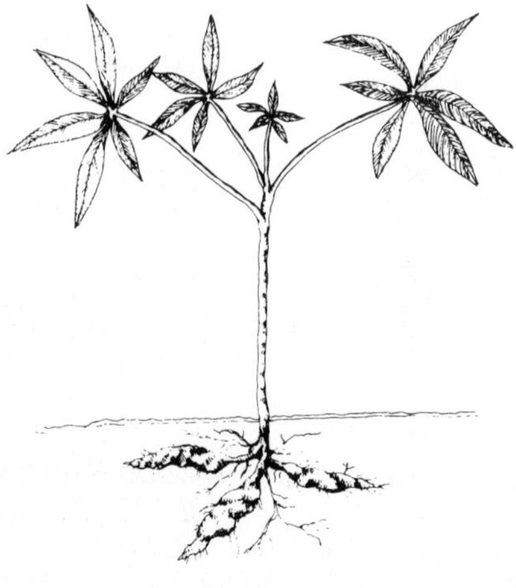

Ein Kassava-Busch (*Manihot esculenta*) kann über 2 m hoch werden. Die knollige Wurzel ist, auch wenn weniger begehrt als Yams, Süßkartoffel und Brotfrucht, ein Grundnahrungsmittel der Insulaner. Kassava wird auch als Yucca, Maniok und Tapioka bezeichnet.

und weiter in die Lagunen vor und bilden so ein einzigartiges Biotop. Im letzten Jahrzehnt wurden allerdings zahlreiche Mangrovenhaine zerstört.
Das Zuckerrohr stammt wahrscheinlich aus dem Gebiet der Südsee. Auf Neuguinea haben die Insulaner die Pflanze bereits vor Tausenden von Jahren angebaut und sich dafür die kräftigsten Sorten mit den farbenprächtigsten Stielen ausgewählt. Es wird erzählt, daß zwei melanesische Fischer namens To-Kabwana und To-Karavuvu eines Tages ein Stück Zuckerrohr in ihrem Netz fanden. Sie warfen es zunächst weg, aber nachdem sie es an den beiden folgenden Tagen erneut fingen, beschlossen sie, es zu behalten, und bemalten den Stiel in einer leuchtenden Farbe. Als der Stiel schließlich brach, kam eine Frau heraus. Sie kochte daraufhin für die beiden Männer, hielt sich jedoch nachts versteckt. Endlich fing man sie doch und wurde die Frau eines der beiden Fischer. Aus ihrer Verbindung entstand die gesamte Menschheit.
Die Natur erlitt allerdings durch die Eingriffe von Menschen einen unnatürlichen Wandel: Das ursprüngliche Gehölz wurde gerodet, und häufig pflanzte man dort exotische Gewächse. Daher finden Sie heute zum Beispiel in den Küstenregionen Tahitis Pflanzen, die zum größten Teil aus anderen Gegenden der Erde eingeführt wurden. Weltweit verliert unser Planet in jeder Minute 40 ha des ursprünglichen Regenwaldes. Das führt zu Erosion, Versandung, Überflutung, Trockenheit, Klimawechsel und Ausrottung unzähliger Lebensformen. Unter dem kommerziellen Holzschlag haben bisher die Salomonen und Neukaledonien am stärksten gelitten, aber die Wälder von Vanuatu, Fidschi und West-Samoa leiden auch schon.

GESCHICHTE

ENTDECKUNG UND BESIEDLUNG

Frühgeschichte: Ozeanien war in vielerlei Hinsicht immer zuletzt dran. Es war das letzte Gebiet unserer Erde, das von Menschen besiedelt wurde, die letzte Gegend, die von Europäern entdeckt wurde, und die Region, die als letzte kolonisiert sowie entkolonisiert wurde. Alles begann vor mehr als 50.000 Jahren, als australoide Siedler von Südost-Asien nach Neuguinea und Australien kamen. Damals gehörten beide Regionen noch zu einem Kontinent. Da während der Eiszeit (Pleistozän) der Meeresspiegel 100 m tiefer als heute lag, konnten die Menschen damals die schmalen Wasserwege von Indonesien aus auf Flößen überwinden, ohne dabei je die Sicht auf das Festland zu verlieren. Als Australien vor 10.000 Jahren durch den Anstieg des Wassers vom asiatischen Kontinent abgeschnitten wurde, waren die Bewohner dieses

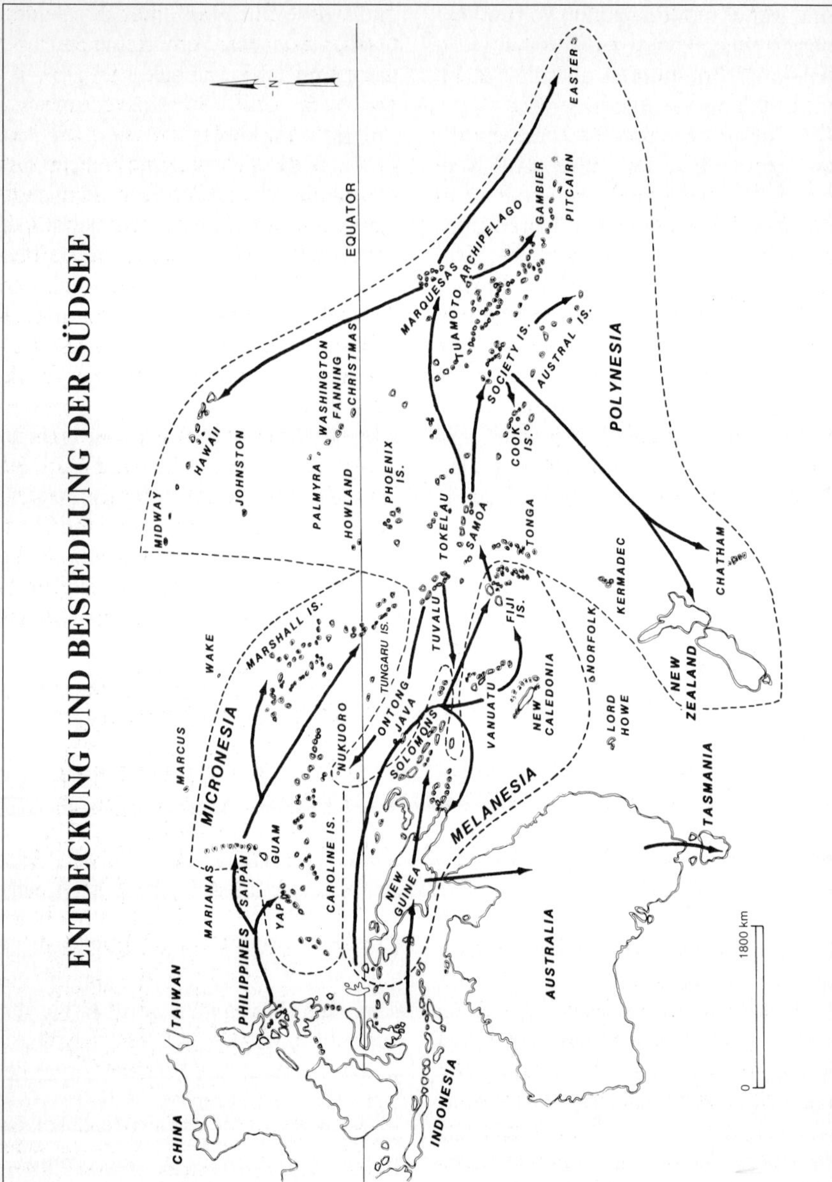
ENTDECKUNG UND BESIEDLUNG DER SÜDSEE
N
EQUATOR
CHINA
TAIWAN
PHILIPPINES
MARIANAS
SAIPAN
GUAM
YAP
CAROLINE IS.
MICRONESIA
MARCUS
WAKE
MARSHALL IS.
NUKUORO
TUNGARU IS.
ONTONG JAVA
SOLOMONS
NEW GUINEA
INDONESIA
AUSTRALIA
TASMANIA
MELANESIA
VANUATU
NEW CALEDONIA
LORD HOWE
NORFOLK
FIJI IS.
TUVALU
TOKELAU
SAMOA
TONGA
KERMADEC
NEW ZEALAND
CHATHAM
MIDWAY
HAWAII
JOHNSTON
PALMYRA
HOWLAND
WASHINGTON
FANNING
CHRISTMAS
PHOENIX IS.
COOK IS.
SOCIETY IS.
AUSTRAL IS.
POLYNESIA
MARQUESAS
TUAMOTO ARCHIPELAGO
GAMBIER
PITCAIRN
EASTER
0
1800 km

Kontinents ebenfalls isoliert. Die Ureinwohner (Aborigines) erhielten sich deshalb ihre Kultur der Alten Steinzeit (Paläolithikum) zum Teil bis heute.

Die nächsten Fremden waren die Papua, die durch ihre konvexen Nasen und nicht-austronesischen Sprachen deutlich charakterisiert werden können. Sie erreichten zunächst ebenfalls Neuguinea, besetzten die Küstengebiete und verdrängten die Australoiden in das bergige Landesinnere. Das mag sich fünf- oder zehntausend Jahre zurück abgespielt haben, denn niemand ist sich über den genauen Zeitpunkt sicher, weil die Küstensiedlungen nun vom Meer bedeckt sind. Ähnlich kleine, schwarzhäutige Menschen finden sich auch in anderen Teilen Asiens (z. B. die Negritos auf den Philippinen). Klein und dunkel sind auch die Drawiden aus Südindien. Dies ist ein deutlicher Hinweis darauf, wo die Besiedlung der Südsee ihre Anfänge hatte. Diese ersten Gemeinschaften waren ebenbürtig, feierten ihre religiösen Zeremonien zusammen und zeigten in der Kunst eine Vorliebe für krummlinige Stilrichtungen.

Die Austronesier: Danach kamen die breitnasigen Melanesier, die eine austronesische Sprache sprechen. Das war etwa um 3.000 v. Chr. Sie ließen sich zunächst in Enklaven entlang der Küste Neuguineas nieder und besiedelten von dort aus die Inseln Melanesiens und weiter bis Fidschi. Im Laufe der Zeit vermischten sie sich mit den Papua und wurden zu den Melanesiern von heute. Auf den westlichen Salomonen verständigen sich die Bewohner mit ihrer bläulich-schwarzen Haut immer noch in Papua-Sprachen. Die Austronesier gaben möglicherweise auch ihre neolithische Kultur (Jungsteinzeit) an die Papua weiter. Die frühesten nachweisbaren Spuren einer landwirtschaftlichen Tätigkeit im westlichen Hochland von Papua-Neuguinea stammen aus der Zeit um 4.000 v. Chr. Daraus läßt sich folgern, daß die Abkehr vom Jagen und Sammeln schon etwas früher stattfand.

Nahezu sicher ist man sich jedoch darin, daß es die Austronesier waren, die die Keramik einführten und auch weitaus bessere Auslegerkanus fertigen konnten. Charakteristische Keramik aus *Lapita*, verziert mit horizontalen geometrischen Bändern, die aus der Zeit zwi-

Diese *Lapita*-Keramikscherbe stammt aus der Zeit um das Jahr 500 v. Chr. Sie wurde auf der Insel Watim vor Neubritannien (Papua-Neuguinea) gefunden.

schen 1500 und 500 v. Chr. stammt, wurden in Ausgrabungsstätten von Neu-Britannien bis Neukaledonien, Tonga und Samoa gefunden. *Lapita*-Keramik hat es Archäologen ermöglicht, den Wanderungsbewegungen der austronesisch sprechenden Rasse, der Polynesier, mit ziemlicher Sicherheit auf der Spur zu bleiben. Sie waren zudem bedeutende Händler, denn man hat festgestellt, daß sie Obsidian von der Insel Neu-Britannien im heutigen Papua-Neuguinea bis nach Santa Cruz der Salomonen brachten – über eine Entfernung von etwa 1.700 km.

Interessant ist ferner, daß im 3. Jahrtausend v. Chr. eine große Völkerwanderung von Südost-Asien und Süd-China nach Indonesien stattfand. Diese proto-malayische Völkerwanderung hatte zur Folge, daß die „Urvölker" (Toraja, Dayak, Batak) etwa um 3.000 v. Chr. in Indonesien Fuß faßten. Eine zweite Völkerwanderung (deutero-malayisch) folgte etwa 2.000 v. Chr. Sie setzt sich bis in die Gegenwart fort, denn derzeit siedelt man Javaner im Westen von Neuguinea an. Vielleicht ist es möglich, daß die Austronesier in den Strudel solcher Völkerwanderungen gerieten oder gar dazu gezwungen wurden. Möglicherweise finden Archäologen, die derzeit Ausgrabungen und Forschungen in Sulawesi und auf den Molukken vornehmen, die fehlenden Details in der Beweiskette.

Die sehr phantasiereiche Theorie, daß Ozeanien von Amerika her besiedelt wurde, kann wohl nicht mehr länger ernsthaft aufrechterhalten werden. Die austronesischen Sprachen hört man heute zwischen Madagaskar und Indonesien bis hin zur Osterinsel und nach Hawaii, umspannen unsere Erde also zur Hälfte. Alle eingeführten Pflanzen im alten Polynesien, die Süßkartoffel ausgenommen, stammen übrigens aus Südost-Asien. Die endemischen Krankheiten Ozeaniens, Lepra und Elephantitis (*Filaria parasite*), waren zudem auf dem amerikanischen Kontinent unbekannt. Beachtenswert ist überdies die Kontinuität der polynesischen Kultur. So findet man auch heute noch in wenig veränderter Form Tätowierungen und *Tapa*-Arbeiten, deren Muster erstaunlich viel Ähnlichkeit mit denen der alten *Lapita*-Keramik haben.

Die Kolonisierung Polynesiens: Vor 3.500 Jahren begaben sich die frühen Polynesier von Südost-Asien aus auf eine Wanderung bis zu den „vielen Inseln", die ihre neue Heimat werden sollten. Als gute Seefahrer segelten sie mit ihren großen Doppelrumpfkanus über riesige Entfernungen und bestimmten den jeweiligen Kurs mit gewaltigen Paddeln sowie Pandanus-Segeln. Um navigieren zu können, richteten sie sich nach der Sonne, den Sternen, den Strömungen, der Dünung, dem Wind, den Wolken und den Vögeln. Kenntnisreiches und zielbewußtes Segeln gegen die vorherrschenden Winde und Strömungen verhalf den Polynesiern dazu, etwa um 1500 v. Chr. den Bismarck-Archipel zu erreichen und etwa 1300 v. Chr. über Fidschi bis Tonga sowie 1000 v. Chr. bis Samoa vor-

zudringen. Etwa um Christi Geburt herum drangen sie aus diesem Gebiet, das in der Erinnerung Havaiki genannt wird, weiter in die östliche Hälfte der Südsee vor.
Vielleicht ließ die damals herrschende Überbevölkerung auf Samoa einige Polynesier unfreiwillig weiter bis zu den Gesellschaftsinseln und den Marquesas vorstoßen. Dies geschah etwa um 300 n. Chr. Zu dieser Zeit besiedelten Rückkehrer aber auch die äußeren Inseln der Salomonen und kamen dabei möglicherweise von Tuvalu oder Futuna. Von den Marquesas aus erreichten die Polynesier um 500 n. Chr. Hawaii sowie die Osterinsel und um 900 n. Chr. Mangareva. Die Bewohner der Südsee, die 850 n. Chr. nach Neuseeland zogen und 900 n. Chr. die Tuamotus sowie die Cook-Inseln bevölkerten, kamen von den Gesellschaftsinseln. Da Angelhaken aus Muscheln, Mahlsteine, geschnitzte Figuren und mit einem Griffzapfen versehene Breitbeile aus Ost-Polynesien weder in Samoa noch in Tonga zu finden sind, ist dies ein Hinweis darauf, daß sie spätere, erst vor Ort entwickelte Gegenstände der polynesischen Kultur sind.
Die Völkerwanderungen waren alles andere als Zufallsreisen, sondern sehr genau geplante Entdeckungsreisen der Polynesier. Sie waren durchaus in der Lage, auf demselben Weg zurückzukehren, auf dem sie neue Gebiete erreicht hatten. Daß man derartige Strecken gegen die Passatwinde und gegen die Strömungen des Wassers ohne jegliche Hilfe moderner Navigationsinstrumente überwinden konnte, bewies man 1976 und erneut 1980. Zum Beweis segelte in diesen beiden Jahren die *Hokule'a,* ein nachgebautes seetüchtiges Kanu, von Hawaii aus 5.000 km in Richtung Süden bis nach Tahiti. Der mikronesische Navigator bei dieser Expedition war äußerst erfolgreich, den Kurs mit Hilfe der Dünung des Ozeans und der Bestimmung der Sterne anzugeben. Man segelte genau auf der gewünschten Route. Aber auch nach den vorhandenen Wolken richtete man sich beim Segeln und Navigieren, denn die Wolken bleiben in dieser Gegend meist über Bergspitzen hängen. So bestimmte man die Lage der Inseln. Auch anhand von Seevögeln konnte man die eigene Position feststellen, denn Tölpel fliegen beispielsweise bis zu 50 km weg vom Ufer, Fregattvögel bis zu 80 km. Auch das mysteriöse *Te lapa* half damals den Navigatoren, die Position zu bestimmen. Das sind Lichtstrahlen, die im Umkreis von 120-150 km um eine Insel unter Wasser sichtbar sind. Je weiter man sich einer Insel nähert, desto weniger davon sind wahrzunehmen. In den Jahren 1985-1987 benutzte der hawaiianische Navigator Nainoa Thompson traditionelle Methoden bei einer 27monatigen „Fahrt der Wiederentdeckung“ mit der *Hokule'a*, unter anderem für eine West-Ost-Reise von Samoa nach Tahiti.
Die Polynesier waren die wirklichen Entdecker des Pazifik und verwirklichten viele lange Seereisen, lange bevor die Europäer von der Existenz dieses Ozeans auch nur träumten. In ihren

Die Zeichnung stellt Fatafehi Paulaho, den 36. Tu'i Tonga, dar. Er hatte 1777 in Tongatapu Capt. Cook zu Gast. Die Tu'i Tonga (Könige auf Erbfolge in Tonga) sind angeblich göttlicher Abstammung. Der Legende nach stieg Gott Tangaloa vom Himmel herab und zeugte zusammen mit der schönen Tonganerin Va'epopua einen Sohn namens 'Aho'eitu. Dieses Kind wurde der erste König, und zwar etwa um 950 v. Chr. Die absoluten Monarchen waren die einzigen tongalesischen Männer, die nicht tätowiert waren und nicht beschnitten wurden. Der Umgang mit ihnen wurde durch viele sehr genaue Rituale vorgeschrieben, die die Untertanen strikt einzuhalten hatten.

Auslegerbooten oder Doppelkanus, die zusammengetäut waren, um Flöße zu bilden, drangen sie so weit in Richtung der Antarktis vor, bis sie die Südinsel von Neuseeland erreicht hatten. Nördlichstes Ziel war Hawaii, der östlichste Punkt die Osterinsel. Damit waren sie 13.000 km von der Stelle entfernt, von der man annimmt, daß sie es war, von der aus sie die Südsee zum ersten Mal befuhren.

Die neolithische Gesellschaft: In mancherlei Hinsicht legten sowohl die Menschen in Polynesien als auch in Mikronesien und Melanesien Gärten an und hielten einige Haustiere. Taro pflanzte man auf ausgeklügelten Terrassen oder in natürlichen Vertiefungen an. Brotfrucht machte man durch Fermentierung in der Erde haltbar (noch heute eine Delikatesse). Teiche für Steinfische und Fischreusen wurden in Lagunen angelegt, und Wedel wurden aus Pandanus oder Kokospalmen gefertigt. Auf den größeren Inseln Polynesiens führte dies zu einer Überproduktion, die eine mächtige herrschende Klasse schuf. Das gemeine Volk lebte in ständiger Angst und Furcht vor ihren Göttern und den Häuptlingen.

Die Polynesier und Melanesier waren Kannibalen, wenn auch die Intensität, mit der Kannibalismus betrieben wurde, von Gruppe zu Gruppe unterschiedlich war. So war der Kannibalismus zwar auf den Marquesas weit verbreitet, auf Tahiti dagegen relativ selten. Gelegentlich kam es dazu, daß Europäer, die als Entdecker den Pazifik bereisten, auf Einheimische trafen, die vor ihnen knieten, die Beine der Fremden betasteten oder in das Gesäß zwickten, um ein Gefühl dafür zu bekommen, wie herzhaft und gehaltvoll ein weißer Mensch als Mahl wohl sein würde. Man glaubte damals auch, daß *Mana*, die geistige Macht und Kraft des Feindes, auf denjenigen übergehe, der ihn verzehren würde. Aß man gar den Körper desjenigen, den man überaus verachtete, so galt dies als eine hohe Form der Rache. Einige Melanesier betrachteten die hellhäutigen Neuankömmlinge mit den „merkwürdigen Köpfen und abnehmbaren Häuten" (Hüte und Kleider) als Geister der Teufel, ja sogar als Vorfahren, die zurückgekehrt waren, um den Stamm für irgendwelche Übertretungen der Sitten und Bräuche zu bestrafen.

Jean-Jacques Rousseau und seine französischen Gesinnungsfreunde des 18. Jahrhunderts schufen das romantische Bild von den „edlen Wilden". Zentraler Punkt des Insellebens war nach ihrer Vorstellung ein idealer Staat, in dem man in voller Harmonie lebte. In ihm wurden Ungleichheiten nicht beachtet und Kannibalismus sowie Kriege verschwiegen. Ein ähnliches Bild wird in einigen Teilen der Reiseliteratur auch heute noch gezeichnet, in dem Armut in überseeischen Ländern sowie die politische und wirtschaftliche Ausbeutung, denen viele Menschen auch in der Südsee unterliegen, nicht vorkommen. Statt dessen wird immer noch ein nahezu legendäres, magisch schönes Bild der Südsee aufrechterhalten.

KONTAKTE MIT EUROPÄERN UND ENTDECKUNGEN

Die hispanischen Entdecker: Es waren die Spanier und die Portugiesen, die als erste von Europa aus den Pazifik bereisten. Die Spanier hatten es auf Gold und Silber abgesehen, wollten neue Gebiete und Kolonien erwerben und vor allem die „Heiden" zum katholischen Glauben bekehren. Die Portugiesen hatten vor allem im Auge, Passagen von Europa zu den Molukken ausfindig zu machen, denn diese Inseln waren die in Mythen vorkommenden Gewürzinseln des Ostens. Der erste Europäer, der die Südsee mit eigenen Augen zu sehen bekam, war Vasco Núñez de Balboa, als er 1513 den Isthmus von Panama überquert hatte und das *Mar del Sur*, die Südsee, entdeckte, die so im Gegensatz zum *Mar del Norte*, dem Karibischen Meer, benannt wurde. Am 28. November 1520 erreichten die drei Schiffe von Ferdinand Magellan den Pazifik, indem sie die Südspitze Südamerikas umrundeten. Land betraten die Besatzungsangehörigen erst wieder zwei Monate später nach einer Fahrt in Richtung Nordwesten auf Guam. Auch wenn Magellan selbst auf den Philippinen getötet wurde, schaffte es der Rest der Besatzung, im September 1522 nach Spanien zurückzukehren. Die erste Reise um die ganze Welt hatte volle drei Jahre gedauert.

Der spanische Seefahrer und Mönch Andres de Urdaneta war 1565 erfolgreich damit, ostwärts nach Mexiko zurückzukehren, nachdem er weit in den Pazifik vorgestoßen war. Dabei segelte er in einem großen Bogen fast bis zum 40. Breitengrad, wo er die westlichen Inseln aufspürte. Hierdurch wurde es Schiffen ermöglicht, wenn sie im Juni

Manila verließen, in 5-6 Monaten Acapulco zu erreichen. Damit war eine navigatorische Entdeckung gemacht, die den Pazifik in einen befahrenen Seeweg verwandelte. Vorher war es zwar möglich, den Pazifik ohne große Schwierigkeiten zu erreichen, aber die Heimkehr war mit vielen Schwierigkeiten verbunden.
1568 segelte Alvaro de Mendana von Peru aus auf der Suche nach Gold bis zu den Salomonen. Auf einer zweiten Reise zu den Salomonen entdeckte Mendana 1595 die südlichen Marquesas-Inseln. Zu den bedeutendsten Leistungen früherer Seeleute gehört zweifelsfrei die Fahrt von Pedro Fernandez de Quiros. Er segelte 1606 von Espiritu Santo, heute zu den Salomonen gehörend, bis Mexiko. Dabei kämpfte er gegen Winde an, die Schiffe waren verrottet, und die Mannschaft war dem Tod nahe. Im 16. Jahrhundert konnten die Spanier die Grenzen des Pazifik feststellen und den damaligen geographischen Kenntnissen ganze Inselgruppen neu hinzufügen.

Terra australis incognita: Die systematische Suche der Europäer im Pazifik galt eigentlich einem unbekannten Kontinent. Er sollte irgendwo im Süden gelegen sein und das Gegengewicht zu dem Kontinent im Norden darstellen. So gab es in dieser Zeit eine ganze Anzahl äußerst gewagter und mutiger Seereisen. Dabei war das 17. Jahrhundert das der holländischen Entdecker und Entdeckungen auf der Suche nach neuen Märkten und Handelswegen.

KONTAKTE MIT EUROPÄERN IN ZEITLICHER REIHENFOLGE

1513	Balboa	Spanien	Pazif. Ozean
1521	Magellan	Spanien	Marianen, Philippinen
1526	Meneses	Portugal	Irian Jaya
1527	Saavedra	Spanien	Marshall-Inseln
1543	Villalobos	Spanien	Karolinen
1545	Ortiz de Retes	Spanien	Neuguinea
1568	Mendana	Spanien	Tuvalu, Salomonen
1595	Mendana	Spanien	Marquesas
1606	Quiros	Spanien	Tuamotu-Ins., Vanuatu
1606	Torres	Spanien	Australien
1616	Schouten/ Le Maire	Holland	Futuna
1642	Tasman	Holland	Tasmanien, Neuseeland
1643	Tasman	Holland	Tonga, Fidschi
1722	Roggeveen	Holland	Osterinsel, Samoa
1765	Byron	England	Tokelau-Inseln
1767	Wallis	England	Tahiti, Wallis
1767	Carteret	England	Pitcairn
1769	Cook	England	Gesellschafts-inseln, Australien
1773	Cook	England	Cook-Inseln
1774	Cook	England	Niue, Neukaledonien, Norfolk
1777	Cook	England	Weihnachts-insel
1778	Cook	England	Hawaii
1791	Vancouver	England	Chatham-Ins., Rapa
1798	Fearn	England	Nauru

Die ersten holländischen Schiffe fuhren auf den Routen, die die Spanier bereits ausfindig gemacht hatten. Sehr erfolgreich waren sie dabei allerdings nicht, denn sie fanden lediglich unbedeutende Inseln. Dennoch war es van Diemen, der holländische Generalgouverneur des damaligen Batavia (heute Jakarta) und ein Mann mit Visionen sowie großen Zielen, der die bedeutende Reise von Tasman im Jahre 1642 ermöglichte. Tasman befuhr auf dieser Reise von Westen aus den Pazifik, was bis dahin nur vom Osten her geschehen war. Er hatte den Auftrag erhalten, den unbekannten Teil der Erde zu finden. Seinen peinlich genauen Aufzeichnungen ist es zu verdanken, daß Tasman heute als historische Größe in bezug auf die Entdeckung des Pazifik genannt wird. Wenn auch die Reise nicht sehr erfolgreich verlief, so ergaben seine überaus detaillierten Tagebücher und Pläne doch ungeheuer wertvolle geographische Darstellungen und fügten dem Wissen der Europäer Kenntnisse von Tasmanien, Tonga sowie Teilen von Fidschi hinzu. Tasman war auch der erste, der um ganz Australien segelte. Aber auch Roggeveen war auf seiner Reise im Jahre 1722 nicht in der Lage, den unbekannten Kontinent zu finden. Immerhin näherte er sich aber weiter dem gewünschten Ziel.

Nur aufgrund der Erkenntnisse auf diesen Reisen war es den Engländern im 18. Jahrhundert möglich, erfolgreich zu sein. Indem er sich der Ausrüstung des 17. Jahrhunderts bediente, aber über das Wissen des 18. Jahrhunderts verfügte, gelang es William Dampier, in die unbekannte Welt vorzustoßen. 1745 verabschiedete das britische Parlament ein Gesetz, das demjenigen, der eine Passage zwischen der Hudson Bay und der Südsee mit einem britischen Schiff ausfindig machte, eine Prämie in Höhe von 20.000 Pfund versprach. Durch diesen Anreiz fühlten sich viele Abenteurer ermutigt, in das noch so unbekannte Gebiet vorzudringen. Die Route würde sich nämlich als eine kürzere Verbindung herausstellen als die um Kap Hoorn, wo das Wetter nur allzu häufig schlecht war und die Schiffe dauernd in Gefahr gerieten. Während der Reise unter Wallis, die in den Jahren 1766 bis 1767 stattfand, benötigten zwei Schiffe vier Monate, um die schwierige Magellan-Straße zu durchfahren. Byron ignorierte die Befehle, eine Abkürzung zwischen der Hudson Bay und der Südsee zu finden, und suchte die Salomonen, die ursprünglich von Mendana entdeckt wurden. Seine Weltumsegelung dauerte nur zwei Jahre. Der große Ozean wurde nun für die Entdecker ein See, den sie mehr und mehr erkundeten.

Kapitän Cook: James Cook unternahm mit seinen Schiffen *Endeavour, Resolution, Adventure* und *Discovery* drei Reisen, die durch herausragende Erfolge gekrönt waren. Seinen Nachfolgern blieb nicht mehr viel anderes übrig, als ihrem Vorgänger Bewunderung zu zollen. Cook, ein Produkt des Zeitalters der Aufklärung, war zugleich Mathematiker, Astronom, praktischer Physiker und ein meisterhafter Navigator. Sohn eines Arbeiters aus Yorkshire, lernte Cook die Seefahrt auf kleinen Küstenschiffen kennen, die entlang der Ostküste von England verkehrten. Obwohl er 1768 nur als Decksoffizier für die *Endeavour* ausgewählt worden war, gelang es ihm als erstem Seefahrer, die fürchterliche Plage Skorbut von einer Mannschaft fernzuhalten. Dies schaffte er, indem er den Speisezettel durch Sauerkraut bereicherte.

Die damaligen Wissenschaftler benötigten dringend genaue Beobachtungen darüber, wie die Venus ihre Bahn zieht, denn wenn man die Bahn der Venus von Punkten am anderen Ende der Erde aus verfolgen und bestimmen konnte, dann - so glaubten sie - ließe sich zum ersten Mal auch die Größe des Universums bestimmen. Außerdem könnte man nach dieser Feststellung genaue Vorhersagen zur Bewegung der Planeten festhalten, die lebenswichtig für die Navigation auf See waren. So schickte man Cook auf die Reise nach Tahiti, und Pater Hell (ein Astronom ungarischer Abstammung aus Wien) machte sich auf den Weg nach Vardo in Norwegen.

Um die Franzosen und Spanier nicht zu alarmieren, behauptete die britische Admiralität, Anlaß für die erste Reise von James Cook (1768-71) seien insbesondere diese Messungen. In Wirklichkeit sollte er die Region weiter erkunden. Es galt vor allem, *terra australis incognita* zu entdecken. Nachdem Cook drei Monate auf Tahiti verbracht hatte, segelte er in westliche Richtung weiter und benötigte weitere 6 Monate für die Entdeckung, Vermessung und Kartographie Neuseelands sowie der gesamten Ostküste Australiens. Dabei hätte es ihm am Barriereriff fast den Boden seiner *Endeavour* fortgerissen. Bereits neun Monate nach der Rückkehr nach England verließ er die Heimat erneut. Die zweite Reise (1772-75) galt ausschließlich dem Ziel, alles bis dahin vorliegende Material über *terra australis incognita* zu ergänzen und zu bestätigen. Mit der *Resolution* und der *Adventure* segelte er ganz um das untere Ende unseres Planeten und war damit der erste Mensch, der den antarktischen Kreis gekreuzt hatte und auch heimkehrte, um darüber zu berichten.

Im Jahre 1773 gewann John Harrison den größeren Teil des Preises von 20.000 Pfund, den Königin Anne 1714 ausgesetzt hatte für „die Person oder die Personen, die die Längengrade auf dem Meer entdecken“. Harrison gewann diesen Preis mit dem ersten Chronometer in der Seefahrt (1759). Ein solcher Chronometer begleitete Cook auf seiner zweiten und dritten Reise. Ebenfalls an Bord war Omai, ein Tahitianer, der mit Cook 1774 nach England gesegelt war. Omai wurde in London als Inbegriff des „edlen Wilden“ sofort zum Gesprächsstoff, auch wenn die, die ihn kannten, genau wußten, daß er ein kluger Mann mit einer eigenen Kultur war.

1776 legte Cook mit der Behauptung, Omai solle in seine Heimat zurückgebracht werden, erneut ab, um eine dritte Reise anzutreten. In Wirklichkeit galt es, die Nordwestpassage vom Pazifik zum Atlantik zu finden. Er umfuhr das Kap Hoorn, segelte dann nach Norden weiter und entdeckte dabei am 18. Januar 1778 Kauai, eine Insel, die heute zu Hawaii gehört. Dort hielt es ihn aber nur zwei Wochen. Dann brach er wieder in Richtung Norden auf. Wegen des Eises in der Bering-Straße mußte er aber umkehren. Da der Winter nahte, segelte er in die Gewässer um Hawaii zurück und fand dabei die beiden größten Inseln dieser Inselgruppe: Maui und Hawaii. Am 14. Februar 1779 wurde er unerwartet in einem kurzen, aber heftigen Scharmützel mit Hawaiianern getötet. James Cook ist bis auf den heutigen Tag der größte Entdecker des Pazifik geblieben. Er widerlegte die jahrhundertealte Hypothese von einem unbekannten Kontinent, und seine Entdeckungen waren es, die das britische Zeitalter in der Südsee einläuteten.

Der schicksalhafte Einfluß: Die meisten der frühen Kontakte mit Europäern hatten einen großen zerstörerischen Einfluß auf die Kulturen der Einheimischen. Es waren vor allem die europäischen Krankheiten - für den weißen Mann kaum mehr als eine Unannehmlichkeit -, die große Bevölkerungsgruppen ausrotteten, nachdem sie in die Südsee eingeschleppt worden waren. Masern, Grippe, Tuberkulose, Darmkrankheiten, Pocken, Typhus und Keuchhusten waren für die Einheimischen tödlich, denn ihre Körper hatten dagegen nie Abwehrstoffe entwickelt. Alkohol, Waffen und Geschlechtskrankheiten, ebenfalls durch Europäer eingeschleppt, beschleunigten diese verheerende Entwicklung noch.

Omai, ein Polynesier aus Huahine (Ost-Polynesien), begleitete Capt. Cook nach England, kehrte aber später in seine Heimat zurück. Diese Zeichnung aus dem Jahre 1774 fertigte Sir Nathaniel Dance an.

BEKEHRUNG, KOLONIALISMUS UND KRIEG

Bekehrung: Als im 18. Jahrhundert wegen der industriellen Revolution in Europa die Nachfrage nach Rohstoffen und neuen Märkten immer größer wurde, zog dies auch die systematische Erforschung der Region Südsee nach sich.

EINFÜHRUNG

Nach der amerikanischen Revolution wandte sich ein großer Teil der britischen Interessen, die vorher anderen Kolonien gewidmet waren, neuen Gebieten zu. Das waren damals Afrika, Indien und der Pazifik. Dies ließ die Briten die Führungsrolle übernehmen, aber Frankreich und die USA lagen nicht sehr weit zurück.

Als sich gegen Ende des 18. und zu Beginn des 19. Jahrhunderts der Handel mit China ausweitete, durchkämmten die Europäer den pazifischen Raum nach Erzeugnissen, die sie den Chinesen verkaufen konnten. Ein recht lukrativer Handel war dabei ein Dreiecksgeschäft, bei dem europäische Schiffe den Einheimischen billigen Whisky, Musketen und Glasperlen lieferten und dafür Sandelholz, *Bêche de mer,* Perlen und Schildkrötenpanzer an Bord nahmen. Diese Waren wiederum verkaufte man den Chinesen, um Seide, Tee und Porzellan mit nach Europa zu nehmen. Aber auch brutale Walfänger, Robbenfänger und Herumtreiber strömten in die neu entdeckte Region. Die meisten davon waren unehrliche Typen, die sich als Söldner oder Berater bei Häuptlingen verdingten. Zwei von ihnen, William Marriner und Hermann Melville, ließen aber auch wertvolle Spuren im frühen Polynesien zurück.

Nachdem die leicht auszubeutenden Quellen versiegt waren, kamen weiße Händler und Pflanzer ins Land. Sie gründeten Handelsposten oder legten auf den fruchtbaren Böden Kopra- und Baumwollplantagen an. Den Pflanzern folgten Missionare, die als oberstes Ziel nur eines im Auge hatten: die Eingeborenen zu „zivilisieren“ und ihnen ihre eigenen Bräuche aufzuzwingen. Diese Missionare machten den Einheimischen erst einmal klar, daß Kannibalismus, Kriege gegen Nachbarn, Vielweiberei, das Tragen eines Blätterrokkes anstelle von Kleidern, das Tanzen, das Trinken von *Kava,* das Kauen von Betelnüssen usw. falsch seien. Den Insulanern wurden statt dessen harte Arbeit, Schamgefühl, Wirtschaftlichkeit, Abstinenz und Gehorsam beigebracht. Die Stammesangehörigen wurden zudem gezwungen, Schweiß aufsaugende, von Regen durchnäßte und mit Bakterien verunreinigte Kleider anzulegen, ganz nach europäischem Vorbild. Den Männern zwang man Unterhemden und Hosen auf, den Frauen „Mother Hubbard“, einen langen Kittel, der auf dem Boden schleifte. Um sich derartig zu kleiden und Kirchen zu bauen, benötigten die Einheimischen aber Geld. Dies wiederum erwarben sie mühsam, indem sie als Arbeiter auf den Plantagen der Europäer Schwerstarbeit verrichteten. Manchmal erwirtschafteten sie auch einen Überschuß bei anderen Produkten, die sie dann an europäische Händler verkauften. Häufig wurde das sehr ernst genommene, harte Christentum den vielen Tabus, die den pazifischen Raum beherrschten, aufgepfropft.

Die ersten Mitglieder der Londoner Missionsgesellschaft kamen in Tahiti im Jahre 1797 an, waren aber erst 1815 mit der Bekehrung von Einheimischen

erfolgreich. Ein berühmt gewordener Missionar dieser Gesellschaft, Reverend John Williams, sorgte dafür, daß sich der Protestantismus bis auf die Cook-Inseln (1823) und Samoa (1830) ausbreiten konnte. Später wurden viele Einheimische selbst Missionare, und etwa 1.200 von ihnen verließen ihre Heimat, um die neue Gotteslehre auch auf andere Inseln zu bringen. Die ersten katholischen Priester erreichten Polynesien 1834. Sie konkurrierten gegen die Protestanten um Einfluß und sorgten dafür, daß ganze Inseln in Einflußbereiche der einen oder der anderen Religion aufgeteilt wurden.
Wegen der ungastlichen Umgebung und des Fehlens einer Klasse von Häuptlingen gelang die Bekehrung und Kommerzialisierung in Melanesien erst mehrere Jahrzehnte später. Nach 1840 wurden Insulaner von Sklavenhändlern gekidnappt und als Sklaven an Plantagenbesitzer nach Fidschi oder Queensland (Australien) verkauft. Am allerschlimmsten wüteten die Peruaner, die 1862 und 1863 wahrscheinlich 3.634 Insulaner nach Peru verschleppten, von denen nur 148 in ihre Heimat zurückkehren konnten.

Seeschnecke, Seegurke, Trepang oder *Bêche de mer:* Die 5 Reihen Füße, die der Länge nach diesen Stachelhäuter zieren, deuten auf die Verwandtschaft mit dem Seeigel und dem Seestern hin. Die Nahrungsteilchen, die von den langen Tentakeln eingefangen werden, wandern von dort ins Maul, wo sie abgeleckt werden. Diese Kreaturen, die schon von frühen Seefahrern im Südpazifik entdeckt wurden, werden in China noch heute als Aphrodisiatikum gehandelt.

Kolonialismus: Die ersten Kolonien der Europäer waren Australien (1788) und Neuseeland (1840). Bald danach schnappten sich die Franzosen Tahiti (1842) und Neukaledonien (1853). In dieser Zeit war ein Kanal durch Mittelamerika bereits geplant und Tahiti als Hafen für die Schiffahrtsrouten nach Australien und Neuseeland vorgesehen. Neukaledonien diente zunächst als Sträflingskolonie. Mit dem Abbau von Nickelerz begann man in den siebziger Jahren des vorigen Jahrhunderts. In den achtziger Jahren des vorigen Jahrhunderts annektierte Frankreich auch mehrere andere Inselgruppen in der Nähe von Tahiti.
Da man sich nicht Verwaltungskosten, weit entfernte Kolonien und ähnliche unerträgliche Lasten aufbürden wollte, sahen die Briten vorerst davon ab, andere der verstreuten Inseln in der Südsee zu annektieren, auch wenn Fidschi 1874 widerwillig übernommen wurde, um dort Recht und Ordnung herzustellen. Allerdings wurde 1877 das Hochkommissariat Westpazifik gegründet, um britische Interessen an noch nicht in Besitz genommenem Land zu wahren.

Dies änderte sich aber schlagartig, als der Panama-Kanal fertiggestellt wurde und die Deutschen auf den Plan traten. Schnell gingen Briten, Franzosen, Deutsche und Amerikaner dazu über, sich Standorte in der Südsee durch Annexion zu sichern. Dies alles fiel in die Zeit zwischen 1884 und 1900. Samoa wurde 1899 zwischen dem Deutschen Reich und den USA geteilt. Gleichzeitig fügte man Tonga und die Salomonen dem britischen Einflußbereich hinzu. Die letzte Inselgruppe, die übernommen wurde, waren die Neuen Hebriden (Vanuatu), die Großbritannien und Frankreich 1906 zu einem Kondominium erklärten, um Bemühungen Deutschlands zuvorzukommen.

In der Zeit um den Ersten Weltkrieg übertrug England Australien oder Neuseeland die Verantwortung für viele Inselgruppen. Der Erste Weltkrieg in den Jahren 1914-18 hatte dann zur Folge, daß deutsche Kolonien (Neuguinea, Samoa und Mikronesien) von England und Japan übernommen wurden. Nun war der Südpazifik ein englischer See geworden, der wirtschaftlich von Australien und Neuseeland abhing.

Bereits gegen Ende des 19. Jahrhunderts waren die tropischen Erzeugnisse dieser Kolonien (Kopra, Zucker, Vanille, Kakao und Früchte) wertvoller, aber auch leichter zugänglich geworden. Man begann zu diesem Zeitpunkt auch mit der Ausbeutung von Bodenschätzen (Nickel, Phosphat und Guano). Die Kontrolle über all diese Bodenschätze lag in den Händen großer europäischer Handelsgesellschaften, denen auch Plantagen, Schiffe und Einzelhandelsgeschäfte gehörten. Viele dieser Gesellschaften sind heute noch immer mächtig.

Angeregt durch dieses kolonialistische Verhalten strömten in der Folge viele asiatische Arbeiter in die Region, die heute in Fidschi sogar die Mehrheit der Bevölkerung bilden. Ferner hatte der neue Fremdeinfluß zur Folge, daß den Einheimischen immer mehr Land genommen wurde (in Neukaledonien) und die einheimische Bevölkerung um ein Drittel zusammenschmolz. Dabei darf man nicht übersehen, welchen verheerenden Einfluß dies alles auf die heimische Kultur hatte. Zwischen den beiden Weltkriegen entwickelten die Japaner Mikronesien auf militärischem Sektor, aber auch wirtschaftlich, denn sie holten Tausende von Menschen aus Korea, Okinawa und Japan hierher, die die Einheimischen immer mehr in den Hintergrund drängten. Obwohl die USA 1898 festen Fuß im Pazifik gefaßt hatten, weil sie Hawaii und die spanischen Kolonien (Guam und die Philippinen) erobert hatten, machten die Briten und Japaner eine weitere Ausdehnung unmöglich.

Der Krieg: Der Zweite Weltkrieg ließ den Vereinigten Staaten von Amerika günstige Gelegenheiten zukommen. Japan hatte sich zwar den Hoffnungen hingegeben, im Pazifik und in Asien die tonangebende Macht zu werden. Dies wollte Japan durch die „Greater East Asia Co-Prosperity Sphere“ erreichen. Nachdem die Japaner aber im Juli 1941

Französisch Indochina besetzt hatten, verhängten die USA ein Eisen-Embargo für Lieferungen aus den USA und ein Öl-Embargo für die holländisch-ostindischen Gebiete. Den Japanern blieb daraufhin nur die Wahl zwischen Aufgabe, Rückzug oder Krieg.
Die Geschichte des Pazifikkrieges ist in vielen Büchern nachzulesen. Im Verlaufe dieses unerbittlichen Kampfes ließ eine halbe Million Japaner, Soldaten wie Zivilisten, fernab der Heimat ihr Leben.
Große amerikanische Durchgangslager und Versorgungsstützpunkte entstanden in Nouméa sowie auf Espiritu Santo und Bora Bora. Die Amerikaner bauten auf Inseln quer über die Südsee aber auch Start- und Landebahnen für Flugzeuge, während ihre Schiffe die südlichen Versorgungsrouten nach Australien und Neuseeland kontrollierten.

DEKOLONISIERUNG

Nach dem Zweiten Weltkrieg erhielten die Vereinigten Staaten fast ganz Mikronesien, das zu einem Treuhandgebiet der Pazifikinseln wurde, einem strategischen Treuhandgebiet, in dem Militärstützpunkte und Atomversuche erlaubt wurden. Im Jahre 1947 wurde die Südsee-Kommission gegründet, um durch Koordinierung zwischen den Kolonialmächten den Status Quo beizubehalten. Zwar haben die Vereinten Nationen bereits 1960 eine Deklaration verabschiedet, mit der die Kolonialmächte aufgefordert wurden, ihre Kolonialgebiete mit den Einwohnern in die Unabhängigkeit zu entlassen, aber es dauerte noch bis 1962, als West-Samoa seine Unabhängigkeit von Neuseeland erhielt und die weltweite Welle der Dekolonialisierung auch die Südsee erreichte.
Während der sechziger Jahre wurden sieben Südseeländer (Fidschi, Papua-Neuguinea, Salomonen, Tonga, Tuvalu, Vanuatu und West-Samoa) unabhängig, als Großbritannien, Australien und Neuseeland sich ihres Kolonialsystems entledigten. Die Cook-Inseln und Niue haben de facto ebenfalls die Unabhängigkeit erhalten und sind mit Neuseeland verbunden, während in Amerikanisch Samoa eine innere Selbstverwaltung besteht, auch wenn dieses Gebiet wirtschaftlich und politisch weiterhin stark mit den USA verbunden ist. Den französischen Territorien Ost-Polynesien, Neukaledonien sowie Wallis und Futuna wurde die innere Autonomie in unterschiedlichen Graden eingeräumt, auch wenn weiterhin große Macht von ernannten französischen Beamten ausgeht, die den lokalen Gremien gegenüber nicht verantwortlich sind. Dekolonialisierung ist gerade in den französischen Gebieten in der Südsee ein heißes Thema, in denen auch die einzigen aktiven Unabhängigkeitsbewegungen tätig sind. Pitcairn ist noch immer eine britische Kolonie, während Tokelau von Neuseeland verwaltet wird. Aber in diesen beiden Gebieten beruht das auf dem Wunsch der jeweiligen Bewohner. Dagegen ist die Osterinsel noch eine klassische Kolonie, in diesem Fall von Chile.

In der Nachkriegszeit konnte man aber auch Zeuge eines zunehmenden Regionalismus werden. Im Jahre 1947 bildeten Australien, Großbritannien, Frankreich, die Niederlande, Neuseeland und die USA die Südsee-Kommission, bei deren Konferenzen die Insulaner zum erstenmal zusammengebracht wurden. 1971 gründeten die unabhängig gewordenen Staaten das Südsee-Forum, eine wirksamere regionale Körperschaft, die in der Lage ist, sowohl politische als auch soziale Probleme einer Lösung näherzubringen. Und im Jahre 1988 bildeten Papua-Neuguinea, die Salomonen sowie Vanuatu die „Gruppe Melanesische Speerspitze“, die Pläne für eine regionale Freihandelszone angekündigt hat, auch wenn die Beziehungen zwischen Papua-Neuguinea und den Salomonen angespannter wurden, nachdem von Bougainville aus gegen Rebellen militärisch vorgegangen wurde, die sich der Regierung in Port Moresby widersetzten.

DIE SÜDSEE HEUTE

Die moderne Welt hält Einzug auch in der Südsee. Auslegerkanus werden durch Motorboote ersetzt, und anstelle von erfrischender Kokosnußmilch löscht zunehmend Coca-Cola den Durst der Bevölkerung. Die Konsumfreudigkeit hält munter an. Da auch in dieser Region Geld einen immer höheren Stellenwert erlangt, bekommen die Einheimischen deutlich zu spüren, was Arbeitslosigkeit in den Städten, ungleiche Behandlung und Ungerechtigkeit sowie Einfluß fremder Kulturen bedeuten. Videofilme von meist zweifelhafter Qualität werden nun auch von den Bewohnern der abgelegensten Atolle angesehen. Weil in vielen Ländern der Südsee das Fernsehen noch fehlt, ändern sich die Verhaltensweisen durch die Zehntausenden von Videorekordern, mit deren Hilfe Raubkopien von Videofilmen abgespielt werden, die in Hunderten von Eckläden erhältlich sind.

Auch die Ernährung ändert sich, weil importierte Lebensmittel in Konserven an die Stelle von stärkehaltigen frischen Lebensmitteln wie Brotfrucht, Taro, Kochbananen usw. getreten sind. Nicht ansteckende ernährungsbedingte Leiden wie Herzerkrankungen, Zuckerleiden und Krebs sind in den städtischen Gebieten Polynesiens bereits die Ursachen für drei Viertel aller Sterbefälle, in den vorwiegend ländlichen Gegenden von Vanuatu und der Salomonen aber noch viel seltener. Dort herrschen Infektions- und Parasitenkrankheiten wie Malaria, Dengue-Fieber, Lungenentzündung, Durchfall, Gelbsucht und Tuberkulose vor. Auch das Rauchen ist zu einem großen Problem geworden, denn über 50 % aller Männer in der Südsee zünden sich Zigaretten an. Dabei scheinen die Insulaner in ländlichen Gebieten öfter Raucher zu sein als Einwohner von städtischen Gegenden. In Fidschi sind sogar 88% der einheimischen Männer in ländlichen Regionen Raucher.

In Melanesien wird die Kluft zwischen der westlich ausgebildeten Elite in den Städten und der Bevölkerung in den

Dörfern immer größer. Die regionale Stabilität ist bedroht durch Armut, Klassenunterschiede, Korruption unter den Regierenden, ungleiche Entwicklung, wirtschaftliche Ausbeutung und abnehmenden Außenhandel. Indem man das Wirtschaftsleben von ausländischen Märkten abhängig macht, destabilisiert vieles der heimischen wirtschaftlichen Entwicklung die Gesellschaften, die einst in „einfachem Wohlstand" lebten. Heute ist fast jedes Dasein in der Südsee irgendeiner Art von neokolonialistischer Kontrolle untergeordnet. Melanesische Frauen sind zudem häufig Opfer von Gewalt der einheimischen Männer, von wirtschaftlichen Belastungen und vom kulturellen Wertewandel. Die Rechte der Frauen und von Minderheiten, seien sie auf die Rasse oder die Zugehörigkeit zu einem Stamm zurückzuführen, werden mißbraucht. Hinzu kommt, daß die Umwelt in der Region von den Auswirkungen der Ereignisse bedroht ist, die sich in Industriestaaten weit über das Meer abspielen.

STAAT UND VERWALTUNG

Im allgemeinen wird in der Südsee auf der Grundlage verfassungsgemäßer Gesetze sowie einer unabhängigen Rechtsprechung regiert und - mit einigen regionalen Eigentümlichkeiten - regelmäßig gewählt. In West-Samoa können für 47 von 49 Sitzen im Parlament nur *Matai* (Häuptlinge) kandidieren, auch wenn seit 1991 alle Erwachsenen wahlberechtigt sind. In Fidschi gilt eine Verfassung, in der vorgeschrieben ist, daß der Präsident sowie der Premierminister eingeborene Fidschianer sein müssen und die Rassen getrennt wählen. In Tonga werden zudem nur neun der 30 Parlamentsabgeordnete von der Bevölkerung direkt gewählt. Dieses Land ist auch das einzige größere in der Südsee ohne Mehr-Parteien-System. Allerdings ist in den letzten Jahren unter den gewählten neun Abgeordneten der Drang nach einer Wahlreform gewachsen.

Das Zwei-Parteien-System, das man in vielen Pazifikstaaten antrifft, ist noch ein Überbleibsel aus britischen, neuseeländischen und australischen Zeiten. Traditionsgemäß regieren sich die Melanesier selbst durch Übereinstimmung: Die Beteiligten setzen sich so lange zusammen, bis eine Kompromißlösung oder eine Einigung gefunden wurde, die dann auch von allen akzeptiert wird. Diese tiefverwurzelte Demokratie prägt das Leben in ganz Melanesien, auch wenn sich mittlerweile in den Hauptstädten Regierungszentren bilden. Vor der Ankunft der Europäer gab es in Melanesien keine regionalen Führer oder gar mächtigen Häuptlinge. Polynesien auf der anderen Seite hatte eine Tradition mit mächtigen, durch Erbfolge bestimmten Häuptlingen und Königen. Das politische System der Fidschianer war stark durch die Polynesier beeinflußt.

EINFÜHRUNG

Regionale Organisationen: 1947 entstand die South Pacific Commission (SPC) mit Sitz in Nouméa (B.P. D5, Nouméa, Neukaledonien, Tel. 26-20-00). Diese Kommission sollte vor allem den Zweck haben, durch jährlich stattfindende Konferenzen, Forschungsarbeit sowie technische Unterstützung und Hilfe die wirtschaftliche und soziale Entwicklung in den Mitgliedsländern zu fördern. Das Hauptaugenmerk legte man dabei auf die Landwirtschaft, die Fischerei, die Entwicklung in ländlichen Gebieten und den Ausbau der Gemeindearbeit. In dieser Vereinigung sind nahezu alle Länder und Territorien Ozeaniens vertreten, auch die Kolonialmächte. Die South Pacific Conference ist das Jahrestreffen von Delegierten der 27 SPC-Länder. Während dieser Konferenzen im Oktober jedes Jahres werden Probleme diskutiert, Resolutionen verabschiedet usw. Dabei ist man eifrig darauf bedacht, politische Kontroversen zu vermeiden. Das Geld, das für diese Konferenzen benötigt wird, stammt aus Spenden aus Australien, Frankreich, Neuseeland, England und den USA. Die Regierungen der Inselstaaten beteiligen sich lediglich mit kleineren Beträgen.

Zu informellen Gesprächen treffen sich alljährlich auch die Führenden der jeweiligen unabhängigen Regierungen. Dies geschieht im Rahmen des South Pacific Forum, dem folgende 15 Staaten angehören: Australien, Cook-Inseln, Föderierte Staaten von Mikronesien, Fidschi, Kiribati, Marshall-Inseln, Nauru, Neuseeland, Niue, Papua-Neuguinea, Salomonen, Tonga, Tuvalu, Vanuatu und West-Samoa. Dieses Forum entstand 1971, weil der Unmut über die SPC wuchs, der man mehr und mehr eine Dominanz durch England und Frankreich nachsagte. Beim Treffen des South Pacific Forum auf Rarotonga im Jahre 1985 wurde ein Vertrag über eine atomwaffenfreie Südsee unterzeichnet, und bei der Sitzung in Tarawa im Jahre 1989 verurteilten die Mitgliedsländer die Treibnetzfischerei. Im gleichen Jahr einigten sich die Mitgliedsländer auch auf ein Verfahren zur Beobachtung des Treibhauseffektes.

1972 gründeten die Mitglieder des South Pacific Forum das Forum Secretariat (G.P.O., Box 856, Suva, Fidschi, Tel. 312-600), bis 1988 South Pacific Bureau for Economic Cooperation (SPEC) genannt. Das ist das ausführende Organ für Beschlüsse des SPF. Das SPF war inzwischen sehr aktiv, denn man gründete eine Reederei (Pacific Forum Line), eine Vereinigung der regionalen Fluggesellschaften sowie einen Unterstützungsfonds und schloß ein Handelsabkommen, das unter der Bezeichnung SPARTECA bekannt ist. Die Forum Fisheries Agency (Box 629, Honiara, Salomonen, Tel. 2 11 24) koordiniert die Fischereipolitik aller 15 Mitglieder und zusätzlich die von Belau, indem sie mit anderen Staaten und den Reedern von 2.600 Fischereifahrzeugen über Lizenzvereinbarungen verhandelt, bei der Überwachung und Beachtung hilft sowie technische Unterstützung bei der Fischerei der einzelnen Länder leistet.

1982 wurde zudem von der SPC, vom SPF und von den Vereinten Nationen das South Pacific Regional Environment Program ins Leben gerufen, das durch die Einführung von Managementprogrammen, Schutz der Tier- und Pflanzenwelt, Schutz von bestimmten Gebieten, Kontrolle der Luftverschmutzung, Forschung und Ausbildung eine tragfähige Entwicklung fördern soll. Anfang 1992 wurde das Büro dieser Organisation von Nouméa nach Apia in West-Samoa verlegt, um das französische Veto bei der Erörterung von atomaren Angelegenheiten zu umgehen und es zu ermöglichen, daß diese Agentur sich stärker um das französische Atomversuchsgebiet auf den Tuamotus kümmern kann.
Ferner wurde 1989 von der South Pacific Conference ein South Pacific Coordination Commitee gegründet, in dem alle bereits genannten Gremien, aber auch das East-West Center aus Hawaii und andere Organisationen vertreten sind. Damit soll verhindert werden, daß bestimmte Aktivitäten doppelt betrieben werden.

Weitere Organisationen: Auch andere Institutionen verschrieben sich der Aufgabe, das Zusammengehörigkeitsgefühl zu fördern. Dazu gehören unter anderem die University of the South Pacific, das South Pacific Festival of the Arts (Kunst), die South Pacific Games (Sport) sowie die Nuclear Free Pacific Conference (Konferenz für einen atomwaffenfreien Pazifik). Die Universität (Box 1168, Suva, Fidschi, Tel. 313-900) entstand 1967 und steht Studenten aus den Cook-Inseln, Fidschi, Kiribati, den Marshall-Inseln, Nauru, Niue, den Salomonen, Tokelau, Tonga, Tuvalu, Vanuatu und West-Samoa offen. Gegründet wurde die Universität in Lauthala unweit von Suva, der 1977 eine landwirtschaftliche Fakultät in Alafua, nicht weit von Apia entfernt, hinzugefügt wurde. Inzwischen besteht die USP aus sieben vorwiegend auf Nutzanwendung ausgerichteten Fakultäten, zu denen auch das Institute of Rural Development auf Tongatapu und das Institute of Marine Resources in Honiara gehören. Der Komplex der USP in Honiara enthält auch die Fakultät für Sprachen der Südsee und für Recht. In den letzten Jahren verlagerte sich das Schwergewicht an dieser Universität von der Lehrerausbildung hin zu Betriebswirtschaft und Technologie. Im Jahre 1991 studierten 2.400 Studenten an den zwei Hauptstellen der Universität, zu denen noch 6.700 Studenten kamen, die an Kursen mit einer Abschlußprüfung in einer der 12 Außenstellen in jedem der 12 Mitgliedsländer außer Tokelau teilnahmen. Weitere 1.600 Personen haben an fortlaufenden Erziehungskursen teilgenommen. Ein Besuch in einer der Außenstellen lohnt schon deshalb, weil man dort günstig ausgezeichnete Bücher kaufen kann, die vom Institute of Pacific Studies der USP veröffentlicht werden. Verallgemeinert kann man sagen, daß die USP einen größeren Einfluß auf die ganze Region ausübt als beispielsweise die Universität von Papua-Neuguinea oder die von Hawaii.

Die Pacific Islands News Association (PINA) hält jährlich eine Konferenz mit Chefredakteuren aus der Region ab, in der Medienthemen diskutiert werden. Dabei wird die PINA als Organ von Verlegerinteressen angesehen, während die Pacific Journalists Association sich mehr für die Belange der arbeitenden Journalisten einsetzt. Der regionale Nachrichtendienst Pacnews (Box 1066, Honiara, Tel. 2 05 56) wurde 1987 mit Unterstützung der deutschen Friedrich-Ebert-Stiftung gegründet. Als Ergebnis eines Konflikts mit der Regierung mußte Pacnews 1990 seinen Sitz von Fidschi auf die Salomonen verlegen.
Von Zeit zu Zeit werden auch Konferenzen mit dem Ziel einer atomwaffenfreien Zone im Pazifik abgehalten (Fidschi 1975, Pohnpei 1978, Hawaii 1980, Vanuatu 1983, Manila 1987, Neuseeland 1990). Diese Treffen dienen der besseren Zusammenarbeit zwischen den einzelnen Mitgliedern, die überall im Pazifik aktiv an diesem Thema arbeiten. Sie legen die Strategien für die kommenden Monate fest und sollen die Solidarität untereinander für den Kampf gegen den Militarismus und den Kolonialismus in diesem Gebiet fördern.
Zu den Veranstaltungen, die das Zusammengehörigkeitsgefühl in den Südseeländern stärken sollen, gehören das South Pacific Festival of the Arts und die South Pacific Games (siehe auch Abschnitt über Feste und Feiertage weiter unten).

WIRTSCHAFT

In der Wirtschaft der Südseeländer spielt die Subsistenzlandwirtschaft eine große Rolle. Das bedeutet, daß alles, was vor Ort angebaut wird, dort auch verbraucht wird, häufig vom Erzeuger selbst. Da die Konsumfreudigkeit zu großen Teilen immer noch allein auf die Städte begrenzt ist, wandelte sich hier das Bild erheblich. Anstelle der Sicherheit, die das Stadtleben in sich bergen sollte, fördert die moderne Infrastruktur Abhängigkeit. Der Abstand zwischen der neuen Mittelklasse, die überwiegend Arbeit in den Verwaltungen fand, und der Mehrheit, die immer noch in den kleinen Dörfern lebt, ist eklatant. Die Landflucht setzte auch die Stadtverwaltungen vor schier unlösbare Probleme. Die Sozialeinrichtungen platzen aus ihren Nähten, und die weiteren Gelder dafür fließen nur unzureichend. Hinzu kamen ernste Wohn- und Arbeitsprobleme, ganz besonders für junge Menschen.
Das steigende Bildungsniveau hat Erwartungen entstehen lassen, die die Wirtschaft der Inseln nicht erfüllen kann. Die Geldwirtschaft basiert häufig auf dem Tourismus oder einigen wenigen landwirtschaftlichen Erzeugnissen für den Export sowie in einigen Fällen dem Bergbau. Der Ozean ist auf den

ersten Blick eine reiche Einnahmequelle, aber auf vielen Inseln sind die Gewässer an den Riffen bereits überfischt. Andererseits haben die Einwohner der Südseeländer meistens nicht die Möglichkeit, auf hoher See zu fischen. Daraus folgt die bittere Ironie der Importe von Fisch in Konserven aus Japan.

Während die größeren Länder Melanesiens mit ihren fruchtbaren Böden und zahlreichen natürlichen Ressourcen das Potential für eine wirtschaftliche Unabhängigkeit besitzen, ist es unwahrscheinlich, daß die kleineren polynesischen Gebiete wirtschaftlich jemals völlig aus eigener Kraft bestehen können. Sie werden immer von der Hilfe Australiens, Neuseelands, Japans, Frankreichs und der USA abhängig sein, die ihnen von diesen Ländern aufgrund der strategisch wichtigen Lage der Inseln gewährt wird.

Handel: Australien und Neuseeland haben in der Bilanz bei Handel mit den Südseeländern einen riesigen Überschuß. 1989 beispielsweise verkaufte Australien ihnen Waren im Wert von 1.324 Millionen australischen Dollar, kaufte aber nur Güter im Wert von 379 Millionen australischen Dollar. Neuseeland hat ebenfalls etwa dreimal soviel ver- wie gekauft. Das einzige Südseeland, das ständig einen Handelsüberschuß erzielt, ist das phosphatreiche Nauru. Die Defizite der übrigen Staaten machen die industrialisierten, exportorientierten Staaten zu den größten Nutznießern der wirtschaftlichen Situation in der Region. Für Australien und Neuseeland sind die Märkte in der Südsee nicht besonders bedeutend, aber in jeder Inselnation ist er für ihre Interessen lebensnotwendig.

Die wichtigsten Güter, die von Südseeländern exportiert werden, sind Bodenschätze (Papua-Neuguinea, Neukaledonien, Nauru und Fidschi), Fisch und andere Meerestiere (Amerikanisch Samoa, Salomonen, Fidschi und Papua-

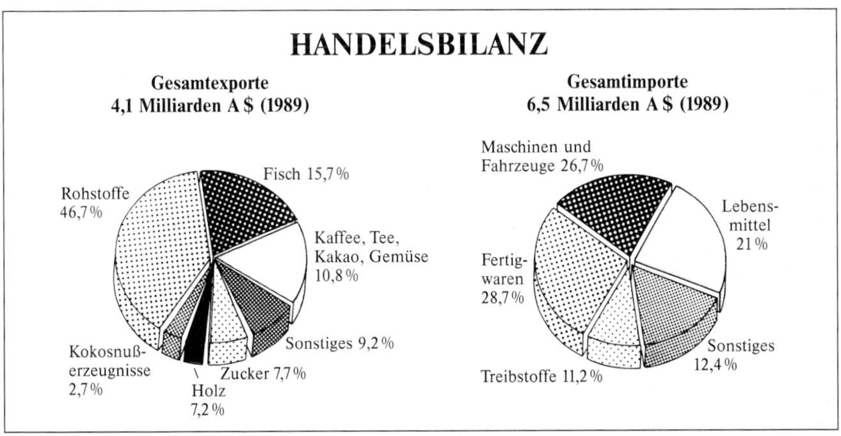

Neuguinea), Kaffee, Tee und Kakao (Papua-Neuguinea, Salomonen und Fidschi), Zucker (Fidschi) sowie Holz (Papua-Neuguinea, Salomonen und Fidschi). Dagegen sind Palmöl, Tierfutter, Kokosnußöl, Kopra, Obst und Gemüse unbedeutend. Die meisten Südseeländer sind aber auch Importeure von Lebensmittelkonserven.

Während der Wert der aus der Südsee ausgeführten landwirtschaftlichen Erzeugnisse sinkt, steigen die Preise für eingeführte verarbeitete Waren und für Treibstoff von Jahr zu Jahr. Die meisten Erzeugnisse, die Neuseeland auf den Inseln kauft, sind Rohprodukte aus der Landwirtschaft, die außerhalb der Erzeugerländer von multinationalen Unternehmen wie Nestlé, Cadbury und Unilever verarbeitet und vermarktet werden. Sie sind es, die den größten Gewinn einstreichen. Hinzu kommt, daß Neuseeland beispielsweise mehr Bananen in Ekuador als auf den Inseln in der Südsee kauft. Japan bezieht aus der Region Südsee Rohmaterial wie Holz und Fisch (von den Salomonen), Perlen (aus Ost-Polynesien und von den Cook-Inseln) und Nickelerz (aus Neukaledonien). Das hat bereits dazu geführt, daß Länder mit einem großen Defizit in der Handelsbilanz und hohen Schulden wie die Salomonen gezwungen sind, ihren Fisch und ihr Holz zu niedrigeren als den Marktpreisen zu verkaufen.

Erzeugnisse wie Zucker, Kakao, Bananen, Taro, Ananas, Kopra, Kaffee, Vanille usw. unterliegen zudem Preisschwankungen, auf die Regierungen der Erzeugerländer keinen Einfluß nehmen können. Hinzu kommen eine geringe Nachfrage und ein starker Wettbewerb anderer Erzeuger. Bemühungen, die Erzeugung dieser Waren zu steigern, führen häufig zu einer geringeren Menge für die Versorgung der einheimischen Bevölkerung, was wiederum teure Lebensmittelimporte nach sich zieht. Außerdem sind viele Inseln in kleine Grundstücke unterteilt, die eine leistungsfähige Bewirtschaftung erschweren.

Das Abkommen von Lomé sieht die Möglichkeit vor, bestimmte Quoten landwirtschaftlicher Erzeugnisse aus Commonwealth-Ländern zu festen Preisen in die EG einführen zu können. Dieses Abkommen ist für die Länder, die im größten Teil ihres Außenhandels von einem einzigen Exportgut abhängen, lebenswichtig.

Hilfe, Investitionen und Tourismus aus dem Ausland helfen, das Ungleichgewicht in der Handelsbilanz etwas zu mildern, schaffen aber auch Abhängigkeit. Der Handel zwischen den Ländern der Südsee ist ebenfalls nur in begrenztem Umfang möglich, weil sich die anzubietenden Waren häufig gleichen und die Frachtkosten eher zu Ausfuhren nach Australien und Neuseeland als zum Handel untereinander ermuntern.

Ausländische Hilfe: Australien stellt den Ländern in der Südsee pro Jahr 425 Millionen australische Dollar Entwicklungshilfe zur Verfügung, von denen allerdings 346 Millionen australische

Dollar nach Papua-Neuguinea gelangen. Neuseeland zahlt jährlich 44 Millionen australische Dollar, Japan 88 Millionen australische Dollar, während die USA 82 Millionen australische Dollar zur Verfügung stellen (davon 65 Millionen australische Dollar für Amerikanisch Samoa). Aus Großbritannien kommen 25 Millionen australische Dollar (vorwiegend für Vanuatu und die Salomonen). Frankreichs Beitrag beträgt 632 Millionen australische Dollar, von denen aber 612 Millionen für die Erhaltung der drei französischen Kolonien verschlungen werden. Im Jahre 1989 hat Australien auch Stipendien für 580 Studenten aus 10 Ländern der Südsee zur Verfügung gestellt. Neuseeland finanzierte 180, Großbritannien 165 und die USA 28 Stipendien.

Der Lebensstandard hängt häufig unmittelbar von dieser Hilfe ab. In Ost-Polynesien und Neukaledonien ist das Bruttoinlandsprodukt zwar das höchste in der ganzen Region, aber diese beiden Territorien sind auch die Empfänger der größten Hilfe aus dem Ausland (selbst wenn so winzige Gebiete wie Niue, Pitcairn, Tokelau sowie Wallis und Futuna pro Kopf der Bevölkerung noch mehr Hilfe erhalten). Das einzige Land mit einem hohen Einkommen pro Kopf der Bevölkerung, das nicht so stark von ausländischer Hilfe abhängt, ist Fidschi.

Auch wenn in der Südsee der höchste Betrag pro Kopf der Bevölkerung an Entwicklungshilfe ausgegeben wird, verschwendet man den größten Teil davon in Form von Direkthilfe und wendet sie nicht als Hilfe zur Selbsthilfe auf. Hilfeleistungen, die den Menschen Kraft gibt, indem sie ihnen die Möglichkeit vermitteln, Probleme zu erkennen, zu verstehen und zu bewältigen, sind die Ausnahme. Prestigeobjekte wie riesige Flughäfen, hoch entwickelte Kommunikationsnetze und elegante Gebäude, die die Abhängigkeit von anderen verstärken, sind die Regel. Zahlungen, die in den Hauptstädten ausgegeben werden, führen zu unproduktiven Abwanderungsbewegungen in die Städte. Hinzu kommt, daß praktisch die gesamte japanische Entwicklungshilfe „gebunden" ist, wobei der Großteil der eingesetzten Mittel an japanische Berater und Unternehmen fließt. Im Gegensatz dazu stehen Australien und Neuseeland in dem Ruf, die Mühe auf sich zu nehmen, wenig prestigeträchtige Mini-Projekte durchzuführen, um einzelne Gemeinden zu unterstützen. Es besteht außerdem ein wachsendes Ungleichgewicht zwischen den staatlichen Ausgaben und den im Inland erwirtschafteten Einnahmen. Die Gehälter der Staatsbediensteten fressen bereits einen erheblichen Teil der Entwicklungshilfe auf.

Die meisten Pazifikstaaten sind nicht nur in starkem Maße von äußerer Hilfe abhängig, sondern viele von ihnen von nur einem einzigen Geberstaat. Das führt dazu, daß sie von diesem unter politischen Druck gesetzt werden können. Frankreich hat seine Zahlungen an Fidschi erhöht, um den aufkommenden Widerstand gegen die Atomversuche zu beschwichtigen. Die amerikanische Hilfe für die Salomonen wurde gestrichen, als das Land atomaren Kriegsschiffen das Anlegen verbot und das illegale Fischen von amerikanischen Thunfischfängern unterband. Die japanische Hilfe zielt vor allem darauf ab, den Zugang zu den reichen Fischgründen zu sichern oder japanische Geschäfte auf den Inseln zu stützen. Diese Art von Scheckheft-Diplomatie ist in vielen Fällen erstaunlich erfolgreich gewesen.

Die Beziehungen der Europäischen Gemeinschaft zu der Region werden zunehmend intensiver. Die Staaten der Südsee erhalten Kredite zu niedrigen Zinsen, günstige Importquoten, Subventionen, technische Unterstützung usw. Die Asiatische Entwicklungsbank (die 1966 gegründet wurde) stärkt das Wirtschaftswachstum durch Kredite, die Förderung von Entwicklungsprojekten sowie die Bereitstellung technischer Hilfe. Fidschi, Tonga, West-Samoa, die Cook-Inseln, Vanuatu und die Salomonen sind Mitglieder der Bank, deren Hauptverwaltung sich in Manila befindet. Das Entwicklungsprogramm der Vereinten Nationen ist eines der wenigen, das Hilfe ohne versteckte Bindung anbietet.

Entwicklungshilfe für einzelne Gemeinden wird auch von nichtstaatlichen Organisationen wie der Foundation for the Peoples of the South Pacific (Box 85710, San Diego, CA 92186, USA, Tel. 619-279-9820) geleistet, einer ohne Gewinn arbeitenden, durch ehrenamtliche Mitarbeit getragenen Organisation, deren Gründungskapital zu 85 % von der Agentur der USA für internationale Entwicklung gestellt wurde. Das geschah im Zuge der vorgesehenen zunehmenden Privatisierung der amerikanischen Außenpolitik. Die FPSP führt Projekte in Fidschi, auf den Salomonen sowie in Tonga und Vanuatu durch. Der Schwerpunkt liegt auf der Entwicklung zur Selbstversorgung, dem Gesundheitswesen, der Ernährung und der Sicherung von Einkommen sowie der Nahrungsmittelproduktion der Familien. Andere Organisationen dieser Art sind die South Pacific Peoples Foundation of Canada (415-620 View St., Victoria, BC VBW 1J6, Kanada, Tel. 604-381-4131) sowie die United Kingdom Foundation for the Peoples of the South Pacific (32 Howe Park, GB-Edinburgh EH10 7HF, Tel. 031-445-5010).

Gewerbe: Ausländische Investoren betätigen sich vor allem im Tourismus, im Handel, im Bankgeschäft, im Bau- und Transportgewerbe sowie im Bergbau. Die heimischen Regenwälder sind zudem durch das Abholzen, überwiegend durch ausländische Firmen, sowie durch die Brandrodung der einheimischen Bauern bedroht. Hinzu kommt, daß in vielen Ländern der Südsee der politische Wille zur Erhaltung und Bewahrung fehlt.

Als kleiner Hoffnungsstrahl am Zukunftshimmel in bezug auf die Zahl der in der Industrie Beschäftigten erscheinen die Initiativen des Pacific Islands Industrial Development Scheme (PIIDS). Es forciert den Bau neuer Fabriken und ermutigt zu Exporten.

Nach einem entsprechenden Abkommen (South Pacific Regional Trade and Economic Cooperation Agreement - SPARTECA) mit Neuseeland und Australien sind die meisten Güter aus 10 Südpazifikländern zollfrei, ohne daß im Gegenzug Güter aus Neuseeland und Australien ebenfalls zollfrei eingeführt werden dürfen. Die einzigen Ausnahmen sind Zucker, Stahl, Motorfahrzeuge und Kleidung, für die bei der Einfuhr nach Australien Quoten gelten. Als Folge der Bemühungen von PIIDS und SPARTECA kann Tonga stolz auf gute Fortschritte bei der Entwicklung der Kleinindustrie durch ein Small Industries Center (SIC) verweisen.
In Fidschi sind dort hergestellte Kleidungsstücke, von denen 1989 welche im Wert von 100 Millionen Fidschi-Dollar verkauft werden konnten, bereits das zweitwichtigste Exportgut. In Tonga und auf den Cook-Inseln wird ebenfalls Kleidung für den Export produziert, wenn auch in kleineren Mengen. Niedrige Löhne, unzureichende Arbeitsbedingungen und schwache Gewerkschaften in Verbindung mit Zugeständnissen bei der Zahlung von Steuern, Ausnahmen bei Zollvorschriften und staatliche Subventionen bei der Infrastruktur und der Ausbildung von Arbeitskräften sowie offene Märkte in Australien und Neuseeland haben Fidschi für ausländische Hersteller von Bekleidung interessant gemacht. Den größten Teil der Arbeitskräfte bilden Frauen, die nur ein Zehntel des Einkommens vergleichbarer Arbeitnehmer in Neuseeland erhalten, wo zudem die Arbeitsbedingungen viel besser sind.

Weitere Einnahmequellen: 1971 boten die Neuen Hebriden (heute Vanuatu) als erster Staat in der Südsee ausländischen Investoren die Möglichkeit, Off-Shore-Bankgeschäfte abzuwickeln und so dem Zugriff der Steuerbehörden im Heimatland zu entgehen. 1982 riefen die Cook-Inseln ebenfalls einen Steuerhimmel aus, gefolgt von Tonga im Jahre 1985 und West-Samoa im Jahre 1989. Etwa 100 Scheinbanken und über eintausend Strohfirmen arbeiten heute mit wenig oder ohne Personal in Vanuatu, sei es mit festgesetzten Aktiva oder Kapital. 1990 schloß Australien allerdings eine Steuerlücke, die bis dahin Millionen Dollar an verlorenen Steuereinnahmen pro Jahr gekostet hatte, so daß die meisten Kunden der „Finanzzentren" heute Firmen mit Sitz in Asien sind. Vanuatu hat nun aber, gezwungen durch den Verdacht, daß im Land Drogengelder gewaschen würden, seine Regelungen etwas strenger gefaßt.
In den letzten Jahren sind in einigen Staaten der Südsee wegen der strengen Vorschriften in den USA amerikanische Unternehmen auf der Suche nach Lagerorten für amerikanischen Giftmüll aufgetaucht. Die Gefahr durch Lecks, austretende Flüssigkeiten oder Emissionen aus an Land befindlichen Verbrennungsanlagen zur Entsorgung von Giftstoffen sowie die Probleme bei der Lösung der Frage, was mit der giftigen Asche geschehen soll, zeigen, warum

der Dritten Welt häufig große Beträge geboten wurden, um an diesem schmutzigen Geschäft teilzunehmen. Glücklicherweise wurden bisher alle Angebote dieser Art von „Wirtschaftsentwicklung" abgelehnt. Fidschi, die Salomonen, Tonga, Tuvalu sowie West-Samoa und Vanuatu haben inzwischen sogar Gesetze gegen den Import von Giftmüll erlassen.

Bodenschätze: Die bedeutendsten Bodenschätze in der Südsee sind die Nickelvorkommen in Neukaledonien und die Goldvorkommen in Fidschi. Intensiv nach Bodenschätzen wird auch auf den Salomonen gesucht. Ferner glaubt man, daß um Tonga, Fidschi, Neukaledonien, Vanuatu und den Salomonen Ölvorkommen vorhanden sind, auch wenn sie bisher nicht entdeckt wurden.

Von weitaus größerer Bedeutung sind jedoch die Unterwasservorkommen in den Hoheitsgewässern von Ost-Polynesien, den Cook-Inseln und Kiribati. Drei dieser Vorkommen liegen in mehr als 600 m Tiefe im Pazifik. Eines erstreckt sich von Mexiko bis zu einer Stelle südöstlich von Hawaii, ein anderes liegt zwischen Hawaii und den Marshall-Inseln und ein drittes in Ost-Polynesien. Knollen von der Größe einer Kartoffel in diesen Gebieten enthalten Mangan, Kobalt, Nickel und Kupfer. Ihr Wert wird auf 3 Trillionen US $ geschätzt. Die Vorkommen reichen aus, um die Erde für Tausende von Jahren mit diesen Rohstoffen zu versorgen. Dieser Unterwasserreichtum war ein weiterer Grund dafür, daß die Vereinigten Staaten das neue Seerecht nicht anerkannten, denn dann hätten sie die Erträge mit den Entwicklungsländern teilen müssen. Frankreich entließ aus diesem Grunde Ost-Polynesien nicht aus der Abhängigkeit.

Seerecht: Das Seerecht hat das Gesicht des Pazifik verändert. Lange Zeit übten Staaten die Hoheit über einen drei Meilen breiten Gürtel vor ihrer Küste aus. Die hohe See hinter dieser Grenze konnte frei von jedem genutzt werden. Am 28. September 1945 erklärte jedoch Präsident Harry Truman die Hoheit der USA auch über die natürlichen Ressourcen im angrenzenden Festlandssockel. Andere Staaten folgten diesem Beispiel mit vergleichbaren Erklärungen. Im Jahre 1958 versammelten die Vereinten Nationen sich zu einer Seerechtskonferenz in Genf, bei der man sich auf die nationale Kontrolle über einen Festlandssockel bis in 200 m Tiefe einigte. Über die Ausweitung der Seehoheit konnte keine Einigkeit erzielt werden.

Bald mehrten sich nationale Ansprüche derart, daß im Jahre 1974 eine weitere UNO-Konferenz stattfand, die 1982 in Jamaika zur Unterzeichnung der Seerechtskonvention führte. Dieser komplexe Vertrag mit 200 Seiten, 9 Anhängen und 320 Artikeln weitete die nationale Seehoheit auf über 40% der Ozeane der Welt aus. Die Seehoheit wurde auf 12 Seemeilen vor der Küste und die Verfügungsgewalt über den

Meeresboden auf über 200 Seemeilen vor der Küste ausgedehnt. Dieser 200 Seemeilen breite Gürtel wurde zur „Exklusiven Wirtschaftszone" (EWZ) erklärt, in der die jeweiligen Staaten die ausschließliche Verfügungsgewalt über alle Ressourcen, lebendige oder nicht lebendige, besitzen. Bis heute haben jedoch nur 47 Staaten den Vertrag ratifiziert, 13 weniger als die 60, die notwendig sind, um die Vereinbarungen in Kraft treten zu lassen. Insbesondere wegen der Einwände der anderen gegen die strengen Regeln über den Abbau der Bodenschätze unter Wasser ist die einzige Industrienation, die den Vertrag bisher anerkannt hat, Island.

Auch wenn es noch nicht international anerkannt ist, sind in der Praxis bereits viele Regelungen des neuen Seerechts praktiziert worden. Bis heute hat die EWZ vor allem die Fischerei und die Ausbeutung der Bodenschätze unter dem Meeresboden beeinflußt. Die Navigationsfreiheit innerhalb dieser Zonen ist weiterhin garantiert. Im Jahre 1976 hat auch das South Pacific Forum für jedes seiner Mitglieder eine EWZ erklärt und im Jahr darauf eine Fischereiagentur gegründet. Das Seerecht hat die Gebiete der unabhängigen Staaten in der Südsee erheblich vergrößert und ihnen zum ersten Mal in der Geschichte wirklich politisches Gewicht gegeben. Die Landfläche der Südseestaaten beträgt nur 550.356 km^2, während die EWZ 31.224.000 km^2 ausmacht! Es ist bekannt, daß innerhalb dieses Gebietes riesige Vorkommen an Bodenschätzen liegen, die nur noch auf die Technologie warten, mit der sie ausgebeutet werden können.

Fischerei: Nach den Garnelen ist der Thunfisch der wichtigste Fang in der Fischerei auf der ganzen Welt. Davon werden 70 % im mittleren und westlichen Pazifik gefangen. Der größte Teil der 600.000 Tonnen Thunfisch im Wert von 600 Millionen US-Dollar, die jährlich in der Region gefangen werden, fischen etwa 100 amerikanische und japanische Fischdampfer mit Beutelnetzen, deren Reeder dafür jeweils 50.000 US-Dollar an Lizenzgebühren entrichten, um in den EWZ operieren zu dürfen. Außerdem werden in der Südsee Longliner eingesetzt, um den japanischen Markt mit Sashimi zu versorgen. Um einen fairen Ausgleich für die Nutzung einer ihrer wenigen erneuerbaren Ressourcen zu erhalten, sind die Insulaner gezwungen, einen harten Kurs zu steuern.

Viele Jahre lang haben sich die Reeder der amerikanischen Flotte zum Fang von Thunfisch geweigert, Lizenzgebühren zu bezahlen, und begründeten das mit der Behauptung, die Fische hielten sich nicht an einem bestimmten Standort auf, sondern seien ständig unterwegs. Das Fangen von Thunfisch in der Südsee ohne Lizenz wurde als systematische Räuberei angesehen und ließ das Schreckgespenst entstehen, daß eine der reichsten Nationen der Erde die ärmsten bestiehlt. Dann aber, als der amerikanische Fischdampfer *Jeanette Diana* 1984 von den Behörden der Salomonen beschlagnahmt wurde und

Kiribati 1985 mit der damaligen Sowjetunion ein Fischereiabkommen abschloß, verstanden die USA die Botschaft. 1987 schlossen die Vereinigten Staaten einen Vertrag im Wert von 60 Millionen US-Dollar, der es ihnen erlaubt, 5 Jahre lang in der EWZ aller 16 Mitgliedsstaaten der South Pacific Forum Fisheries Agency Thunfisch zu fangen. Im Jahre 1990 schien sich die Angelegenheit erledigt zu haben, denn der Kongreß übernahm die Verwaltung über die Thunfischvorkommen in der EWZ der USA. Die „ständig in Bewegung befindlichen Fische" scheinen eine neue Heimat gefunden zu haben.

Die South Pacific Forum Fisheries Agency, die den Vertrag über den Thunfischfang ausgehandelt hatte, ist nun für alle Fischereiverträge zwischen den Mitgliedsländern und den USA, Korea, Japan sowie Taiwan zuständig. Japan hat sich lange geweigert, einen multilateralen Fischereivertrag zu unterzeichnen, und es vorgezogen, mit jedem einzelnen Staat in der Südsee zäh zu verhandeln. Aber in den letzten Jahren hat die Fischereifrage die Regierungen der Südseeländer weiter aneinanderrücken lassen als in jeder anderen Einzelfrage. In einigen der Staaten wird in geringerem Umfang Fischerei mit Schleppangeln betrieben, weil die kapitalintensive, hochtechnisierten Schleppnetzfischerei, die von den Amerikanern und Japanern betrieben wird, außerhalb ihrer Möglichkeiten liegt. Für eine rentable Fischereiflotte werden mindestens 10 Fischdampfer sowie riesige Mengen an Süßwasser und Strom benötigt. Zudem erhebt der amerikanische Zoll auf Thunfisch, wenn er nicht auf amerikanischem Boden verarbeitet wird, hohe Einfuhrzölle. Aus diesem Grund erhalten die Konservenfabriken in Pago Pago 89 % aller Fischfänge. Nur ein sehr kleiner Teil der Fänge wird in den Ländern entladen, in deren Gewässern er gefischt wurde, auch wenn in Levuka (Fidschi) und Noro (Salomonen) von Japanern betriebene Fischverarbeitungsanlagen ebenfalls vorhanden sind. So kommt es zu der bitteren Ironie, daß einheimischer Fisch zunächst nach Amerikanisch Samoa, Japan oder Thailand gebracht wird und dort in Dosen konserviert wird, um schließlich zu hohen Preisen den Weg zurück zu den Inseln zu nehmen.

Treibnetzfischerei: Die verheerende Folgen zeigende Verwendung von Treibnetzen mit bis zu 65 km Länge und 15 m Tiefe begann erst Anfang der achtziger Jahre, aber schon Ende des Jahrzehnts fischten Hunderte von japanischen, taiwanesischen und koreanischen Schiffen mit diesen Netzen, die insgesamt 30.000 km Länge ausmachten, jede Nacht in der Südsee. Diese „Mauern des Todes" fingen und töteten unterschiedslos alles, was in sie geriet – von ganzen Schwärmen Thunfisch, Hering und Salm bis zu Delphinen, Robben, Walen, Haien, Meeresschildkröten und vielen anderen gefährdeten Tierarten. Auch Tausende von Seevögeln verstrickten sich in den Netzen. Die Auswirkungen der Fischerei mit Treibnetzen sind extrem schädlich,

da bis zu 40 % des Fangs verlorengeht, wenn die Netze eingeholt werden, und ein gleichermaßen großer Teil ausgesondert werden muß, da viele Fische durch die Netze zu stark beschädigt wurden. Verlorene oder aufgegebene „Geister-Netze“ führen ihre grausame Ernte weiter, bis sie durch das Gewicht des Fangs, der sich in ihnen sammelt, auf den Meeresboden sinken.
Diese Praxis, die jede Art von Fischerei-Management unmöglich macht, wurde von den Mitgliedern des Südsee-Forums bei ihrem Treffen im Jahre 1989 in Tarawa auf das Schärfste verurteilt. Zugleich wurde die Treibnetzfischerei innerhalb der 29,4 Millionen Quadratkilometer umfassenden EEZ-Zonen der 15 Mitgliedsstaaten verboten. Dieser Schritt hatte vor allem symbolischen Charakter, da die Treibnetzfischer nur in internationalen Gewässern auf Fang gehen und keinerlei Lizenzgebühren zahlen. Nach verschiedenen Resolutionen der Generalversammlung der Vereinten Nationen, in denen ein Verbot der Treibnetzfischerei vom 30. Juni 1992 an gefordert wurde, sowie einem Gesetzentwurf, der vom Kongreß der USA angenommen wurde und von diesem Datum ein Importverbot von Fisch, der mit Treibnetzen gefangen wurde, beinhaltete, kündigte Japan im November 1991 an, daß es die Treibnetzfischerei seiner 600 Schiffe umfassenden Fischereiflotte ab Januar 1993 ebenfalls stoppen werde. Von diesem Zeitpunkt an gilt auch ein Verbot der Treibnetzfischerei durch japanische Schiffe innerhalb der 1.600 km großen eigenen Fischereizone. Taiwan mit seinen 300 Treibnetzschiffen, Südkorea mit 150 derartigen Schiffen und Frankreich mit 40 davon stehen nun unter zunehmendem internationalen Druck, dem Beispiel Japans zu folgen.

Tourismus: Der Tourismus ist heute nach der Ölindustrie der zweitgrößte Wirtschaftszweig und wird im Jahre 2000 der größte sein. Jedes Jahr besuchen über 20 Millionen Touristen aus der Ersten Welt die Dritte Welt und geben schätzungsweise 25 Milliarden US-Dollar aus. Auf den Inseln der Südsee ist der Tourismus eine der wenigen Möglichkeiten zur weiteren Entwicklung, der zu Deviseneinnahmen führt. Die werden für Importe dringend benötigt.
Die meisten Touristen in der Südsee kommen aus Australien, gefolgt in der Reihenfolge der Bedeutung von Nordamerikanern, Europäern, Neuseeländern, Besuchern aus anderen Südseeländern und Japanern. In Fidschi, auf den Salomonen und in Vanuatu kommen die meisten Besucher aus Australien, während auf den Cook-Inseln, in Niue und Tonga die Neuseeländer die meisten Touristen bilden. Nach Ost-Polynesien kommen vorwiegend Europäer, während in Neukaledonien die Japaner führen.
Das Interesse der Japaner an der Region hat in den letzten Jahren drastisch zugenommen. Die japanische Firma Electronic and Industrial Enterprises (EIE) hat in Hotels in Australien, Fidschi, Ost-Polynesien und sonstwo bisher 3 Mil-

liarden australische Dollar investiert. Anderen japanischen Unternehmen wie Tokyu Corporation und Kitano Construction gehören Spitzenhotels in Vanuatu, West-Samoa und auf den Salomonen. Weil die inländische Wirtschaft in Japan gesättigt ist, ist für die rund eine Billion US-Dollar, die für Investitionen im Ausland zur Verfügung stehen, die Südsee ein logisches Gebiet für Expansionen.

Bis heute hat das Schwergewicht auf luxuriösen Ferienanlagen und Pauschalreisen gelegen – mehr auf exotischen als auf authentischen. Die meisten Hotels gehören internationalen Ketten, die natürlich die Gäste überwiegend dorthin leiten, wo sie selbst Ferienanlagen unterhalten. Das hat bereits dazu geführt, daß auf mehreren Inseln die ausländischen Unternehmen einen Einfluß gewonnen haben, der ausreicht, um über Nacht den Tourismus zum Erliegen zu bringen, indem Fahrten und Flüge einfach abgesagt und Buchungen storniert werden.

Um überhaupt noch Hotelbauten fördern zu können, müssen die jeweiligen Regierungen große Zugeständnisse in puncto Steuern machen, gar nicht zu reden von den gewaltigen Anstrengungen in bezug auf die Infrastruktur, die lediglich den ausländischen Gesellschaften nützen. Dabei können die Kosten für Flugplätze, Straßen, Kommunikationsverbindungen, Stromnetze und Abwässerkanäle die Gewinne aus dem Tourismus glatt übersteigen. Nur rund 40 % der Nettoeinnahmen aus dem internationalen Tourismus bleiben im Gastland. Der Rest geht drauf für zurücküberwiesene Gewinne, Gehälter von Ausländern, Provisionen, importierte Waren, Lebensmittel und Treibstoffe usw. Hinzu kommt, daß die jeweilige Geschäftsführung in den Händen von Ausländern liegt, während Einheimischen nur ein paar schlecht bezahlte Arbeitsplätze als Dienstpersonal angeboten werden.

Der Massentourismus spielt bei der Aushöhlung der Sozialstruktur eine Rolle, indem er Enklaven von Reichtum schafft, die zur Unzufriedenheit der Einheimischen sowie zu Wünschen führen, die nicht befriedigt werden können. Ein solcher Tourismus trägt zur Verbreitung von fremden Wertvorstellungen bei und bietet häufig ein schlechtes Beispiel. Daher kommt es, daß traditionelle Möglichkeiten, den Lebensunterhalt zu verdienen, aufgegeben werden und Agrarland für Tourismusanlagen oder als Terrain für Freizeitaktivitäten in Anspruch genommen wird. Außerdem werden Gebiete von besonderer Schönheit aufgekauft sowie kommerzialisiert und sind dann für Einheimische nicht mehr zugänglich. Der Zugang zum Meer wird ihnen teilweise bereits durch Mauern um Hotelanlagen unmöglich gemacht. Nicht selten führen die Abwässer der Hotelanlagen auch zur Verschmutzung der Lagunen. Es ist sogar schon vorgekommen, daß Riffe gesprengt wurden, um Passagen für Touristenschiffe zu schaffen, und Korallen sowie Muscheln von den Besuchern abgeerntet wurden. Eine weitere Folge des Massentourismus ist es, daß immer mehr Trinkwasservorräte zu den Hotels geleitet werden und die Preise für Nahrungsmittel steigen.

Auch wenn der Tourismus häufig als eine Möglichkeit angesehen wird, fremde Kulturen kennenzulernen, kann er die zerstören. Ein Beispiel dafür ist, daß bereits traditionelle Tänze und Zeremonien verkürzt oder geändert wurden, damit sie besser in die Terminkalender der Besucher passen. Es werden auch schon Pseudo-Feierlichkeiten außerhalb der üblichen Jahreszeiten und ohne Anlaß veranstaltet, so daß ihre ursprüngliche Bedeutung verlorengeht. Die billige Massenproduktion von „Kunsthandwerk" soll die Erwartungen der Besucher vom jeweiligen Land erfüllen, ohne daß die jeweilige Tradition dazu paßt, beispielsweise bei den Masken im Stil von Neuguinea, die man in Fidschi kaufen kann, aber auch bei den pseudo-hawaiianischen *Tikis* von Tonga. Die Authentizität wird dem schnellen Profit geopfert.

Die Rolle der Südsee als „primitives Paradies" kann sogar notwendige Verbesserungen im Leben der Einheimischen verhindern. Mit dem Argument, die traditionelle Kultur bewahren zu wollen, wurden die Inseln zu einer Art Zoo entwickelt. Die Insel Tanna in Vanuatu bildet ein Beispiel für diese Art von Exotik.

Pauschalangebote schaffen die Illusion des Abenteuers, wobei jedes Risiko und alle individuellen Varianten ausgeschlossen werden. Bei vielen Reisen in die Südsee sind die Zimmermädchen und die Kellner die einzigen Insulaner, die Urlauber zu Gesicht bekommen. Diese Art eines elitären Tourismus setzt die kolonialen Herr-Diener-Beziehungen fort, indem er den ausländischen Gästen das Gefühl von Überlegenheit über die einheimischen Bewohner und Arbeitnehmer suggeriert. Viele Regierungen der Inselstaaten in der Südsee vertreten öffentlich eine Politik der Förderung von einheimischen Ressourcen und Technologien, aber unverständlicherweise wird dieses Konzept nur selten auf den Tourismus angewandt.

„Ökotourismus" ist ein neues Konzept im Fremdenverkehr in der Südsee. Er tritt meistens in der Form von Tauchreisen auf, aber zunehmend auch als Abenteuerurlaub mit See-Kajaks, gecharterten Yachten, per Fahrrad oder zu Fuß. Diese Art des Tourismus birgt sowohl Gefahren als auch neue Chancen in sich. Die Besucher, die die Natur der Inseln kennenlernen wollen, verschaffen sowohl den Insulanern als auch den jeweiligen Staaten eine Einkommensquelle und damit einen Anstoß, die Natur zu erhalten. Gleichzeitig kann die Umwelt durch den Tourismus und dessen Folgen wie die zunehmende Verschmutzung, das Einsammeln von Korallen und Muscheln sowie den Bau von Tourismusanlagen auch gefährdet werden.

Das vielleicht überzeugendste Argument für die Schaffung von Nationalparks und Naturschutzgebieten in der Südsee ist die Möglichkeit, daß derartige Parks Besucher aus Industriestaaten anziehen und gleichzeitig einen Rahmen für den Naturschutz bilden. Das Umweltprogramm der Südseestaaten räumt der Schaffung solcher Parks hohe Priorität ein.

In diesem Buch wird versucht, einen sanfteren, mehr an den Menschen orientierten Tourismus zu unterstützen, bei dem die finanziellen Gewinne mehr den Einheimischen zugute kommen. Wo immer möglich, haben wir kleine Familienbetriebe angegeben. Wenn Sie die wählen, dann werden Sie nicht nur die Einheimischen als gleichgestellte Personen kennenlernen, sondern auch einen Beitrag zur wirtschaftlichen Entwicklung leisten. Das Betreiben von Pensionen ist für die einheimischen Frauen eine ausgezeichnete Erwerbsmöglichkeit. Zudem entsprechen sie den Wünschen der meisten Besucher der Inseln. Individualreisende geben pro Tag zwar weniger aus als Pauschalurlauber, aber bleiben fast immer länger und lernen die Kulturen ihrer Reiseziele zu achten und zu schätzen. Eine dem Land angemessene Form des Tourismus erfordert nur geringe Investitionen, bedeutet aber weniger Diskrepanzen und nimmt den Einheimischen nicht das Recht, in ihrem jeweiligen Land selbst zu entscheiden. Luxushotels sind auf der ganzen Welt gleich – die Südsee sollte jedoch das Ziel für etwas anderes sein.

DIE MENSCHEN UND IHRE KUNST

Der Wasserkontinent Ozeanien läßt sich in drei große kulturelle Gebiete unterteilen: Polynesien und Melanesien, beide überwiegend südlich des Äquators gelegen, sowie Mikronesien, das sich nördlich des Äquators erstreckt. Der Name Polynesien stammt aus dem Griechischen (*polus* = viele und *nesos* = Inseln). Das polynesische Dreieck wird begrenzt durch die nördliche Spitze Hawaiis, durch Neuseeland, 8.000 km südwestlich, und durch die Osterinsel im gleichen Abstand im Südosten. Melanesien hat seinen Namen ebenfalls aus dem Griechischen, denn *melas* bedeutet schwarz. Dies könnte darin begründet sein, daß die ersten Entdecker, die durchweg europäische Seefahrer waren, die Menschen hier als Schwarze bezeichneten, weil ihre Hautfarbe dunkler war. Auch Mikronesien als Begriff ist der griechischen Sprache entlehnt. *Micros* heißt klein, und daher ist Mikronesien dem Begriff „kleine Inseln" gleichzusetzen.

Der Begriff „Polynesien" wurde 1756 von Charles de Brosses geprägt und zunächst auf die gesamten Inseln der Südsee angewandt. Der gegenwärtige eingeschränkte Gebrauch ist von Dumont d'Urville 1831 bei einer berühmten Lesung der Geographischen Gesellschaft in Paris angeregt worden. Gleichzeitig machte er den Vorschlag, die Begriffe „Melanesien" und „Mikronesien" für die Gebiete zu verwenden, die bis zum heutigen Tag so genannt werden. Diese Bezeichnungen sind nicht unbedingt zutreffend, da die Regionen allesamt sowohl viele als auch kleine Inseln beherbergen. Zudem sind in Melanesien nicht die Inseln schwarz, sondern die Menschen.

EINFÜHRUNG

Die Behauptung, daß die Inseln der Südsee und ihre Bewohner sich gleichen („Wenn man eine gesehen hat, kennt man alle") ist völlig falsch. Keine andere Gruppe von 6 Millionen Menschen irgendwo auf der Erde weist eine derartige kulturelle Vielfalt auf. Die Bevölkerung läßt sich in Melanesier (80%), Polynesier (7%), Asiaten (6%), Mikronesier (5%) und Europäer unterteilen. Neunzig Prozent der Menschen leben auf hohen Inseln, die übrigen auf flachen und Atollen. Etwa eine Million Menschen konzentriert sich in den städtischen Gebieten. Die bezaubernden, freundlichen und höflichen Menschen der Region gehören zu ihren größten Pluspunkten.

Die Bevölkerung: Die hohe Geburtenrate (in Melanesien über 3%) und die rapide Urbanisierung bilden auch für die ernsthaftesten Bemühungen der jeweiligen Regierungen mit ihren begrenzten Ressourcen eine schwere Belastung. Die durchschnittliche Bevölkerungsdichte in der gesamten Region beträgt 22 Menschen pro Quadratkilometer, wobei allerdings auf einigen Atollen bis zu 1.000 Bewohner pro Quadratkilometer erreicht werden. Am dichtesten besiedelt sind in der Südsee die polynesischen Inseln von Amerikanisch Samoa, Tokelau, Tonga und Tuvalu, während die größeren melanesischen Länder eine weit geringere Bevölkerungsdichte aufweisen. Aufgrund des Fehlens einer Familienplanung verdoppelt sich die Bevölkerung Melanesiens alle 20 Jahre. Außerdem ist die Hälfte der Einwohner jünger als 18 Jahre.

In den weiter entwickelten Ländern wie Fidschi, Neukaledonien und Ost-Polynesien ist die Urbanisierung bereits weiter fortgeschritten. Hier lebt die Hälfte der Bevölkerung in Städten. Die Salomonen und Vanuatu sind am wenigsten urbanisiert. Hier sind noch 85% der Einwohner in Dörfern beheimatet. Das rapide Wachstum von Städten wie Honiara, Port Vila, Papeete und Suva hat zu einer hohen Arbeitslosenrate und sozialen Problemen wie Alkoholismus, Kriminalität und Gewalt in der Familie geführt.

Die Auswanderung in andere Länder mindert diesen Druck geringfügig und bedeutet Einkommen in Form von Überweisungen aus dem Ausland. Gleichzeitig entstehen jedoch aus der Landflucht sowie verlassenen Äckern und Häusern weitere Probleme. Bewohner der Cook-Inseln, von Tonga und von West-Samoa wandern vor allem nach Neuseeland aus, während es aus Amerikanisch Samoa und Mikronesien die meisten Emigranten in die USA zieht und für Inder aus Fidschi die Ziele Kanada und Australien sowie für Tahitianer und die Bewohner von Wallis Neukaledonien sind. In einigen Fällen, wie bei Amerikanisch Samoa, den Cook-Inseln, Niue, Tokelau sowie Wallis und Futuna, lebt heute eine größere Anzahl ihrer Bürger im Ausland als auf den Inseln selbst. Etwa 125.000 Polynesier findet man zur Zeit in Neuseeland, während weitere 65.000 in den USA wohnen und ca. 25.000 Inder von

Fidschi nach Kanada emigriert sind. Neuseeland hat 1987 für die Bürger von Fidschi, Tonga und West-Samoa sogar eine Visumpflicht eingeführt, um diesen Zustrom zu stoppen.

Frauen auf den Inseln in der Südsee: Traditionell war der Platz der Frau in dieser Region im Haus, während der Mann die meisten Aufgaben außerhalb der engsten Familie übernahm. Diese klare Rollenverteilung, bei der die Frau das Haus baut und der Mann es verteidigt sowie die Entscheidungen trifft, gab dem Leben in den Dörfern Stabilität.
Die westliche Erziehung hat viele Frauen in der Region Südsee dazu gebracht, ihre untergeordnete Position in Frage zu stellen. Der sich ändernde Lebensstil läßt die alte Beziehungsstruktur zwischen Mann und Frau außer Mode geraten. Seit der Ausweitung des Angebots an bezahlter Arbeit und der Möglichkeit, ihren Arbeitsplatz durch Familienplanung zu behalten, fordern Frauen von der Gesellschaft gleiche Rechte.
Die polynesischen Frauen sind emanzipierter als ihre Schwestern in Melanesien. Trotzdem beherrschen auch heute noch Männer das öffentliche Leben in der Region. Die Tradition wird häufig manipuliert, um den Frauen das Recht zu nehmen, ihre Meinung zu kommunalen Fragen öffentlich zu äußern.
Es gibt zudem kulturelle Barrieren, die den Frauen den Zugang zu Bildung und zum Arbeitsmarkt behindern. Ein Beispiel dafür ist, daß der Anteil an Mädchen in den Schulen in den höheren Klassen rapide geringer wird. Weibliche Schüler werden außerdem immer noch in schlecht bezahlte Berufsbereiche wie Erziehung und Krankenpflege gedrängt. In Fidschi und auf anderen Inseln beschäftigen exportorientierte Bekleidungsproduzenten weibliche Arbeiter zudem zu Niedriglöhnen bei schlechten Arbeitsbedingungen. Der Umfang der Gewalt in den Familien variiert erheblich. Auf Fidschi z. B. ist er unter den ursprünglich hier ansässigen Einwohnern weit niedriger als unter den Indern.

DIE POLYNESIER

„Gottes beste, zumindest angenehmste Arbeit“ nannte Robert Louis Stevenson die Polynesier. Sie sind hoch aufgeschossen, haben eine goldfarbene Haut und glatte oder lockige, selten krause Haare. Ihre Gesichtszüge sind fein, ihre Statur ist fast ein wenig einschüchternd, und ihre Sprache enthält sanft fließende Laute. Ihren hohen Wuchs erwarben sie sich durch eine lang andauernde Entwicklung während ihrer langen Ozeanreisen. Dies war von lebenswichtiger Bedeutung, denn die kräftigeren Körper waren der herausfordernden See besser gewachsen, galt es doch, der Gischt der See zu trotzen. Auch noch mehr als 150 Jahre nach Beginn der Christianisierung durch früh ins Land drängende Missionare haben sich die meisten Menschen die Pietät und die inbrünstige Ergebenheit Gott gegenüber erhalten.
Früher hatten die Polynesier ein sehr strenges soziales System, in dem es

Häuptlinge gab, die sich durch Erbfolge ablösten. Meist gelangten Nachkommen aus der väterlichen Linie an die Macht. Häufig gab es nur zwei gesellschaftliche Klassen, nämlich die der Häuptlinge und die der Gemeinen, aber in Hawaii, Tahiti und Tonga bestand auch noch eine weitere dazwischen. Sklaven standen außerhalb des Gesellschaftssystems, waren jedoch nur in Neuseeland, auf den Cook-Inseln und auf Mangareva bekannt. Die Menschen lebten überwiegend in weit verstreut liegenden Siedlungen, aber kaum in Dörfern, obwohl in der Nähe der Haupttempel und der Residenzen von Häuptlingen eine Konzentration von Dörfern zu finden war.

Die Polynesier lebten vom Fischfang und von der Landwirtschaft, wobei sie Werkzeuge aus Stein, Knochen, Schalen und Holz benutzten. Die Männer waren für das Pflanzen, Ernten, Fischen, Kochen sowie den Haus- und Kanubau zuständig. Die Frauen kümmerten sich um die Felder und Tiere, sammelten Nahrung und Brennstoff, bereiteten das Essen zu und stellten Kleidungsstücke aus *Tapa* sowie Haushaltsgegenstände her. Männer und Frauen arbeiteten im allgemeinen in Familien oder Gruppen zusammen und nicht allein.

Weil die Polynesier ihre Kunst der Töpferei während ihres langen Aufenthaltes in Havaiki verlernten, mußten sie ihre Nahrung in unterirdischen Öfen (*Umu*) zubereiten. Das gemeinsame Essen von Männern und Frauen war allerdings tabu, so daß immer zwei Erdöfen angelegt werden mußten. Zur Ernährung wurden Brotfrüchte, Taro, Yams, Süßkartoffeln, Bananen und Kokosnüsse angebaut. Schweine, Hühner und Hunde wurden als Nahrungsspender ebenfalls gehalten, aber den größten Teil des Proteinbedarfs stellte die umliegende See.

Das polynesische Leben war von zahlreichen Tabus bestimmt, z. B. dem Verbot, Pflanzen oder Fische anzutasten, die von der Ausrottung bedroht waren. Das Land befand sich im Gemeinschaftsbesitz von Familien und Stämmen. Man unterschied auch zwischen Edlen und Gemeinen. Die führenden Familien kontrollierten das Land, das von den Gemeinen gemeinsam bestellt wurde, und nahmen seine Erträge in Besitz. Die anschließende Verteilung war aber genau vorgeschrieben. Zudem konnten zu öffentlichen Arbeiten oder bei Kriegen große Gruppen mobilisiert werden.

Das Leben in Polynesien wurde durch zwei Kräfte bestimmt: *Mana* und *Tabu*. *Mana* war eine geistige Kraft, von der nach dem Glauben der Polynesier die Götter und die Häuptlinge die meiste und die Gemeinen die wenigste hatten. In diesem rigiden Kastensystem waren Heirat oder auch nur physische Kontakte zwischen Angehörigen mit unterschiedlicher *Mana* verboten. Das ging sogar so weit, daß Kinder, die aus sexuellen Verbindungen von Angehörigen aus Gruppen mit unterschiedlicher *Mana* hervorgegangen waren, getötet wurden. Unser heutiges Wort Tabu stammt ursprünglich von dem polynesischen *Tapu* ab. Die ersten Missionare verletzten häufig öffentlich Tabus und zertrümmerten Abbildungen von Göttern, um damit zu demonstrieren, daß die *Mana* verschwunden sei.

Götter: Die Polynesier verehrten einen ganzen Pantheon von Göttern, die nach ihren Vorstellungen mehr *Mana* als jedes menschliche Wesen besaßen. Die wichtigste Gottheit war Tangaroa, der Schöpfer und Gott des Ozeans. Oro oder Ku, der Kriegsgott, forderte Menschenopfer zu seiner Verehrung. Die schillerndste, faszinierendste Figur in der polynesischen Mythologie aber ist Maui, eine Krischna oder Prometheus ähnelnde Figur, die mit einer Schnur die Sonne eingefangen haben soll und so ihre wärmende Kraft der Erde habe zukommen lassen. Maui hob angeblich auch das Firmament an, um die Menschheit vor dem sicheren Tod durch Zermalmen zu schützen, angelte die Inseln mit einem Haken aus dem Meer und wurde schließlich bei dem Bemühen getötet, für die Menschheit die Unsterblichkeit zu erreichen. Erwähnenswert ist auch noch Hina, die Heldin, die auf den Mond flüchtete, um dem Inzest mit ihrem Bruder zu entgehen und dafür Sorge zu tragen, daß der Klang ihres *Tapa*-Schlägers niemanden stört. Bedeutende Götter waren auch Tane, der Gott des Lichtes, und Rongo, der Gott der Landwirtschaft und des Friedens. Diese Vielgötterei, möglicherweise von Raiatea, einer der Gesellschaftsinseln, ausgehend, galt vor allem für Ost-Polynesien.

Die Bruderschaft der Arioi, die sich vor allem auf Raiatea konzentrierte und von der man glaubte, sie sei von den Göttern besessen, reiste viel umher und tat das ihre zur Verbreitung der Mythen. Die Ost-Polynesier waren außerdem begeisterte Tempelbauer. Die vielen Ruinen, die man sich heute noch ansehen kann, bestätigen dies. Die flachen Mauern oder Terrassen, die die Polynesier als *Marae* oder *Heiau* bezeichnen, sind häufig von flachen, aufrechten Gesteinsblöcken umgeben. Diese Tempelanlagen waren religiösen Kulthandlungen geweiht, dienten als Göttersitze oder zur Opferung von Früchten und anderen Lebensmitteln, die dann bei rituellen Festmahlen verspeist wurden. Manchmal, wenngleich sehr selten, wurden in einem solchen *Marae* auch Menschenopfer gebracht. Im westlichen Polynesien spielte die Religion dagegen keine wesentliche Rolle. Es gab nur wenige Priester und auch nur wenige Kultgegenstände. Tempel fand man auf Tonga gar nicht, auf Samoa nur wenige. Die Götter der Ost-Polynesier wurden in menschlicher Form dargestellt. Es gab auch leichte Tendenzen eines Ahnenkultes, aber längst nicht so stark ausgeprägt wie in Melanesien. Die Vorfahren spielten eine viel größere Rolle bei der Frage nach dem sozialen Rang. Die Abstammung wurde sorgsam beachtet. Übriggebliebene Elemente der alten Religion sind der noch weit verbreitete Glaube an Geister (*Aitu*), die weiterbestehende Verwendung von traditioneller Medizin und der Einfluß von Mythen.

Kunst: Masken fehlten bei den Polynesiern völlig, und auch mit Farben waren sie sparsam. Meistens blieben die Kunstgegenstände unbemalt. Die Kunstformen waren stark traditionell gehalten, und die Fertigung blieb in den Händen einer ausgewählten Künstlerklasse. Die erhaltenen Kunsthandwerksgegenstände zeugen von einer bemerkenswerten Feinheit und einem erstaunlichen Geschick bei der Anfertigung. Drei der großen archäologischen Gebiete Ozeaniens befinden sich in Polynesien. Das sind die Osterinsel, Huahine und Tongatapu. Die beiden anderen Plätze sind Pohnpei und Kosrae in Mikronesien.
Um zu musizieren, benutzten die Bewohner im östlichen Polynesien Trommeln mit der Haut von Haien, während im westlichen Polynesien geschlitzte Gongs (*Lali*) üblich waren. Auf den Salomonen in Melanesien waren auch Panflöten verbreitet, während man andere Flöten überall in der Südsee benutzte.

DIE SPRACHEN

Auf den Inseln in der Südsee werden etwa 1.200 Sprachen, etwa ein Viertel aller Sprachen der Welt, gesprochen. Es muß aber dazu gesagt werden, daß der überwiegende Teil dieser 1.200 Sprachen von nur wenigen Menschen beherrscht wird. Die Sprachfamilie des Austronesischen schließt mehr als 900 Dialekte ein. Man findet sie über ein Gebiet verstreut, das sich von Madagaskar bis zur Osterinsel erstreckt. Von allen Sprachen Ozeaniens gehört lediglich die der Papua nicht zu dieser Gruppe. Insgesamt sind in Papua-Neuguinea 720, in Vanuatu 105 und auf den Salomonen 87 Sprachen vertreten. Die von den australischen Aborigines gesprochenen 250 Sprachen sind damit nicht verwandt. Viele Insulaner in der Südsee wachsen dreisprachig auf. Fließend beherrschen sie die Nationalsprache *Lingua franca* (Pidgin), die Sprache des heimatlichen Stammes (manchmal sogar zwei) sowie eine internationale Sprache (entweder Englisch oder Französisch).

Polynesisch: Die Polynesier sprechen eine homogene Sprache mit lokalen Abweichungen, bei denen sich die Konsonanten ändern. Dank dieser Gemeinsamkeit gibt es in den verschiedenen Teilen Polynesiens keine Verständigungsschwierigkeiten. Mit ein wenig Phantasie kommt man gut zurecht. So bedeutet zum Beispiel das Wort „Land" entweder *whenua, fenua, fanua, fonua, honua, vanua* oder *henua.* Bei den polynesischen Dialekten erscheinen die Wörter manchmal weicher, weil man bestimmte Konsonanten einfach fortläßt. So wurde aus *Niog,* dem Tagalog-Wort für Kokosnuß, schließlich *niu, ni* oder *nu.* Die Sprache ist äußerst musikalisch, und die Betonung liegt meistens auf den Vokalen. Übernahm man Wörter aus europäischen Sprachen, so fügte man Vokale hinzu, um sie melodischer werden zu lassen. Sonst wären sie für ein polynesisches Ohr nicht tragbar. Daher wurde im Tahitianischen aus einem Gouverneur ein *Tavana* und aus einer Bratpfanne eine *Faraipani*. Besondere Vokabeln gibt es für die Anrede von Mitgliedern eines Königshauses und des Adels.

RELIGION

Die Religion spielt im Leben der Völker in der Südsee eine bedeutende Rolle. Sie hält die Gemeinden zusammen und verteidigt die moralischen Werte. Die ersten Missionare kamen von der Londoner Missionsgesellschaft, die 1797 auf Tahiti an Land gingen. Reverend John Williams brachte den Glauben 1823 zu den Cook-Inseln und 1830 nach Samoa. Rund 1.000 einheimische Missionare aus Polynesien, die von der Londoner Missionsgesellschaft für das Christentum geworben worden waren, verbreiteten es auch in Melanesien. Französische Katholiken kamen 1834 auf die Inseln, aber die meisten Bewohner waren zu dieser Zeit bereits überzeugte Protestanten, so daß die katholischen Priester ihre Missionsstationen auf Tahiti, auf den Marquesas und in Neukaledonien mit Rückendeckung durch französische Militärs aufbauen mußten.

Heute ist die alte Rivalität zwischen Protestanten und Katholiken weitgehend durch einen Kampf fundamentalistischer Missionsgruppen ersetzt worden, die Familien entzweien und Verwirrung in ein Gebiet tragen, in dem bereits ein starker christlicher Glaube herrschte. Während die einheimischen Kirchen schon lange von der Inselbevölkerung selbst getragen werden, dominieren in den neuen evangelischen Sekten ausländische Mitarbeiter, ausländische Wertvorstellungen und ausländisches Geld. Amerikanische Tele-Evangelisten predigen mit ihrem Bekehrungseifer sogar schon über die Fernsehschirme des „Bibelgürtels" in der Südsee von Rarotonga bis Fidschi. Die ultrakonservative Weltanschauung dieser neuen religiösen Imperialisten setzt die Tradition der Verbindung von Christentum mit Kolonialismus und Neokolonialismus fort.

Die Fundamentalisten neigen dazu, Gott als weißen Mann darzustellen, und entmutigen bei dem Versuch, wirtschaftlich unabhängig zu werden, durch die Vertröstung, die Insulaner sollten auf ihre Belohnung im Himmel warten. Sie betonen jene Passagen in der Bibel, die zum Gehorsam gegenüber der Autorität und zur Resignation aufrufen, wobei sie daraus häufig die ideologische Rechtfertigung des Drucks ziehen, der gegen Andersgläubige ausgeübt wird, wie dies zuletzt auf den Fidschi-Inseln geschehen ist. Dagegen versuchen die Befreiungstheologen, seien es Protestanten oder Katholiken, den Geist der Bibel auf das alltägliche Leben anzuwenden, indem sie soziale Probleme diskutieren und sich für den Schutz der Menschenrechte aller einsetzen. Der römisch-katholische Bischof Patelisio Finau aus Tonga ist ein gutes Beispiel für einen Kirchenführer, der den Mut hat, soziale Ungerechtigkeit beim Namen zu nennen und eine aktive Rolle bei ihrer Beseitigung zu spielen. Auf den Inseln von Fidschi hat der 5.000 Mitglieder starke Christliche Verein Junger Frauen eine Kampagne für die Bürgerrechte, für eine atomwaffenfreie Südsee sowie für bessere Arbeitsbedingungen in den Kleiderfabriken geführt.

Die ökumenische Pazifische Kirchenkonferenz (Pacific Conference of Churches – PCC) wurde als Vereinigung der wichtigsten protestantischen Kirchen ins Leben gerufen, zählt jedoch heute auch zahlreiche katholische Diözesen zu ihren Mitgliedern (G.P.O. Box 208, Suva, Fidschi, Tel. 311-277). Das Presseorgan der PCC, der Lotus Pasifika Productioni, hat zahlreiche sehr interessante Bücher über spezifische soziale Themen der Region herausgebracht. Seit 1987 kann man ein Studium am Pacific Theological College sogar mit einem akademischen Grad abschließen. Die Region Südsee zählt zudem zu den wenigen Gebieten in der Welt, die einen hohen Überschuß an Geistlichen haben.

Die Mormonen: Missionare der Mormonen erreichten Tubuai auf den Austral-Inseln bereits 1844 und sind heute fast überall in der Südsee anzutreffen. Dieser Glaube geht auf das Jahr 1827 zurück, als ein 22jähriger aus dem Norden des Staates New York in den USA namens Joseph Smith behauptete, mit Inschriften versehene Goldtafeln in einem indianischen Grabhügel in der Nähe seines Hauses gefunden zu haben. Diese sollen mit Hilfe eines „Propheten-Steins" übersetzt worden sein. 1830 wurde das daraus resultierende *Book of Mormon* die Grundlage für die Gründung der „Kirche Jesu Christi der Heiligen der letzten Tage".

Das Buch von Smith soll angeblich die Geschichte der amerikanischen Indianer enthalten, die als Abkömmlinge der zehn verlorenen Stämme Israels dargestellt werden. Sie sollen gegen 600 n. Chr. in die westliche Hemisphäre gekommen sein. Nach Behauptungen in diesem Buch wurde die Hautfarbe dieser Menschen aufgrund ihres überschwenglichen Glaubens rot. Um zu beschleunigen, daß Christus ein zweites Mal zur Erde kommt, müssen sie wieder bekehrt werden. Wie Thor Heyerdahl glauben die Mormonen, daß amerikanische Indianer die Südsee besiedelt haben, so daß die heutige Kirche der Mormonen bereit ist, viel Zeit und Geld für die Verbreitung ihres Wortes aufzuwenden. Die Paare junger mit Hemd und Krawatte bekleidet auf einem Fahrrad fahrender Mormonen mit kurzen Haaren, die man auf den entlegensten Inseln findet, üben Berater-

funktionen aus und wurden von den Vereinigten Staaten für einen zweijährigen Aufenthalt entsandt.
Man muß in der Südsee nicht weit reisen, um die wie am Fließband gefertigt wirkenden Kirchen, Schulen und Sporteinrichtungen der Mormonen zu finden, die mit Hilfe der Spenden von Kirchenmitgliedern gebaut wurden. Die Mormonen sind in Ländern wie Tonga und West-Samoa besonders erfolgreich, die zu arm sind, um für alle Einwohner den Zugang zu öffentlichen Bildungseinrichtungen sicherzustellen. Es gibt hier eine starke Verbindung zu der Brigham Young University auf Hawaii. Zahlreiche Schüler der Inseln tragen zur Finanzierung ihres Schulbesuchs bei, indem sie ihr Heimatland in dem sich im Besitz von Mormonen befindlichen Polynesischen Kulturzentrum von Oahu auf Hawaii vertreten.

Sonntag in der Südsee: Das beste, was man sonntags unternehmen kann, ist es, in eine Kirche zu gehen. Selbstverständlich sollten Sie versuchen, dabei so adrett wie möglich auszusehen. Man muß zudem darauf vorbereitet sein, daß ein Gottesdienst bis zu 1½ Stunden dauern kann und häufig in der Landessprache gehalten wird. Wer sich für einen Kirchenbesuch entscheidet, sollte nicht den Mittelgang benutzen, um das Gotteshaus zu verlassen. Achten Sie darauf. Sie werden durch einen fröhlichen Gesang und die Gemeinschaft belohnt werden. Hier haben Sie Gelegenheit, die Einheimischen auf einer anderen Ebene kennenzulernen. Nach der Kirche treffen sich die Menschen zu einem Essen mit der ganzen Familie oder zu einem Picknick oder verbringen den Rest des Tages damit, sich auszuruhen und Kontakte zu pflegen. Sollten Sie Gast bei einer Familie sein, so wird man Sie vielleicht einladen, diese in die Kirche zu begleiten.
Im „Bibelgürtel“ der Südsee, der sich von den Cook-Inseln über Tonga und Samoa bis Fidschi erstreckt, kommt sonntags außerhalb der Kirchen praktisch alles zum Erliegen. Dann sind nur noch die Restaurants in Hotels geöffnet, während die meisten Busse und Taxis verschwunden zu sein scheinen und selbst sportliche Aktivitäten verboten sein können. Weniger gläubige Besucher werden eine Stadt wahrscheinlich am Samstag verlassen und den Sonntag schwimmend, schnorchelnd oder wandernd verbringen.

KUNSTHANDWERK

Es ist nicht erstaunlich, daß das Kunsthandwerk, das am besten überlebt hat, die praktischen Gegenstände sind, die von Frauen hergestellt werden (Webarbeiten, Körbe, *Tapa*). In Fällen, in denen die Sachen noch ihrer ursprünglichen Aufgabe dienen (wie bei den erstaunlich komplizierten feinen Matten in Samoa, die an Touristen nicht verkauft werden), sind sie lebendig wie eh und je. Ein Tourist wird kunsthandwerkliche Erzeugnisse nach anderen Gesichtspunkten kaufen: Sie sollen ihm als Erinnerung an den Ort dienen, in dem er sie erwarb, und sie müssen in den Koffer passen. Kehrt ein Durchschnittstourist von Fidschi heim, wird er sicher Masken, Figuren mit einem großen Penis oder geschnitzte Schweinefiguren im Gepäck haben. Keines dieser Souvenirs hat jedoch auch nur das Entfernteste mit der Kultur in Fidschi zu tun.

Am besten ist es, man kauft Kunsthandwerk in den Läden von Frauenvereinigungen, von kirchlichen Gruppen, auf Märkten oder von den Künstlern selbst, sollte aber die Hände von Gegenständen lassen, die aus dem Leder oder dem Panzer von Schildkröten oder aus dem Elfenbein von Meeressäugetieren hergestellt sind. Das Mitbringen solcher Sachen ist in viele Länder verboten und kann nach den Artenschutzabkommen mit einer Geld- oder sogar Freiheitsstrafe geahndet werden. Widerstehen Sie auch der Versuchung, Schmuck oder andere Gegenstände zu kaufen, die aus Meeresmuscheln oder Korallen gefertigt wurden. Das ist Material, dessen Verwendung die Riffe zerstört.

Webarbeiten: Webarbeiten werden von allen Kunstgewerbegegenständen am häufigsten angeboten. Dies gilt für fast alle Regionen der Südsee. Als Material wird vorwiegend die Pandanusfaser verwendet, aber Kokospalmenblätter und Fasern der Kokospalme, Weinranken, Bananenstämme, Baum- und Buschrinde, Stiele und Blätter von Wasserpflanzen und Haut der Sagopalmenblätter werden ebenfalls benutzt. Auf manchen Inseln zieht man die Fasern zunächst durch ein Feuer, kocht sie und bleicht sie danach noch in der Sonne. Erst dann eignen sie sich gut als Material für Webarbeiten. Manchmal wird es in den zarten Farbtönen aus Gemüsepflanzen gefärbt, vorherrschend aber sind die wesentlich farbenfroheren Töne, entstanden aus synthetischen Farben, die in Läden zu haben sind. Um die Fasern geschmeidig zu machen, bedient man sich manchmal der Muscheln, mit denen die Fasern auch geschnitten werden. Webarbeiten aus Polynesien zeichnen sich durch die für sie charakteristischen farbenfrohen und sehr kunstvollen Muster aus.

Tapa: *Tapa* stellt man aus der inneren, von Wasser durchdrungenen Rinde des Papiermaulbeerbaumes (*Broussonetia papyrifery*) her. Man schabt diese Rinde mit Hilfe von Muscheln ab und schlägt sie mit Holzschlegeln. Die einzelnen Stücke fügt man dann mit Maniok-saft zusammen. Fertiges *Tapa* fühlt sich wie Filz an. Daß *Tapa* Bestandteil des Alltags ist, zeigt sich auf vielen Inseln, wo man es als Bekleidung, Bettzeug, Raumteiler und sogar als „rote Teppiche“ bei Zeremonien verwendet. Auch wenn auf vielen Inseln die *Tapa*-Herstellung immer noch ein Teil des täglichen Lebens ist wie zum Beispiel

in Tonga, verschaffen sich die Einheimischen dadurch auch eine Einnahmequelle, indem sie *Tapa*-Waren an Touristen verkaufen.
Auf Fidschi verziert man diese *Tapa*-Stücke durch Stifte, die auf eine Rinden- oder Faserunterlage gesteckt sind. Diese Endprodukte heißen dann *Masi.* Die Färbemittel trägt man in der gleichen Weise auf, in der Tempel-Reibedrucke von Steininschriften gefertigt werden. Das Sonnenlicht läßt die Farben dann noch weiter eindringen und festigen. Jede Inselgruppe verwendet beim *Tapa* besondere Farben und Muster. Die Vielfalt reicht von pflanzenähnlichen Motiven bis hin zu geometrischen Mustern.

Holzschnitzereien: Melanesien ist besonders bekannt für die guten Holzschnitzereien mit Mustern, die von Generation zu Generation weitergegeben werden. Auch wenn für sehr feine Polierarbeiten noch Muscheln benutzt werden, so bedient man sich beim Holzschnitzen doch überwiegend der Metallwerkzeuge. Holzschnitzarbeiten aus Melanesien haben immer noch einen Hauch von Mystik und lassen die Gefühle erkennen, die die früheren religiösen Richtungen den Menschen vermittelten. Auch die Geister des Regenwaldes und der sumpfigen Ebenen hinterließen deutlich ihre Spuren. In Polynesien stellen die Holzschnitzer ebenfalls außergewöhnliche Arbeiten her. Überragend aber sind die besonders feinen Schnitzereien von den Marquesas.

Andere Gegenstände: Auch die Skala der übrigen Gegenstände, die auf den Inseln in der Südsee hergestellt werden, ist breit. Sie finden polierte Muscheln, Muscheleinlegearbeiten in Ebenholz, Speere mit den Zacken geschlitzter Knochen, Dornen- oder Wirbelsäulenstacheln, „Brautgeld“, Muschelketten und Armbänder. Auch aus Europa hielten einige Kunsthandwerksgegenstände ihren Einzug in die Südsee. Da finden sich Patchwork-Quilts (*Tifaifai*), insbesondere auf Tahiti und den Cook-Inseln, sowie handbemalte Seidenstoffe auf Tahiti und in West-Samoa.

MUSEEN

Die wichtigsten Museen der Südsee befinden sich in Punaauia (Tahiti), Rarotonga, Pago Pago, Suva, Nouméa, Port Vila und Honiara, aber der überwiegende Teil der Ausstellungsstücke ist relativ jung. Um wirklich alte Gegenstände aus der Zeit der ersten Kontakte mit Europäern zu sehen, müssen Sie Museen außerhalb dieser Region besuchen. Das Museum of Man (oder Britisches Museum) in London z. B. besitzt eine riesige Sammlung von Stücken aus der gesamten Region Südsee, die von britischen Beamten und Missionaren zusammengetragen wurde. Der Großteil davon ist allerdings aufgrund des Mangels an Ausstellungsfläche und Finanzkraft eingelagert und der Öffentlichkeit nicht zugänglich. Die Lager zahlreicher anderer europäischer Museen sind ebenso bis an den Rand mit Kunstobjekten aus der Südsee gefüllt, die aus denselben Gründen ebenfalls nicht besichtigt werden können. Nur sehr wenige dieser Museen sind jedoch bereit, Stücke aus ihren Schatzkammern an die Inseln zurückzugeben, von denen sie stammen.

Einige der 2.000 Objekte, die Captain Cook aus der Südsee mitbrachte, können im Institut für Volkskunde (Göttingen), im Hunterian Museum (Glasgow) sowie im Museo Borbnico in Neapel besichtigt werden. Auch viele britische Universitäten wie jene von Cambridge, Oxford und Aberdeen besitzen eindrucksvolle Sammlungen. In den ethnographischen Museen von Budapest, St. Petersburg und Wien finden sich Ausstellungsstücke aus den früheren kaiserlichen Sammlungen. Die riesige Sammlung der Völkerkundemuseen in Deutschland wurde von wissenschaftlichen Expeditionen während der deutschen Kolonialzeit vor 1914 zusammengetragen. Im Museum in Berlin-Dahlem ist vielleicht die beste Ausstellung zu sehen, aber auch jene, die man in Bremen, Köln, Dresden und Hamburg besichtigen kann, sind hervorragend.

Viele der Objekte in den Museen von Neuengland in den USA wurden von Walfängern mitgebracht, darunter auch die zahlreichen Ausstellungsstücke aus Fidschi und Tonga, die im Peabody Museum von Salem (Massachusetts) zu besichtigen sind. Die Sammlungen im Amerikanischen Museum für Naturgeschichte in New York und im Universitätsmuseum von Philadelphia wurden durch systematische Sammler um die Jahrhundertwende zusammengetragen. Das Field Museum für Naturgeschichte in Chicago besitzt die weltweit beste Sammlung melanesischer Kunst. Seine Ausstellung mit dem Titel „Traveling the Pacific“ („Reisen in der Südsee“) vermittelt das Gefühl, selbst eine Reise über das Meer zu unternehmen. Das Bernice Bishop Museum in Honolulu hat seine Sammlung mit Stücken aus Polynesien ein Jahrhundert lang vergrößert.

Erwähnenswert sind auch das Museum für melanesische Kunst in Basel sowie die schönen Sammlungen des Königlichen Museums für Kunst und Geschichte in Brüssel, das Museum des Menschen in Paris, das Museum Barbier-Muller in Genf, das Asien- und Südsee-Museum in Warschau, das City Museum von Exeter, das Metropolitan Museum of Art in New York, das St. Louis Art Museum und das Young Memorial Museum in San Francisco. Die Museen in Neuseeland verfügen ebenfalls über zahlreiche Stücke pazifischer Kunst. Das gilt insbesondere für die in Auckland und Dunedin. Es wäre wunderbar, wenn einige der hier aufgeführten Institutionen solche Stücke, die sie selbst nicht ausstellen können, Museen in der Südsee zumindest als Dauerleihgaben zur Verfügung stellen würden, aber wahrscheinlich ist das bereits zu viel verlangt.

SAMOA UND TONGA IN DER LITERATUR

Im Laufe der Jahre ist die romantische Verklärung der Südsee von einer Reihe berühmter Schriftsteller, die auf der Suche nach Bougainvilles „Nouvelle Cythère“ oder Rousseaus „Edlen Wilden“ hierherkamen, weiterentwickelt worden. Neben den Bildern Gauguins haben sie durch ihre Theaterstücke oder Filme die Vorstellungen der Menschen von der Südsee bestimmt. Erst heute treten einheimische Schriftsteller wie Albert Wendt und Epeli Hau'ofa in den Vordergrund. Wer Gelegenheit hat, einige der folgenden Bücher zu lesen, bevor er sich auf den Weg in die Südsee begibt, dessen Fahrt wird noch schöner.

Herman Melville, der Autor des Wal-Klassikers *Moby Dick*, verließ sein Walfangschiff *New Bedford* 1842 in Nuku Hiva. In *Typee* (1846) beschreibt er die Erfahrungen, die er hier sammelte. Ein australischer Walfänger brachte Melville dann weiter nach Tahiti, wobei er sich unterwegs an Bord einer Meuterei anschloß, was dazu führte, daß er im *Calabooza* (Gefängnis) von Papeete landete. Sein zweites in Polynesien angesiedeltes Buch *Omoo* war das Resultat dieses Aufenthaltes. In beiden Werken beschreibt Melville die Zerstörung der tahitianischen Kultur durch westliche Einflüsse.

Bei Pierre Lotis *The Marriage of Loti* (1880) handelt es sich um eine gefühlvolle Geschichte von der Liebe eines jungen französischen Seekadetten zu einem polynesischen Mädchen namens Rarahu. Lotis Naivität ist eher absurd, aber seine Freundschaft mit Königin Pomare IV. und die schönen Bilder, die er zeichnet, machen das Buch lesenswert. Lotis Werke regten übrigens Paul Gauguin zu seiner Reise nach Tahiti an.

Von 1888-90 kreuzte Robert Louis Stevenson, der berühmte Autor der *Schatzinsel* und von *Kidnapped* auf seinem Schoner *Casco* im Pazifik. In seinem Buch *In der Südsee* beschreibt er seine Aufenthalte auf den Marquesas und den Tuamotus. Stevenson ließ sich

Der schottische Schriftsteller Robert Louis Stevenson verbrachte seine letzten Jahre in Samoa.

auch eine Zeit lang in Tautira auf Tahiti Iti nieder, bevor er sich schließlich nach Apia auf Samoa zurückzog, wo bessere Postverbindungen bestanden.

Jack London und seine Frau Charmian reisten in den Jahren 1907-09 auf ihrer Yacht *Snark* über den Pazifik. London, der lange Zeit Melville verehrt hatte, fand in Taipivae auf den Marquesas jedoch nur einen elenden Sumpf vor. Seine *Südseegeschichten* (1911) sollten das erste von 10 Büchern über den Pazifik sein. Londons Erzählung *Das Haus von Mapuhi* über einen jüdischen Perlenkäufer brachte ihm einen teuren Prozeß ein. London war ein Produkt seiner Zeit, so daß heutige Leser häufig von seiner unsensiblen Darstellung der Insulaner schockiert werden.

W. Somerset Maugham bereiste Polynesien in den Jahren 1916-17, um Material für seinen Roman *Silbermond und Kupfermünze* (1919) zu sammeln, eine fiktive Biographie über Paul Gauguin. Von den sechs Kurzgeschichten in seinem Buch *The Trembling of a Leaf* (1921) stellt die Erzählung *The Fall of Edward Barnard* den Kontrast zwischen dem einfachen Inselleben und den Anforderungen der „realen Welt" dar. Maughams *A Writer's Notebook*, das 1984, 19 Jahre nach seinem Tod, veröffentlicht wurde, beschreibt seine Reisen in die Südsee. Auf Tahiti entdeckte Maugham nicht nur Material für seine Bücher, sondern durch Zufall auch die Scheibe aus einer Glastür mit einer weiblichen Figur, die von Gauguin stammte. Er kaufte das Stück für 200 Francs und verkaufte es 1962 in London bei Sotheby's für 37.400 Francs.

Die beiden amerikanischen Schriftsteller Charles Nordhoff und James Norman Hall kamen nach dem Ersten Weltkrieg nach Tahiti, heirateten tahitianische Frauen und schrieben gemeinsam 11 Bücher. Ihr berühmtestes Werk ist die Bounty-Trilogie (1934), in der über die Geschichte von Fletcher Christians *Meuterei auf der Bounty*, über die Flucht von Capt. Bligh nach Timor (*Men Against the Sea*) sowie über das Schicksal der Meuterer auf der Insel Pitcairn (*Pitcairn's Island*) berichtet wird. Drei Generationen von Filmproduzenten und Regisseuren haben diese Saga ausgewählt, um das Paradies zu zeigen.

Hall blieb bis zu seinem Tod im Jahre 1951 auf Tahiti. Sein Haus in Arue steht noch immer. Sein letztes Buch (*The Forgotten One*) ist eine Sammlung wahrer Geschichten über Intellektuelle und Schriftsteller, die sich in der Südsee verloren. Halls Erzählung von der 28 Jahre dauernden Korrespondenz mit seinem amerikanischen Freund Robert Dean Frisbie, der in Pukapuka auf einer der Cook-Inseln lebt, berührt alle Leser.

James A. Michener trat im Jahre 1942 der Marine der USA bei und besuchte rund 50 Inseln der Südsee, darunter auch Bora Bora. Sein Buch *Die Südsee* (1947) erzählt vom Einfluß des Zweiten Weltkrieges auf den Südpazifik und von den Einwirkungen des Pazifiks auf jene, die dort als Soldaten dienten. Später wurde daraus das langlebige Broadway-Musical *South Pacific*. Micheners Buch *Rückkehr ins Paradies* (1951) ist eine lesenswerte Sammlung von Essays und Kurzgeschichten.

Eugene Burdick ist vor allem durch seine Bestseller *The Ugly American* (1958) und *Fail-Safe* (1962) bekannt geworden. Wie Michener diente Burdick während des Zweiten Weltkrieges im Pazifik. Sein Buch *The Blue of Capricorn* aus dem Jahre 1962 ist eine Sammlung von Essays und Kurzgeschichten über die Region.

Die literarische Tradition der Insulaner selbst beschränkte sich, bis 1967 die University of the South Pacific in Suva (Fidschi) gegründet wurde, überwiegend auf die mündliche Überlieferung. Schriftsteller der Inselstaaten kritisieren seitdem den Einfluß der europäischen Kolonialherren auf ihre traditionellen Kulturen. Der Literat Albert Wendt studierte 12 Jahre lang in Neuseeland, bevor er 1965 zurückkehrte, um in Samoa zu lehren. Seine Novellen wie *Sons for the Return Home* (1973), *Flying Fox in a Freedom Tree* (1974), *Puliuli* (1977) sowie *Leaves of the Banyan Tree* (1979) porträtieren die Handlungsweisen und die komplexe Organisation der Gesellschaft in Samoa. Heute lehrt Wendt Literatur an der Universität von Auckland.

Der tonganische Poet und Autor von Kurzgeschichten Epeli Hau'ofa beschäftigt sich in seinem humorvollen Buch *Tales of the Tikongs* satirisch mit dem ausländischen Entwicklungshilfe-Geschäft. Sein Essay *Our Crowded Island* behandelt die Überbevölkerung auf Tonga sowie die Verwestlichung des Lebens in diesem Land. *Kisses in the Nederends* und *Corned Beef and Tapioca* gehören ebenfalls zu seinen Werken.

Viele der Klassiker, die oben genannt wurden, oder Auszüge davon sind in englischer Sprache als Taschenbücher in der Serie *Tales of the Pacific* von Mutal Publishing (2055 North King St., Suite 201, Honolulu, HI 96819, USA, Tel. 808-924-7732) erschienen. Wenn Sie daran interessiert sind, dann bitten Sie am besten den Verlag um ein Gesamtverzeichnis der dort erschienenen Werke. Das Institute of Pacific Studies in Fidschi und der Verlag University of Hawaii Press geben Sachbücher über die Einwohner der Inseln heraus. In der Reihe *Pacific Writers* von Heinemann Reed erscheinen dagegen zeitgenössische Romane. Albert Wendt und Epeli Hau'ofa veröffentlichen ihre Werke bei Penguin Books. Am Ende dieses Buches finden Sie zudem ein Literatur-Verzeichnis mit Büchern in deutscher Sprache.

FESTE UND FEIERTAGE

Angaben über besondere Feste und Feiertage jeder Inselgruppe finden Sie in den entsprechenden Kapiteln dieses Buches. Oft wechseln die Daten der Feste von Jahr zu Jahr, so daß es ratsam ist, sich mit dem Fremdenverkehrsamt des jeweiligen Landes in Verbindung zu setzen. Tun Sie dies aber sofort nach Ihrer Ankunft, um nicht ein Fest, das in die Zeit Ihres Aufenthaltes fällt, zu verpassen.

Die wichtigsten jährlichen Feste in Samoa und Tonga sind der Flaggentag in Amerikanisch Samoa (17. April), die Unabhängigkeitsfeierlichkeiten in Apia (erste Juniwoche) und das Heilala-Fest in Nuku'alofa (erste Juliwoche). Versuchen Sie, so viele davon wie möglich mitzubekommen, aber seien Sie auch darauf vorbereitet, daß dann alle Hotels voll belegt sind. Ferner sollten Sie versuchen, sich an dem, was passiert, zu beteiligen, und es nicht nur als Tourist beobachten.

Am 1. März eines jeden Jahres wird der „Tag des atomfreien Pazifik" begangen. Mit ihm will man der Atombombenexplosion im Jahre 1954 gedenken. Dieser Versuch fand damals auf dem Bikini-Atoll statt, das zu den Marshall-Inseln gehört. Die Zündung dieser Wasserstoffbombe in der Atmosphäre hatte zur Folge, daß Hunderte von Inselbewohnern strahlenverseucht wurden. Am Sonntag, der dem 1. März am nächsten liegt, halten Mitgliedskirchen der Pazifischen Kirchenkonferenz (Pacific Conference of Churches) besondere Gottesdienste ab und zeigen Filme oder Videos über Themen der Atomkraft. Außerdem werden in dieser Zeit häufig Märsche, Autorennen, Vorführungen von Straßentheater und Informationsseminare veranstaltet. Auch den beiden Gedenktagen für Hiroshima und Nagasaki, die auf den 6. bzw. 9. August fallen, wird weithin Beachtung geschenkt. Ihnen sollten wir genauso wie die Bewohner der Südsee Unterstützung zuteil werden lassen; sie spiegeln wider, was die Menschen in dieser Region bewegt.

Das für die Region bedeutendste kulturelle Ereignis ist das South Pacific Festival of the Arts, das alle vier Jahre stattfindet. 1972 wurde es in Suva (Fidschi), 1976 in Rotorua (Neuseeland), 1980 in Port Moresby (Papua-Neuguinea), 1985 auf Tahiti, 1988 in Townsville (Australien) und 1992 auf Rarotonga (Cook-Inseln) veranstaltet. Bei diesem Fest trifft man sich, um Kulturelles und Folkloristisches von allen Pazifikinseln darzustellen. Die Organisation dieses Festes ist in den Händen des Council of Pacific Arts, der 1977 in Nouméa unter der Schirmherrschaft der South Pacific Commission gegründet wurde.

Das größte und bedeutendste Sportereignis in der Südsee sind die South Pacific Games. Diese Veranstaltung wurde 1961 von der Südpazifikkonferenz aus der Taufe gehoben, dient der Freundschaft zwischen den Menschen aller Pazifikländer und soll den Amateursport ankurbeln. Seither wurden die Spiele 1963 in Fidschi, 1966 in Neukaledonien, 1969 in Papua-Neuguinea, 1971 in Ost-Polynesien, 1975 in Guam, 1979 erneut in Fidschi, 1983 in West-Samoa, 1987 ein weiteres Mal in Neukaledonien und 1991 wieder in Papua-Neuguinea veranstaltet. Dabei geben die größeren Nationen wie Neukaledonien, Fidschi, Papua-Neuguinea und Ost-Polynesien den Ton an. Das nächste Mal sollen die Spiele 1995 in Ost-Polynesien stattfinden. Um den kleineren Ländern die Chancen im Wettbewerb nicht zu verbauen, nehmen Australien, Hawaii und Neuseeland nicht teil. Eine Mini-Ausgabe der South Pacific Games findet immer zwei Jahre vor den großen Spielen statt.

SITTEN UND BRÄUCHE

Fernreisen - insbesondere in völlig andere Kulturkreise - sind eine außergewöhnliche Erfahrung und stets ein prägendes Erlebnis. Meist sind es Privilegierte, die in ferne Winkel unserer Erde vorstoßen. Leider wissen aber die meisten dieser begüterten Besucher aus den Industrieländern nicht, wie sie sich zu benehmen haben. Sehr schnell werden da Tabus verletzt und Grenzen zwischen den Einheimischen und Besuchern durchbrochen. Indem sie nämlich dem Gastland ihren eigenen Lebensstil aufzwingen, opfern sie gerade das, weshalb sie in ein exotisches Paradies kamen. Das Reisen kann eine wertvolle Erfahrung sein, setzt jedoch voraus, daß man sich den Einheimischen offenherzig und mit positiven Gedanken nähert. Ein kluger Besucher ändert sein Verhalten rasch: Legt man zunächst noch Wert darauf zu hören und zu sehen, so hört man bald zu und beobachtet. Reden ist gut für das eigene Ich, aber das Zuhören tut dem Herzen gut. Als Dank für dieses rücksichtsvolle Verhalten kommt eine Welle schöner Erlebnisse zurück.

Bewegt man sich außerhalb einer Reisegruppe, die an einen hektischen Terminplan gebunden ist, so lernt man schnell, wie die Menschen im Gastland leben. Bewegen Sie sich mit aller Vorsicht und Rücksicht im Gastland, denn die menschlichen Eigenschaften und der Alltag der Einheimischen sind genauso zerbrechlich und empfindsam Mißbrauch gegenüber, wie es die traumhaften Riffe der Inselwelt in der Südsee sind. Vor allem sollten Sie die Einheimischen nicht unterschätzen; sie verstehen weitaus mehr, als Sie vielleicht annehmen. Bedenken Sie auch, daß Sie nur ein Tourist von vielen Tausenden sind, und erwarten Sie daher keine Vorrechte oder Sonderbehandlung. Menschlichkeit wird sehr geschätzt.

Versuchen Sie auch nicht zu feilschen, denn es bedeutet in dieser Region, Unschuldige auszubeuten. Versprechen Sie auch nicht, was Sie nicht halten können. Übertragen Sie vor allem Ihr Zeitproblem nicht auf die Insulaner; wenn Sie ein paar Minuten sparen wollen, so liegt dies ganz sicher nicht auch im Interesse der Einheimischen. Wenn Sie allein unterwegs sind, sind Sie zu beglückwünschen, denn Einzelreisende sind überall herzlich willkommen.

Trennen Sie sich daher von anderen Touristen und suchen Sie lieber den Kontakt zu den Menschen der Südsee. Es gibt kaum noch Flecken auf unserer Erde, wo dies noch so unvoreingenommen möglich ist. Die Südsee ist – noch – eine Ausnahme. Wenn Sie Einheimische mit den gleichen Interessen wie Ihren treffen, dann bleiben Sie in Kontakt und schreiben Sie. Dennoch ist die Südsee kein Paradies für Touristen, in dem die Einheimischen Ausstellungsstücke oder bezahlte Darsteller sind. Die Insulaner haben ähnlich viele Probleme wie Sie und möchten genauso als richtige Menschen anerkannt werden, wie Sie nicht gern als Prototyp eines unangenehmen Touristen betrachtet werden wollen. Es mag sein, daß Sie in die Südsee gereist sind, um der Zivilisation zu entfliehen, aber vergessen Sie dort nicht, daß Sie nur Gast sind.

Besucher mögen glauben, daß sie in die Südsee gekommen sind, um dort herumreisen, sich etwas ansehen und Erfahrungen sammeln zu können. Sie sind aber auch Botschafter ihrer eigenen, in den Augen von Bewohnern der Südsee weit entfernten Kultur. Auf einem entlegenen Eiland repräsentieren Sie als Deutscher Deutschland, als Österreicher Österreich und als Schweizer die Schweiz. Gerade auf abgelegenen Inseln könnten Sie annehmen, Ihre Zeit damit verbringen zu können, alles zu studieren, ohne zu bemerken, daß Sie selbst es sind, der oder die studiert und geprüft wird. Die Insulaner in der Südsee sind sehr aufmerksam, so daß man als Besucher sein bestes Verhalten an den Tag legen sollte.

Wichtig ist auch, daß Sie sich bemühen, alles mit den Augen der Insulaner zu betrachten. Interessieren Sie sich für ihre Sitten und Bräuche, Sprache, Herausforderungen und Erfolge. Und wenn viele Dinge ganz anders ablaufen, als Sie es gewohnt sind, so sind Sie ja gerade auch wegen dieser Erfahrung in die Südsee gekommen. Vergessen Sie aber bitte nicht alle Ihre Erlebnisse und Eindrücke schon während des Rückfluges. Denken Sie besser darüber nach, wieviel wir doch mit den Bewohnern der Südsee-Inseln gemeinsam haben, auch wenn wir bestimmte Dinge manchmal ganz anders betrachten. Wenn Sie eine Südseereise auch für eine solche Reflexion nutzen, dann war sie sicher nicht vergeblich.

Sitten und Bräuche in der Südsee: Ein Lächeln ist immer noch kostenlos, aber unendlich viel wert. Die Insulaner lächeln einander an, die Touristen schauen sich an. In der westlichen Gesellschaft basiert Reichtum auf der Anhäufung von Gütern, während in den Gesellschaftsformen in der Südsee sich Reichtum nach dem bestimmt, wieviel man fortgeben kann. Geschenke legen die gesellschaftliche Stellung fest, und das Teilen ist Bestandteil der Gesellschaft, was die Menschen bindet und sie festigt, vor allem aber Sicherheit gibt. Oberstes Gebot ist die Tradition. Es ist fast überall auf den Inseln Brauch, daß man sich für ein Geschenk mit einem Gegengeschenk bedankt. Dies ist auch der Grund dafür, daß Trinkgelder weitgehend unbekannt sind.

Fragen: Die Inselbewohner sind eifrig bemüht, jedem zu gefallen und es jedem recht zu machen. Formulieren Sie daher Ihre Fragen sehr vorsichtig. Die Einheimischen werden ihr Ja oder Nein so in die Antwort einbauen, wie sie meinen, daß Sie es hören möchten. Ganz einfach können Sie dies durch eine Testfrage feststellen, bei der Sie wissen, ob die Antwort richtig oder falsch ist. Wollen Sie eine Frage korrekt beantwortet haben, dann fragen Sie stets mehrere Menschen. Formulieren Sie die Frage aber stets anders.

Kleidung: Besonders wichtig für einen Besuch der Südsee ist das Wissen darüber, was man anzuziehen hat. Die Kleiderordnung dort läßt keine Variationen zu, sie ist festgelegt. Shorts, Tops mit schmalen Trägerchen und Badeanzüge sind in der Öffentlichkeit anstößig, ärgerniserregend und beleidigend. Abhilfe schafft ein um den Körper gebundener *Sulu* oder *Pareu*. Frauen sollten Kleider tragen, die auch beim Sitzen die Beine gut bedecken. Nichts läßt Sie schneller als Tourist erkennen und ein Opfer der Straßenhändler werden als auffällige Kleidung. Dafür gibt es einen anderen Ort: den Strand vor einer Ferienanlage. In einer Gesellschaft, in der für einheimische Frauen sogar Badeanzüge riskant sind, ist textilfreies Baden undenkbar.

Frauen: Auf vielen Inseln ging man lange Zeit davon aus, daß eine Frau, die scheinbar ziellos am Strand spazierenging, auf der Suche nach einer männlichen Begleitung sei, wobei „nein" eigentlich „ja" bedeute. Frauen, die allein wandern, zelten, sonnenbaden oder einfach nur allein reisen, werden möglicherweise noch immer in diesem Licht gesehen. Dieser Eindruck wird noch erheblich durch die Videofilme verstärkt, die auf den Inseln erhältlich sind. In einigen Kulturen der Südsee reisten die Frauen selten ohne männliche Begleitung. Einige Tageswanderungen und Fahrten mit einem Schiff zwischen den Inseln können daher für nicht darauf vorbereitete alleinreisende Frauen unangenehm, wenn nicht sogar gefährlich werden. Wer als Frau allein unterwegs ist, sollte nicht in abgelegenen Touristenbungalows übernachten. Es ist statt dessen vorzuziehen, sich mit anderen zusammenzuschließen, bevor man äußere Inseln bereist. Zwei Frauen werden nur selten in Probleme geraten,

insbesondere dann, wenn ihre Kleidung nicht knapp ist und sie einen entschlossenen Eindruck machen.
Anette Nyberg aus Schweden sandte uns zu diesem Thema den folgenden Reisebericht: „Die Südsee ist ein unkompliziertes Gebiet für eine alleinreisende Frau, solange sie nicht dumm ist. Ich meine hier Shorts, Minitops, Bikinis usw., die eine unnötige Barriere zwischen einer Besucherin und den einheimischen Frauen errichten. In diesem Handbuch werden zahlreiche traditionelle Zeremonien beschrieben, und ich denke, es ist wichtig, darauf hinzuweisen, daß einige davon (wie z. B. eine traditionelle Kava-Party) nur für Männer zugänglich sind. Auf der anderen Seite hat eine Frau die Möglichkeit, sich zu einheimischen Frauen zu setzen, wenn sie weben, kochen usw. Man knüpft so zahlreiche Kontakte, wie es einem Mann nicht möglich wäre. Es gibt nichts Besseres als eine Webmatte, um eine tonganische Frau zum Erzählen zu bringen! Ich habe mit einheimischen Frauen häufig ‚komplizierte' Diskussionen geführt, die niemals stattgefunden hätten, wenn wir nicht beide so mit diesen Pandanus-Blättern beschäftigt gewesen wären! Versuchen Sie nicht, eine ‚unabhängige, moderne Frau' zu sein, die versucht, einen Blick aus der Nähe auf jeden Aspekt des Dorflebens zu werfen, sondern profitieren Sie von den Gelegenheiten, die sich bieten, weil Sie eine Frau sind."

Kinder: Die Leserin Karen Addison aus Sussex in England schrieb uns folgendes: „Das Reisen mit Kindern bringt normalerweise Höhen und Tiefen mit sich. In der Südsee erlebt man jedoch ausnahmslos Höhen. Die Bewohner dieser Region sind besonders freundliche Menschen, im Umgang mit Kindern aber wird diese Charaktereigenschaft geradezu eine Eskalation der Gefühle.
Kinder werden überall freundlichst aufgenommen, und die Eltern gehören dann zwangsläufig dazu. Da die meisten Inseln frei von tödlichen Käfern oder ernsthaften Krankheiten sind, wird Ihr Hauptaugenmerk sich eher auf die Gewöhnung an das Wasser, die Nahrung und das Klima richten. Leicht findet man Unterkünfte, in denen sich eine Familie selbst versorgen kann. Sie sind noch nicht einmal teuer. Den Kindern gibt dies eine bestimmte Sicherheit und Regelmäßigkeit, weil die Mahlzeiten zu festen Zeiten eingenommen werden können. Da Fernsehen nicht zur Verfügung stand, brachte ich meinem Sohn die Grundregeln des Schreibens und Rechnens bei. Als alleinstehende Mutter mit einem Kleinkind erlebte ich vieles und sah vieles ganz anders, als es mir allein möglich gewesen wäre.
So manches hätte ich sicherlich allein übersehen. Außerdem war die Reise für uns beide ein ausgezeichneter Lernprozeß".

UNTERKUNFT

Mit dem *Samoa- und Tonga-Handbuch* in der Hand finden Sie mit Sicherheit auf jeder Insel ein preiswertes Zimmer. In diesem Buch ist jede Unterkunft aufgeführt, die bei Drucklegung bestand. Der Autor erhält allerdings von den Hotels keine Provision, sondern verdient sein Geld ausschließlich durch den Verkauf dieses Buches. Aus diesem Grund können wir Ihnen sagen, daß es sich im allgemeinen nicht lohnt, die astronomischen Preise für Zimmer in Luxushotels zu bezahlen. Viele der Luxushotels in der Südsee sorgen nur dafür, daß in diesem Gebiet ein zweites Hawaii zu dreifachen Kosten entsteht, und bieten weit mehr Luxus, als man benötigt. Schlimmer noch ist aber, daß man in ihnen in einer französischen, amerikanischen oder australischen Atmosphäre von der eigentlichen Südsee isoliert ist, die man doch ursprünglich besuchen wollte. Aufgeführt sind sie zum Vergleich in diesem Buch dennoch. Viele von ihnen lohnen einen Besuch allenfalls als Sehenswürdigkeit, ihres Schwimmbades oder des Unterhaltungsprogramms wegen, wer jedoch kein Millionär ist, sollte besser in einem anderen Haus übernachten.

Eine der goldenen Regeln für Individualreisende lautet: Je mehr man für Übernachtungen ausgibt, desto weniger lernt man vom Land kennen. Hinzu kommt, daß die meisten Hotels in der Südsee, in denen man bereits zu Hause ein Zimmer reservieren lassen kann, überteuert sind. Wenn Sie dennoch die meiste Zeit in einem ganz bestimmten Hotel der ersten Klasse verbringen wollen, dann sollten Sie von den Vorteilen einer Pauschalreise profitieren, weil den Veranstaltern günstigere Preise eingeräumt werden als den Gästen, die unangemeldet eintreffen. Eine andere Möglichkeit ist, wenn man mit Air New Zealand in die Südsee fliegt, sich deren Hotpac-Broschüre anzufordern, in der auch Luxushotels in Tonga und in West-Samoa aufgeführt sind. Auf diesem Wege kann man auch als Individualreisender einen etwas günstigeren Preis erzielen. Auf allen Inseln gibt es auch Hotels der Mittelklasse, in denen man nur etwa die Hälfte der Preise in Luxushotels zahlt und doch einen ganz annehmbaren Komfort erhält. Wer wirklich 250 US $ und mehr für eine Übernachtung bezahlen kann, sollte besser eine Yacht mit oder ohne Besatzung mieten.

Wenn man ein Zimmer mit Kochgelegenheit mietet, kann man bei den Ausgaben für das Essen viel sparen. In einigen preiswerteren Hotels werden Zimmer zudem wochenweise zu günstigeren Preisen vermietet als für einzelne Nächte. Falls Verpflegung im Haus angeboten wird, sollten Sie nur Halbpension mit Frühstück und Abendessen wählen und mittags Obst essen. Wenn Sie sich Ihr Zimmer ansehen, lohnt auch ein Blick auf den nächsten Notausgang bei Feuer. Nehmen Sie ferner nicht automatisch das erstbeste Zimmer, das man Ihnen anbietet. Wer nicht allzu wenig Geld ausgibt, sollte sich mehrere Zimmer zeigen lassen und dann wählen.

Wissen müssen Sie auch, daß einige der in diesem Buch genannten preiswerten Quartiere einfacher sind als günstige Übernachtungsmöglichkeiten in Europa und den USA. Insbesondere der Grad der Sauberkeit in den Gemeinschaftsbadezimmern kann niedriger als erwartet sein. Das gilt auch für die Einrichtung („frühes Mittelalter"), die Bequemlichkeit der Betten, die Sauberkeit von Bettwäsche und Handtüchern, die Sauberhaltung und das Vorhandensein von Fliegengittern vor den Fenstern. Aber fragen Sie sich selbst, wo in Europa oder den USA würden Sie ein solches Zimmer zu einem vergleichbaren Preis finden? Glücklicherweise findet man auch gute Mittelklassehotels, wenn man nicht bereit ist, sich mit spartanischen Quartieren abzufinden. Sie sind in diesem Buch ebenfalls erwähnt.

Privatpensionen: In einigen Gebieten gibt es Pensionen, in denen man bei einer einheimischen Familie ein Privatzimmer oder einen Bungalow mietet. Verpflegung ist meistens im Preis nicht enthalten, kann aber häufig bestellt werden, wobei die Kosten nicht selten den Betrag nicht übersteigen, den die Gastfamilie für die Fische und das Gemüse selbst hat ausgeben müssen. In den jeweiligen Fremdenverkehrsämtern kann man nach den Adressen solcher Privatpensionen fragen.

Wohnen in einem Dorf: Wer sich längere Zeit in Samoa oder Tonga aufhält und abseits der ausgetretenen Touristenpfade unterwegs ist, wird sicherlich hin und wieder eingeladen werden, bei einer Familie zu übernachten. Dann gilt es aber, nach bestimmten Regeln vorzugehen und bestimmte Dinge zu beachten. Je mehr Sie sich den Sitten und Bräuchen anpassen, desto willkommener werden Sie und spätere Besucher sein. Eine erwartete Bezahlung ist sicher nicht der wichtigste Grund für eine Einladung, aber die Höflichkeit gebietet es, eine kleine Gegenleistung anzubieten.

Die Menschen in der Südsee sind äußerst gastfreundlich, werden deshalb aber leider von Fremden auch häufig ausgenutzt. Zu diesem Thema werden Sie im Kapitel über West-Samoa noch Näheres finden. Wir empfehlen daher, daß Sie die Freundlichkeit dieser Menschen entweder durch Geld ausgleichen (10 US $ pro Person und Tag sind ein guter Mittelwert) oder Gastgeschenke in diesem Wert übergeben. In Orten, wo der Tourismus schon größere Formen angenommen hat, wie zum Beispiel in Dörfern an Wanderstrecken oder an Stränden zum Surfen, sind die Bewohner schon eher an die Entgegennahme

von Bargeld gewöhnt. Wir sind weit davon entfernt zu sagen, daß Gastfreundschaft eine Bequemlichkeit ist, die mit Geld oder anderen Gegenständen gekauft werden kann und die schon gar nicht verkauft wird. Es tut aber weh, wenn man beobachtet, wie skrupellose Touristen sich dieser Gastfreundschaft bedienen und die Gunst der Stunde für sich nutzen. Wenn Geld als Gegenleistung mit Taktgefühl überreicht wird, so ist dies für die Empfänger auch nicht verletzend und kränkend.
Als Gastgeschenke empfehlen sich Turnschuhe, T-Shirts, Jeans, Sportgeräte wie Fuß- oder Volleybälle, Taschenlampen und Batterien, Ohrknöpfe zum Kennzeichnen von Tieren und Insektenpulver. Gut eignen sich auch feststehende Messer, Hundehalsbänder, Angelausrüstungen, ein großes Glas Pulverkaffee und Marmeln sowie Luftballons für Kinder. Bitte nehmen Sie jedoch Abstand davon, Kindern Süßigkeiten zu schenken, denn dies verdirbt deren Zähne und zieht Ameisen an. Manchmal kann man Gastgeschenke, in diesem Falle Dinge des täglichen Lebens, auch noch in den kleinen Läden in den Dörfern kaufen. Verlassen können Sie sich darauf allerdings nicht.
Wenn Sie einen längeren Aufenthalt auf einem abgelegenen Atoll planen, dann nehmen Sie bitte sowohl alle Lebensmittel für den Eigengebrauch als auch Gastgeschenke mit. Seien Sie zudem freundlich, geduldig sowie höflich und lassen Sie nicht den Anschein entstehen, Sie seien böse. Respektieren Sie das Eigentum sowie die Sitten Ihrer Gastgeber und versuchen Sie alles, um einen guten Eindruck zu hinterlassen. Und wenn Sie Fotos Ihrer Gastfamilie aufgenommen haben, dann seien Sie zu Hause nicht nachlässig, sondern schicken Sie Abzüge dieser Aufnahmen auch wirklich zurück. Wenn Sie auf einer Insel Freundschaft geschlossen haben, können Sie Ihre neuen Freunde auch bitten, Ihnen ein Empfehlungsschreiben an Verwandte auf einer anderen Insel zu schreiben.
Und wenn Sie zusammen mit anderen Reisenden einen Aufenthalt in einem Dorf anstreben, dann klären Sie vorher, in welcher Weise Sie dies zu beabsichtigen gedenken. Sie werden häufig genug andere Reisende treffen, die mit dem Argument „dies ist doch Gastfreundschaft“ jede Diskussion um die Gegenleistungen beenden wollen. Lassen Sie sich von diesen Schnorrern nicht beeinflussen. Versuchen Sie vielmehr, deren Adressen und Namen zu bekommen. Wer nicht in der Lage ist, Geld für ein Gastgeschenk auszugeben, ist besser beraten, im Zelt oder am Strand zu übernachten. Ein Aufenthalt in einem Dorf ist gleichzusetzen mit einer Begegnung mit Einheimischen. Das ist ein Akt des guten Willens und dient der Völkerverständigung, wobei beide Seiten sich nähern und zu mehr Verständnis für einander kommen können. Eines aber ist ein Dorfaufenthalt bestimmt nicht: eine billige Art des Reisens!

Zelten: Die beste Unterkunft unterwegs ist ein Zelt. Richtige Zeltplätze findet man in Samoa und Tonga allerdings nicht. Hier müssen Sie die Genehmigung, zelten zu dürfen, vom Eigentümer des Grundstücks einholen. Abseits der Touristenpfade wird man Ihnen dies selten verweigern. Gehen Sie aber mit gutem Beispiel voran und hinterlassen Sie alles so, wie Sie es vorfanden. Ihr Zeltplatz auf privatem Grund darf nicht zu einer Müllhalde werden! Wer ein Zelt auf privatem Grund in der Nähe eines Dorfes oder auf einem Privatgrundstück aufschlägt, ohne vorher die Genehmigung dafür eingeholt zu haben, schafft ernsthafte Probleme. Paßt Ihnen dies alles nicht, dann zelten Sie lieber weitab von Ortschaften, Gärten und Pfaden.

Ihr Zelt sollte nicht nur wasserdicht sein, sondern auch keine Moskitos hereinlassen. Und noch ein Tip: Suchen Sie sich einen Platz für das Zelt, der von den jeweils vorherrschenden Winden berührt wird. Schlagen Sie es auch niemals unter einer Kokospalme auf, denn herabfallende Kokosnüsse können gefährlich werden. Abergläubische machen dies sowieso nicht, denn sie wissen längst, daß Kokosnüsse zwei Augen haben, mit denen sie erkennen, wer unter ihnen zeltet. Sie treffen nämlich nur die Bösen! Wenn Sie von einer Taifunwarnung hören, dann bauen Sie umgehend Ihr Zelt ab und gesellen Sie sich zu den Einheimischen. Die haben die bessere Erfahrung mit Taifunen.

ESSEN UND TRINKEN

Die traditionelle Ernährung der meisten Inselbewohner in der Südsee setzt sich aus Wurzelpflanzen, Früchten, Fisch aus den Lagunen und gelegentlich auch Schweinefleisch zusammen. Zu den Gemüsesorten zählen Taro, Yams, Kassava (Maniok), Brotfrucht und Süßkartoffeln. Die Süßkartoffel (*Umara*) spielt bei der Ernährung eine besondere Rolle, denn sie ist die einzige Pflanze in der Südsee mit südamerikanischem Ursprung. So ganz genau läßt sich jedoch noch immer nicht sagen, wie diese Pflanze eigentlich in die Südsee gelangte. Man vermutet, daß sie, zusammen mit der Tabakpflanze, etwa um 1600 nach Neuguinea eingeführt wurde. Daraus könnte sich die Möglichkeit einer Verbindung nach Spanien ergeben.

Taro ist eine Pflanze mit Blättern, die Elefantenohren gleichen. Sie wächst in Süßwassersümpfen. Auch wenn Yams als bevorzugte Kost gilt, so ist sie doch nicht so nahrhaft wie Brotfrucht oder Taro. Yams kann bis zu 3 m lang werden und Hunderte von Kilo wiegen. Nahrhaft ist auch die Papaya (Pawpaw), denn ein Drittel einer Tasse ihres Saftes enthält so viel Vitamin C wie 18 Äpfel. Um eine grüne Papaya über Nacht zum Reifen zu bringen, können Sie ein paar-

mal mit einem Messer in die Frucht stechen. Essen Sie aber nicht zu viel von dieser Köstlichkeit, denn sie ist ein sehr wirksames Abführmittel.
Viele Insulaner essen gern rohen Fisch (*Poisson cru*), aber bevor Sie sich dieser Sitte anschließen, sollten Sie sich einiges erklären lassen. Der Magen der Einheimischen ist solche Kost gewöhnt, die für den von Besuchern neu ist. Er könnte rebellieren! Sicherer ist es ohnehin, nur gar Gekochtes und selbstgeschälte Früchte zu verzehren.
Denken Sie bei Wanderungen daran, daß nahezu alles Eßbare auch von irgendjemandem gepflanzt wurde und diesem Menschen auch gehört. Sogar Fische und Muscheln, die an den Strand gespült wurden, können als Privatbesitz angesehen werden. Von den auf Feldern arbeitenden Leuten werden Sie aber fast immer frisches Obst oder Gemüse kaufen können.
Immer mehr wird es Sitte, daß die Einheimischen in den Städten importierte Lebensmittel verzehren. Dort werden die heimischen Gerichte zunehmend verdrängt.
Stadtbewohner in der Südsee sind auf dem besten Wege, sich dem Verhalten uns Europäern anzupassen, die wir ja auch viel eher ein Schnellrestaurant betreten als in Lokalen essen, wo heimisches Gemüse aufgetischt wird. Treffen Sie unterwegs auf Adventisten, dann bedenken Sie, daß die nicht rauchen, weder Tee, Kaffee noch Alkohol trinken, kein Schweine- oder Kaninchenfleisch essen, nicht tanzen und auch das Betelnußkauen unterlassen. Sie sind aber besonders fröhliche, freundliche Leute. Wenn Sie auf eine abgelegene Insel reisen wollen, dann nehmen Sie so viel Verpflegung wie möglich mit, denn dort ist alles teurer. Und noch ein Tip für den Fall, daß Sie mal ein wenig reisemüde wurden: Lassen Sie sich für eine gute Mahlzeit nieder, sieht die Welt anschließend wieder viel rosiger aus!

Aufdecken eines Erdofens (*Lovo* oder *Umu*). Der Korb, der vorn im Bild zu sehen ist, enthält Kassava (Maniok). Tarostücke, Brotfrucht und Yams liegt derweil auf den Steinen.

Rechts: Yams (*Dioscorea*), ein tropisches Knollengewächs, benötigt viel Regen, aber auch gut durchlässigen Boden, damit das Wasser abfließen kann. Über der Erde sind die Zweige denen des Weines vergleichbar, die Blätter sind herzförmig. In einigen Pazifikkulturen ist Yams ein bevorzugtes Nahrungsmittel und kann bis zu 3 m lang sowie mehrere 100 Kilos schwer werden.

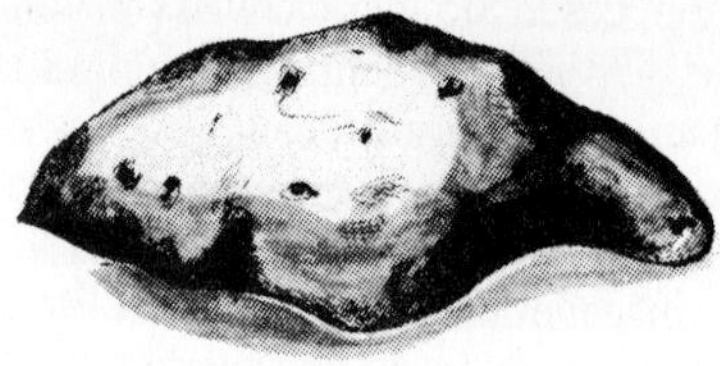

Links: Jede Pflanze der Süßkartoffel (*Ipomea batatas*) bringt 4–10 knollenartige Früchte hervor, die durch dünne Stränge miteinander verbunden sind. Die Blätter sind gelappt, die Blüten ähneln Strahlen und öffnen sich morgens. Die Süßkartoffel oder *Kumara* stammt ursprünglich aus Südamerika; wie sie in die Südsee gelangte, ist bis heute ungeklärt.

Kochen: Die alten Polynesier, die schon vor einem Jahrtausend aufhörten, Keramiken herzustellen, entwickelten eine recht eigenwillige Art zu kochen. Sie bauten Erdöfen (*Umu* oder *Lovo*). Dabei verbrennt man zunächst in einer Vertiefung Kokosnußfasern. Ist das Feuer erst einmal richtig entfacht, bedeckt man alles mit Korallengestein. Sind die Kokosfasern zum größten Teil verbrannt, wickelt man das Essen in Bananenblätter und legt es auf die Steine. Dabei garen Fisch und Fleisch direkt auf den Steinen, das Gemüse darüber. Das Ganze wird dann noch mit Blättern und Steinen bedeckt. Der Kochvorgang dauert mehrere Stunden. Setzt man eine Kokosnußschale mit Wasser auf einen heißen *Umu,* kann man das Wasser zum Kochen bringen. Dabei darf die Schale nur keinen direkten Kontakt mit dem Feuer haben. Wer selbst einmal einen Versuch mit einem Erdofen machen möchte, der sollte auf keinen Fall ganze Bambusstücke in das Feuer legen. Die müssen alle aufgebrochen sein, weil sie sonst explodieren.

Brotfrucht: Die Brotfrucht (*Uru*) ist die Pflanze, die man am häufigsten mit der Südsee in Verbindung bringt. Die Geschichte, der zufolge sich ein Mann selbst in einen Brotfruchtbaum verwandelt haben soll, um seine Familie während einer Hungersnot zu retten, findet sich in zahlreichen polynesischen Legenden. Brotfrucht-Setzlinge und Samen wurden von frühen Reisenden aus Südost-Asien in die Südsee mitgebracht. Backt man die Frucht in einem in die Erde gegrabenen Ofen oder röstet sie über einem Feuer, dann erinnert der Geschmack der polynesischen Brotfruchtart, heute ohne Samen, tatsächlich an Brot. Joseph Banks, der Botaniker bei Capt. Cooks erster Reise, schrieb: „Wenn ein Mann im Laufe seines Lebens zehn Bäume pflanzt, was, wenn er es gut macht, ca. eine Stunde Arbeit bedeutet, dann hat er seine Pflicht sowohl für sich als auch für weitere Generationen völlig erfüllt."

Der französische Naturforscher Sonnerat brachte bereits 1772 Brotfruchtbäume nach Reunion im Indischen Ozean, aber es sollte Capt. William Bligh sein, an den man sich erinnert, wann immer von der Pflanze die Rede ist. 1787 stach Bligh in See, um junge Schößlinge auf Tahiti einzusammeln und diese nach Westindien zu bringen, wo sie der Ernährung von Sklaven dienen sollten. Auf dem Rückweg meuterte seine Besatzung in den Gewässern von Tonga und entledigte sich sowohl der Brotfrüchte als auch des Kapitäns. Der zähe Bligh erreichte schließlich mit einem Ruderboot das damals niederländische Timor und kehrte 1792 nach Tahiti zurück, um seine Aufgabe abzuschließen.

Der riesige Brotfruchtbaum mit seinen grünen Blättern (*Artocarpus altilis*) bietet sowohl Schatten als auch Nahrung. Ein gut bewässerter Baum kann bis zu 1.000 der hellgrünen Brotfrüchte im Jahr tragen. Robert Lee Eskridge beschrieb die Frucht wie folgt: „Die äußere sehr harte Schale oder Haut ist mit an einen Golfball erinnernden ungleichmäßigen Mulden oder winzigen Löchern überzogen. Eine innere Schale von ca. einen halben Inch Stärke umgibt die eigentliche Frucht, die gebakken an Bratkartoffeln erinnert. Frisches Brot, das man gerollt hat, bis es zu einer halbfesten Masse wurde, beschreibt den Geschmack vielleicht am besten." Die stärkehaltige, leicht verdauliche Frucht ist reich an Vitamin B. Wenn sie mit Protein, z. B. Fisch oder Fleisch, kombiniert wird, dient sie als guter Energielieferant. Die Polynesier haben gelernt, die Brotfrucht haltbar zu machen, indem sie die Frucht stampfen, bis daraus eine Paste entsteht, die dann in mit Blättern ausgelegten Mulden zu *Mahi* fermentiert. Wie die Kokospalme dient der Brotfruchtbaum zahlreichen Zwecken, darunter auch als Holzlieferant für Auslegerkanus.

Die Kokospalme: Menschliches Leben wäre auf den meisten Inseln der Südsee ohne die Pflanze, die vielen Zwecken dient, kaum möglich. Der Baum trägt erstmals nach acht Jahren, wonach man ca. 60 Jahre lang ungefähr 50 Nüsse pro Jahr ernten kann. Abgesehen von ihrem ästhetischen Wert und ihrer Nützlichkeit bietet die Kokospalme Schatten, die Milch ihrer grünen Nüsse ein erfrischendes Getränk und das weiße Fleisch der jungen Nuß ein ausgezeichnetes Nahrungsmittel. Das härtere Fleisch der älteren Nüsse wird zerstoßen und zu Kokoscreme zerquetscht, die pur gegessen oder als Zutat in der Küche verwendet wird. Die ältesten Nüsse werden geöffnet, um das harte Fleisch herauszunehmen, das in der Sonne getrocknet und dann als Kopra verkauft wird. Kopra wird zur Herstellung von Öl gepreßt, das bei der Herstellung von Kerzen, Kosmetika und Seife Verwendung findet.

EINFÜHRUNG

Der Saft der abgeschnittenen Blüten von Kokospalmen wird als Toddy genutzt. Dabei handelt es sich um ein beliebtes Getränk. Durch die Destillation von Toddy erhält man Arrak, den Whisky der Südsee. Als „Millionärssalat" wird ein Salat aus dem kleingeschnittenen Innern des Baumes bezeichnet. Für jeden Salat muß jedoch eine ausgewachsene Kokospalme geopfert werden.
Die harten Innenschalen der Kokosnüsse können als Becher dienen und eignen sich hervorragend als Brennmaterial. Seile, Tauwerk, Bürsten sowie schwere Matten werden aus dem aus der Schale gewonnenen Kokosbast gefertigt. Der Rauch, der beim Verbrennen der Schalen entsteht, ist ein äußerst wirksames Mittel gegen Mücken. Die Blätter der Kokospalme benutzt man zum Decken der Inselhütten und webt daraus Körbe, Matten sowie Fächer. Aus dem Stamm wird Holz zum Bauen und zur Möbelherstellung gewonnen. Das sind aber nur die am weitesten verbreiteten Verwendungsmöglichkeiten, denn es gibt noch zahlreiche andere.

Weitere Hinweise: Das Kauen von Betelnüssen ist bei Männern, Frauen und Kindern nicht nur im Westen der Südsee verbreitet, sondern hat sich auch in Richtung Süden und Osten bis Santa Cruz auf den Salomonen ausgebreitet. Zunächst kaut man die unreife Frucht der Areca-Palme. Dann folgen die Blätter der Frucht des Betelpfeffers. Kalk, gewonnen aus gebrannten Korallen oder Muscheln oder aus zerriebenem Kalkstein, wird mit Hilfe eines Spachtels in den Mund geführt. Das Ganze färbt sich dann blutigrot. Man sagt dem Betelkauen nach, daß es Hunger und Durst vertreibe. Wenn Sie sich am Kauen beteiligen, haben Sie nicht nur eigene Erfahrungen gewonnen, sondern verschaffen sich auch Achtung bei den Einheimischen.

UNTERHALTUNG

Wegen der vielen Australier und der Temperaturen ist es nicht verwunderlich, daß auch Samoa und Tonga ihren Anteil an sympathischen Bars haben, in denen kaltes Dosenbier in erstaunlichen Mengen konsumiert wird. Hier bietet sich die Gelegenheit, gegen 18.00 Uhr Einheimische zur „Happy Hour" zu treffen. Aus vielen Bars werden ab 22.00 Uhr Diskotheken.

Seriös aussehende Besucher der Inseln sind in den „Clubs" aus den Tagen der Kolonialzeit willkommen, in denen die Bierpreise im allgemeinen niedriger und die Gäste gesetzter sind. Barfüßige Strandläufer in T-Shirts und Shorts werden jedoch möglicherweise an der Türe abgewiesen. Übersehen Sie aber auch die Bars in den Ferienanlagen nicht, wo die Preise trotz der protzigen Umge-

bung nur wenig höher als sonst üblich sind. Anders als in Australien und Neuseeland ist es in der Südsee allerdings nicht üblich, sich etwas zu trinken mit in ein Restaurant zu nehmen.
Viele große Hotels bieten „Inselnächte" oder Feste an, bei denen einheimische Spezialitäten angeboten sowie traditionelle Tänze gezeigt werden. Wer nicht viel für das Essen ausgeben will, kann der Vorstellung im allgemeinen für den Preis eines Getränks an der Bar beiwohnen. Die Veranstaltungen finden wöchentlich an einem bestimmten Tag statt, so daß Sie sich im voraus danach erkundigen sollten. Auf den meisten Inseln ist der Freitag am Abend der Tag zum Ausgehen. Samstags bereiten sich viele bereits auf einen sonntäglichen Kirchenbesuch oder einen Familientag vor. Außer in den französischen Territorien kommt alles Leben samstags ab Mitternacht zum Stillstand. Der Sonntag ist ein sehr ruhiger Tag – gut geeignet für eine Wanderung oder einen Strandbesuch.
In Samoa und Tonga sind Kinobesuche billig. Im allgemeinen stehen in diesen Kinos Romanzen, Horror oder Abenteuer auf dem Programm. Wie überall sind gute psychologische Filme selten. Das Video-Fieber ist die letzte Epidemie, die die Inseln der Südsee erfaßt hat. Häufig sieht man einen ganzen Pulk Einheimischer in das Wohnzimmer eines Freundes gepreßt, um sich einen brutalen oder erotischen Videofilm anzusehen, der von einem der allgegenwärtigen Video-Verleiher stammt. Viele Pensionen sind ebenfalls mit einem Videorekorder ausgestattet, so daß Sie darauf achten sollten, daß Ihr Zimmer weit ab von dem Raum liegt, in dem ein solches Gerät aufgestellt ist.

PRAKTISCHE HINWEISE

EINREISEBESTIMMUNGEN

Visa: Europäer benötigen für die Einreise nach Amerikanisch Samoa, Tonga und West-Samoa kein Visum. Ironie des Schicksals ist es, daß die Bewohner der Pazifikländer, die so großzügig Fremde ins Land lassen, selbst viele Genehmigungen brauchen, wenn sie in andere Länder reisen wollen.

Weitere Einreisebestimmungen: Jeder Besucher muß bei der Einreise einen gültigen Paß, genügend Geldmittel und ein Rückreiseticket in Händen haben. Der Paß muß noch mindestens 6 Monate über die geplante Aufenthaltsdauer hinaus gültig sein. Gelegentlich wollen die Beamten auch den Namen des Hotels wissen, in dem man übernachten möchte, um damit zu verhindern, daß man zeltet oder bei Freunden wohnt.
Manchmal wird auch ein Rückreiseticket in das Heimatland gefordert, ganz gleich, wieviel Geld man bei sich hat. Am einfachsten ist es, wenn man ohne

festgelegtes Ende in der Südsee herumreisen oder auf einem Segelboot mitfahren will, sich ein solches Ticket für einen einfachen Flug zurück nach Hawaii oder Los Angeles von Air New Zealand zu kaufen, da diese Fluggesellschaft in vielen Pazifikländern vertreten ist und viele Länder anfliegt. Kehren Sie dann - auf welchem Weg auch immer - irgendwann in Ihr Heimatland zurück, kann ein solches Ticket ohne Schwierigkeiten wieder zurückgegeben werden. Der Wert wird in voller Höhe erstattet.

ZOLLBESTIMMUNGEN

Gesetze zum Schutz der Landwirtschaft lassen in vielen Pazifikländern die Einfuhr von frischem Obst, Blumen, Fleisch (auch Wurstwaren), lebenden Tieren und Pflanzen nicht zu. Auch alte Kunstgegenstände werden wegen eventuell darin enthaltener Gifte gelegentlich zurückgewiesen. Haben Sie Antiquitäten bei sich, so lassen Sie diese am besten desinfizieren und sich darüber eine Bescheinigung ausstellen. Konserven, getrocknete Blumen, präparierte Insekten, Matten, Körbe, *Tapa*-Stoffe usw. können fast in jedes Land mitgenommen werden. Wer vor der Abreise auf einer Farm gearbeitet hat, sollte unbedingt Kleidung und Schuhe von Erdresten befreien, bevor der Weg zum Flughafen angetreten wird.

Besatzungsangehörige von Segelbooten sollten zweimal darüber nachdenken, ob sie einen Hund mitnehmen, weil die Quarantänebestimmungen in der tollwutfreien Südsee streng sind. In den meisten Ländern wird verlangt, daß ein Hund zunächst neun Monate an Bord bleibt, bis er an Land gelassen werden darf. Außerdem wird dann eine Kaution von 250 US$ verlangt, die man bei der Weiterreise nur schwer zurückerhält. Außerdem kann es passieren, daß entweder das Anlegen eines Segelbootes mit einem Hund an Bord ganz verweigert wird oder man nur eine kürzere Aufenthaltserlaubnis als sonst üblich erhält. Haustiere, die ohne Erlaubnis an Land gebracht werden, können zudem beschlagnahmt und getötet werden. Katzen und Vögel mögen sich an Bord eines Segelschiffes ein Jahr lang wohlfühlen, ganz sicher aber keine Hunde.

AUSWANDERN NACH SAMOA UND TONGA

Kein Land in der Südsee läßt Einwanderer einreisen, es sei denn, man besitzt die französische Staatsangehörigkeit und will in Tahiti oder Nouméa leben oder ist ein Investor mit viel Geld, der es in der einheimischen Wirtschaft anlegen will. Die Bevölkerungsdichte in den Pazifikländern gehört zu den höchsten der Erde. Und wenn doch jemand eine Einwanderungserlaubnis erhält, dann nimmt er bestimmt einem Einheimischen einen guten Arbeitsplatz weg. Die Einwanderungsbehörden wissen ganz genau, wie müde die Europäer ihrer Industriegesellschaft sind, und fordern daher bei der Einreise fast immer ein Rückflugticket. Auch die Heirat eines oder einer Einheimischen ebnet nicht den Weg in ein Südseeparadies.

Auch wenn wirklich jede Insel in der Südsee von dem einen oder anderen Staat für sich in Anspruch genommen wird, können doch nicht alle wirksam unter Kontrolle gehalten werden. In seinem Buch *Uninhabitated And Deserted Islands* (Loomanics Unlimited, Box 1197, Port Townsend, WA 98368, USA) beschreibt Jon Fisher zahlreiche Inseln der Südsee, auf denen man „verlorengehen" kann - bis man von den Behörden gefunden wird.
Wenn Sie in der Südsee eine Insel kaufen wollen, dann wenden Sie sich an Böhm Privatinseln, Neuer Wall 2, 20354 Hamburg, Tel. 040/34 22 22. Böhm verkauft private Inseln bereits seit 20 Jahren.

GELD

Alle in diesem Buch genannten Preise sind in der jeweiligen Landeswährung angegeben. Ausnahmen sind besonders vermerkt. Wechselkurse können Sie der Zeitung *Wall Street Journal* entnehmen, in der jeden Montag unter der Überschrift „World Value of the Dollar" die aktuellen Wechselkurse auch für alle Länder in der Südsee angegeben sind. Bei der Ausreise aus West-Samoa und Tonga sollten Sie die Landeswährung ausgegeben oder zurückgewechselt haben, weil sie im Ausland nur mit einem erheblichen Abschlag gewechselt werden kann. Wechseln Sie am besten übriggebliebene Beträge in die Währung des Landes, das Sie als nächstes besuchen wollen.
Auf den meisten Flughäfen in der Südsee gibt es Möglichkeiten zum Geldwechseln zu den üblichen Umrechnungskursen. Insgesamt gesehen sind die besten Währungen, die man in die Südsee mitnimmt, Dollar aus Australien, Neuseeland oder den USA. Wenn Sie Amerikanisch Samoa besuchen wollen, empfiehlt es sich, genug Reiseschecks in US-Dollar bei sich zu haben, weil Devisen kaum gewechselt oder, wenn doch, hohe Gebühren verlangt werden.
Den größten Teil Ihres Geldes sollten Sie als Reiseschecks mitnehmen, am besten von American Express, weil diese Organisation mit Büros oder Agenturen in der Region vertreten ist (Pago Pago und Apia). Um Ersatz für verlorene oder gestohlene Reiseschecks von American Express zu erhalten, kann man sich an eines der Büros (Adresse im jeweiligen Kapitel) oder durch ein R-Gespräch an das Büro in Sydney (Tel. 61-2-886-0689) wenden. In den Büros kann man auch Kreditkarten von American Express sperren lassen, aber nur, wenn man die Nummer weiß.
Kreditkarten werden in der Südsee nur in den besseren Hotels und Restaurants angenommen, aber Kreditkarten von Visa und Eurocard/Mastercard sind auch nützlich, um sich damit in einer Bank Bargeld zu besorgen. Das vermindert die Notwendigkeit, viele Reiseschecks bei sich haben zu müssen. Wenn Sie darüber hinaus eine Kreditkarte zum Bezahlen verwenden wollen, dann fragen Sie immer vorher, ob das möglich ist, auch wenn die sichtbaren Zeichen der Kreditkartenorganisatio-

nen oder die Broschüren das signalisieren.
Zeigen Sie bei Ihrer Reise in der Südsee niemandem, wieviel Geld Sie bei sich haben, denn das kann Groll hervorrufen und lädt zu Diebstählen ein. Ansonsten ist Handeln nicht üblich, es gilt meist der zunächst genannte Preis. Auch Trinkgelder sind verpönt, man empfindet sie eher als Peinlichkeit denn als Großzügigkeit.

POST

Wer Postsendungen aus der Südsee auf den Weg bringt, sollte seine Briefe und Postkarten immer per Luftpost schikken. Auch dann dauert es noch zwei Wochen, bis die Sendungen in Europa oder Amerika ankommen. Auf dem Seeweg brauchen sie aber bis zu 5 Monate. Und wenn Sie einen Brief nach Samoa oder Tonga schicken, so bedienen Sie sich am besten einer Postfachadresse (P.O.B.), weil eine Zustellung fast unbekannt ist. Handelt es sich um eine sehr kleine, abgelegene Insel, reicht jedoch allein die Angabe des Namens vom Empfänger. Eine Postkarte an einen Insulaner zu schicken ist übrigens eine nette Geste, um sich zu bedanken.
Wenn Sie sich postlagernde Sendungen abholen wollen (poste restante oder general delivery), dann schauen Sie auch unter Ihrem Vornamen nach, weil postlagernde Sendungen nicht immer nach Familiennamen sortiert werden. Sagen Sie daheim Bescheid, daß Ihr Familienname unbedingt in Druckbuchstaben angegeben und unterstrichen werden sollte.

TELEFON

Die Qualität der Telefonverbindungen auf den einzelnen Inseln der Südsee schwankt, aber eines ist sicher: Auslandsgespräche von einem Hotel aus sind immer teurer als von einem Postamt oder einem Büro der jeweiligen Telefongesellschaft. Telefonzellen für Orts- und Inlandsgespräche findet man meistens in den Postämtern.
Anrufe aus Europa in die Südsee sind viel billiger als in Gegenrichtung. Deshalb sollten Sie, wenn Sie in regelmäßigen Abständen mit jemandem in Ihrer Heimat telefonieren wollen, ihre Reisepläne mit den Telefonnummern, unter denen Sie zu erreichen sein werden (sind in diesem Buch angegeben), zu Hause zurücklassen und sich dann von Verwandten oder Freunden anrufen lassen. Alle größeren Inseln in der Südsee sind über Satelliten telefonisch zu erreichen.
Um von außerhalb der Region ein Telefongespräch in die Südsee zu führen, muß man zunächst die Länderkennzahl und dann die Rufnummer wählen. Die Länderkennzahlen sind für Amerikanisch Samoa 00684, für Tonga 00676 und für West-Samoa 00685.

SAMMLERBRIEFMARKEN

Briefmarken aus der Südsee stehen bei Sammlern in der ganzen Welt hoch im Kurs. Kleinere Commonwealth-Länder wie West-Samoa und Tonga erzielen einen nicht unbedeutenden Teil ihrer staatlichen Einnahmen aus dem Verkauf von Briefmarken. Um damit noch mehr zu verdienen, gibt Tonga für

Niuafo'ou sogar noch besondere Briefmarken heraus. Einige Länder versuchen zudem, die Einnahmen aus dem Verkauf von Briefmarken dadurch zu erhöhen, daß sie die Zahl der Neuerscheinungen pro Jahr steigern. Das kann aber dazu führen, daß das Interesse der Sammler abnimmt. Die meisten Briefmarken werden in Großbritannien gedruckt, wo die technischen Möglichkeiten eine besonders gute Qualität zulassen.

Beliebte Motive sind Vögel, Muscheln, Korallen, Landkarten, Szenen auf Atollen, Fischerei, Tänze, Musikinstrumente und Haartrachten. Als der 200. Jahrestag der Entdeckung in den siebziger Jahren heranstand, wurde als Motiv für viele Briefmarken Capt. Cook gewählt. Weil sie leicht erhältlich sind, ergeben preiswerte Briefmarken und Ersttagsbriefumschläge gute Souvenirs zur Erinnerung an eine Reise durch Samoa und Tonga. Die normalen Postämter haben aber meistens nur ein paar von den besonders farbenfreudigen. Daher wendet man sich am besten an den jeweiligen philatelistischen Service. Dorthin kann man auch schreiben. Es reicht, wenn man als Adresse Philatelistic Bureau und das jeweilige Land angibt. Eine Händlerfirma, die sich auf Briefmarken aus der Südsee spezialisiert hat, ist Pacific Stamps (Box 111, Cremoren Junction, NSW 1090, Australien).

STROM

Wer elektrische Geräte (Rasierapparat, Radio, Föhn usw.) in seinem Gepäck hat, muß bedenken, daß es zwei verschiedene Stromspannungen gibt. Amerikanisch Samoa wird mit 110 V versorgt, während in West-Samoa und Tonga 220 V üblich sind. Wenn ein Gerät keinen Umschalter für beide Spannungen aufweist, müssen Sie einen Spannungswandler einsetzen. Um mit den unterschiedlichen Steckdosen zurechtzukommen, sind auch noch verschiedene Adapter nötig. Spannungswandler und ein Satz Adapter gehören also unbedingt ins Reisegepäck. Unterwegs bestehen kaum Aussichten, diese Zusatzgeräte einzukaufen. Daß es zwei verschiedene Spannungen gibt, sollten Sie auch dann immer im Bewußtsein haben, wenn Sie zollfrei elektrische Geräte kaufen. Am besten sind diejenigen, die sich von 110 V auf 220 V umschalten lassen.

VIDEOFILME

Es wird immer häufiger üblich, sich über die Gegenden, die man besucht hat, Videofilme zu kaufen. Dabei muß man bedenken, daß in der Welt drei nicht zueinander passende Videosysteme verbreitet sind: NTSC (in Nordamerika verwendet), PAL (u. a. in Deutschland, Österreich, der Schweiz, Japan und Australien üblich) sowie SECAM (in Frankreich und in der GUS). Kaufen Sie daher einen Film für das richtige System.

ZEIT

Die internationale Datumsgrenze verläuft im allgemeinen entlang des 180. Längengrades und bewirkt, daß zwischen den beiden Seiten ein Unterschied von 24 Stunden besteht. Östlich von Tuvalu macht sie jedoch einen Bogen nach Osten, um zu verhindern, daß Fidschi in zwei Teile mit unterschiedlichen Tagen geteilt wird. Das kann zur Verwirrung führen, denn in Tonga, das sich entschlossen hat, den gleichen Tag wie die Nachbarn Fidschi und Neuseeland zu haben, ist es so spät wie in Samoa, aber einen Tag früher. Alles in der östlichen Hemisphäre westlich der Datumsgrenze ist einen Tag später als in der westlichen Hemisphäre östlich der Datumsgrenze. Flugreisende verlieren einen Tag, wenn sie über die Datumsgrenze nach Westen fliegen und gewinnen ihn auf einem Flug nach Osten zurück. Am leichtesten merkt man sich das, wenn man nicht vergißt, daß an einem Sonntag in Samoa in Melbourne Montag ist.

Die Insulaner in der Südsee leben nach der „Kokosnuß-Zeit", denn Kokosnüsse fallen erst auf den Boden, wenn sie reif sind. In der lauen Luft der Südsee hat Pünktlichkeit eine andere Bedeutung als bei uns. Verabredungen zu einem bestimmten Zeitpunkt bedeuten, daß man sich etwa um diese Zeit treffen will. Selbst die Jahreszeiten sind hier pflaumenweich: Manchmal ist es nasser, manchmal trockener, aber fast immer heiß. Passen Sie sich dem friedlichen Leben auf den Inseln an und machen Sie es so wie Ihre jeweilige Umgebung. Sie werden dann zwar nicht so viel schaffen, wie Sie es von Zuhause gewohnt sind, können das Leben aber besser genießen.

GESUNDHEIT

Für ein tropisches Gebiet ist die Südsee eine durch und durch gesunde Region. Hier sind Wasser sowie Luft klar und normalerweise nicht verschmutzt. Hinzu kommt, daß die Luftfeuchtigkeit zur Hautpflege beiträgt und das einheimische Obst den Körper mit vielen Vitaminen versorgt. Mit ein paar Vorsichtsmaßnahmen werden Sie in der Südsee wegen einer Krankheit keinen Urlaubstag verlieren. Die nun folgenden Informationen sollen Ihnen Kenntnisse vermitteln, aber Sie nicht das Fürchten lehren.

In diesem Buch sind einige medizinische Einrichtungen aufgeführt. Wenn die bei einer Erkrankung nicht zu erreichen sind, dann wenden Sie sich an das nächste Krankenhaus oder die nächste staatliche Gesundheitsstation. Sie können sich aber auch in einer Apotheke einen privat behandelnden Arzt empfehlen lassen. Die Aufmerksamkeit, mit der man sich Ihnen dann widmet, mag nicht der entsprechen, die Sie zu Hause gewohnt sind, aber die Behandlungskosten werden auch sehr viel niedriger sein.

Der Verkauf von Reiseversicherungen ist ein großes Geschäft. Der Wert der Versicherungen variiert jedoch erheblich. Falls Ihre Krankenkasse im Heimatland auch für die medizinische Versorgung im Ausland aufkommt, reicht dieser Schutz möglicherweise bereits aus. Entschließen Sie sich jedoch für eine Reiseversicherung, empfiehlt es sich, eine zu wählen, die auch Schäden durch Diebstahl oder Gepäckverlust und die Kosten für einen möglichen Transport in die Heimat im Notfall abdeckt.

Wer irgendwelche „gefährlichen Aktivitäten“ unternimmt, wie z. B. Tauchen, sollte die Versicherungsbedingungen (das „Kleingedruckte“) gründlich lesen, um sich zu vergewissern, ob diese nicht vom Versicherungsschutz ausgeschlossen sind.

Es ist gut möglich, daß bestimmte Medikamente, die Sie zu Hause gewöhnt sind, auf den Inseln in der Südsee nicht erhältlich sind. Daher bringen Sie sich vorsorglich einen kleinen Vorrat davon mit. Wer sich keine Sorgen über die Art des Medikamentes macht, kann zu einem der chinesischen Läden gehen und den Eigentümer nach einem chinesischen Mittel gegen die jeweiligen Beschwerden fragen. Hier zahlt man ungefähr ein Drittel der Preise für europäische Medikamente oder Kräuter, obwohl die chinesischen Mittel genauso gut oder sogar besser sind. Antibiotika sollten jedoch nur bei ernsthaften Erkrankungen oder nach ärztlichem Rat eingenommen werden.

AKKLIMATISIERUNG

Reisen Sie nicht aus dem Winter in die feuchten Tropen, ohne sich vorher und nachher ein wenig auszuruhen. Am Abreisetag sollte man auch nicht tief tauchen, da man damit das Risiko eines schweren Falls von Taucherkrankheit eingeht. Den berühmten Jetlag, die Auswirkungen einer Zeitverschiebung auf den Körper, können Sie dadurch mildern, daß Sie Ihre Uhr sofort nach dem Besteigen des Flugzeuges auf die Uhrzeit des Zielortes umstellen. Wenn Sie in einem Flugzeug anreisen, müssen Sie außerdem berücksichtigen, daß in ihnen die Luftfeuchtigkeit niedrig ist, so daß Sie reichlich Saft oder Wasser anstelle von kohlensäurehaltigen Getränken zu sich nehmen sollten. Es ist am besten, während des Fluges auf Kaffee zu verzichten, da dieser nur unnötig wach hält. Alkohol trägt zur Dehydration bei. Vermeiden Sie es ferner, während des Fluges zu viel zu essen.

Werden Sie leicht seekrank, dann halten Sie auf einem Schiff den Blick fest auf den Horizont gerichtet. Und denken Sie vor allem nicht immer daran, daß Sie seekrank sind oder werden könnten. Zudem kann man auch in der Südsee Tabletten gegen Seekrankheit kaufen.

Häufig wird ein Durstgefühl nur durch das Austrocknen der Mundschleimhaut hervorgerufen. Dann können das Ausspülen des Mundes oder das Trinken von zwei bis drei Schlucken warmen Wassers bereits genügen, um den Durst zu stillen. Eine andere Möglichkeit, die Flüssigkeit im Körper zu halten, ist es, ein heißes Getränk wie Tee oder schwarzen Kaffee zu sich zu nehmen. Auch ein leicht gesalzenes oder saures Getränk in kleinen Mengen ist hilfreich. Gesalzener frischer Limonensaft ist eine andere bemerkenswerte Erfrischung.

Das Wasser ist überall trinkbar, meist sogar auch aus dem Wasserhahn. Kommen Ihnen Zweifel, dann kochen Sie es ab oder entkeimen Sie es mit Tabletten. Leitungswasser, das zum Berühren zu heiß ist, kann normalerweise ohne Bedenken getrunken werden, wenn es in einem sauberen Behälter abgekühlt wird. Wenn Leitungswasser nicht sauber ist, werden es Eiswürfel aus diesem Wasser ebenfalls nicht sein. Meiden Sie auch das Zähneputzen mit Wasser, von dem Sie nicht sicher sein können, ob es sauber ist. Obst und Gemüse sollten in jedem Falle von Ihnen selbst geschält oder abgewaschen werden. Ansonsten sind gekochte Gerichte immer ungefährlicher als rohe Lebensmittel.

SONNENBRAND

Die tahitianische Bezeichnung für uns Weiße lautet *Papaa*, was wörtlich „von der Sonne verbrannte Haut“ bedeutet. Auch wenn Sie glauben, eine braune Haut lasse Sie gesünder und attraktiver aussehen, schadet die Bräune der Haut doch erheblich, die trocken und weniger elastisch wird sowie vorzeitig altert, wodurch Falten entstehen. Das gilt insbesondere im Gesicht. Ein Sonnenbrand erhöht zudem erheblich das Risiko, an Hautkrebs zu erkranken. Setzen Sie sich daher anfangs nur kurz der Sonne aus, vielleicht eine halbe Stunde, und lassen Sie eine entsprechende Zeit im Schatten folgen. Trinken Sie zudem viel, um die Poren offen zu halten. Meiden Sie die Sonne zwischen 10.00 und 14.00 Uhr. Wolken und Sonnenschirme schützen übrigens nicht völlig vor einem Sonnenbrand. Tragen Sie ferner beim Schnorcheln ein T-Shirt, um Ihren Rücken zu schützen. Hüten Sie sich außerdem vor reflektiertem Sonnenlicht. Das Sonnenbaden ist auch der Hauptgrund für den Grauen Star, so daß eine Sonnenbrille und eine breitkrempige Kopfbedeckung angemessen sind.

Verwenden Sie ein Sonnenschutzmittel mit PABA und kein Öl und vergessen Sie nicht die Nase, die Lippen, die Stirn, den Nacken, die Hände und die Füße. Benutzen Sie dabei ein Sonnenschutzmittel, das auch vor ultravioletten Strahlen schützt (einer der wichtigsten Verursacher von Krebs), denn Öl verstärkt die Auswirkungen der Sonne noch. Ein Sonnenschutzmittel mit dem Lichtschutzfaktor 29 oder 30 ist gerade richtig. Tragen Sie das Mittel auf, bevor Sie zum Strand gehen, damit Sie nicht bereits auf dem Weg verbrennen. Cremen Sie sich auch wiederholt ein, da ein Sonnenschutzmittel durch das Schwitzen nicht lange auf der Haut haftet. Nach einem Sonnenbad sollte man besser eine lauwarme als eine heiße Dusche nehmen, da durch heißes Duschen die natürlichen Öle der Haut weggeschwemmt werden. Lassen Sie die Haut dann ein wenig feucht und verwenden

Sie abends eine Creme mit Vitamin E, um die Haut jung zu halten. Calamine-Salbe eignet sich gut zur Behandlung von Sonnenbrand, aber auch Kokosnußöl. Die Apotheker empfehlen zur Behandlung von Sonnenbrand Solarcaine. Das Ablösen der Haut vermindert eine Essiglösung. Und wenn die Haut juckt, dann nehmen Sie eine Aspirin ein. Vitamin A und Kalzium wirken gegen die Überdosis an Vitamin D, die man durch die Sonne erhält. Insgesamt gilt: Je heller Ihre Haut ist, desto mehr müssen Sie sich in acht nehmen.

Weil die Ozonschicht um die Erde immer kleiner wird, zuviel Chlorfluorkarbonate verwendet werden und andere Faktoren hinzukommen, wird es immer nötiger, sich gegen die zunehmende ultraviolette Strahlung zu schützen. Im Jahre 1990 hat das Zentrum für Krankheitskontrolle der USA mitgeteilt, daß zwischen 1973 und 1985 die Zahl der Fälle von Hautkrebs um 26 % zugenommen hat. Früher entstand ein Krebsleiden nicht vor einem Alter von 50 oder 60 Jahren, aber inzwischen erkranken daran auch viele jüngere Leute.

UNANNEHMLICHKEITEN

Schnitte und Kratzer infizieren sich in den Tropen leicht und benötigen lange Zeit zum Heilen. Beugen Sie daher einer Infektion bei Verletzungen durch Korallen vor, indem Sie die Wunde mit Seife und Süßwasser auswaschen und dann mit Essig oder Alkohol (Whisky reicht) abreiben. Das schmerzt, ist jedoch wirksam. Die Tahitianer behandeln Korallenschnitte im allgemeinen mit Zitronensaft. Bisse, Verbrennungen und Schnitte heilen schneller, wenn man sie mit einer antiseptischen Creme wie Solarcaine behandelt, durch die Infektionen ebenfalls vermieden werden. Bisse der Nono-Fliege jucken tagelang und können sich infizieren. Aber nicht jeder wird von Insekten belästigt. Einige Leute sind praktisch immun dagegen, während Reisegefährten unter genau den gleichen Gegebenheiten über und über von Insektenbissen oder Insektenstichen bedeckt sind. Sie werden unterwegs bald herausfinden, zu welcher Gruppe Sie gehören.

Hitzepickel, ein stark juckender Ausschlag, werden durch das Tragen zu dicker und für das Klima unpassender Kleidung verursacht. Wenn die Drüsen verstopft werden und der Schweiß nicht verdampfen kann, wird die Haut feucht und läßt kleine rote Pickel entstehen. Synthetische Stoffe wie Nylon sind in der Südsee besonders ungeeignet. Wenn Sie Hitzepickel bekommen haben, dann nehmen Sie eine kalte Dusche, tragen Sie Calamine-Lotion sowie Talkum-Puder auf und legen Sie die Kleidung, die den Ausschlag verursacht hat, weg! Bis eine Besserung eingetreten ist, sollten Sie auf Alkohol, Tee und Kaffee sowie jede Kraftanstrengung verzichten, die schweißtreibend ist. Falls Sie übermäßig schwitzen, empfiehlt es sich, die Aufnahme von Salz leicht zu erhöhen, um Müdigkeit zu vermeiden. Gleichzeitig muß jedoch unbedingt auch die Aufnahme von Wasser entsprechend gesteigert werden.

Mit Durchfallmitteln sollten Sie sparsam umgehen. Anstatt sich mit Medikamenten vollzustopfen, trinken Sie lieber große Mengen ungesüßter Getränke (Saft der grünen Kokosnuß) und helfen Sie sich so. Gegen Durchfall hilft auch eine Mischung aus Eigelb mit Muskatnuß. Man kann, um einen Durchfall zu beenden, auch einen Tag nur mit Reis und Tee einlegen. Ist ein Durchfall doch nicht mit solchen Hausmitteln zu heilen und stellt sich hohes Fieber ein, dazu noch Benommenheit, Gelbsucht oder sogar Blut im Stuhl, dann legen Sie unbedingt sofort eine Ruhepause ein und reisen Sie nicht weiter. Im Ernstfall muß eine Klinik aufgesucht werden. Gegen Verstopfung hilft das Essen von Ananas oder irgendeiner geschälten Frucht.

Wenn Sie in einem Dorf oder bei Einheimischen übernachten, kann es passieren, daß Sie Läuse bekommen. In Apotheken und kleinen Läden sind jedoch wirksame Gegenmittel erhältlich, die die ungebetenen und unerwünschten Gäste in Minutenschnelle vertreiben. Die Einheimischen entlausen sich gegenseitig, um auch die Eier dieser Tiere vom Körper zu entfernen. Dies ist zugleich ein Zeichen der Zuneigung und Freundschaft. Weit verbreitet sind auch Würmer. Wer barfuß durch Gärten oder Plantagen wandert, hat anschließend mit Sicherheit Hakenwürmer bei sich, die sich einen Weg durch die Fußsohlen bohren.

Auch wenn die Zahl der Insulaner in der Südsee mit AIDS nach europäischen Maßstäben noch relativ gering ist, waren nach Zahlen aus dem Jahre 1991 bereits 334 mit HIV infiziert und 132 an AIDS erkrankt. Man glaubt allerdings, daß die Dunkelziffer sehr hoch ist. Weil der HIV-Virus nur bei ungeschütztem Geschlechtsverkehr, bei der Benutzung unsauberer Infusionsnadeln und bei Bluttransfusionen übertragen werden kann, besteht eigentlich kein Grund für einen Alarm. Auch in der Südsee wurde schon für die Benutzung von Kondomen als Schutz gegen AIDS und Geschlechtskrankheiten wie Syphilis, Tripper, Gelbsucht vom Typ B und Herpes geworben. Enthaltsamkeit ist aber noch sicherer.

MALARIA

Die wohl schlimmste Tropenkrankheit ist die Malaria. In der Südsee tritt sie aber nur in Vanuatu, auf den Salomonen und in Papua-Neuguinea auf.

FISCHVERGIFTUNG

Über 400 Arten von tropischen Fischen, die an Riffen leben, können eine Fischvergiftung (*Ciguatera*) hervorrufen, darunter auch Lippfische, Barsche, Barrakudas (Pfeilhechte), Göschen, Moray-Aale, Chirurgenfische und Schalentiere. Es gibt keine zuverlässige Möglichkeit festzustellen, ob ein Fisch *Ciguatera* verursacht oder nicht: Eine Art kann auf der einen Seite einer Insel giftig und auf der anderen Seite der gleichen Insel ungefährlich sein.

Vor mehreren Jahren erklärten Wissenschaftler auf Tahiti, daß eine Mikroalge (*Dinoflagellate*) die Ursache für die Vergiftungen sei. Normalerweise findet

man diese Alge nur im tiefen Ozean, aber wenn ein Riff auf natürlichem Wege oder durch Menschengewalt zerstört wird, kann sie sich in Lagunen dramatisch vermehren. Die Gifte haben keine Auswirkungen auf die Fische, die sich von den Algen ernähren, werden jedoch in den großen Raubfischen in größeren Mengen angesammelt und gelangen so in die Nahrungskette.
Eine Behandlungsmöglichkeit, die über die Linderung der Symptome hinausgeht (Kribbeln, Prickeln, Jucken, Erbrechen, Gelenk- und Muskelschmerzen), gibt es nicht. Im allgemeinen halten die Symptome einige Tage an. Wenn auch Sie an einer Fischvergiftung erkrankt sind, dann führen Sie ein Erbrechen herbei und nehmen Sie Rizinusöl ein. Die Symptome können bis zu ein Jahr lang erneut auftreten. Zudem kann sich eine allgemeine Allergie gegen Seefisch einstellen. Vermeiden Sie eine Vergiftung durch frühestmögliches Waschen des Fisches, das Abtrennen des Kopfes und das Ausnehmen sowie durch besondere Vorsicht bei sehr großen Exemplaren. Ob Sie den Fisch roh oder gekocht zu sich nehmen, spielt im Hinblick auf die Vergiftung keine Rolle. Die Einheimischen wissen häufig aus Erfahrung, welche Arten zu welchen Zeiten gegessen werden können und wann nicht.

WEITERE KRANKHEITEN

Die infektiöse Gelbsucht (Hepatitis) ist eine Erkrankung der Leber, die von Mensch zu Mensch durch nicht abgekochtes Wasser, nicht gekochtes Gemüse und andere unsaubere Lebensmittel übertragen wird. Das Risiko einer Ansteckung ist besonders groß, wenn man in Dörfern Lebensmittel der Einheimischen ißt, so daß es sich empfiehlt, sich vor längeren Aufenthalten in Dörfern mit Immun-Globulin impfen zu lassen. Daß man an Hepatitis erkrankt ist, wird man daran merken, daß die Augäpfel und der Urin gelblich gefärbt sind. Sie kann nur durch viel Zeit und Ruhe geheilt werden. Die virusbedingte Hepatitis B wird bei Sex- und Blutkontakten übertragen.
Gelegentliche Fälle von Cholera-Erkrankungen kamen in der Südsee ebenfalls vor, aber sie beschränkten sich bisher auf die Gilbert-Inseln und Karolinen in Mikronesien. An Cholera kann man erkranken, wenn man unsauberes Essen oder Wasser zu sich nimmt. Daher ist es, wenn man in ein Gebiet reist, in dem Cholera ausgebrochen ist, empfehlenswert, ungekochte Speisen zu meiden, nur Obst zu essen, das man selbst abschälen kann, und nur Getränke aus vorher verschlossenen Flaschen zu trinken. Auch Typhus wird durch verunreinigtes Essen und Wasser übertragen, während man an Wundstarrkrampf (Tetanus) durch infizierte Schnitte und Bisse erkranken kann. So fürchterlich entstellende Krankheiten wie Lepra und Elefantitis zieht man sich als Besucher in der Südsee kaum zu.
Auch das Dengue-Fieber wird durch Moskitos übertragen, kommt in der Südsee ständig vor und macht sich durch Kopfschmerzen, Halsweh, Ge-

lenkschmerzen, Fieber und Übelkeit bemerkbar. Es kann zwischen 5 und 15 Tage dauern. Die Unannehmlichkeiten lassen sich zwar durch bestimmte Dinge lindern, aber die beste Therapie sind strikte Bettruhe und Zeit. Es ist zwar schmerzhaft, aber tödlich ist das Dengue-Fieber nur für Kinder. Weil eine Impfmöglichkeit dagegen noch nicht besteht, kann man nur dafür sorgen, nicht gestochen zu werden.

IMPFUNGEN

Offiziell werden für die Einreise nach Samoa und Tonga in den meisten Fällen keine Impfungen gefordert. Auch wenn Impfungen gegen Wundstarrkrampf (Tetanus), Diphtherie, Typhus und Kinderlähmung nicht verlangt werden, ist es doch empfehlenswert, sich dagegen zu schützen, insbesondere dann, wenn man beabsichtigt, außerhalb der ausgetretenen Touristenpfade zu reisen. Impfungen gegen Wundstarrkrampf und Diphtherie können gleichzeitig vorgenommen und brauchen nur alle 10 Jahre aufgefrischt zu werden. Typhusimpfungen wiederholt man am besten alle drei Jahre, Impfungen gegen Kinderlähmung alle fünf Jahre.

Impfschutz gegen Cholera ist lediglich zu 50 % wirksam, hält nur 6 Monate und führt nicht selten zu Nebenwirkungen. Diese Impfung empfiehlt sich aber dennoch, je nachdem, in welche Gegend Sie reisen möchten. Da Gelbfieber nur in bestimmten Regionen von Südamerika und Afrika vorkommt, ist eine Impfung dagegen nur erforderlich, wenn Sie aus diesen Gebieten in die Südsee reisen. Der Impfschutz ist 10 Jahre lang wirksam.

Immun-Globulin schützt zwar nicht uneingeschränkt gegen Gelbsucht vom Typ A, erhöht aber die Widerstandskraft des Körpers gegen diese Krankheit. Die Prophylaxe muß alle fünf Monate wiederholt werden. Impfungen gegen Hepatitis B müssen in sechs Monaten dreimal vorgenommen werden (Dauer des Wirkschutzes unbekannt) und sind nur Leuten zu empfehlen, die lange in einem Gebiet bleiben wollen, in dem diese Krankheit vorkommt.

WAS MAN MITNEHMEN SOLLTE

Legen Sie zunächst das heraus, was Sie glauben, unbedingt mitnehmen zu müssen - und legen Sie dann die Hälfte davon wieder weg. Ist dies immer noch mehr, als ein mittelgroßer Rucksack oder eine Tasche in ähnlicher Größe fassen kann, müssen Sie weiter aussortieren. Wiegt Ihr Gepäckstück mit Inhalt nämlich mehr als 16 kg, büßen Sie viel von Ihrer Beweglichkeit ein. Können Sie das Gewicht unter 10 kg halten, dann reisen Sie im wahrsten Sinne des Wortes mit leichtem Gepäck. Packen Sie alle Sachen, sinnvoll unterteilt, entweder in Plastiktüten oder Baumwolltaschen. Das hat sich als praktisch erwiesen und schützt zudem vor äußeren Einflüssen. Reist man zu zweit, sollte man bestimmte Gegenstände stets austauschen oder halbieren und aufteilen. Geht ein Teil des Gepäcks verloren oder kommt es verspätet am Urlaubsort an, hat wenigstens einer das Nötigste bei sich. Dinge, die nicht zu ersetzen sind, sollten Sie während eines Fluges und auch bei Reisen auf dem Landweg stets im Handgepäck bei sich haben.

Art des Gepäckstückes: Rucksackreisende sind mit einem Rucksack mit Innenrahmen am besten ausgestattet. Große Außenrahmen eignen sich zwar gut für Bergtouren, passen aber selten in Schließfächer, in Kofferräume von Pkw oder in Gepäcknetze von Bussen. Kaufen Sie sich einen Rucksack mit einem doppelten, von beiden Seiten zu betätigenden Reißverschluß und mit Außentaschen, die mit kleinen Schlössern gesichert werden können. Das hindert einen Dieb zwar kaum an seinem Vorhaben, es könnte ihn aber dazu bringen, lieber doch einen anderen Rucksack ins Auge zu fassen. Haben Sie eine ca. 60 cm lange leichte Kette und ein weiteres Vorhängeschloß bei sich, kann der Rucksack außerdem leicht am Bett in einem Schlafsaal befestigt und gesichert werden. Auch dies ist eine reine Vorsichtsmaßnahme, hält richtige Gauner kaum ab, beruhigt aber. Einige Rucksäcke haben ein Reißverschlußfach an der Rückseite, das die Trageriemen aufnehmen kann, wenn der Rucksack als Gepäck abgegeben werden muß.

Zeltausrüstung und Bekleidung: Zusätzlich zum großen Rucksack ist ein kleiner Rucksack oder eine Umhängetasche praktisch. Ein kleines Nylonzelt gibt Ihnen überdies die Gewißheit, jede Nacht einen Schlafplatz zu haben. Für die Südsee benötigen Sie nur ein ganz einfaches Zelt, das aber wasserdicht sein muß und auch keine Moskitos hereinlassen darf. Ein Zelt kann auch mit einem Spray wasserdicht gemacht werden. Solche Sprays erhalten Sie in Ausrüstungsläden. Einen dicken und warmen Schlafsack werden Sie in den Tropen selten brauchen, denn ein Baumwollschlafsack, wie in Jugendherbergen üblich, reicht aus. Wie man einen solchen anfertigt, kann man Jugendherbergsverzeichnissen entnehmen. Häufig lassen sie sich aber auch in Jugendherbergen kaufen.

Wenn Sie wirklich abgelegene Gebiete besuchen wollen, empfiehlt sich auch die Mitnahme eines Moskitonetzes. So etwas kann man in Ausrüstungsgeschäften auch in Deutschland, Österreich und der Schweiz kaufen.

Für die Kleidung hat sich Baumwolle als Material bewährt. Allerdings sollte alles nicht eng sitzen sowie hell in der Farbe und leicht im Gewicht sein. Synthetische Stoffe sind heiß und beschwören unangenehme Gerüche herauf. Die beste Kleidung aber ist die der Insulaner. Kaufen Sie sich nach Ankunft solche Sachen und geben Sie Ihre mitgebrachten Kleidungsstücke weg. Gummisandalen (*Thongs*) sind für eine Reise in den Süden praktisch, vor allem in Badezimmern, in denen man sich allzu leicht Fußpilze holt. Hervorragend sind auch die Gummischuhe, die Taucher verwenden. Sie sind leicht und eignen sich gut für Flußdurchquerungen und für Riffwanderungen. Taucher wenden sich am besten bereits von zu Hause an einen Tauchsportladen im Urlaubsland, um zu erfragen, was an Ausrüstung vorhanden ist. Gekauft werden kann eine Tauchausrüstung oder Zubehör nur in größeren Städten. Nachstehend haben wir eine Liste zusammengestellt, die Ihnen hoffentlich beim Packen einer Tauchausrüstung ein wenig hilft. Wenn Sie eine solche komplette Ausrüstung mitnehmen, werden Sie allerdings leicht das zulässige Fluggepäck überschreiten. Dann gilt es auszuwählen. Mitnehmen sollten Sie:

Rucksack mit Innenrahmen
kleinen Rucksack
oder Umhängetasche
Nylonzelt
Material für Zeltreparaturen
(Klebeband)
Moskitonetz
Baumwollschlafsack
Kopfbedeckung
Kleidung
Badezeug
Wanderschuhe
Gummisandalen
Gummischuhe
Maske und Schnorchel

Fotoausrüstung: Um sich zu informieren, welche Kamera und Filme man am besten mit auf eine Reise in die Südsee nimmt, empfiehlt sich ein Blick in Magazine für Fotografen und die Kataloge von Versandhändlern, die Fotoapparate und Zubehör anbieten. Bevor Sie abreisen, sollten Sie auch ruhig einmal mit einem ganzen Film ausprobieren, ob Ihre Kamera richtig funktioniert. Um sich das Tragen zu erleichtern, sollten Sie nur eine Kleinbildkamera mitnehmen und wertvolle Kameras sowie elektronische Geräte in den Paß eintragen lassen, um Ärger mit dem Zoll zu vermeiden. Ist Ihnen dies zu aufwendig, dann nehmen Sie die Rechnungen mit.

Die Beantwortung der Frage, welche Art von Kamera man am besten mitnimmt, wird davon abhängen, wie man reist. Wenn Sie längere Zeit am gleichen Ort bleiben wollen, wird Sie eine Spiegelreflexkamera mit mehreren Objektiven sicher nicht zu sehr belasten. Wenn Sie jedoch viel unterwegs sein wollen, mag eine Kompaktkamera mit einer Brennweite von 35 mm besser sein. Solche Kompaktkameras eignen sich insbesondere für Schnappschüsse, aber weniger für Landschaftsaufnahmen, bei denen die Motive dann immer weit entfernt zu sein scheinen. Bei der Benutzung von Weitwinkelobjektiven erhält man zwar eine gute Tiefenschärfe, aber man muß dann darauf achten, daß die Kamera gerade gehalten wird, damit keine Verzerrungen entstehen. Ein Polarisationsfilter hilft, Reflexionen von Glasscheiben zu vermeiden. Meiden Sie mittags Überbelichtungen, indem Sie die Belichtungszeit um eine halbe Einstellung verringern, aber setzen Sie Überbelichtungen gezielt ein, wenn Sie dunkelhäutige Me-

lanesier aufnehmen wollen. Wissen muß man auch, daß von 10 bis 16 Uhr das Licht häufig zu hell für gute Aufnahmen ist. Für Aufnahmen in dunklen Regenwäldern braucht man Filme mit hoher Empfindlichkeit. Wenn Sie beim Fotografieren um Geld gebeten werden, was ab und zu einmal geschehen kann, dann gehen Sie besser weiter und suchen Sie sich ein anderes Motiv aus. Regnet es unterwegs, sollten Sie Ihre Kamera in eine Plastiktüte stecken, was auch bei Bootstouren ein guter Tip ist. Die Feuchtigkeit in den Tropen kann auch dazu führen, daß Filme aneinanderkleben, was sich durch die Mitnahme von Silikon-Kristallen verhindern läßt. Schützen Sie Ihre Kamera und Ihre Filme auch vor Sonneneinstrahlung und wechseln Sie Filme immer im Schatten. Wenn Sie einen neuen Film einlegen, dann achten Sie darauf, daß der Ladehebel zurückschnellt. Lassen Sie ferner nie eine Kamera an heißen Stellen wie in einem Auto im Handschuhfach oder auf dem Boden zurück. Wenn Sie Ihre Kamera verpacken, dann achten Sie darauf, daß sie gegen Erschütterungen geschützt ist. Schließlich ist zu empfehlen, die Batterien aus der Kamera zu nehmen, wenn man sie längere Zeit nicht benutzen will.
Auf Flughäfen wird das aufgegebene Gepäck durch starke Röntgen-Geräte geprüft, so daß es sich empfiehlt, seine Kamera und seine Filme in einer durchsichtigen Plastiktüte bei sich zu behalten und das Sicherheitspersonal um eine Sichtprüfung zu bitten. Das wird aber auf einigen Flughäfen abgelehnt. Als Alternative bietet sich eine Tüte mit Bleimantel an. Die alten Geräte mit hohen Röntgen-Strahlen waren am schlimmsten, aber selbst die modernen mit einer geringeren Strahlung können hochempfindliche Filme (ab 400 ASA) ruinieren. Hüten Sie sich auch vor wiederholten Röntgen-Bestrahlungen auf verschiedenen Flughäfen.
Decken Sie sich ferner mit ausreichend Filmmaterial ein, denn kaufen können Sie es nur in Amerikanisch Samoa, jedenfalls dann, wenn es preiswert sein oder überhaupt Aussicht bestehen soll, daß Filme in den Regalen der Fotogeschäfte vorhanden sind. Selbst dort kann man sich aber nicht sicher sein, wie oft die Filme auf dem Weg bis in die Regale Röntgen-Strahlen ausgesetzt wurden. Bevor man Filme kauft, lohnt es sich, in Magazinen für Fotografen nach Sonderangeboten von Versandhändlern Ausschau zu halten. Bei der Frage, ob man vorwiegend Filme mit 24 oder 36 Aufnahmen mitnehmen soll, ist zu bedenken, daß man bei Filmen mit 36 Aufnahmen nicht so viele mit sich herumschleppen muß. Wann immer Sie irgendwo in der Südsee Filme kaufen, dann achten Sie auf das Verfalldatum. Man darf auch nicht damit rechnen, daß in der Südsee Dia-Filme entwickelt werden können.

Zubehör: Bringen Sie sich in die Südsee auch ein paar Bücher mit, denn gute Literatur ist in einigen Ländern nur schwer erhältlich. Eine kleine, batteriebetriebene Lampe, die man oben am Buch befestigen kann, hilft zudem, auch abends in einem Zelt lesen zu können. Ernsthafte Taucher sollten auch an eine eigene Ausrüstung denken. Kaufen kann man so etwas in Samoa und Tonga nur schwer. Besonders wichtig sind eine Tauchermaske und ein Schnorchel, denn wenn man die nicht bei sich hat, verpaßt man die Hälfte der Schönheit der Südsee.

Nehmen Sie auch Postkarten mit Abbildungen Ihrer Heimatstadt, Fotos Ihres Hauses, der Familie, der Arbeitsstelle usw. mit. Die Insulaner interessiert dies alles sehr. Werden Sie auch nicht wortbrüchig, wenn Sie den Einheimischen versprochen haben, ihnen Abzüge zu schicken. Und wenn Sie gar noch kleine Geschenke bei sich haben, z. B. Aufkleber Ihrer Heimatstadt o. ä., kommt dies immer gut an. Auch die kleinen Kompasse, die man in Sportgeschäften kaufen kann, sind ein gutes Geschenk.

Neutrale graue Brillengläser schützen am besten vor der Sonne und verursachen die wenigsten Farbverzerrungen. Wenn Sie Brillenträger sind, sollten Sie zudem unbedingt eine Ersatzbrille bei sich haben. Die Seife, sei es ein Pulver oder in flüssiger Form, verpacken Sie besser in verschiedene Plastiktüten. Um sich auf Zeltplätzen selbst verpflegen zu können, müssen Sie auch einen kleinen Kocher haben. Wenn Sie dann versuchen, Holz aus dem Regenwald als Brennmaterial zu verwenden, werden Ihre Tränen nicht nur wegen des Rauches, sondern auch wegen der Frustration bei den vergeblichen Bemühungen kullern, es zum Brennen zu bringen. Da man Brennstoff – auch Gas – in Flugzeugen nicht transportieren darf, sollte der Kocher mit Kerosin oder Benzin zu betreiben sein. Das erhält man auch in der Südsee. Im Gepäck sollten sich folgende Gegenstände befinden:

- Kamera und Filme
- Kompaß
- kleine Taschenlampe
- Ersatzbatterien
- Kerze
- Taschenrechner mit Wecker
- Armbanduhr
- Sonnenbrille
- Vorhängeschloß und Kette
- Taschenschirm
- Wäscheleine, Klammern
- Waschmittel
- Verschluß für Abflüsse
- kleines Handtuch
- Nähzeug
- kleine Schere
- Nagelclipper
- Angelschnur zum Nähen
- Plastikbecher
- Dosen- und Flaschenöffner
- Korkenzieher
- Taschenmesser
- Löffel
- Eßgeschirr
- Streichhölzer
- Teebeutel

Toilettenartikel und Medikamente: Da Medikamente auf die jeweilige Person abgestimmt sind, muß jeder seine eigene Erfahrung mit ihnen sammeln. Da zudem die Markennamen je nach Land unterschiedlich sind, hilft hier kein noch so guter Vorschlag. Wissen müssen Sie jedoch, daß auch die einfachsten Arzneien, z. B. Aspirin, auf den äußeren Inseln nicht erhältlich sind. Gegen Hitzepickel hilft ein medizinisches Pulver, während Kohletabletten gegen Durchfall und Vergiftungen wirken, weil sie die Flüssigkeit im Körper halten. Wenn Sie ständig Medikamente einnehmen, müssen Sie eine ausreichende Menge davon bei sich haben. Wichtig ist auch ein Rezept für diese Arzneien mit lateinischer Bezeichnung. Weitere Hinweise finden Sie im Kapitel über die Gesundheit. Zum Mitnehmen bieten sich an:

Ohrstöpsel aus Wachs
Seife in einer Plastikdose
weiche Zahnbürste
Zahnpasta
Deodorant
Shampoo
Kamm und Haarbürste
Hautcreme
Kosmetik
Tampons oder Kosmetikpapier
weißes Toilettenpapier
verschiedene Vitamine
und Mineralstoffe
Insektenschutzmittel
Sonnencreme
Tabletten gegen Reisekrankheit
empfängnisverhütende Mittel
Jod
Wasseraufbereitungstabletten
Pulver zur Entlausung
Mittel gegen Durchfall
Tiger Balm
Mittel gegen Erkältung
Alka Seltzer
Aspirin
ein Antihistamin
Salbe gegen Entzündungen
Antibiotika
Schmerztabletten
Desinfektionsmittel
einfache Kleidung
Bandagen

Geld und Dokumente: Wenn während Ihrer Reise in der Südsee Ihr Reisepaß verlorengegangen oder gestohlen worden ist, dann melden Sie das sofort der nächsten Polizeiwache, lassen sich die Anzeige bestätigen und wenden sich dann an die nächstgelegene Botschaft oder das nächstgelegene Konsulat mit der Bitte um Ersatz. Wenn Sie eine Kopie der Geburtsurkunde bei sich haben, hilft das, die Ausstellung eines Ersatzpasses zu beschleunigen.

Reiseschecks, ausgestellt in US-Dollar, sind in den Ländern der Südsee ein gutes Zahlungsmittel. Was die Erstattung bei Verlust angeht, ist American Express mit Abstand die kulanteste Firma. Sinnvoll ist auch, immer ein paar Banknoten im Wert von einem und fünf US-Dollar für Ausgaben bei sich zu haben, bevor man nach der Ankunft in einem neuen Land Geld wechseln kann. Das gilt auch für den Fall, daß die Landeswährung ausgegangen ist und man nicht sofort eine Bank erreichen kann.

Tragen Sie Ihre Wertsachen stets unter der Kleidung direkt am Körper. Geldgürtel erhalten Sie überall in Ausrüstungsläden. Fertigen Sie von den wichtigen Dokumenten (Paß, Führerschein

Kreditkarte, Flugticket, Nachweis über den Kauf der Reiseschecks, Rezepte für Brille und Medikamente) Kopien an. Mit ein wenig Geschick läßt sich das alles auf eine Seite bringen. Eine Zusammenfassung mit gesundheitlichen Angaben wie Blutgruppe, Allergien, Krankengeschichte, Brillenstärke und Verschreibungen von Medikamenten kann ebenfalls hilfreich sein. Stecken Sie diese Unterlagen in eine Plastikhülle, um sie während der Reise vor Feuchtigkeit zu schützen. Verteilen Sie diese Kopien an verschiedene Stellen des Gepäcks und lassen Sie eine zu Hause.

Wieviel Geld Sie für Ihre Reise benötigen, hängt überwiegend von Ihrem Lebensstil ab. Aber auch der Faktor Zeit spielt hierbei eine Rolle. Je länger Sie bleiben, desto billiger wird die Reise pro Tag. Unterstellt, die Flugkosten betragen 1.000 US $ und Sie geben beispielsweise 35 US $ pro Tag aus, dann kostet Ihre Reise bei einer Dauer von 15 Tagen im Durchschnitt pro Tag 102 US $ und bei einer Dauer von 30 Tagen pro Tag 68 US $. Wenn Sie 90 Tage bleiben können, fällt der Betrag pro Tag auf 46 US $. Und wenn Sie sogar ein ganzes Jahr Zeit haben, ergibt sich ein Durchschnittsbetrag von nur 38 US $ pro Tag. Allerdings ist es in einigen Ländern teurer als in anderen. Sicher werden Sie die spektakuläre Landschaft von Amerikanisch Samoa kennenlernen wollen, aber Ruhetage am Strand verbringen Sie besser in West-Samoa oder Tonga.

An folgende Dokumente für Ihre Reise sollten Sie denken:

- Reisepaß
- Impfzeugnis
- Flugticket
- Tauchzeugnis
- Führerschein
- Reiseschecks
- Bargeld in US-Dollar
- Kopien der Dokumente
- Geldgürtel
- Adreßbuch
- Notizbuch
- Briefumschläge
- Ersatzkugelschreiber

ANREISE

Vorbereitung: Ihre ersten Entscheidungen sollten die Fragen betreffen, welche Ziele in Samoa und Tonga Sie besuchen und wie lange Sie dort bleiben wollen. Dies ist wichtig, weil einige Gegenden verkehrstechnisch besser erschlossen sind als andere. Soll Ihre Reise Sie in wirklich entlegene Gegenden führen, also auf Inseln, auf die kaum je ein Tourist seinen Fuß setzte, ist eine sehr umfangreiche Vorarbeit nötig. In jedem Reisebüro können Sie entweder den *ABC World Airways Guide* oder den *Official Airline Guide (OAG)* einsehen. Diese Bücher erscheinen monatlich neu und sind so dick wie das Telefonbuch

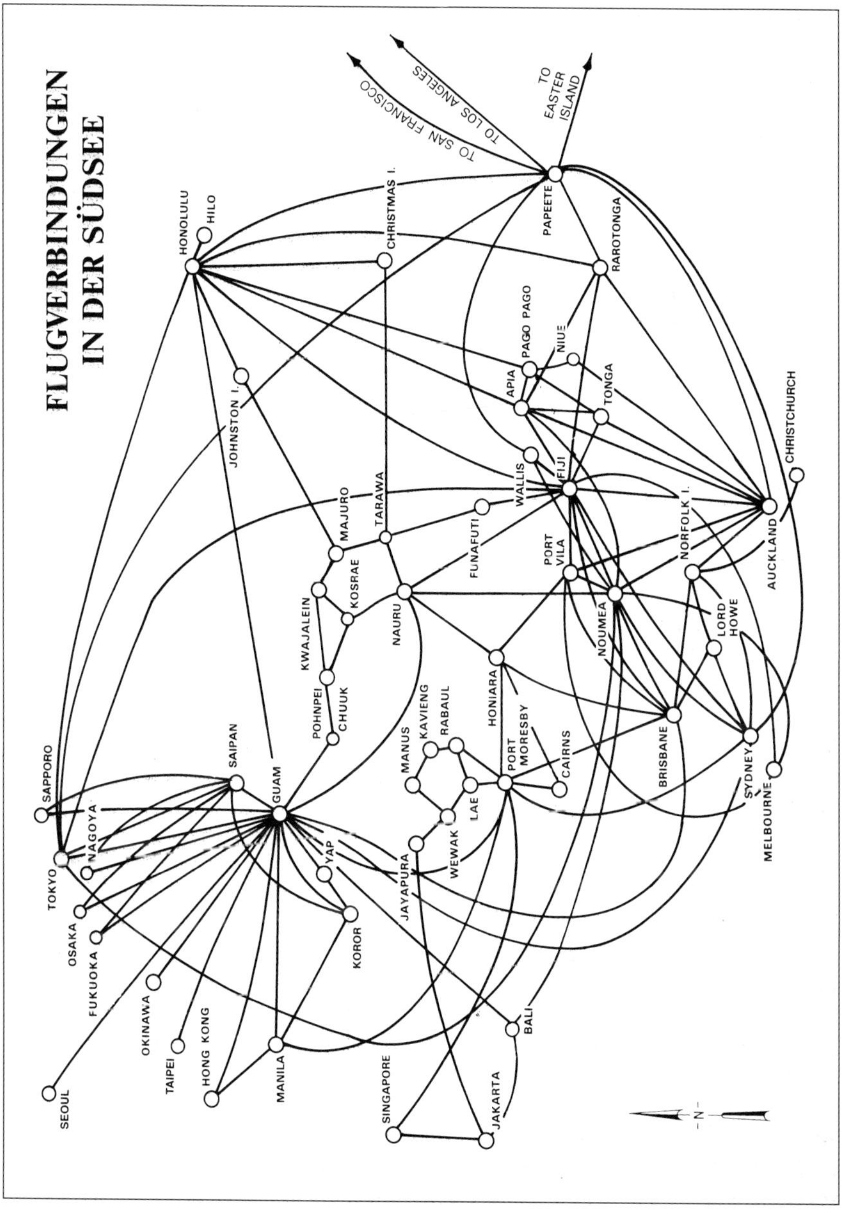
FLUGVERBINDUNGEN
IN DER SÜDSEE
TO SAN FRANCISCO
TO LOS ANGELES
TO EASTER ISLAND
HONOLULU
HILO
CHRISTMAS I.
PAPEETE
RAROTONGA
PAGO PAGO
NIUE
APIA
TONGA
JOHNSTON I.
WALLIS
FIJI
CHRISTCHURCH
NORFOLK I.
AUCKLAND
MAJURO
TARAWA
FUNAFUTI
PORT VILA
KWAJALEIN
KOSRAE
NAURU
NOUMEA
LORD HOWE
POHNPEI
CHUUK
HONIARA
KAVIENG
RABAUL
MANUS
PORT MORESBY
CAIRNS
BRISBANE
SYDNEY
MELBOURNE
SAPPORO
SAIPAN
GUAM
NAGOYA
TOKYO
YAP
LAE
WEWAK
JAYAPURA
OSAKA
FUKUOKA
KOROR
OKINAWA
TAIPEI
HONG KONG
MANILA
SEOUL
SINGAPORE
JAKARTA
BALI
N

einer Großstadt. Darin finden Sie nahezu jede Flugverbindung auf der ganzen Welt aufgeführt, so daß Sie sich in Ruhe heraussuchen können, was überhaupt möglich ist.

Die wichtigsten Knotenpunkte für Reisen nach Samoa und Tonga sind Auckland, Honolulu, Nadi, Pago Pago und Sydney. Sehr schnell werden Sie den beiden Büchern entnehmen, daß von diesen Flughäfen aus Zubringerdienste bestehen. Besucher der Südsee aus Europa werden zudem auf dem Weg nach Polynesien häufig über Los Angeles fliegen.

Da der Flugpreis sicherlich der größte einzelne Ausgabeposten bei den Kosten Ihrer Reise sein wird, lohnt sich der Aufwand, den Flug nach Samoa und Tonga sehr genau zu planen. Beginnen Sie damit, direkt bei den Fluggesellschaften anzurufen, die Verbindungen in die Südsee unterhalten. Das sind Air France, Air New Zealand, LAN Chile und Qantas. Fragen Sie dort dann nach den niedrigsten Preisen für Flüge nach Samoa und Tonga. Die Telefonnummern der Fluggesellschaften können Sie dem *Handbuch für Fernreisen* von Udo Schwark, ebenfalls erschienen im Verlag Gisela E. Walther, entnehmen. Einige dieser Fluggesellschaften kann man sogar gebührenfrei anrufen. Wenn Sie mit der Auskunft nicht zufrieden sind, dann rufen Sie später noch einmal an, denn dann erreichen Sie möglicherweise einen anderen Mitarbeiter als beim erstenmal, der sich besser auskennt. Bei einigen Gesellschaften sind die Telefone auch abends und am Wochenende besetzt, wenn man mit den Mitarbeitern in Ruhe sprechen kann. In der Hauptgeschäftszeit ist das nicht immer möglich.

Billigflüge: Bevor Sie einen Flug nach Samoa und Tonga buchen, empfiehlt sich auch ein Blick in die Reisebeilagen von überregionalen Tages- und Wochenzeitungen (*Frankfurter Allgemeine, Die Welt, Süddeutsche Zeitung* usw.) und in Reisezeitschriften (*Abenteuer & Reisen, Reisefieber, Reise & Preise* usw.), in denen Billigflug-Reisebüros ständig inserieren. Das sind Agenturen, die Flugscheine gleich in größeren Mengen abnehmen und sie billiger verkaufen als die Fluggesellschaften selbst. Die meisten Fluggesellschaften bieten nämlich mehr Plätze an, als sie zu offiziellen Flugpreisen füllen können, und bedienen sich daher dieses Kanals, um ihre Kapazitäten abzusetzen. Wenn man einen solchen Flugschein kauft, kann man bei Langstreckenflügen gegenüber den offiziellen Tarifen bis zu 40 oder 50 % sparen.

Für den Verkauf von Billigflügen gibt es auf der Welt Schwerpunkte. In Europa sind sie vorwiegend in Deutschland, der Schweiz, den Niederlanden und Großbritannien verbreitet, in Asien in Bangkok, Hongkong, Penang und Singapur, in den USA in San Francisco. Leider kommt man in der Südsee an solche günstigen Flugscheine nicht. Wenn Sie einen Billigflug buchen wollen, dann vergleichen Sie vorher die Preise, denn sie können sich von Büro zu Büro unterscheiden. Trotz ihres häufig schäbigen Aussehens arbeiten die Billigflug-Reisebüros meistens legal und verkaufen Flugscheine, die fast immer von der jeweiligen Fluggesellschaft ausgestellt wurden. Häufig sehen die Flugscheine der Billigflug-Reisebüros aus wie Tickets zu den offiziellen Tarifen, lassen sich aber bei Nichtbenutzung meistens zur Erstattung des Preises nicht zurückgeben.

Sondertarife: Preiswert sind oft auch Flugscheine von den Fluggesellschaften zu Sondertarifen. Da diese Tarife aber häufig einschränkenden Bedingungen unterliegen, sollten Sie vor allem diese Bedingungen genau lesen. Viele Flüge müssen auch eine gewisse Zeit vorher gebucht werden, so daß Sie sich rechtzeitig erkundigen sollten. Da das Jahr bei den Flugpreisen zu Sondertarifen in drei Saisonzeiten unterteilt ist, spart man allein durch gutes Timing auch hierbei Geld, manchmal allein dadurch, daß man seine Abreise um nur wenige Tage verschiebt.
Der beliebteste Sondertarif für Flüge in die Südsee ist der „Super Pass“ von Air New Zealand. Er kostet nur die Hälfte des normales Flugpreises und setzt keine bestimmte Buchungsfrist vor der Abreise voraus. Außerdem können die Reservierungen so oft kostenlos geändert werden, wie keine Neuausstellung des Flugscheines erforderlich ist, beliebig viele Zwischenunterbrechungen eingelegt werden und Besuche auf den Inseln der Südsee bis zu einem ganzen Jahr ausgedehnt werden. Will man den Flugschein unbenutzt zurückgeben, muß man allerdings 35% Stornierungsgebühren bezahlen. Außerdem sind 50 US$ fällig, wenn der Flugschein umgeschrieben werden soll, beispielsweise deshalb, weil man sich unterwegs dafür entschieden hat, auf einer anderen Route als zunächst geplant weiterzufliegen. Auch beim „Super Pass“ gelten verschiedene Saisonzeiten mit unterschiedlichen Flugpreisen.
Noch etwas billiger sind Flugscheine zum APEX-Tarif (Advance Purchase Excursion), müssen aber spätestens 14 Tage vor der Abreise gebucht und bezahlt sein. Mit einem solchen Flugschein kann man mindestens 5 Tage und längstens 3 Monate unterwegs sein. Ändern Sie Ihre Flugtage, sind 35% Gebühr zu zahlen. Dieser Betrag wird auch einbehalten, wenn Sie später als 14 Tage vor Abflug stornieren wollen. Den Rückflug müssen Sie im Falle einer Änderung Ihrer Reisepläne mindestens 14 Tage vorher umbuchen. Wenn Sie sich kurzfristiger entscheiden, erhalten Sie kein Geld zurück, und Ihr Rückflugschein wird außerdem ungültig. Daher noch einmal der Hinweis, daß die Planung einer Südseereise sehr

sorgfältig vorgenommen werden muß. Sorgsames Planen erlaubt außerdem, den Urlaub zeitlich gut auszunutzen, und bringt Sie zur richtigen Zeit an den richtigen Ort. Im übrigen muß man noch wissen, daß bei Flugscheinen zu einem APEX-Tarif die Möglichkeiten für Zwischenunterbrechungen begrenzt sind.

Mileage Tickets: Mit einem „Mileage Ticket" erkaufen Sie sich einen Flug von A nach B zum vollen Tarif und dürfen ihn unterwegs überall unterbrechen und sogar Abstecher einbauen, solange Sie die erlaubte Anzahl Meilen nicht überschreiten. Schauen Sie sich in Ruhe die in diesem Buch enthaltene Karte mit den Flugverbindungen in der Südsee an und legen Sie anhand des Streckennetzes fest, auf welcher Route Sie Samoa und Tonga besuchen können. Versuchen Sie dabei, eine Rundreise herauszutüfteln, und vermeiden Sie Flugstrecken in Gegenrichtung oder Zick-Zack-Routen. „Mileage Tickets" sind ein Jahr gültig und lassen es zu, zu jeder Zeit zu fliegen, sofern Flüge angesetzt sind.

Mit ein bißchen Nachdenken können Sie auf diese Weise bei einem Flug über den Pazifik bis zu 14 Flugunterbrechungen einbauen. Sind Sie dann erst einmal unterwegs, können Sie sogar noch zusätzliche Ziele einplanen. Dies kostet manchmal nur ein wenig mehr. Beispielsweise können Sie auf dem Flug von Pago Pago nach Tongatapu noch Abstecher nach Vava'u und Ha'apai unternehmen. Lassen Sie sich in einem guten Reisebüro darüber beraten, was auf diesem Weg alles möglich ist.

Flugscheine für die Weiter- oder Rückreise: In allen Ländern der Südsee ist Bedingung für die Einreise, daß man einen Flugschein für die Weiter- oder Rückreise vorlegen kann. Wenn man eine lange Reise durch die Südsee plant und einige Strecken zwischen zwei Ländern auf dem Seeweg zurücklegen möchte, kann das eine Belastung sein. Eine Möglichkeit, dieser Vorschrift Rechnung zu tragen, besteht darin, einen Flugschein von Air New Zealand für einen Flug aus der Südsee zum vollen Tarif (gültig ein ganzes Jahr) zu kaufen. Wenn Sie dann ein Land in der Südsee verlassen wollen, dann können Sie diesen Flugschein umschreiben lassen, damit er für die Weiterreise aus dem nächsten Land gilt. Man kann aber auch einen Flugschein zum vollen Tarif für Flüge quer über die gesamte Südsee kaufen, um damit die Beamten der Ausländerbehörden zufriedenzustellen. Wenn Sie in Ihre Heimat zurückgekehrt sind, können Sie sich den Preis für den Flugschein, sollte er unbenutzt geblieben sein, in voller Höhe erstatten lassen. Schließlich sollten Sie im Gedächtnis behalten, daß Sondertarife und Billigflüge, die man in vielen sonstigen Gegenden der Welt buchen kann, in der Südsee nicht erhältlich sind.

Planen Sie daher vor dem Abflug nach Samoa und Tonga genau, wie Ihre Reise verlaufen soll.

Derzeitige Trends: Die hohen Treibstoffkosten brachten es mit sich, daß viele Fluggesellschaften sich entschlossen, Großflugzeuge einzusetzen, die Langstrecken seltener bedienen und weniger Zwischenlandungen einlegen. In der Südsee führte dies dazu, daß Besuchern bestimmte Reisemöglichkeiten genommen wurden, denn viele Inseln werden bei langen Flügen gar nicht mehr angeflogen.

So manche Fluggesellschaft läßt sich heute einen Zwischenaufenthalt sogar bezahlen, der früher kostenlos war. Manchmal erlauben Billigtickets auch gar keine Flugunterbrechung. Die „Mileage Tickets" waren gerade für eine Reise durch die Südsee früher eine günstige Art, diese Region preiswert kennenzulernen. Airlines wie Qantas und Air New Zealand haben natürlich in erster Linie ein Interesse daran, Flugscheine für die eigenen Routen zu verkaufen.

Tickets, die für Flüge mehrerer verschiedener Fluggesellschaften gelten, sind heute teuer. Hinzu kommt, daß regionale Fluggesellschaften wie Polynesian Airlines unter finanziellen Problemen leiden und gezwungen sind, ihr Streckennetz zu verkleinern. Diese Veränderungen dauern noch an und führen dazu, daß früher expandierende Fluggesellschaften sich von bestimmten Strecken zurückziehen müssen und neue Airlines den Betrieb aufnehmen. Hinzu kommt, daß nur wenige Strecken täglich bedient werden und eine ganze Menge davon nur noch einmal wöchentlich.

Reisebüros: Lassen Sie sich vor einer Reise nach Samoa und Tonga auch in einem Reisebüro am Wohnort beraten. Jedes Reisebüro, das die Provision, die es erhält, wert ist, wird zunächst versuchen, eine Pauschalreise zu verkaufen. Manchmal sind aber solche Pauschalreisen günstiger als nur der Flug nach Samoa oder Tonga. Wenn man in einem solchen Fall erreichen kann, erst später als in der Pauschalreise vorgesehen zurückzufliegen, könnte so eine Reise ein gutes Geschäft sein, denn dann übernachtet man eine Zeit lang in einem Hotel sozusagen kostenlos. Achten Sie aber bei der Buchung einer Pauschalreise auf Beschränkungen.

Die Entscheidung, in welches Reisebüro Sie gehen, sollten Sie aber recht vor- und umsichtig treffen. Meistens erntet man bei der Nennung des Urlaubszieles Samoa und Tonga nur mitleidvolles Unverständnis. Fragt man nach Einzelheiten, stößt man oft auf Unwissenheit: Billige Flüge, Ermäßigungen oder alternative Flugrouten sind selbst vielen Mitarbeitern in Reisebüros höchst selten bekannt. In immer größerem Umfang geben sie auch falsche Auskünfte. Da der Preis für die meisten Flugtickets nur dort wieder erstattet wird, wo man es gekauft hat, ist es um so wichtiger, sich ein seriöses Reisebüro auszusuchen. Nützlich kann es sein, sich von einer Fluggesellschaft mit Flugverbindungen in die Südsee ein Reisebüro vorschlagen zu lassen, das sich mit Reisen in diese Gegend der Welt auskennt. Die wird kein Reisebüro empfehlen, aber ein paar in der Gegend des Wohnortes nennen können, die häufiger Reisen nach Samoa und Tonga verkaufen.

Selbst wenn Sie sich dafür entscheiden, von der Beratung in einem Reisebüro Gebrauch zu machen, sollten Sie sich vorher bei den Fluggesellschaften nach den Flugpreisen erkundigen, um vergleichen zu können, ob die Angebote im Reisebüro Ihrer Wahl günstig sind oder nicht. Hinzu kommt, daß die Kosten für einen Flugschein, wenn der nicht benutzt wurde, häufig nur dort erstattet werden, wo er gekauft wurde. Erkundigen Sie sich also auch danach. Es ist immer wieder erstaunlich, wie unterschiedlich die Preise sind, die die Passagiere im gleichen Flugzeug für ihr Ticket bezahlt haben. Die wenigen Stunden, die Sie in die Vorbereitung einer Reise in die Südsee stecken, können Ihnen viel Geld sparen helfen.

FLUG VON EUROPA

Linienflüge: Aus dem deutschsprachigen Raum bestehen nach Samoa und Tonga keine Direktverbindungen. Welche Route man auch wählt, man muß unterwegs umsteigen. Ein normaler Flugschein ohne Einschränkungen (gültig ein Jahr) für einen Flug von Frankfurt nach Apia oder Nuku'alofa und zurück kostet derzeit rund 7.700 DM. Mit einem solchen Flugschein kann man auf der Strecke über Amerika in die und aus der Südsee beliebig viele Zwischenaufenthalte einlegen, beispielsweise in den USA oder Südamerika.

Man kann eine Reise nach Samoa und Tonga aber auch mit einem Flug um die ganze Welt verbinden. Solche Flüge um die ganze Welt mit der Möglichkeit, die Reise in der Südsee in Apia und Nuku'alofa und in vielen anderen Städ-

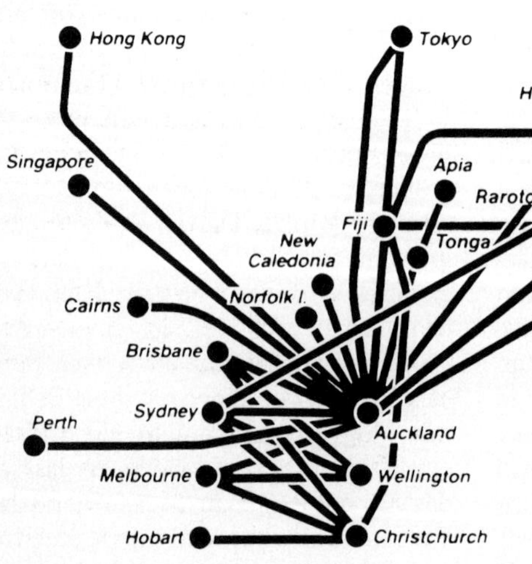

STRECKENNETZ VON AIR NEW ZEALAND

ten zu unterbrechen, werden von Air New Zealand gemeinsam mit Singapore Airlines ab Zürich für 4.550 SFr, mit Cathay Pacific Airlines ab Zürich für 4.778 SFr, mit British Airways ab Zürich für 4.917 SFr, gemeinsam mit Singapore Airlines ab Amsterdam für 5.991 Gulden, mit Cathay Pacific Airlines ab Amsterdam für 6.000 Gulden, mit KLM oder Thai Airways ab Amsterdam für 6.754 Gulden, mit Malaysia Airlines für 6.868 Gulden und ab London gemeinsam mit Air India, Air Mauritius, British Airways, Cathay Pacific Airlines, KLM, Malaysia Airlines, Singapore Airlines oder Thai Airways für 1.930 englische Pfund angeboten.
In Deutschland darf man einen solchen Flug um die ganze Welt allerdings nicht antreten, sondern muß zunächst auf eigene Faust entweder nach Zürich, Amsterdam oder nach London reisen. Buchen kann man alle diese Flüge in den Büros der jeweiligen Fluggesellschaft und in allen IATA-Reisebüros.

Billigflüge: Daneben gibt es aber auch noch einige Billigflüge mit Liniengesellschaften. So kann man beispielsweise mit Air New Zealand von Frankfurt über Los Angeles und Hawaii nach Apia und Tonga und auf der gleichen Route wieder zurück nach Frankfurt fliegen, wofür man mit bis zu drei Flugunterbrechungen je nach Saison zwischen etwa 2.100 und 3.300 DM bezahlen muß. Zwei weitere Flugunterbrechungen sind gegen jeweils 100 DM Zuschlag möglich. Für diesen Flugpreis darf man sich mindestens 6 Tage und längstens 6 Monate in der Südsee aufhalten. Will man nur nach Apia (West-Samoa) oder Nuku'alofa (Tonga), kann man noch ca. 200 DM sparen. Wissen muß man dabei, daß nach dem derzeitigen Flugplan von Air New Zealand in Los Angeles oder Hawaii umgestiegen werden muß und am gleichen Tag nicht immer Anschluß mehr besteht, so daß zum Flugpreis noch die Kosten für eine Übernachtung hinzukommen. Das Quartier kann man aber gemeinsam mit dem Flug aus dem Stopover-Programm von Air New Zealand buchen.
Ganz günstig kommt man auch mit Canadian Airlines International von Frankfurt oder München über Toronto, Vancouver und Hawaii nach Fidschi, wofür man je nach Saison rund 2.600 bis 3.000 bezahlen muß (Hin- und Rückflug) und sich für den Rückflug ein ganzes Jahr Zeit lassen kann (Anschlußflüge von Fidschi nach Samoa und Tonga vgl. weiter unten).
Eine weitere interessante Flugmöglichkeit besteht mit Qantas von Frankfurt über Sydney nach Nadi in Fidschi (einfacher Flug je nach Saison zwischen 2.300 und 2.600 DM), die man gut mit einem Weiterflug mit Air New Zealand von Nadi über Los Angeles zurück nach Frankfurt zu einer Reise um die ganze Welt verbinden kann. Zu dem Preis für den Flug mit Qantas nach Nadi von 2.300 bis 2.600 DM kommt dann der Weiterflug mit Air New Zealand nach Frankfurt, für den man etwa 1.300 DM einkalkulieren muß. Natürlich kann auch diese Verbindung in Gegenrichtung benutzt werden, also mit Air New

Zealand von Frankfurt über Los Angeles mit einer Zwischenübernachtung nach Nadi und anschließend mit Qantas von Nadi über Sydney zurück nach Deutschland.

Ferner kann man mit American Airlines und Qantas von und bis Frankfurt über die Südsee um die ganze Welt fliegen, wofür man je nach Saison zwischen 2.700 und 3.200 DM bezahlen muß und sich ein halbes Jahr Zeit lassen kann. Die Route führt von Frankfurt über Los Angeles, Hawaii, Fidschi, Australien und Asien zurück nach Frankfurt. Zu diesem Preis darf man einen Flug um die Welt mit American Airlines und Qantas in den USA einmal sowie in der Südsee, in Australien und in Asien je zweimal unterbrechen. Will man in den USA auch noch eine Flugunterbrechung in Boston, Chicago, Dallas, Miami und New York einlegen, kommen jeweils 100 DM Zuschlag hinzu. Es ist aber auch möglich, diesen Flug um die Welt in Gegenrichtung zu unternehmen, also zunächst nach Asien und Australien.

Ferner besteht die Möglichkeit, von Deutschland, Österreich oder der Schweiz mit einer von 20 Fluggesellschaften zum Preis ab 1.100 DM zunächst nach Los Angeles oder San Francisco, mit einer von 22 Fluggesellschaften zum Preis ab 1.500 DM zunächst nach Australien oder mit einer von 11 Fluggesellschaften zum Preis ab 2.000 DM zunächst nach Neuseeland (jeweils Hin- und Rückflug) zu fliegen und die Reise in die Südsee dort wie weiter unten beschrieben fortzusetzen.

Alle diese Flüge kann man allerdings nicht bei der jeweiligen Fluggesellschaft und auch nicht in jedem Reisebüro buchen. Die Flugscheine sind jedoch zu günstigen Preisen bei unserer Schwesterfirma Walther-Weltreisen Udo Schwark in Bonn (Hirschberger Straße 30, D-53119 Bonn) erhältlich. Dort sind in einer Datenbank Zehntausende von Flugmöglichkeiten mit allen Einzelheiten (Saisonzeiten, Gültigkeit der Flugscheine, Flugtage usw.) gespeichert, aus der Sie gegen einen großen, frankierten Rückumschlag eine aktuelle Preisliste für alle Flüge nach Samoa und Tonga oder nach Los Angeles, Australien oder Neuseeland anfordern und sich daraus die für Sie passende Verbindung heraussuchen können.

In der Schweiz wendet man sich wegen eines preiswerten Fluges in die Südsee am besten an den Globetrotter Travel Service, Rennweg 35, CH-8001 Zürich, Tel. (01) 2 11 77 80 (weitere Büros in Baden, Basel, Bern, Luzern, St. Gallen und Winterthur), oder an Ozeania Reisen (Badenerstraße 12, CH-5442 Fislisbach, Tel. 056/84 01 65 und 83 77 90), die sich auf Flüge in die Südsee spezialisiert haben. In Österreich kann man Flüge günstig im Reiseladen, Dominikanerbastei 4, A-1010 Wien, Tel. (01) 5 13 89 36–0, buchen.

FLUG VON NORDAMERIKA

Die wichtigsten Fluggesellschaften mit Verbindungen von Los Angeles und San Francisco nach Samoa und Tonga sind Air New Zealand, Polynesian Airlines und Qantas. Die Preise dieser Gesellschaften für Flüge in die Südsee schwanken je nach Saison, wobei zwischen der Nebensaison (April bis Juli), der Zwischensaison (März und August bis November) sowie der Hochsaison (Dezember bis Februar) unterschieden wird. Maßgebend dabei ist der Zeitpunkt des Abfluges. Die Fluggesellschaften haben die Neben- und Zwischensaison von März bis November, die beste Zeit für eine Reise in die Südsee, in die Zeit des Winters in Australien und Neuseeland gelegt. Wenn Sie nur auf die Inseln der Südsee wollen, können Sie davon profitieren.

Air New Zealand hat mit seiner „Korallen-Route", die über West-Samoa und Tonga führt, am meisten zu bieten. Nach letzten Informationen kann man mit Air New Zealand auf der Strecke von Los Angeles oder San Francisco über Honolulu nach Apia und Tongatapu zurück nach Los Angeles oder San Francisco mit dem „Super Pass" (vgl. weiter oben) in der Nebensaison für 1.237 US $, in der Zwischensaison für 1.335 US $ und in der Hauptsaison für 1497 US $ fliegen. Zum APEX-Tarif zahlt man in der Nebensaison 1.104 US $, in der Zwischensaison 1.202 US $ und in der Hauptsaison 1.364 US $. Wenn man noch mehr Inseln in der Südsee ansteuern will, muß man einen Flugschein bis nach Auckland buchen und kann dann auf der Route Los Angeles oder San Francisco – Papeete – Rarotonga – Fidschi – Auckland – Tonga – Apia – Honolulu – Los Angeles oder San Francisco mit dem „Super Pass" in der Nebensaison für 1.598 US $, in der Zwischensaison für 1.898 US $ und in der Hauptsaison für 2.098 US $ fliegen. Zum APEX-Tarif kostet ein Flug auf dieser Strecke 1.298 US $ (Nebensaison), 1.598 US $ (Zwischensaison) bzw. 1.798 US $ (Hauptsaison), allerdings mit höchstens drei Flugunterbrechungen. Man kann ferner von Los Angeles oder San Francisco über Honolulu, Apia und Tonga zurück nach Los Angeles oder San Francisco mit dem „Super Pass" in der Nebensaison für 1.237 US $, in der Zwischensaison für 1.335 US $ und in der Hauptsaison für 1.497 US $ fliegen. Zum APEX-Tarif zahlt man für diese Strecke in der Nebensaison 1.104 US $, in der Zwischensaison 1.202 US $ und in der Hochsaison 1.364 US $. Ein Anschlußflug von und bis Seattle ist für 100 US $ Zuschlag sowie von und bis anderen Städten in den USA auf Anfrage bei Air New Zealand erhältlich.

Man kann mit Air New Zealand auch von Toronto in Kanada einen Flug mit bis zu acht Unterbrechungen über Los Angeles, Tahiti, Rarotonga, Fidschi, Auckland, Tonga, Apia und Honolulu zurück nach Toronto in der Nebensaison für 2.388 CA $, in der Zwischensaison für 2.738 CA $ und in der Hauptsaison für 2.968 CA $ buchen. Das Ticket für einen solchen Flug ist ein ganzes Jahr gültig und läßt sich hinsichtlich der Flugtage unterwegs umschreiben. Sobald der Flug bezahlt ist, wird der Preis garantiert, auch wenn bis zum Abflug noch Erhöhungen vorgenommen werden. Gibt man das Ticket aber unbe-

nutzt zurück, werden 35% Stornierungsgebühren berechnet.
Billiger sind Flugscheine zum ITX-Tarif (Independent Tour Excursion), die eigentlich nur für Pauschalreisende gedacht sind. Man kann aber in seinem Reisebüro fragen, ob man es in Verbindung mit einer kurzen Pauschalreise in Anspruch nehmen kann und erst später zurückfliegen darf. Dadurch kann man die Vorteile einer Pauschalreise mit einer Reise auf eigener Faust verbinden.
Für Flüge, die in den USA beginnen, garantiert Air New Zealand den Flugpreis, sobald das Ticket ausgestellt und bezahlt ist. Von diesem Zeitpunkt an ist man vor Preiserhöhungen bis zum Abflug sicher, es sei denn, man verschiebt den Abflugtermin noch einmal. Wenn Sie über 62 Jahre alt sind oder von jemandem begleitet werden, der bereits 62 Jahre alt ist, können Sie auch nach der Seniorenermäßigung von 10% fragen, die allen gewährt wird, die in einer Gruppe reisen, der wenigstens ein Teilnehmer im Alter von mindestens 62 Jahren angehört. Das größte Problem bei Air New Zealand ist der Flugplan, der auf Auckland und Los Angeles abgestimmt ist. Unterwegs kommt man meistens mitten in der Nacht an oder fliegt mitten in der Nacht ab.
Hawaiian Airlines, die bedeutendste amerikanische Fluggesellschaft mit Verbindungen in die Südsee, fliegt von Honolulu, dem Heimatflughafen, direkt nach Apia, Pago Pago, Los Angeles und San Francisco. In der Vergangenheit hatte Hawaiian Airlines allerdings einen schlechten Ruf wegen des kümmerlichen Services, häufig verlorengegangenen Gepäcks und vieler Verspätungen, aber das soll sich nach einem Wechsel der Eigentümer Ende 1989 geändert haben.
In Kanada ist eines der Reisebüros, die sich gut bei Flügen in die Südsee auskennen, das Adventure Center in Toronto (Hayden St. 17, Toronto, ON M4Y 2P2, Tel. 416-922-7584), das mit Büros auch in Calgary, Edmonton und Vancouver vertreten ist. Innerhalb von Kanada kann man dieses Unternehmen gebührenfrei unter der Nummer 800-661-7265 anrufen. Die gleichen Tickets werden in den USA vom Adventure Center in Emeryville (63rd St. 1311, Emeryville, CA 94608, Tel. 800-227-8747) verkauft. Beide Unternehmen bieten einen guten Service und viele hilfreiche Ratschläge.

FLÜGE RUND UM DEN PAZIFIK

Dank der Vereinbarungen der bereits erwähnten Fluggesellschaften und anderer asiatischer und amerikanischer Airlines wie Cathay Pacific, Japan Air Lines, Malaysia Airlines, Northwest Airlines, Singapore Airlines und United Airlines kann man auch Flüge rund um den Pazifik buchen, bei denen Ziele in der Südsee mit Jakarta, Singapur, Bangkok, Hongkong, Manila, Taipeh, Tokio und vielen anderen Städten verbunden werden können. Die Flugscheine zu diesem Tarif müssen spätestens 21 Tage vor Abflug gebucht werden und sind bis zu 6 Monate gültig. Reservierungen sind bis 21 Tage vor Abflug nur für die erste Strecke nötig. Für alle weiteren Teilstrecken kann man Reservierungen auch noch später vornehmen lassen. Die Preise beginnen für Flüge von Los Angeles, San Francisco oder Seattle bei 1.970 US $, von Vancouver bei 2.500 CA $, von Sydney oder Brisbane bei 2.131 A $ und von Hongkong bei 12.200 HK $. Weitere als die bereits im Flugpreis enthaltenen vier Flugunterbrechungen, aber nicht mehr als insgesamt sechs, sind gegen Zuschlag von jeweils 50 US $ möglich. Air New Zealand hat bei diesen Sondertarifen in der Südsee am meisten zu bieten, aber andere Fluggesellschaften fliegen dafür mehr Ziele in Asien an. Fragen Sie daher in einem Reisebüro nach den möglichen Alternativen. Die Sondertarife für Flüge um den Pazifik sind auch von Hongkong, Japan und Neuseeland aus erhältlich und eignen sich ausgezeichnet, wenn man genug Zeit für eine Reise nicht nur in der Südsee, sondern auch noch in Asien hat.

FLUG VON AUSTRALIEN

Um die staatliche Fluggesellschaft Qantas so gut wie möglich zu unterstützen, hält die Regierung Australiens die Preise für Flüge von Australien extrem hoch. Auch von den ausländischen Fluggesellschaften, die Australien anfliegen, verlangt sie für Strecken, die Qantas ebenfalls bedient, überhöhte Preise. Dennoch können Sie die oben beschriebenen APEX-Tickets und Tikkets für Flüge rund um den Pazifik auch in Australien erhalten. Wenn Sie Ihre Reise in die Südsee in Australien beginnen oder fortsetzen, dann lassen Sie sich durch ein Reisebüro beraten. Qantas fliegt von Australien in Richtung Samoa und Tonga jedoch nur nach Fidschi. Informationen über Billigflüge von Student Travel Australia finden Sie weiter unten.

FLUG VON NEUSEELAND

In Neuseeland kommt man relativ schlecht an Billigtickets für Flüge nach Samoa und Tonga. Da die preiswertesten Flugscheine lange vor Abflug gebucht werden müssen, sollten die Vorbereitung und die Suche nach dem günstigsten Reisebüro lange vor Abflug beginnen. Fragen Sie bei verschiedenen Reisebüros nach Billigtickets, die auf dem grauen Markt gehandelt werden. Die Regierung schreibt vor, daß man Flugscheine mit Studentenermäßigung nur bei Student Travel Services in Auckland und Wellington kaufen darf. Das ist nicht viel, aber immerhin gibt es dort ein günstiges Ticket für den Flug von Auckland über Fidschi und Honolulu nach Los Angeles. Billige Studentenflüge kauft man wesentlich besser in Australien. Sollte dieser Kontinent auf Ihrer Reiseroute liegen, dann kaufen Sie Ihr Ticket besser dort. Air New Zealand bietet allerdings mit einem 21 Tage geltenden Ticket (EPIC), das im Vorverkauf erstanden werden muß, eine preisgünstige Verbindung nach Apia und Tongatapu. Aber auch insoweit heißt es, sich viel umzuhören und noch mehr herumzulaufen, um schließlich das beste Reisebüro zu finden.

FLUG VON BANGKOK UND SINGAPUR

Die Billigflug-Reisebüros in Südost-Asien sind berühmt für die Flugscheine, die in ihnen mit erheblichen Ermäßigungen verkauft werden. Ein empfehlenswertes Reisebüro, in dem solche Flugscheine verkauft werden, ist German Asian Travels Ltd. in Singapur (Telok Ayer St. 126, Nr. 02-01, Singapore 0106, Tel. 221-5539, Fax 221-4220). Flugscheine zu ähnlichen Preisen erhält man in Singapur auch beim MAS Travel Center Ltd. (Tanglin Road 19, Nr. 06-01, Tanglin Shopping Center, Singapore 1024, Tel. 737-8877) und in Bangkok beim K. Travel Service (Soi Ngam Duphli 21/33, unweit vom Hotel Malaysia, Bangkok 10120, Tel. 287-1468). Alle drei genannten Reisebüros bestehen schon seit Jahren. Über sie sind uns bisher noch keine Beschwerden zu Ohren gekommen. Wenn man aus Europa kommt, kann man von diesen Flügen profitieren, indem man einen Billigflug nach Singapur bucht und von dort dann weiterfliegt.

FLUG VON ANDEREN INSELN DER SÜDSEE

Außer den bereits genannten Gesellschaften fliegen in der Südsee auch noch einige andere, die in einem der Länder der Region beheimatet sind. Dazu gehört Air Pacific, die Fluggesellschaft aus Fidschi, die Nadi oder Suva u. a. mit Apia und Tonga verbindet. Polynesian Airlines aus West-Samoa fliegt von Apia aus Auckland, Niue, Pago Pago, Rarotonga, Sydney und Tonga an. Die in Pago Pago beheimatete Samoa Air fliegt nach Apia, Niue und Vava'u. Schließlich bieten Royal Tongan Airlines Flugverbindungen zwischen Nuku'alofa und Auckland sowie Fidschi. Einzelheiten über alle diese Verbindungen finden Sie in den jeweiligen Kapiteln dieses Buches.

STUDENTENTARIFE

Wenn Sie studieren oder Ihr Studium gerade erst abgeschlossen haben, können Sie von niedrigeren Studententarifen Gebrauch machen, die in Studentenreisebüros angeboten werden. Es gibt in Nordamerika zwei Organisationen mit Studentenreisebüros, die gegeneinander konkurrieren, aber beide durchaus zuverlässig sind. Die eine ist der Council Travel Service, der mit Büros in Universitätsstädten im ganzen Land und durch die Schwesterorganisation Travel CUTS in Kanada vertreten ist. Die andere nennt sich Student Travel Australia (in den USA Student Travel Network). Bei beiden muß man sich zunächst gegen eine kleine Gebühr einen Studentenausweis ausstellen lassen und kann dann mit einem Nachweis, daß man Student ist oder bis vor kurzem war, günstige Flüge buchen. Für Kunden, die nicht Studenten sind, werden geringfügig teurere Flüge ebenfalls angeboten. Eine Anfrage lohnt daher immer.

Mit Flugscheinen von Student Travel Australia (STA) und von der nordamerikanischen Tochterfirma Student Travel Network (STN) fliegen Studenten schon seit vielen Jahren in und über die Südsee. Die verkaufen im Grunde nichts anderes als die bereits genannten Flugscheine zum APEX-Tarif und für Flüge um den Pazifik, aber die kosten weniger und unterliegen weniger oder keinen Beschränkungen. Unterschiede in den Preisen für die einzelnen Saisonzeiten bestehen aber auch hier. Beispielsweise muß man für einen ein Jahr gültigen Flugschein von Air New Zealand für die Strecke Los Angeles - Honolulu - Apia - Tonga - Los Angeles in der Nebensaison 909 US $, in der Zwischensaison 989 US $ und in der Hochsaison 1.119 US $ bezahlen. Tickets für einen einfachen Flug kosten die Hälfte. Reservierungen können telefonisch wenige Tage vor Abflug vorgenommen werden (in Kalifornien Tel. 213-934-8722, in anderen Teilen der USA Tel. 800-777-0112). Das Ticket können Sie dann am Tag des Abflugs im Büro in Los Angeles in Empfang nehmen und bereits am gleichen Abend in einer Maschine nach Hawaii oder Samoa unterwegs sein.

Die Flüge können auch nach Belieben abgeändert werden, und der Preis für das Ticket wird voll erstattet, wenn es nicht in Anspruch genommen wurde. In Australien werden auch ermäßigte Flugscheine für Verbindungen mit Air Pacific verkauft.

Nachfolgend finden Sie einige der Büros von STA, STN und angeschlossenen Organisationen:

STA Frankfurt
Kaiserstr. 13, 60311 Frankfurt/Main,
Tel. 069/28 19 15

STN Los Angeles
Melrose Avenue 7202,
Tel. 213-934-87 22

STN New York
E. 45th Street 17,
Tel. 212-986-94 70

STN San Diego
College Avenue 5131,
Tel. 619-286-13 22

STN Berkeley
Shattuck Square 82,
Tel. 510-841-10 37

STN Boston
Newbery Street 273,
Tel. 617-266-60 14

STA Bangkok
Wall Street Tower,
Surawong Road 33,
Tel. 66-2-233-25 82

STA Singapur
Hotel Ming Court,
Tanglin Road 1,
Tel. 65-734-56 81

STA Tokio
Sanden Building,
5-5 Kojimachi 3 Chome, Chiyoda,
Tel. 81-3-221-10 43

STA Melbourne
Faraday Street 220,
Tel. 03-347-69 11

STS Auckland
High Street 10,
Tel. 09-399-723

Ein wenig unterscheiden sich im Preis die Tickets, die vom Council Travel Service angeboten werden. Diese Institution ist ein Ableger vom Council of International Educational Exchange (CIEE). Nur sind die Mitarbeiter dort wesentlich strenger, was den Nachweis angeht, ob jemand wirklich Student ist. Da muß in jedem Fall ein Internationaler Studentenausweis vorgelegt werden, wenn man ein Ticket zu einem Studententarif erstehen will (14 US $). Einige Preise gelten zudem nur für Reisende unter 26 Jahren, aber dann genügt auch der Nachweis, daß man nur zeitweise studiert. Auch bei dieser Organisation sind die Flugpreise saisonabhängig. Wer sich in den USA aufhält, der sollte sich ein Exemplar des *CIEE Student Travel Catalog* besorgen. Auch wenn darin vorwiegend Flüge nach Europa angeboten werden, findet man doch wertvolle Anregungen.

Der Council Travel Service verkauft nicht nur Tickets für Flüge mit Air New Zealand und Qantas zum Studententarif, sondern hat als einzige Organisation in den USA auch die Billigtickets von Air France an der Hand. Tickets für Flüge rund um den Pazifik und um die ganze Welt kann man ebenfalls buchen. Außerdem bietet der Council Travel Service auch besondere Zubringerflüge in den USA nach Los Angeles und San Francisco an.

Einige Adressen von Büros dieser Organisation finden Sie nachfolgend:

Düsseldorf
Graf-Adolf-Straße 18,
40212 Düsseldorf,
Tel. 0211/32 90 88

Berkeley
Channing Way 2486,
Tel. 510-848-86 04

Boston
Boylston Street 729,
Tel. 617-266-19 26

Chicago
N. Dearborn Street 1153,
Tel. 312-951-05 85

Los Angeles
Broxton Avenue 1093,
Tel. 310-208-3551

New York
E. 42nd Street 205,
Tel. 212-661-14 50

Portland
S. W. Morrison Street 715,
Tel. 503-228-19 00

San Diego
Garnet Avenue 953,
Tel. 619-270-64 01

San Francisco
Irving Street 919,
Tel. 415-566-62 22

Seattle
N. E. 43rd Street 1314,
Tel. 206-632-24 48

Toronto
College Street 187,
Tel. 416-979-24 06

Tokio
Sanno Grand Building,
0-14-2 Nagata-cho 2 Chome,
Chiyoda-ku, Tel. 3-35 81-55 17

SCHWIERIGKEITEN BEI FLÜGEN

Wird ein Flug wegen technischer Schwierigkeiten abgesagt, kommt die Fluggesellschaft für die Unterbringung der Passagiere in einem Hotel und für die Mahlzeiten auf. Wird der Flug später wieder auf den Flugplan gesetzt oder ist er überbucht, muß die Gesellschaft trotzdem zahlen. Eine Verpflichtung zu diesen Leistungen hat eine Fluggesellschaft jedoch dann nicht, wenn die Verspätung wetterbedingt ist, ein Streik bei einer anderen Airline Schuld ist, nationaler Notstand herrscht usw. Die renommierten Fluggesellschaften zeigen sich aber auch in solchen Situationen großzügig. Seien Sie jedoch darauf vorbereitet, daß all diese Leistungen von kleinen Gesellschaften auf abgelegenen Inseln keineswegs zu erwarten sind.

Um einen Ausgleich für die vielen Passagiere zu erhalten, die zwar einen Flug gebucht haben, ihn aber nicht antreten, „überbuchen" die meisten Fluggesellschaften ihre Flüge, verkaufen also mehr Tickets, als Plätze vorhanden sind. Um in solchen Fällen nicht im letzten Augenblick noch von der Passagierliste gestrichen zu werden, hilft nur eines: rechtzeitig zur Abfertigung erscheinen und sich ebenso rechtzeitig in der Abflughalle einfinden. Sind Sie doch einmal ein Opfer von „Überbuchungen" und kommen Sie nicht in die gewünschte und ja auch gebuchte Maschine, werden Ihnen die renommierten Fluggesellschaften kostenlose Verpflegung und Hotelunterkunft bis zum nächsten Flug anbieten, in ganz seltenen Fällen sogar Gutscheine für Freiflüge. Auf einigen Flughäfen werden Flüge auch nicht mehr aufgerufen. Seien Sie deshalb wachsam und achten Sie auf die Anzeigetafeln.

Wenn Sie einen Flug unterwegs für mehr als 72 Stunden unterbrechen, dann bestätigen Sie der jeweiligen Fluggesellschaft immer noch einmal den Zeitpunkt Ihrer Weiterreise. Wenn Sie das unterlassen, kann es geschehen, daß alle weiteren Reservierungen automatisch gestrichen werden. Beim Umsteigen von einem Flugzeug zum anderen sollten Sie zudem immer mindestens 2 Stunden Zeit bis zum Abflug der Anschlußmaschine einplanen. Wegen der zunehmenden Verspätungen bei Flügen mag selbst dies noch nicht ausreichen. Außerdem ist es beim Fliegen ratsam, im Handgepäck immer ein oder zwei Taschenbücher als Lesestoff, einige Toilettenartikel und Unterwäsche zum Wechseln bei sich zu haben.

Gepäck: Die meisten Fluggesellschaften erlauben die Aufgabe von zwei Gepäckstücken und die Mitnahme von einem Stück Handgepäck. Surfbretter und Fahrräder werden gegen 50 US $ Zuschlag häufig ebenfalls mitgenommen. Wenn Sie bei einem Flug unterwegs irgendwo umsteigen müssen, dann lassen Sie Ihr Gepäck am besten nicht gleich bis zum Zielort abfertigen, denn es kann geschehen, daß es nicht mit in die Anschlußmaschine umgeladen wird und erst später als Sie selbst an Ihrem Reiseziel ankommt. Besser ist, es am Umsteigeort zunächst in Empfang zu nehmen und erneut aufzugeben. Nehmen Sie auch alles, was als Waffe angesehen werden könnte (Schere, Messer, Spielzeuggewehr usw.), nicht im Handgepäck, sondern im aufgegebenen Gepäck mit.

Versehen Sie jedes Gepäckstück außen und innen auch mit einem Anhänger mit Ihrem Namen, Ihrer Anschrift und Ihrer Telefonnummer. Wenn Gepäck auf einen falschen Weg gebracht wird und nicht mit Ihnen zusammen ankommt, liegt dies häufig auch daran, daß Gepäckanhänger von früheren Flügen nicht entfernt wurden. Am besten ist es, Sie entfernen diese Stückchen Papier immer sofort nach Erhalt des Gepäcks. Aber die Vorsichtsmaßnahmen, die ein Fehlleiten des Gepäcks verhindern helfen, beginnen bereits beim Einchecken. Achten Sie stets darauf, daß die richtigen Streifen mit den drei Buchstaben, die als Abkürzung für jeden Flughafen weltweit bekannt sind, am Gepäck angebracht sind und mit denen an Ihrem Ticket übereinstimmen. Erscheint Ihr Gepäck nicht auf dem Förderband im Zielflughafen, muß unbedingt sofort von den Mitarbeitern des Flughafens eine Verlustmeldung erstellt werden. Sonst besteht keinerlei Anrecht auf Nachforschungen, geschweige denn auf Erstattung des Wertes.

Dauert es länger als 24 Stunden, bis Sie Ihr Gepäck wieder in Händen haben, zahlt Ihnen die Fluggesellschaft einen bestimmten Betrag, um die nötigsten Ausgaben leisten zu können. Die Beträge schwanken hierbei zwischen 25 und 50 US $. Ihre Aussichten, schnell wieder an verlorengegangene Gepäckstücke zu kommen, sind größer, wenn Sie höflich, aber bestimmt vorgehen. Bewahren Sie alle Belege auf, die Sie bei Ausgaben erhalten haben. Manchmal dauert es Wochen, bis das Verlorene wieder auftaucht. Halten Sie in der Zwischenzeit ständig Kontakt mit der Fluggesellschaft, damit man sieht, daß Ihnen viel an Ihrem Gepäck gelegen ist. Wenn Sie das Gefühl haben, daß man bei der Fluggesellschaft nicht genügend für das Auffinden Ihres Gepäcks unternimmt, dann schreiben Sie einen Beschwerdebrief mit dem genauen Hergang an die Hauptverwaltung. Nennen Sie dabei die Namen der Mitarbeiter, mit denen Sie es bisher zu tun hatten. Das bedeutet also, sich diese vorher auch stets genau nennen zu lassen. Bleiben Sie aber trotzdem immer höflich.

SCHIFF

Während des Zweiten Weltkrieges wurden in der Südsee auch viele Hafenanlagen und Einrichtungen für Schiffstransporte zerstört. Dafür baute man zur gleichen Zeit viele Flugplätze und änderte dadurch die Transportmöglichkeiten drastisch. Viele alte Dampfschiffe wurden durch moderne Flugzeuge ersetzt, so daß es heute nur noch sehr selten möglich ist, mit einem Schiff in die Südsee zu gelangen (ausgenommen mit privaten Segelbooten). Da viele Inseln die gleichen Erzeugnisse produzieren, entfällt jeglicher Handel untereinander, und deshalb sind auch Schiffsverbindungen von Insel zu Insel relativ selten. Die großen Container-Schiffe, die nach Australien, Neuseeland und Japan auslaufen, nehmen schon lange keine Passagiere mehr mit.

Diejenigen, die sich nostalgisch an die ruhigeren Tage vor dem Krieg erinnern, werden gern hören, daß es doch noch ein paar Frachtschiffe gibt, die zwischen den Inseln der Südsee verkehren und auch einige Passagiere mitnehmen. Allerdings sind die Passagen auf ihnen höher als die Kosten für einen Flug auf der gleichen Route. Eine Agentur, die sich auf die Vermittlung solcher Passagen spezialisiert hat, ist TravLtips (Box 188, Flushing, NY 11358, USA, Tel. in den USA 800-872-8584, Tel. in Kanada 800-548-7823). Die Mitarbeiter können Passagen auf den Container-Schiffen der in Großbritannien registrierten Reederei Banks Line vermitteln, die auf der Fahrt um die Welt von England durch den Panama-Kanal in Papeete, Apia, Suva, Lautoka, Nouméa, Port Vila, Honiara und Häfen in Papua-Neuguinea anlegen. Eine Passage für die viermonatige Fahrt um die ganze Welt kostet 11.750 US $, aber vier Wochen vor Abfahrt werden, wenn noch Platz vorhanden ist, auch Teilstrecken angeboten. Weil auf den Schiffen immer nur etwa ein Dutzend Passagiere mitgenommen werden können, sollten Sie sich bei Interesse sehr früh anmelden. Es lohnt auch, sich nach den Möglichkeiten einer Mitfahrt auf den Frachtschiffen der Blue Star Lines zu erkundigen (Tel. in den USA 800-221-8164), die auf der Fahrt zwischen den USA und Neuseeland in mehreren Häfen in der Südsee anlegen.

Überarbeiten: Wer Arbeiten an Deck, im Maschinenraum oder in der Kombüse eines Schiffes nicht scheut, hat auf den Schiffen der Reedereien Columbus, Pacific Forum und Sofrana gute Aussichten, eine kostenlose Überfahrt zu ergattern. Eine Bezahlung gibt es dafür aber nicht. Wegen solcher Möglichkeiten des „Überarbeitens" können Sie sich in Los Angeles an die Transpacific Transportation Co. (Tel. 629-4192) wenden. Diese Agentur unterhält auch in San Francisco, Seattle und Vancouver Büros. In Australien können Sie bei der Agentur Columbus Overseas Services in Melbourne und Sydney oder bei Seabridge Australia Pty. in Brisbane anfragen, in Auckland bei Columbus Maritime Services.

Die Mitarbeiter in allen Büros können Ihnen möglicherweise - sofern sie überhaupt Zeit für Derartiges haben - weiterhelfen. Die beste Aussicht, mitgenommen zu werden, haben Sie jedoch, wenn Sie direkt mit dem Kapitän eines Schiffes Kontakt aufnehmen. Ankunfts- und Auslaufzeiten der Schiffe finden Sie in den Tageszeitungen. Sie können aber auch den jeweiligen Hafenkapitän anrufen. Wegen der immer kürzeren Liegezeiten in den Häfen sind die Schiffe jedoch nur noch längstens 4 oder 5 Stunden am Kai. Dies erfordert Flexibilität und die sofortige Bereitschaft, einen Job an Bord anzunehmen. Versuchen Sie die Kontaktaufnahme mit dem Kapitän am besten sofort, nachdem die Zollbeamten von Bord gegangen sind.

Die meisten Schiffe laufen in Richtung Südsee nach einem festen Fahrplan aus. Waren Sie hartnäckig, hatten Sie Glück und hinterließen Sie beim Kapitän einen positiven Eindruck, besteht die Möglichkeit, daß Sie ein paar Wochen später wieder an Bord des gleichen Schiffes zurückfahren können. Alle Wertsachen werden beim Kapitän aufbewahrt, aber im übrigen unterliegen Sie dem gleichen Arbeitsrhythmus wie die Mannschaft. Nicht selten wird man von Ihnen die Hinterlegung von 300 US $ fordern. Arbeiten Sie unterwegs an einem Tag nicht, so wird von dieser Summe ein bestimmter Betrag abgezogen. Wenn Sie nicht gerade die Staatsangehörigkeit des Landes besitzen, in dem Sie an Land gehen, müssen Sie bei der Einreise ein Rückflugticket vorlegen können. Auf den Schiffen der Columbus Line haben Deutsche übrigens bessere Aussichten, als Überarbeiter einen Job zu bekommen, als Angehörige anderer Nationen. Dies gibt ihnen eine ausgezeichnete Möglichkeit, Einblick in das Alltagsleben auf einem Frachter zu gewinnen.

Kreuzfahrtschiffe: Wer die Südsee wirklich kennenlernen möchte, meidet die üblichen Kreuzfahrtschiffe am besten. Weil außer Flugzeugen andere Verkehrsmittel meistens fehlen, bilden sie jedoch häufig die einzige Alternative.
Die luxuriöse *Royal Odyssey* der Reederei Royal Cruise Line (One Maritime Plaza, San Francisco, CA 94111, Tel. 415-956-7200) legt auf ihrer jährlichen Südsee-Kreuzfahrt von Auckland nach Honolulu in Fidschi, Tonga, auf den Cook-Inseln und in Papeete an. Die Preise für eine Innenkabine für zwei Personen auf einem der unteren Decks beginnen bei 5.206 US $ pro Person. Hinzu kommen 250 US $ Hafengebühren für die 25tägige Fahrt. Allerdings sind diese „billigen" Kabinen meistens sehr früh ausgebucht.
Zu einer anderen Kategorie von Kreuzfahrten gehören die mehr abenteuerlichen Fahrten mit der auch für flache Gewässer geeigneten *Explorer*, die von Abercrombie & Kent Inc. (1520 Kensington Road, Oak Brook, IL 60521, USA, Tel. 708-954-2944) angeboten werden. Dieses Schiff ermöglicht eine Verbindung von luxuriöser Kreuzfahrt mit dem Besuch von abgelegenen Inseln wie Pitcairn, Mangareva, Rapa, Palmerston, Pentecost und Rennell auf den Fahrten durch die Südsee, die jährlich einmal in jeder Richtung stattfinden. Die bis zu 96 Passagiere werden unterwegs mit kleinen Booten an Land gebracht. Die Preise für Fahrten mit diesem Schiff betragen im Durchschnitt pro Tag mit Verpflegung 400 US $.

ORGANISIERTE REISEN

Pauschalreisen: Wenn auch dieses Buch eher für Individual- als für Pauschalreisende verfaßt wurde, lohnt es sich, darüber nachzudenken, ob man von günstigeren Flug- und Übernachtungspreisen für Gruppen Gebrauch machen will. Wenn man zu zweit ist, nur begrenzt Zeit für eine Reise nach Samoa sowie Tonga hat und den Urlaub in einen guten Strandhotel verbringen will, kann das die preisgünstigste Reise in die Südsee sein. Bei Sportanhängern sind auch Reisen für Teilnehmer mit bestimmten Interessen sehr beliebt, die dann sicher sein können, daß sie die Sportarten ausüben können, die sie

gern mögen. Der größte Nachteil ist, daß man mit anderen Touristen an einen festen Zeitplan gebunden ist und kaum mit Einheimischen in Berührung kommt. Außerdem müssen Alleinreisende bei Pauschalreisen hohe Zuschläge bezahlen.
Eine Reihe von Veranstaltern in Deutschland, Österreich und der Schweiz bietet Pauschalreisen nach Samoa und Tonga an. Man findet sie in Deutschland beispielsweise in den Katalogen von Airtours (Frankfurt), CA Ferntouristik (München), Dr. Dündder Reisen (Aachen), Harry's Reisen (Schleißheimer Str. 517, 80933 München, Tel. 089/3 13 28 83) und Marco Polo Reisen. In der Schweiz hat sich Ozeania Reisen (Badenerstraße 12, 5442 Fislisbach, Tel. 056/83 77 90) auf Reisen in die Südsee spezialisiert. Einzelheiten kann man den Katalogen dieser Veranstalter entnehmen, die in vielen Reisebüros erhältlich sind.
Daneben gibt es aber auch in anderen Ländern noch eine Reihe von Veranstaltern von Reisen in die Südsee. Einer davon ist Ted Cook Tours (Box 1398, Newport Beach, CA 92663, USA, Tel. 800-828-6877), 1965 gegründet und der erste amerikanische Veranstalter, der sich ausschließlich auf Reisen in die Südsee spezialisierte (nicht verbunden mit James Cook und Thomas Cook). Hier wird eine ganz gute Palette von Pauschalreisen u. a. nach Tonga und West-Samoa angeboten. Buchen kann man allerdings nicht direkt, sondern nur über ein Reisebüro.
Destination Pacific (Box 96045, Bellevue, WA 98009, USA, Tel. 206-643-2660) bietet elftägige Pauschalreisen von Los Angeles oder Seattle zum Coconuts Beach Club in West-Samoa einschließlich Unterkunft, Flug und Transfer für 1.499 US $ an.
Jetabout Holidays (Bethmannstr. 56, 60311 Frankfurt/Main, Tel. 069/2 00 30) veranstaltet eine Vielzahl der üblichen Pauschalreisen, auch nach Tonga und West-Samoa. Ein englischer Reiseveranstalter, der sich auf Pauschalreisen in die Südsee spezialisiert hat, ist Lawson International Travel Services (Broadway House, The Broadway 112-134, GB-London SW19 1RH).
Von Neuseeland aus hat auch ASPAC Vacation Ltd. (Box 4330, Auckland, Tel. 09-623-0259) so etwas zu bieten, und zwar ebenfalls nach Tonga und West-Samoa. Auf Anfrage kann man über ASPAC auch ein Quartier in abgelegenen Gegenden buchen.

Tauchreisen: Samoa und Tonga gehören zu den besten Zielen zum Tauchen. Ausrüstungen dafür stehen auf den meisten Inseln zur Verfügung. Auch wenn Fahrten zum Tauchen vor Ort bei vielen Tauchbasen organisiert werden können, ziehen es Taucher mit wenig Zeit vor, eine Pauschalreise mit Flug, Unterkunft und vorher organisierten Tauchgängen zu buchen. Die Preise sind nicht niedrig, aber die Bequemlichkeit, alles von einem Reiseveranstalter mit dem Gewicht, bei den Organisatoren vor Ort das Gewünschte durchsetzen zu können, ist die Kosten manchmal wert. Bevor Sie sich zu einer Tauchreise anmelden, sollten Sie sich erkundigen, ob die Bereitstellung der notwendigen Ausrüstung im Preis enthalten ist. Natürlich muß man, um an einer solchen Fahrt teilnehmen zu können, ein Tauchzeugnis vorlegen.

Ein Unternehmen, das Tauchreisen anbietet, ist Poseidon Venture Tours (San Miguel Drive 359, Newport Beach, CA 92660, Tel. 714-644-5344).

In Neuseeland kann man sich nach Tauchmöglichkeiten in Samoa und Tonga bei Ed Meili von The Diving Network (Box 38-023, Howick, Auckland, Tel. 09-535-8443) erkundigen. Ed Meili kennt aus eigener Anschauung die Tauchmöglichkeiten vor vielen Inseln und kann wertvolle Tips geben. Auch Dive & Fishing Travel Consultancy (Box 36-338, Northcote, Auckland 9, Neuseeland, Tel. 09-479-2210) veranstaltet Tauchreisen nach Samoa und Tonga.

Als Alternative kann man auch direkt mit einer Tauchbasis in Samoa oder Tonga Vereinbarungen über Tauchgänge treffen. Einzelheiten über die Tauchbasen sind in den jeweiligen Kapiteln im Abschnitt über den Sport und andere Freizeitbeschäftigungen enthalten.

Reisen für Naturfreunde: Vielleicht der lohnendste Weg, die Südsee zu besuchen, ist eine Fahrt mit Earthwatch (Box 403, Watertown, MA 02272, USA, Tel. 617-926-8200), eine nicht kommerzielle Organisation, die 1971 als Bindeglied zwischen der Wissenschaft und einer interessierten Öffentlichkeit gegründet wurde. Das Programm ändert sich von Jahr zu Jahr, aber in der Vergangenheit sind bereits Gruppen zum Schutz von Großmuscheln nach Tonga geschickt worden. Das sind keine Studienreisen, aber für Amateure gute Gelegenheiten, bei ernsthaften Arbeiten und Untersuchungen mitzuhelfen, vergleichbar Entwicklungshelfern, die kurze Zeit bei wissenschaftlichen Arbeiten mitmachen. Wenn man sich beteiligt, darf man in den USA und in einigen anderen Ländern die Kosten von seinen Steuern absetzen. Mit Earthwatch kann man sich in den USA unter der bereits genannten Anschrift, aber auch in Großbritannien (Belsyre Court, 57 Woodstock Road, GB-Oxford OX2 6HU, Tel. 0865-311-600) und in Australien (Box C360, Clarence St., Sydney, NSW 2000, Australien, Tel. 02-290-1492) in Verbindung setzen.

Segeltörns: Wenn Sie planen, einen größeren Betrag für einen Urlaub in einer Luxusferienanlage in Samoa oder Tonga auszugeben, sollten Sie als Alternative über das Chartern eines Segelbootes nachdenken. Wenn man die Kosten mit einer kleinen Gruppe Gleichgesinnter teilt, kostet das etwa das gleiche, aber bei einem Segeltörn lernt man viel mehr von der Schönheit der Südsee kennen als bei Übernachtungen in einem Hotelzimmer. Alle Unternehmen, die Segelboote verchartern, besuchen abgelegene Inseln, die nur mit kleinen Booten zugänglich sind, was besondere Einblicke in das Leben von Insulanern ermöglicht, die noch von den Einflüssen des Massentourismus unberührt geblieben sind. Natürlich sind auch das Segeln, das Schnorcheln sowie Erkundungen des Meeres und von Inseln im Preis enthalten.

Segelboote kann man ohne und mit Skipper mieten. Wenn man selbst segeln will, schließt man sich einer Gruppe von Segelbooten an, die von erfahrenden Seglern angeführt wird.

Eines der besten Unternehmen, die Segelboote vermieten, ist Ocean Voyages Inc. in Sausalito/Kalifornien (Bridgeway 1709, Sausalito, CA 94965-1994, Tel. 415-332-4681). Anders als bei den Konkurrenten kann man hier auch allein oder zu zweit nur eine Kabine buchen und dann mit anderen Leuten an Bord zu den abgelegensten Inseln der Südsee mitsegeln. Mit zu den schönsten Segeltörns gehören die von Vava'u aus. Angeboten werden aber auch längere Törns über die ganze Südsee mit dem schon klassischen Segler *R. Tucker Thompson*.

Mitfahrten auf diesen Booten sind ideal, wenn man allein oder zu zweit ist und sich nicht selbst eine ganze Yacht leisten kann. Die Fahrten dauern zwischen einer Woche und drei Monaten, bei denen höchstens 15 Personen an Bord sind, meistens weniger. Die Preise betragen im Durchschnitt etwas über 150 US $ pro Tag, aber darin ist bis auf Spirituosen alles enthalten. Bei vielen der Segeltörns können auch Tauchgänge arrangiert werden. Bei Ocean Voyages fahren ausgewählte, sehr professionelle Gäste mit. Die Crew der Boote ist zudem sorgfältig ausgesucht. Über 35 % der Teilnehmer sind Wiederholer, die beste Empfehlung für das Unternehmen.

Yachten für Segeltörns ohne oder mit Besatzung von ihrem eigenen Bootshafen auf Vava'u aus werden auch von The Moorings Ltd. (US 19 North 19345, Suite 402, Clearwater, FL 34624, Tel. 813-530-5424) angeboten. Die Mietpreise beginnen für eine kleine Yacht mit 4 Kojen bei 2.380 US $ pro Woche und reichen für ein großes, luxuriöses Segelboot mit 8 Kojen bis 4.368 US $ pro Woche. Die Kosten beziehen sich jeweils auf ein ganzes Boot, enthalten aber keine Kosten für den Flug. Verpflegung kann für 29 US $ pro Person und Tag ebenfalls gestellt werden. Auch ein Koch steht für 50-85 US $ pro Tag zur Verfügung. Wenn Sie im Segeln keine Erfahrung haben, können Sie für 60-95 US $ pro Tag auch einen Skipper mitnehmen. Dann müssen Sie aber auch für die Verpflegung des Kochs oder des Skippers sorgen. Wenn Sie ein Segelboot ohne Besatzung mieten wollen, wird geprüft, ob Sie Kenntnisse im Segeln besitzen.

Segelboote für Törns in einer kleinen Gruppe von Vava'u aus vermietet auch Rainbow Yacht Charters (Box 8327, Symonds St., Auckland, Neuseeland, Tel. 09-780-719).
Es gibt aber auch noch ein paar Agenturen, die Segelboote mit oder ohne Besatzung in Vava'u vermitteln. Dazu gehören Cruising Connection in den USA (Box 31496, San Francisco, CA 94131, Tel. 415-337-8330), Charter World Pty. Ltd. in Australien (579 Hampton St., Hampton 3188, Australien, Tel. 03-521-0033) und Yachting Partners International in England (Richmond Place 28/29, GB-Brighton, BN 1 2NA, East Sussex, Tel. 0273-571-722). Weil diese Agenturen keine eigenen Segelboote besitzen (wie The Moorings), geben sie sich mehr Mühe, ein Boot zu vermitteln, das den persönlichen Bedürfnissen der Kunden gerecht wird.
Auch in Deutschland sind Agenturen zur Vermittlung von Mitfahrten auf Segelbooten gegründet worden. Ob Möglichkeiten zur Mitfahrt bei Segeltörns in Samoa und Tonga bestehen, kann man beispielsweise bei der Agentur für Mitsegler (Kreuzhofstr. 10, 81476 München, Tel. 089/7 59 48 01 und 7 59 48 03) erfragen.

REISEN IN SAMOA UND TONGA

FLUG

Air Pacific: Air Pacific verkauft ein Tikket zum „Dreieckstarif" (Triangle Fare), das eine Rundreise erlaubt und zugleich die ganze Vielfalt der hier vorhandenen Kultur vor Augen führt: Für 677 Fidschi-Dollar können Sie auf der Strecke von Nadi über Apia in West-Samoa sowie Tonga zurück nach Fidschi fliegen. Wenn die Flugscheine in Fidschi gekauft werden, kommen noch 15 Fidschi-Dollar Steuern hinzu. Die Tickets gelten ein Jahr und sind in jedem Reisebüro oder in einem Büro der Fluggesellschaft zu kaufen. Normalerweise gelten sie nur, wenn man den Rundflug in Fidschi beginnt. Wenn Sie einen solchen „Dreiecksflug" buchen, sollten Sie berücksichtigen, daß es viel besser ist, von Fidschi über Apia und Tonga zurück nach Fidschi zu fliegen als in Gegenrichtung, weil die Flüge von Apia nach Tonga am späten Vormittag beginnen, die von Tonga nach Apia aber spät in der Nacht. Hinzu kommt, daß die Flüge zwischen Apia und Tonga häufig ausgebucht sind, während man für die Verbindung zwischen Tonga und Fidschi leichter einen Platz in einem Flugzeug bekommt. Vor Ort kann man auch die 28 Tage gültigen Tickets für Hin- und Rückflüge zum Sondertarif von Fidschi nach Apia (545 F $) und Tonga (428 F $) buchen.
Angeboten wird von Air Pacific auch ein „Pacific Air Pass", mit dem man innerhalb von 30 Tage auf dem Streckennetz dieser Gesellschaft von Fid-

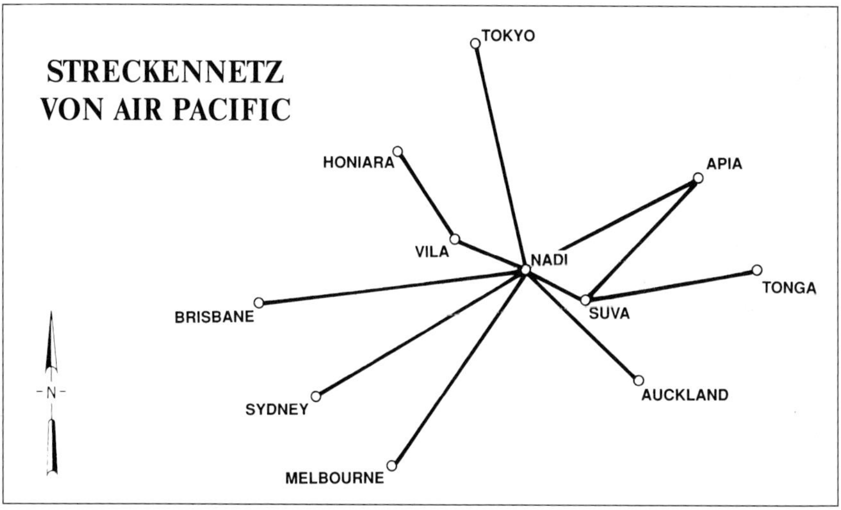

schi nach Apia, Tonga und Port Vila (449 US $) oder nach Apia, Tonga, Port Vila und Honiara (549 US $) fliegen kann. Diese Rundflug-Tickets können aber nur vor der Ankunft in Fidschi im Ausland gekauft werden.

Polynesian Airlines: Besuchern, die einen Monat Urlaub zur Verfügung haben und aus Australien oder Neuseeland anreisen, bietet Polynesian Airlines den „Polypass" an. Mit diesem Flugpaß können Sie einen Monat lang für 999 US $ uneingeschränkt auf allen Strecken, die diese Fluggesellschaft bedient, fliegen. Im Preis enthalten ist auch ein Hin- und Rückflug von Sydney oder Auckland. Der Nachteil ist, daß man die Route vor Antritt des ersten Fluges festlegen muß und die nur einmal ohne zusätzliche Kosten ändern kann. Außerdem empfiehlt es sich, alle Reservierungen so früh wie möglich vorzunehmen. Gibt man ein unbenutztes Ticket zurück, ist eine Stornogebühr von 20 % fällig. Nach einem Jahr wird gar nichts mehr zurückgezahlt. Wissen muß man ferner, daß man mit einem „Polypass" die Flüge nicht im Dezember und Januar beginnen kann.

Allerdings ist in den letzten Jahren das Streckennetz von Polynesian Airlines geschrumpft. Angeflogen werden derzeit nur noch Apia, Pago Pago, Nuku'alofa, Rarotonga, Nouméa, Sydney und Auckland. Außerdem ist der Preis für den „Polypass" gestiegen. Dennoch lohnt er sich, wenn man von Australien oder Neuseeland aus in die Südsee anreist. Wenn man einen Rundflug mitten in der Südsee beginnen will, empfiehlt sich ein Flugschein von Polynesian Airlines zum „Südsee-Dreieckstarif" (Pacific Triangle Fare) zum Preis von 450 US $, mit dem man sich für die Route Apia – Nuku'alofa – Nadi ein ganzes Jahr Zeit lassen kann. Weitere Einzelheiten über die Flugverbindungen mit Polynesian Airlines kann man im deutschsprachigen Raum bei Ansett Airlines in Frankfurt (Luginsland 1, 60313 Frankfurt/Main, Tel. 069/ 28 22 25 und 28 89 54) erfahren, durch die Polynesian Airlines hier vertreten wird.

Inlandsflüge: Fast jedes Pazifikland besitzt auch eine eigene Fluggesellschaft, mit der die äußeren Inseln bedient werden. Diese Flüge, die in den Kapiteln über die jeweiligen Länder näher beschrieben sind, können noch nach Ankunft gebucht werden. Die bedeutendsten Fluggesellschaften dieser Art sind Royal Tongan Airlines in Tonga und Samoa Air in Amerikanisch Samoa. Meistens wird mit recht kleinen Maschinen geflogen, in denen nur 10 kg Gepäck kostenlos mitgenommen werden dürfen.

SCHIFF

Heutzutage finden 98 % des Personenverkehrs in der Südsee mit Flugzeugen statt. Mit wenigen Ausnahmen gehören daher Fahrten mit Schiffen der Vergangenheit an. Die einzige regelmäßige internationale Schiffsverbindung besteht zwischen Pago Pago und Apia. Dennoch kann man innerhalb von Tonga und West-Samoa die jeweiligen äußeren Inseln weiterhin mit Schiffen erreichen. Sie verkehren jedoch nicht nach einem festen Fahrplan, so daß man die Gelegenheit ergreifen muß, wenn sie sich bietet. Alle wichtigeren Schiffsverbindungen sind in diesem Buch im jeweiligen Kapitel erläutert.

SEGELBOOT

Möglichkeiten, eine Yacht zu finden: Gute Aussichten, auf einer Yacht anzuheuern, bestehen immer. Ausgangspunkte sind Kalifornien, Neuseeland und Australien sowie das bekannte Dreieck für Yachten, nämlich Papeete, Suva und Honolulu. Schauen Sie bereits zu Hause wegen einer Mitsegelgelegenheit in Segelzeitschriften, in denen Sie natürlich auch selbst inserieren können. Wer sich gerade in Amerika aufhält, kann sich im St. Francis Yacht Club in San Francisco oder im Newport Beach Club umhören, der südlich von Los Angeles liegt.
In Kontakt mit Besatzungsmitgliedern von Segelbooten überall in der Südsee ist die Seven Seas Cruising Association (521 South Andrews Ave., Fort Lauderdale, FL 33301, USA, Tel. 305-463-2431), in deren monatlich erscheinenden Magazin *Commodores' Bulletin* (Jahresabonnement 29 US $) viele Skipper durch Anzeigen Besatzungsmitglieder suchen.
Kreuzende Yachten erkennen Sie in einem Hafen sofort an der Heimatflagge, an der umfangreichen technischen Ausrüstung, an dem entsprechend starken Schiffskörper und an der Wäsche, die zum Trocknen an Bord hängt. Hängen Sie Zettel an den Schwarzen Brettern der Yachtclubs aus und knüpfen Sie

Kontakte in Bars. Wird ein Boot ins Dock gebracht, besteht die Möglichkeit, bei den Reparaturarbeiten zu helfen. Zudem erleichtert es den Kontakt mit der Mannschaft, sofern Sie aufgenommen wurden. Bessere Aussichten, an Bord eines Segelbootes mitgenommen zu werden, bestehen aber in der Südsee, weil manchmal nach einer längeren Überfahrt Besatzungsangehörige heimfliegen und einen Platz freimachen. Dies gilt zum Beispiel für Va-va'u.

Wer noch nie mitgesegelt ist, sollte zunächst einmal einen kurzen Törn unternehmen. Denn wenn Sie erst einmal auf hoher See auf dem Weg nach Tahiti sind und erst mitten auf dem Meer feststellen, daß Sie unter der Seekrankheit leiden, dann besteht keine Möglichkeit zur sofortigen Heimreise. Gute, erfahrene Kapitäne suchen sich die Mannschaft weniger unter dem Gesichtspunkt der Erfahrung als vielmehr nach Fähigkeiten und Charakter aus. Geben Sie sich daher im Gespräch mit einem Skipper offen und ehrlich, denn ein Täuschungsmanöver wird schnell erkannt. Natürlich ist es auch wichtig zu wissen, welche Vorstellungen der Kapitän hat, und zwar unbedingt bevor Sie sich mit ihm auf eine monatelange Reise auf See begeben. An Bord sind Sie Mitglied der Mannschaft und können sich es nur noch selten wieder anders überlegen. Dazu einen Satz vom Skipper Peter Moree: „Wir brauchen unbedingt mehr Frauen an Bord, aber natürlich abenteuerlustige und sportliche Typen."

Beste Jahreszeit: Das Wetter und die Jahreszeit spielen bei Segeltörns in der Südsee eine entscheidende Rolle. Bei schlechtem Wetter kann es passieren, daß man wunderschöne Gegenden verlassen muß oder außerstande ist, sie anzusteuern. Die beste Jahreszeit für Segeltörns in der Südsee sind die Monate Mai bis Oktober. Manchmal muß man davon sogar noch einen abziehen. Wenn man von Hawaii aus in die Südsee mitsegeln will, sieht man sich dort am besten gegen August und September um.

Hauptaugenmerk sollten Sie darauf richten, wann die Zeit der Wirbelstürme ist. Dies sind in der Südsee die Monate November bis März, im Nordwestpazifik, in der Region um Guam herum, die Monate von Juli bis Dezember und im Gebiet zwischen Mexiko und Hawaii die Monate Juni bis Oktober. In dieser Zeit werden im jeweiligen Gebiet nur wenige Segelboote unterwegs sein. Ein paar Besatzungen verbringen mit ihren Segelbooten auch den Winter in Pago Pago oder Vava'u, aber die meisten Yachten haben gegen Oktober Kurs auf das von Wirbelstürmen nicht bedrohte Neuseeland genommen.

Bekannt sollte Ihnen auch sein, welche Winde jeweils vorherrschen. So wehen die Passatwinde in den Tropen nördlich des Äquators vorwiegend aus Nordost und südlich des Äquators meistens aus Südost. Nördlich des Wendekreises des Krebses und südlich des Wendekreises des Steinbocks herrschen Westwinde vor. Wegen der vorherrschenden Winde

aus Südost sind Segeltörns durch die Südsee zudem von Osten nach Westen ruhiger als von Westen nach Osten. Deshalb fährt man besser in dieser Richtung mit.

Routen der Segelboote: Die Südsee ist ein herrliches Revier zum Segeln, in dem nicht so viel Verkehr und Piraterie wie im Mittelmeer und in den indonesischen Gewässern herrscht. Auf der üblichen Route über den Pazifik machen sich Segler die günstigen Passatwinde aus Nordost und Südost zunutze. Dabei segelt man von Kalifornien aus über die Marquesas oder Hawaii nach Tahiti, dann weiter nach Rarotonga, Vava'u, Suva und Neuseeland. Einige Segelboote setzen ihre Fahrt auch von Malololailai nach Port Vila fort. In Gegenrichtung wird vorwiegend unter Westwind gesegelt. Von Neuseeland aus führt die Route südlich der Austral-Inseln vorbei und später mit den Passatwinden in Richtung Norden nach Tahiti.

Alljährlich verlassen etwa 300 Yachten die Westküste von Amerika, um nach Tahiti zu segeln. Sie sind überwiegend mit Paaren besetzt oder haben reine Männermannschaften und bleiben durchschnittlich ein ganzes Jahr in der Südsee, bevor sie wieder nach Nordamerika heimkehren. Einen Törn rund um die ganze Welt treten nur wenige Yachten an. Da etwa 60–80 Yachten alljährlich den Indischen Ozean überqueren, sollten Sie, wenn Sie auf einer mitfahren wollen, Ausschau nach Booten halten, die im Mai in Sydney, zwischen Juni und August in Cairns oder Darwin, zwischen August und Oktober in Bali, in Singapur in den Monaten Oktober bis Dezember oder etwas später in Sri Lanka oder Mauritius auslaufen. Etwa 700 Yachten segeln jährlich von Europa in die Karibik.

Segelboote legen pro Tag etwa 150 km zurück. Wenn Sie eine Fahrt mit einer Yacht planen, dann veranschlagen Sie für die Überfahrt von der Westküste Amerikas nach Hawaii einen Monat und einen weiteren Monat für die Weiterfahrt bis Papeete. Um das beste Wetter auszunutzen, fahren viele Yachten auch durch den Panama-Kanal oder legen in Kalifornien im Februar ab, um im März auf den Marquesas anzukommen. Im Juni machen sich die Besatzungen fertig, um in Tahiti in Richtung Vava'u oder Suva abzulegen, wo viele im Juli ankommen. Etliche bleiben aber auch bis zum Heiva-i-Tahiti-Fest, das am 14. Juli endet. Mitte September erreicht die Segelsaison ihren Höhepunkt mit einer Regatta von Malololailai in Fidschi bis Port Vila, an der etwa 40 Boote teilnehmen. Dann ist es sehr leicht, mitgenommen zu werden. Gegen Ende Oktober segelt der größte Teil der Gemeinschaft der Segler dann über Neukaledonien nach Neuseeland oder Australien, um dort den Sommer zu genießen.

Das Leben an Bord: Wer sich als Mitglied der Mannschaft an Bord eines Segelbootes meldet, muß bereit sein, alle Arbeiten zu verrichten: waschen, bügeln, kochen, steuern, Nachtwache halten oder an der Maschine mithelfen. Auch das Setzen und Abtakeln der Segel gehört dazu, ebenso das Reinigen des Bootes, das Säubern der Unterseite, das Liften des Ankers und nicht zuletzt das Sitzen im Hauptmast, um nach gefährlichen Riffen Ausschau zu halten. Grundregel ist: Unternehmen Sie immer mehr, als man von Ihnen erwartet. Bei Schlechtwetter wird übrigens das Tragen einer Sicherheitsweste gefordert. Als Gast in fremder Umgebung sollten Sie auch Ihr Geschirr sofort nach Benutzung wieder abwaschen und alles, was Sie benutzen, umgehend wieder an den dafür vorgesehenen Platz zurücklegen. Den Damen sei gesagt, daß Tampons nicht in die Toilette gehören! Das Rauchen an Bord von Segelbooten ist meist aus Sicherheitsgründen untersagt.

Nützlich ist es sicher, wenn Sie einen Sextanten bedienen können. Entsprechende Kenntnisse können Sie bei Kursen in Hafenstädten erwerben. Auch die verschiedenen Knoten sollten Sie beherrschen.

Wer auf einer Yacht anheuern möchte, muß zudem flexibel und tolerant sein, physisch wie psychisch. Heuern Sie irgendwo unter der Bedingung an, sich lediglich an den Unkosten zu beteiligen, erwartet man von Ihnen meist 50 Dollar pro Woche oder mehr. Freuen werden Sie sich nach einem 30-Tage-Törn auf die erste Süßwasserdusche an Land. Eine Sache der Fairneß und Höflichkeit ist es, den Skipper rechtzeitig darüber in Kenntnis zu setzen, wenn Sie aussteigen wollen. Steigen Sie vor allem aber auch dann aus, wenn die Reise verabredungsgemäß beendet ist. Das Leben an Bord einer Yacht gewährt nicht viel Freiraum für das Individuum, so daß die Eigner vielleicht - oder sogar bestimmt - froh sind, wenn sie ein paar Tage im Hafen allein an Bord sind, nachdem Sie gingen. Nach einer guten, harmonischen Reise sollten Sie sich vom Kapitän ein Empfehlungsschreiben ausstellen lassen, denn so etwas ist hilfreich bei der Suche nach einem weiteren Segeltörn.

Nachdenkliches und Beachtenswertes: Wenn man die erheblichen Investitionen, die Wertminderung, die Unterhaltungskosten, die täglichen Ausgaben und das beträchtliche Risiko mit in die Überlegungen einbezieht (die meisten Segelboote sind zudem nicht versichert), ist ein Törn mit einer Yacht ein reiner Luxus. Daraus ergeben sich auch die hohen Kosten, die entstehen, wenn man eine Yacht mietet. Dies sind selbst für eine kleine Yacht manchmal mehrere hundert Dollar pro Tag. Nach den internationalen Gepflogenheiten wird ganz klar zwischen Passagieren und der Mannschaft unterschieden. Mannschaftsmitglieder zahlen anteilig für Verpflegung, Gas und Treibstoff. Damit unterscheiden sie sich von den reinen Passagieren, die keine Hand an Bord anlegen und einen vollen Preis zahlen. Die Mannschaft dient dazu, das Boot zu handhaben, aber auch der Sicherheit, ist jedoch, genauso wie die Passagiere, dem Befehl des Kapitäns unterstellt. Sie hat kein Mitspracherecht bei der Kursfestlegung und bei der Frage, wo die Yacht vor Anker geht. Der Skipper ist persönlich für die Mannschaft verantwortlich, wenn sein Boot in fremde Häfen einläuft. Er darf die Pässe einbehalten, muß darauf achten, daß Flugtickets für die Heim- oder Weiterreise vorhanden sind und daß genügend Geldmittel für eine Weiterreise zur Verfügung stehen. Sonst kann es geschehen, daß der Skipper die Hotelrechnung begleichen muß oder gar zur Bezahlung des Flugtickets herangezogen wird. Er steht dafür gerade, daß seine Crewmitglieder wieder in ihr Heimatland zurückkehren. Die Mannschaft kann auch herangezogen werden, um sich an einer Haftpflichtversicherung zu beteiligen. Der Besitz von Drogen kann übrigens eine Beschlagnahme der Yacht zur Folge haben. All dies trägt dazu bei, daß Skipper immer sehr zögern, wenn es gilt, fremde Mannschaftsmitglieder aufzunehmen. Als Mitglied einer Crew sollten Sie stets vor Augen haben, daß Sie ohne die erheblichen Kosten, die dem Eigner entstehen, ein großes Erlebnis vor sich haben, Segelkenntnisse erwerben und Orte sehen, die mit anderen Verkehrsmitteln nicht zu erreichen wären.

ANDERE REISEMÖGLICHKEITEN

Fahrten mit Hochseekajaks: Das Fahren mit Hochseekajaks gewinnt auf Hawaii zunehmend an Beliebtheit. In dieser Beziehung ist die Südsee jedoch noch jungfräuliches Gebiet. Zwar ist fast jede Insel von einer schützenden Lagune umgeben, geradezu geschaffen für das Vergnügen von Kajakfahrten, aber diese neue Art von Beförderung ist in der Südsee bisher nicht verbreitet. Wenn Sie sich dafür begeistern, können Sie noch ein richtiger unabhängiger Entdecker im 20. Jahrhundert werden! Bei den meisten Fluggesellschaften kann man übrigens Faltboote als aufgegebenes Gepäck ohne zusätzliche Kosten mitnehmen.

Unternehmen wie Long Beach Water Sports in Long Beach/USA (East 4th St. 730, Long Beach, CA 90802, Tel. 310-432-0187) verkaufen aufblasbare, hochseetüchtige Kajaks für eine Person oder zwei Personen mit voller Ausrüstung zum Preis von etwa 1.800 US $. Wenn Sie noch keine Erfahrungen im Kajakfahren gesammelt haben, können Sie bei Long Beach Water Sports alle paar Monate an einem Samstag morgens für 55 US $ an einem vierstündigen Anfängerkurs und für 80 US $ an einem ganztägigen Kurs für Fortgeschrittene teilnehmen. Dieses Unternehmen vermietet Kajaks auch tage- oder wochenweise. Eine kostenlose Informationszeitschrift (*Paddle Strokes*) kann man bei Interesse anfordern.

Seit 1977 hat auch Baidarka Boats (Box 6001, Sitka, AK 99835, USA, Tel. 907-747-8996) einen Namen als Versandhaus für Faltboote von Klepper und Nautiraid. Zudem werden von Aire (Box 3412, Boise, ID 83703, USA, Tel. 208-344-7506) Tourenkajaks mit dem Namen Sea Tiger und einem Gewicht von nur 16 kg hergestellt, aus denen Wasser von selbst wieder abfließt. Wenn Sie nähere Einzelheiten wissen wollen, dann fordern Sie bei diesen Firmen die kostenlosen Kataloge an.

Ausführlichere Informationen über Kajakfahrten auf dem Meer, als wir hier geben können, enthalten mehrere Bücher, die man sich in öffentlichen Bibliotheken ausleihen kann.

Kanufahrten: Versuchen Sie nie, mit einem Kanu auch nur durch leichte Wellen zu fahren, denn dann werden Sie sinken. Auslegerboote dürfen auch nicht an den Auslegern gezogen oder angehoben werden, weil die dann abbrechen. Bewegen Sie ein Auslegerkanu ausschließlich am stabilen Bootskörper. Bei Kanufahrten ist zudem eine Schöpfkelle ein unverzichtbarer Ausrüstungsgegenstand. Wenn Sie mit einem Kanu abseits der üblichen Wege fahren wollen, ist es sehr wahrscheinlich, daß ein einheimischer Freund Ihnen anbietet, Sie in seinem Boot mitzunehmen.

Mietwagen: Über die meisten der bekannten Mietwagenfirmen wie Avis, Budget, Hertz und National kann man einen Wagen auch in Samoa und Tonga reservieren lassen. Einzelheiten kann man über die gebührenfreien Telefonnummern erfahren. Allerdings hat das Mieten eines Wagens die meisten Beschwerden im Dienstleistungsgewerbe zur Folge, insbesondere dann, wenn die international tätigen Firmen als Agenten für kleine Mietwagenunternehmen auftreten. Meistens werden dann Reservierungen nicht richtig weitergeleitet, so daß bei der Übernahme Zeit verlorengeht oder höhere Preise gefordert werden.

Fahrradfahrten: Radfahren in der Südsee? Sicher, warum nicht? Mit einem Rad können Sie fahren, wann Sie wollen und wohin Sie wollen, leicht anhalten und dabei Einheimische treffen und Fotos aufnehmen, Geld für Taxifahrten sparen und zudem die Inseln richtig kennenlernen. Fahrradfahrten in Samoa und Tonga bereiten großes Vergnügen, aber man sollte zuvor bereits einige Erfahrungen mit Radfahrten gesammelt haben. Die meisten Straßen entlang der Küsten sind flach. Man sollte sich aber vor Straßen mit Korallenbelag vorsehen, insbesondere dann, wenn es bergab geht, denn wenn Sie dann schleudern und hinfallen, können Sie sich ernsthaft verletzen.

Ein robustes Mountain Bike ohne Gangschaltung mit breiten Reifen, Sicherheitskette und guten Bremsen sollte sich am besten eignen. Dicke Reifen und eine Plastikfolie zwischen Schlauch und Reifen werden dabei die Zahl von Reifenpannen reduzieren helfen. Sie sollten aber auch Reparaturen am Fahrrad vornehmen können. Deshalb empfiehlt es sich, einen Reparaturkasten mit einer Luftpumpe, Flickzeug, Werkzeug, Ersatzspeichen, Kabeln, Kettengliedern, Schrauben und Muttern usw. und ein Handbuch für Reparaturen mitzunehmen. Reparaturwerkstätten für Fahrräder gibt es nämlich auf den Inseln nur selten oder gar nicht. Versuchen Sie auch nicht, mit einem Rucksack Fahrrad zu fahren. Für Fahrradfahrten sind robuste, wasserdichte Fahrradtaschen unentbehrlich. Außerdem sollte man auf ein gutes Schloß nicht verzichten und es ablehnen, irgendjemandem sein Fahrrad auszuleihen.

Bei vielen Fluggesellschaften wird ein Fahrrad ohne zusätzliche Kosten mitgenommen. Voraussetzung ist allerdings, daß die Pedale abgeschraubt, die Fahrradtaschen abgenommen und der Lenker in Längsrichtung gedreht werden. Außerdem muß jeder Dreck vorher vom Fahrrad entfernt sein. Allerdings werden in den kleinen Flugzeugen bei Inlandsflügen Fahrräder nicht befördert. Auf den zwischen den Inseln verkehrenden Schiffen muß man für die Mitnahme eines Fahrrades manchmal einen kleinen Betrag bezahlen, manchmal aber auch nicht.

AMERIKANISCH SAMOA

EINFÜHRUNG

Von allen amerikanischen Territorien im Pazifik liegt nur Amerikanisch Samoa südlich des Äquators, 3.700 km südwestlich von Hawaii. Der Hafen von Pago Pago (ausgesprochen: „Pängo Pängo“) wurde nicht nur durch die Erzählung *Rain* von Somerset Maugham bekannt und berühmt, sondern ist landschaftlich ein Schmuckstück und bietet außerdem Schiffen durch seine Lage Schutz bei Wirbelstürmen. Nicht zuletzt diese Gegebenheiten waren es, die die Amerikaner gegen Ende des 19. Jahrhunderts aufmerksam werden ließen, und schließlich bemerkte man auch, daß die Deutschen auf dem benachbarten West-Samoa mittlerweile ein Handelsimperium geschaffen hatten. Das basierte überwiegend auf den angelegten Kokosplantagen.

Bis 1951 unterhielten die Vereinigten Staaten in Amerikanisch Samoa lediglich einen Marinestützpunkt. Als aber in zunehmendem Maße ein Näherrükken an das asiatische Festland nötig wurde, unterstellte man das Gebiet den Zivilbehörden. Die schufen nach und nach den Wohlfahrtsstaat von heute. Um die verlorenen Einnahmen aus dem Betrieb des Marinestützpunktes zu ersetzen, wurden amerikanische Firmen ermuntert, in diesem Territorium Fabriken zur Herstellung von Konserven mit Thunfisch zu errichten. Heute

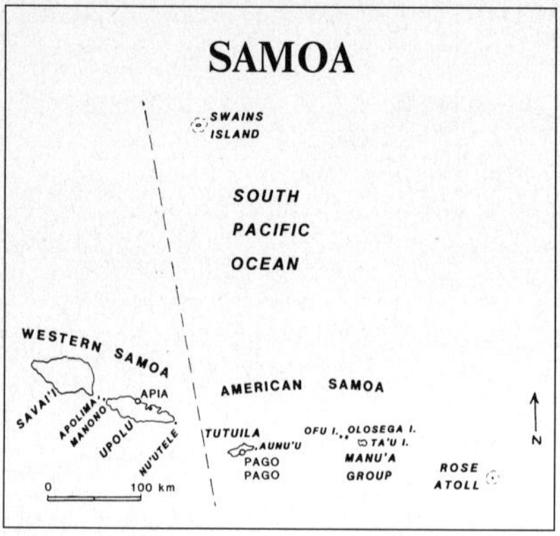

wälzt sich ständig eine Verkehrslawine den schmalen Highway an der Südküste entlang. Dazwischen fallen blau-weiße Streifenwagen der Polizei ins Auge, in denen – wie in den USA – entsprechend gekleidete Polizisten patrouillieren.

Amerikanisch Samoa ist ein beeindrukkendes Beispiel dafür, was amerikanisches Konsumdenken einer Inselgemeinschaft antun kann. Die Insulaner haben zwar die Annehmlichkeiten eines modernen Lebensstils angenommen, aber dennoch ist *Fa'a Samoa*, die samoanische Lebensart, immer noch ein wichtiger Bestandteil ihres Alltags und ihres Lebens. Bis heute ziehen die Samoaner Vorteile aus der Anlehnung an die Vereinigten Staaten, ohne Land hergeben und ohne den großen Fremdeinfluß hinnehmen zu müssen, den zum Beispiel Hawaii erleiden mußte. Dieser Teil von Samoa wird immer amerikanisch bleiben, und gerade deshalb sind die Bewohner gezwungen, sich gegen eine Entwicklung wie in Hawaii zu wehren.

DAS LAND

Amerikanisch Samoa setzt sich aus 7 Hauptinseln zusammen: Tutuila, Aunuu und die Manu'a-Gruppe (Ofu, Olosega, Ta'u), alle hohe Vulkaninseln, sowie Rose und Swains als kleine Korallenatolle. Tutuila liegt etwa auf halbem Wege zwischen den weit größeren Inseln von West-Samoa und der kleineren Manu'a-Gruppe.

Die mit Abstand größte Insel ist Tutuila. Sie hat eine steile Nordküste, die durch lange Hügelketten und weite Buchten unterbrochen wird. Die gesamte östliche Inselhälfte ist ein zerklüftetes, felsiges Gebiet, stark mit Urwald überwuchert. Nach Westen hin setzt sich dieses Gelände als stellenweise unterbrochenes Plateau fort. Für diese Unterbrechungen sorgen die fruchtbaren Krater erloschener Vulkane. Die einzigen flachen Regionen, die den Bewohnern zum Ansiedeln dienen können, finden sich in der weiten Ebene im Süden zwischen Leone und dem Flughafen. Der Hafen Pago Pago, der Tutuila nahezu in zwei Hälften teilt, ähnelt einer Fjordlandschaft. Er ist ein versunkener Krater, dessen Südrand vor Millionen von Jahren zusammenfiel. Trotz seiner natürlichen Schönheit befindet sich der Hafen biologisch am Absterben, weil von zwei Fabriken, die Thunfisch zu Konserven verarbeiten, verschmutzte Abwässer in ihn geleitet werden und sich die Folgen der Vermischung von Öl und Munitionsstoffen auswirken, die von der Marine der USA vor Jahrzehnten in das Wasser geraten lassen wurde. Die Meereslebewesen im inneren Ha-

SAMOA AUF EINEN BLICK

WEST-SAMOA	Bevölkerung	Fläche (km^2)	Höchste Erhebung (m)
Savai'i	44.930 (1986)	1.709	1.858
Apolima	107 (1986)	1	168
Manono	1.030 (1986)	3	107
Upolu	111.091 (1986)	1.114	1.100
INSGESAMT	**157.158 (1986)**	**2.842 ***	

* Die unbewohnten Inseln Nu'usafe'e, Nu'etele, Nu'ulua, Namu'a und Fanuatapu sind in dieser Summe enthalten.

AMERIKANISCH SAMOA	Bevölkerung	Fläche (km^2)	Höchste Erhebung (m)
Tutuila	44.643 (1990)	137	652
Aunuu	400 (1990)	2	88
Ofu	353 (1990)	7	494
Olosega	225 (1990)	5	639
Ta'u	1.136 (1990)	46	965
Rose	keine	1	5
Swains	16 (1990)	3	5
INSGESAMT	**46.773 (1990)**	**201**	

fen von Pago Pago sind inzwischen so mit giftigen Schwermetallen verseucht, daß ihr Genuß durch Menschen gefährlich ist.

Um die einzigartige Landschaft zu schützen, hat der Kongreß der USA im Oktober 1988 beschlossen, einen Nationalpark Amerikanisch Samoa zu gründen, der aus 36 km^2 tropischen Regenwald, Klippen an der Küste und Korallenriffen bestehen soll. Einzelheiten müssen noch ausgearbeitet und langfristige Mietverträge noch abgeschlossen werden, aber das Gebiet wird große Teile von Tutuila, Ofu und Ta'u umfassen. Auf Tutuila soll sich der Nationalpark von der Fagasa Bay bis zur Afono Bay erstrecken und die ganze Gegend nördlich des wie ein Messer geformten Gebirgskammes umfassen. Geschützt werden soll aber auch die Insel Pola, auf der unzählige Seevögel nisten. Der größte Teil aber ist auf Ta'u mit dem Berg Lata und der gesamten Südostecke der Insel einschließlich der Küsten-, Flachland-, Gebirgs- und Nebelwaldgegenden. Spektakulär sind auf Ta'u auch die hoch aufsteigenden Klippen und der Laufutu-Wasserfall. Und auf Ofu werden der liebliche südöstliche Strand sowie das Korallenriff erfaßt werden. Hier werden zwei vom Aussterben bedrohte Arten von Flughunden, Bestäuber von Pflanzen im Regenwald, geschützt werden. Dieser großartige Nationalpark scheint dazu bestimmt zu sein, die größte touristische Attraktion in Amerikanisch Samoa zu werden, wenn die Landeigentümer und die Regierung der USA zu einer Übereinkunft kommen und geeignete Einrichtungen für Besucher geschaffen werden können. Ein Verwaltungsbüro ist bereits eingerichtet worden, und zwar in der Pago Shopping Plaza in Pago Pago.

KLIMA

Heiß und feucht ist es das ganze Jahr hindurch, wobei trotzdem die Monate von November bis April (Hurrikan-Zeit) noch eine deutliche Steigerung der Luftfeuchtigkeit bringen. Die Häufigkeit von Hurrikanen hat in den letzten Jahren dramatisch zugenommen. Nach einer alten Daumenregel traten sie früher alle sieben bis zehn Jahre einmal auf, aber in dem Fünfjahreszeitraum bis 1991 sind drei starke Stürme über Tutuila hinweggefegt. Viele Leute glauben, daß dies mit steigenden Meerestemperaturen zusammenhänge und die Situation sich in Zukunft noch verschlimmern werde.

Die Temperaturen hingegen sind relativ gleichbleibend. In der Zeit von Mai bis Oktober bringen kräftigere Winde eine erfrischende Brise. Vorherrschend sind die Passatwinde aus Osten und Südosten. In der regenreicheren Jahreszeit wehen sie häufiger aus West und Nordwest, wobei auch lange windstille Zeiten vorkommen.

Die warmen Ostwinde erhalten Auftrieb durch die Berge, so daß Regenwolken ihre Niederschläge gleich im Westen über der Bucht herabfallen lassen. Apia in West-Samoa verzeichnet nur die Hälfte der Niederschläge, die in Pago Pago fallen. Von Dezember bis März kann der Regen tagelang andauern, während er im Rest des Jahres häufig in heftigen Platzregen fällt. Wollte man die Niederschlagsmenge genau angeben, käme man in Schwierigkeiten, weil die Daten von Jahr zu Jahr in jedem Monat unterschiedlich sind. Häufig fällt der Regen auch nur nachts. Einen Wetterbericht vom Band können Sie sich auf Tutuila unter der Telefonnummer 639-9333 anhören.

GESCHICHTE

Vor etwa 3.000 Jahren tauchten die ersten Polynesier auf Samoa auf und errichteten um 600 v. Chr. herum bei Tula auf Tutuila eine Siedlung. Dieses Gebiet könnte der Ausgangspunkt gewesen sein für die Kolonisierung Ost-Polynesiens (Tahiti und die Marquesas). Eine ähnliche Siedlung könnte aber auch auf der Manu'a-Gruppe bestanden haben. Dies fällt etwa in die Zeit um 300 n. Chr. Regelmäßig unterhielten die Samoaner im heutigen Amerikanisch Samoa in ihren Kanus Kontakt mit den anderen Inselgruppen von West-Polynesien, Tonga und Fidschi. Die Bewohner beider Teile von Samoa gehören noch heute derselben Kulturgruppe an: Die Häuptlinge von Tutuila mußten sich denen von Upolu unterordnen.

Als erster Europäer kam Jacob Roggeveen auf die Inseln. Er besuchte 1722 die Manu'a-Gruppe. 1786 taufte Bou-

gainville Samoa auf den Namen „Navigator-Inseln". Daß er sie den Seefahrern widmete, lag daran, daß er Insulaner in ihren Kanus beobachtet hatte, wie sie weit vor den Küsten ganze Thunfischschwärme jagten. Ein Jahr später, 1787, fand sich ein anderer Franzose ein, La Perouse. Sein Besuch war weniger erfreulich, denn er hatte blutige Auseinandersetzungen mit den Einheimischen. Die Samoaner bezeichneten die Fremden mit dem Spitznamen *Papalagi* was später auf *Palagi* verkürzt und auf alle Weißen angewandt wurde.
1830 erreichte der protestantische Missionar John Williams mit acht Tahitianern Samoa und brachte auch die bis dahin unbekannte Grippe mit. Sein Sohn John Williams jr. wurde bald einer der ersten europäischen Händler. Fast 40 Jahre später kamen auch amerikanische Geschäftsleute hierher. Sie waren hocherfreut über den so ideal geschützt gelegenen Hafen Pago Pago, denn er eignete sich hervorragend zur Versorgung der Dampfschiffe, welche die Route von San Francisco nach Australien befuhren. 1872 schickte deshalb die amerikanische Marine ein Schiff mit Beauftragten nach Samoa, die mit den örtlichen Häuptlingen einen Vertrag aushandeln sollten. Wenn dieser Vertrag auch nie durch den amerikanischen Senat ratifiziert worden ist, so wurde er doch zu einer guten Rechtfertigung, um andere Mächte von Tutuila fernzuhalten. Durch den Vertrag vom 7. November 1899 teilten sich Deutschland und die USA Samoa untereinander auf, erkannten aber auch die britischen Interessen an Tonga an. 1900 annektierten die Vereinigten Staaten Tutuila und Aunuu, 1904 auch noch die Manu'a-Gruppe. Erst 1929 besiegelte der Kongreß der USA dieses Vorgehen, indem er die Annexion billigte.
Von 1900 bis 1951 unterstand Amerikanisch Samoa der Marine der USA und kam danach unter die Verwaltung des Innenministeriums. Während des Zweiten Weltkrieges wurden auf Tutuila Tausende amerikanischer Soldaten ausgebildet. Die Betonbunker, die damals entstanden, kennzeichnen auch heute noch einen großen Teil der Küste der Insel. Viel spürte man hier vom Krieg allerdings nicht. Nur am 11. Januar 1942 beschoß einmal ein japanisches U-Boot die Insel. Ironie des Schicksals aber war, daß die Geschosse lediglich einen der wenigen japanischen Läden zerstörten, nämlich den des Japaners Frank Shimasaki.

Samoas Amerikanisierung: Sieht man einmal von den Kriegseinflüssen ab, so geschah bis 1961 relativ wenig, was den Lebensstil der Samoaner, über Jahrhunderte gewachsen, veränderte. Das wurde erst anders, als unter der Regierung von John F. Kennedy der Mormone H. Rex Lee zum Gouverneur ernannt wurde. Ihm fiel die Aufgabe zu, erhebliche Beträge in den Inselstaat fließen zu lassen. Damit wurden Straßenbau, Schulen, Wohnungsbau, Aufbau von Thunfischfabriken, moderne Hotels und ein internationaler Flughafen finanziert. Ein besonderes Verdienst von Lee war die Einführung des

Als ranghöchster Häuptling von Ost-Samoa unterzeichnete Tu'i Manu'a 1904 die Abtretungserklärung zugunsten der Vereinigten Staaten. Zu diesem Schritt war er erst 4 Jahre nach den Häuptlingen von Tutuila bereit. Vor seinem Tod verfügte er, daß sein Titel mit ihm sterben solle. Bis heute gab es keinen weiteren Tu'i Manu'a. Das Foto stammt etwa aus dem Jahr 1904 und wurde auf Ta'u aufgenommen.

Schulfernsehens im Jahre 1964. Mitte der siebziger Jahre hatte sich das Schwergewicht aber fast ganz auf den Handel verlagert.

Die Folge war, daß den Insulanern ein künstlicher, amerikanischer Lebensstil aufgezwungen wurde. Die entstandene Abhängigkeit war bald so groß, daß drei Abstimmungen fehlschlugen, die Unabhängigkeit durchzusetzen, und zwar aus der Angst, die Unterstützung von „Uncle Sam" zu verlieren. Erst 1976, nach kurzer Amtsdauer des sehr unbeliebten Gouverneurs Earl B. Ruth, waren die Kräfte der Einheimischen stark genug, um erfolgreich aus einem Referendum um die freie Wahl eines eigenen Gouverneurs hervorzugehen.

STAAT UND VERWALTUNG

Während West-Samoa bereits 1962 seine Unabhängigkeit von Neuseeland erhielt, ist Amerikanisch Samoa immer noch ein „Territorium" der Vereinigten Staaten. Das bedeutet in der Praxis, daß die Verfassung der USA nicht gilt und ebenso einige andere Gesetze nicht angewandt werden. Das Staatsgebiet gilt den Amerikanern als „unorganisiert", weil keine Verfassung besteht, die vom Kongreß sanktioniert wurde.

1966 erkannte die amerikanische Verwaltung jedoch eine samoanische Verfassung an. Diese enthielt auch verfassungsmäßig garantierte Grundrechte und übertrug dem *Fono*, einer Versammlung von 20 Vertretern des Volkes, verfassungsgebende Autorität. Die Versammlung wird alle zwei Jahre neu gewählt. Außerdem gehören 18 Senatoren dazu, die alle 4 Jahre von den samoanischen *Matai* (Häuptlingen) gewählt werden. All dies wurde bisher aber vom amerikanischen Kongreß nicht anerkannt. Die einzige Kolonie von Amerikanisch Samoa, Swains, ist durch einen nicht stimmberechtigten Entsandten in dieser Körperschaft vertreten.

Seit 1977 wählen die Samoaner alle vier Jahre ihren eigenen Gouverneur. Der Gouverneur hat die Möglichkeit, Gesetze, die der *Fono* verabschiedete, durch sein Veto aufzuheben. Ansonsten bestehen politische Parteien nicht, auch wenn die Kandidaten bei der Wahl des Gouverneurs zu erkennen geben, daß sie sich mit den Republikanern oder Demokraten der USA verbunden fühlen.

Die örtlichen Verwaltungsaufgaben nehmen drei Distriktsgouverneure wahr. Darüber hinaus sind 15 regierende Häuptlinge und 55 *Pulenu'u* (Dorfbürgermeister) im Amt. Sie alle unterstehen dem „Secretary of Samoan Affairs", der selbst ein führender *Matai* ist. In Washington ist das Territorium seit 1981 durch einen nicht stimmberechtigten Kongreßabgeordneten vertreten, der alle zwei Jahre gewählt wird. 1988 entschieden sich die Wähler für Eni F.H. Faleomavaega (der 1990 wiedergewählt wurde), nachdem sein Vorgänger Fofo Sunia in Ungnade fiel, weil er in einen Skandal verwickelt war und dafür gesorgt hatte, daß Verwandte auf die Lohnliste der Regierung gesetzt wurden.

Während der siebziger Jahre nahmen die Befugnisse des *Fono* zu. Heute übt er sogar einen beachtlichen Einfluß auf den Staatshaushalt und auf die Ernennung von Beamten aus. Allerdings kann das Innenministerium in Washington alle Gesetze, die im *Fono* verabschiedet wurden, für ungültig erklären, gewählte Beamte absetzen und sogar die im Lande gewählte Regierung auflösen, ohne auf die Samoaner auch nur im geringsten Rücksicht nehmen zu müssen. Der Innenminister ernennt auch den obersten Richter von Amerikanisch Samoa.

Die Abteilung für territoriale und internationale Angelegenheiten im Innenministerium der USA ist auch die Stelle, deren Mitarbeiter die Verteilung der staatlichen Mittel für das Gebiet im Auftrag des Innenministers verwalten.

Politisches Ziel ist nun, endlich eine eigene Verfassung zu schaffen, die der Kongreß auch anerkennt, um sich langsam von der Oberherrschaft des amerikanischen Innenministeriums zu befreien. Die Samoaner haben überhaupt kein Interesse, jemals unter die Rechtsprechung der amerikanischen Verfassung zu geraten. Dies würde nämlich das Aus für die Herrschaft der eigenen Häuptlinge bedeuten und die Rechte der Familien an Grund und Boden verändern. Und nicht zuletzt wären unkontrollierte Einwanderungswellen sowie geschäftliche Konkurrenz aus den USA die Folge. Auf der anderen Seite darf nicht verschwiegen werden, daß die Samoaner wegen der Subventionen aus Amerika wenig an einer schnellen Unabhängigkeit interessiert sind, zumal eine beträchtliche Anzahl von ihnen in den Vereinigten Staaten lebt. Sie vertreten die Auffassung, daß eine größere Autonomie Amerikanisch Samoa es ermöglichen würde, sich dem South Pacific Forum anzuschließen und eine größere Rolle in Angelegenheiten des Südseeraumes zu spielen. Nachdem drei frühere Treuhandgebiete der USA in Mikronesien den Status eines Commonwealth-Gebietes oder einer freien Assoziierung mit den Vereinigten Staaten erreicht haben, wächst in Amerikanisch Samoa der Druck, die Verfassungsgrundlagen zu ändern.

WIRTSCHAFT

Etwa 33 % der arbeitenden Bevölkerung werden vom Staat bezahlt, während 26 % ein Einkommen aus Tätigkeiten bei der Verarbeitung von Thunfisch erzielen. Die USA pumpen alljährlich 80 Millionen US-Dollar nach Amerikanisch Samoa, was etwa 60 % der Staatseinnahmen ausmacht. Tatsache ist, daß Amerikanisch Samoa mehr Geld aus Amerika erhält, als im gesamten Budget von West-Samoa enthalten ist. Dieser Vergleich wird erst richtig interessant, wenn man berücksichtigt, daß in Amerikanisch Samoa nur ein Fünftel der Gesamtbevölkerung beider Samoas lebt. Dies allein - neben den sich entgegengesetzt entwickelnden Lebensgewohnheiten - sorgt schon dafür, daß die beiden Samoas wohl nie ein geeintes Land sein werden. Im übrigen zahlen die Einwohner von Amerikanisch Samoa die gleichen Einkommensteuern wie die Amerikaner in den USA.

Platz Nr. 1 in der samoanischen Wirtschaft nehmen die Verarbeitung von Thunfisch und das Abpacken ein. Dieses Geschäft teilen sich die Firmen Samoa Packing Co. (im Besitz von Indonesiern) und Starkist Samoa, eine Tochtergesellschaft von H. J. Heinz. Die erste Konservenfabrik wurde 1954 eröffnet. Heute ist Amerikanisch Samoa der viertgrößte Hersteller von Konserven mit Thunfisch auf der ganzen Welt. Fischkonserven, Hundefutter in Dosen (aus dem blutigen Fleisch der Thunfische) und Fischmehl (aus der Haut, den Eingeweiden und den Knochen) machen heute 93 % der Exporte aus.

Die Fischverarbeitung in diesem kleinen Territorium ist ein gutes Geschäft. Der Grund dafür ist, daß asiatische Fischfanggesellschaften hier den Importzoll von bis zu 30 % in den USA umgehen. Es dürfen nämlich Waren in die Vereinigten Staaten ohne Importzölle und ohne Quotenbegrenzung dann eingeführt werden, wenn 30 % ih-

Solche in San Diego beheimatete Fischdampfer mit Beutelnetzen und Hubschraubern fangen Thunfisch in den Gewässern des Pazifik. Der Wert beträgt mehrere Millionen Dollar.

res Wertes in Amerikanisch Samoa entstanden ist. Hinzu kommt, daß die amerikanischen Bundesgesetze ausländischen Fangschiffen das Entladen von Thunfisch in amerikanischen Häfen untersagen. Davon ist nur Amerikanisch Samoa ausgenommen. So kommt es, daß der größte Teil des gesamten Thunfischfangs des Südpazifik hier gelöscht wird und daraus die Hälfte aller Konserven mit Thunfisch für die USA im Wert von insgesamt 350 Millionen Dollar pro Jahr entsteht. Im Gegenzug versorgen die USA Amerikanisch Samoa mit 70 % aller Importe.

Die Fischfabriken erfreuen sich außerdem noch beachtlicher Steuererleichterungen, die die Regierung großzügig gewährt. Zudem beschäftigen sie Tonganer und Arbeiter aus West-Samoa, die gewerkschaftlich nicht organisiert sind und hoffen, Amerikanisch Samoa als Sprungbrett in die USA benutzen zu können. Dabei gibt es etwa 4.000 Arbeitsplätze für asiatische Fischer und weitere 4.100 in den Fabriken, in denen in zwei Schichten gearbeitet wird. Die Bewohner von Amerikanisch Samoa sind dagegen nicht daran interessiert, für 2,92 $ pro Stunde Fisch auszunehmen, und ziehen es vor, im Handel oder beim Staat ihr Geld zu verdienen. Obwohl die Firma Heinz allein im Jahre 1989 mit der Herstellung von Thunfischkonserven 145 Millionen US-Dollar Gewinn erzielte, hat die Firma damit gedroht, sich aus Amerikanisch Samoa zurückzuziehen, wenn der Mindestlohn angehoben wird. Im März 1992 meldete das Magazin *Pacific Islands Monthly*, daß der Vorsitzende von Heinz, Tony O'Reilly, 1990 ein Einkommen von 75.084.622 $ erzielt habe. Das ist fünfmal so viel, wie alle 2.500 Mitarbeiter von Heinz in Amerikanisch Samoa zusammen erhalten haben.

Der Trend geht derzeit dahin, daß die rostzerfressenen koreanischen und taiwanesischen Schiffe kaum noch eine längerfristige Chance haben, Thunfisch zu fangen. Sie werden mehr und mehr durch kalifornische Beutelnetz-Fangschiffe verdrängt, die pro Stück eine Million US-Dollar wert sind. Allein die Firma Starkist hat 35 solcher Schiffe unter Vertrag, Samoa Packing etwa 15. Außerdem legen 82 koreanische und 23 taiwanesische Fischdampfer von Pago Pago aus ab. Die Abfälle aus den Konservenfabriken werden mit kleinen Schiffen auf das Meer hinaus gefahren und dort in den Ozean gekippt. Ende 1991 kündigte die Firma Starkist übrigens an, daß sie zur Expansion 20 Millionen US-Dollar ausgeben und dabei auch eine neue Anlage zur Herstellung von Thunfischkonserven bauen wolle.

Die staatliche Marine Railway, unweit der Fischfabriken, ist in der Lage, Schiffe bis zu einer Größe von 3.500 t ins Trockendock zu nehmen. Die Hafeneinrichtungen wurden in der jüngeren Vergangenheit mit der Hilfe von Investitionen der Regierung erheblich ausgebaut. Der Grund dafür ist, daß Pago Pago ein überregionaler Verladehafen werden soll. Dies hat zur Folge, das nun vermehrt kleine Frachtschiffe aus Tonga, West-Samoa und den Cook-

Inseln in Pago Pago anlegen, um Importgüter, Stückgut, Treibstoff und häufig auch Passagiere zu übernehmen. Ein Industriegebiet besteht auch in der Nähe von Tafuna beim Flughafen.

Der Tourismus erlitt jedoch erhebliche Einbußen, seit die Flugverbindungen von Honolulu immer unzuverlässiger wurden. Eine ganze Reihe von Fluggesellschaften, einschließlich Pan American Airways, Continental Airlines, Air Samoa und South Pacific Airways, sind nacheinander auf dieser Strecke geflogen, bevor sie sich zurückgezogen haben oder ihren Betrieb einstellen mußten. Der derzeitige Dienst von Hawaiian Airlines hat ebenfalls seine Probleme. Etwa 50.000 „Touristen“ kommen heute pro Jahr nach Amerikanisch Samoa, davon ein Fünftel Bürger der USA und über die Hälfte aus West-Samoa und Tonga zum Einkaufen. Die Zahlen sind aber auch deshalb verzerrt, weil darin größere Gruppen von Chinesen, Koreanern und Filipinos enthalten sind, die aus geschäftlichen Gründen nach Amerikanisch Samoa gekommen sind.

Das staatliche Hotel Rainmaker hat in seiner 25jährigen Geschichte nur in zwei Jahren Gewinne erzielen können. Man erwartet jedoch, daß der Tourismus wieder zunehmen wird, wenn der Nationalpark Amerikanisch Samoa richtig besteht und das Luxushotel in Betrieb ist, das 1994 in Pago Pago auf dem Grundstück eröffnet werden soll, auf dem derzeit das Restaurant Soli and Mark's steht.

DIE MENSCHEN

Die Bewohner von Amerikanisch Samoa und West-Samoa gehören in bezug auf Blut, Sprache und Tradition dem gleichen Volk an. Die Völkerwanderung von West nach Ost war beachtlich, es wurde auch viel untereinander geheiratet. Heute leben etwa 10.000 Menschen aus West-Samoa in Amerikanisch Samoa. Weitere 10 % sind Tonganer. Zwischen 1980 und 1990 nahm die Bevölkerung in Amerikanisch Samoa von 32.297 auf 46.773 um 44,8 % zu, jährlich im Durchschnitt um 3,8 %. Das betraf aber nur Tutuila, denn die Zahl der Bewohner auf den Inseln der Manu'a-Gruppe nahm geringfügig ab.

Die Bewohner von Amerikanisch Samoa haben den staatsbürgerlichen Status von sogenannten Nationals der Vereinigten Staaten, sind aber keine amerikanischen Bürger. Der Hauptunter-

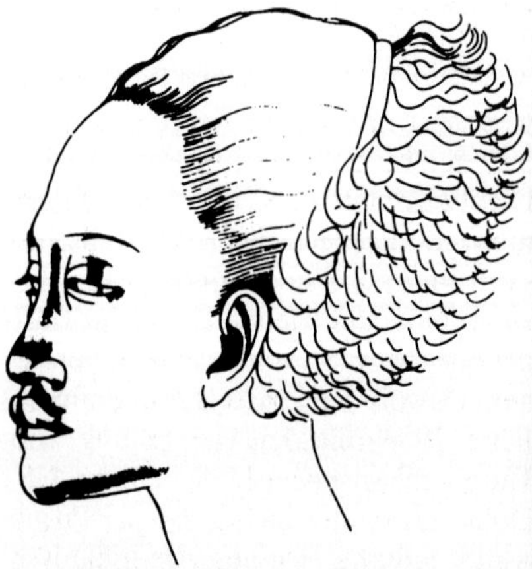

Ein Mädchen aus Samoa: Dicke Lippen, breite Nase und krause Haare sind charakteristisch für die Samoaner. Die Hautfalte am inneren Rand des Augenlids ist dagegen nicht typisch.

schied liegt darin, daß die Nationals kein Recht haben, bei den amerikanischen Präsidentschaftswahlen ihre Stimme abzugeben. Dennoch dürfen sie ungehindert in die Vereinigten Staaten einreisen. Ungefähr 65.000 leben heute in Kalifornien und im Staat Washington, weitere 20.000 auf Hawaii, aber die meisten davon gehören unteren Einkommensgruppen an. Fast 70 % der Oberschulabsolventen verlassen Amerikanisch Samoa innerhalb eines Jahres nach dem Abschluß mit dem Ziel USA. Viele von ihnen gehen zum amerikanischen Militär. Etwa 1.000 Studenten sind im American Community College in Mapusaga eingeschrieben, das 1970 gegründet wurde.

In der Begeisterung über den völlig neuen, sicherlich auch zunächst interessanteren Lebensstil in Amerika vergaßen die meisten dieser jungen Menschen ihre eigene Kultur. Um so stärker aber bewahren die in der Heimat Verbliebenen die uralten Sitten und Bräuche: das *Fa'a Samoa*. Einzelheiten dazu können Sie dem Einführungsteil des Kapitels über West-Samoa entnehmen.

In den Verträgen, die 1900 und 1904 mit samoanischen Häuptlingen abgeschlossen wurden, verpflichtete sich die Regierung der USA, das System mit den *Matai* beizubehalten und das samoanische Landrecht zu schützen. Sie hat aber auch nur dies und nichts anderes getan. Seiner inneren Kraft und Beweglichkeit hat es der „Samoan Way of Life" zu verdanken, daß er die Einflüsse des deutschen, neuseeländischen und amerikanischen Kolonialismus überstand.

Auf Tutuila leben die Menschen in 60 Dörfern entlang der Küste. Nach einem verheerenden Hurrikan im Jahre 1966 stellte die amerikanische Regierung große Beträge zur Verfügung, um die gedeckten samoanischen *Fales* durch neue aus Sperrholz und Wellblech zu ersetzen. Die Folge aber ist, daß diese Häuser nun wegen des Klimas, das dort herrscht, heiß und stickig sind. Weitsichtig war ein Beschluß der Marineverwaltung in früheren Tagen, den Landverkauf an Ausländer zu untersagen. Nimmt man einmal das kleine Gebiet aus, das der Regierung gehört, so befindet sich aller Grund und Boden in den Händen von Großfamilien (*Aiga*). Es liegt in der Macht des Familien-*Matai*, die Ländereien an die einzelnen Familienmitglieder zu vergeben. Hätte man den Amerikanern Bodenspekulationen erlaubt, wären die Samoaner längst ausgebeutet und ausgebootet worden, denn ihnen sind Eigentumsrechte in unserem Sinne nicht so wichtig. Fremde dürfen Grund und Boden aber für bis zu 55 Jahre pachten. Im übrigen erwartet man außerhalb von Pago Pago von Besuchern, daß sie um Erlaubnis fragen, baden zu dürfen, wenn sich hinter dem Strand ein Dorf befindet.

FESTE UND FEIERTAGE

In Amerikanisch Samoa werden die gleichen Feiertage wie auf dem amerikanischen Festland begangen: Neujahr (1. Januar), Martin-Luther-King-Tag (3. Montag im Januar), President's Day (3. Montag im Februar), Flaggentag (17. April), Karfreitag (März oder April),

Memorial Day (letzter Montag im Mai), Unabhängigkeitstag (4. Juli), Labor Day (erster Montag im September), Veteran's Day (11. November), Erntedanktag (4. Donnerstag im November) und Weihnachten (25. Dezember). Obwohl Samoa noch nicht einmal „entdeckt“ war, als Kolumbus nach Amerika gelangte, begeht man am zweiten Montag im Oktober auch noch den Columbus Day, ebenfalls als gesetzlichen Feiertag.

Während der Samoa Days Anfang April führen Schulkinder traditionelle Tänze auf. Und am 17. April, dem Flaggentag, gedenkt man des Hissens der ersten amerikanischen Flagge auf samoanischem Boden im Jahre 1900. Zwei Tage lang feiert man mit Begeisterung auch die *Fautasi* (Langbootrennen) sowie Gesangs- und Tanzwettstreite in Fagatogo. In der Tourismuswoche Anfang Juli werden Barbecues, Kanurennen, kulturelle Vorführungen, ein Feuerwerk, Musikdarbietungen, eine Parade und die Krönung der „Miss Amerikanisch Samoa“ am Utulei Beach geboten. Der 2. Sonntag im Oktober wird als White Sunday (Weißer Sonntag) gefeiert. Dann kleidet man die Kinder in blütenweiße Gewänder und begibt sich in Prozessionen zur Kirche. Während dieser Prozessionen wird feierlich gesungen. Den Kindern gehören an diesem Sonntag die Ehrenplätze, und sie leiten auch den Gottesdienst. Nach dem Kirchbesuch finden große Familienfestessen statt, bei denen die Kinder reich beschenkt werden.

Ein anderes wichtiges Ereignis ist das Auftreten des *Palolo*, des Korallenwurms. Das fällt in die Zeit gegen Ende Oktober oder Anfang November. Treffen Mondstellung und Tide richtig zusammen, kommen die Würmer an die Wasseroberfläche, um sich fortzupflanzen. Auf diesen Augenblick aber warten die Samoaner, bereit mit Netzen und Laternen, um sie zu fangen. Diese Würmer sind für sie eine erlesene Delikatesse, sozusagen der Kaviar des Pazifik. Während des *Sa* gegen 18.00 Uhr an jedem Tag unterbrechen die Landbewohner ihre jeweilige Tätigkeit für ein kurzes Gebet. Wenn Sie in dieser Zeit in einem Dorf eine Glocke läuten hören, dann halten Sie inne und gehen, laufen und reiten Sie nicht weiter, damit die Samoaner nicht zornig werden.

PRAKTISCHE HINWEISE

Einreisebestimmungen: Will man nicht länger als 30 Tage bleiben, wird für die Einreise kein Visum verlangt. Bei der Einreise müssen aber alle Ausländer, Amerikaner ausgenommen, einen gültigen Reisepaß vorlegen. Für West-Samoa benötigen Amerikaner jedoch bei der Einreise ebenfalls einen Reisepaß. Die Einreisebestimmungen werden von der Verwaltung von Amerikanisch Samoa erlassen und nicht von der Ausländerbehörde der USA.

Verlängerungen der Aufenthaltserlaubnis sind schwer zu erhalten (10 $ pro Monat für bis zu 90 Tage). Auch eine Arbeitserlaubnis ist fast unmöglich zu erhalten, es sei denn, man besitzt besondere Fähigkeiten oder Kenntnisse,

die in Amerikanisch Samoa benötigt werden. Dann muß der künftige Arbeitgeber eine Kaution hinterlegen. Nähere Auskünfte über Arbeitsmöglichkeiten kann man beim Chief Immigration Officer, Box 7, Pago Pago, American Samoa 96799 (Tel. 633-4203), erhalten. Das Büro dieser Behörde findet man im neuen Verwaltungsgebäude in Utulei.
Bevor Yachten in einem der Häfen auf Hawaii die Leinen lösen, müssen sie, wenn sie Amerikanisch Samoa als Ziel haben, die Zollformalitäten der amerikanischen Behörden erledigen. Anlegen dürfen Yachten aus dem Ausland in Amerikanisch Samoa zunächst nur in Pago Pago. Nur wenige kehren dann gegen den Wind nach Ofu und Ta'u zurück. In Pago Pago ist eine Abfertigungsgebühr von 25 $ zu zahlen. Weitere 25 $ sind für die Abfertigung fällig, wenn man Amerikanisch Samoa mit einer Yacht wieder verläßt. Bei beiden Gelegenheiten muß man am Anleger des Zolls festmachen, wo die Wellen das Boot gegen den Betonkai drücken. Da auf Tutuila in größerer Zahl die Große Afrikanische Schnecke lebt, was den Hafenbehörden der umliegenden Länder natürlich bekannt ist, inspizieren sie mehr als sorgfältig das Gepäck und andere Sendungen, die aus Pago Pago ankommen.

Geld: Im Umlauf befinden sich US-Dollar ($). Um Schwierigkeiten beim Wechseln zu vermeiden, sollte man außer oder statt Bargeld Reiseschecks mitbringen, die in US-Dollar ausgestellt sind. Die Währung von West-Samoa wird von den Banken in Amerikanisch Samoa nicht gewechselt. Der Tourismus aus den USA hat auch in Amerikanisch Samoa dazu geführt, daß Trinkgelder üblich geworden sind. Über Trinkgelder sagt man hier: „It's not only accepted, it's expected."

Post: Für Amerikaner, die etwas mit der Post heimschicken möchten, lohnen sich die billigen Posttarife. Für Europäer ist dies weniger interessant, es sei denn, man setzt seine Reise über die USA fort und möchte bestimmte Sachen vorübergehend loswerden. Die Beförderung von Postsendungen ist Berichten zufolge unberechenbar.

Telefon: Auch Telefongespräche in die USA sind billiger als in andere Teile der Erde. Allerdings haben uns Leser geschrieben, daß es in Apia noch günstiger sein soll.

Informationen: Das American Samoa Office of Tourism (Box 1147, Pago Pago, AS 96799, USA) verschickt auf Anfrage Broschüren über Amerikanisch Samoa. Als Zeitungen erscheinen *Samoa Journal & Advertiser* (Box 3986, Pago Pago, AS 96799, USA, Tel. 633-2399) dienstags sowie donnerstags und *Samoa Daily News* (Box 909, Pago Pago, AS 96799, USA, Tel. 633-5599) an Werktagen. Beide Zeitungen ermöglichen interessante Einblicke. In einem Kommentar konnte man 1991 im *Samoa Journal & Advertiser* beispielsweise folgendes lesen: „Hawaiian Airlines benutzen ihre Strecken in der Südsee, um die Verluste im übrigen Streckennetz auszugleichen. Bei einem kürzlichen Test der Zufriedenheit von Passagieren großer Fluggesellschaften, bei dem die Bodenabfertigung, die Abflug- und Ankunftszeiten, der Service, der Komfort und die Zahl der verlorengegangenen Gepäckstücke verglichen wurden, erhielt Hawaiian Airlines in allen Kategorien die schlechtesten Bewertungen. Warum müssen wir für die schlechteste Gesellschaft von allen aufkommen?"

Das Magazin *Rainforest Echoes* (Box B, Pago Pago, AS 96799, USA, Tel. 633-7458) ist eine vierteljährlich erscheinende Publikation von Le Vaomatua, einer Gruppe in Amerikanisch Samoa zum Schutz der Umwelt. Bei dieser Organisation kann man Mitglied werden und erhält dann für 10 $ die Zeitschrift.

ANREISE

Flug: Die Fluggesellschaft Hawaiian Airlines (Tel. 699-1875) fliegt Pago Pago von Hawaii fünfmal wöchentlich an. Anschlußflüge bestehen von und nach Los Angeles, San Francisco und Seattle. Zweimal wöchentlich wird der Flug nach Nuku'alofa und einmal wöchentlich nach Apia fortgesetzt. Einige Flugzeuge von Hawaiian Airlines kommen auch direkt aus Los Angeles, einer pro Woche auch über Rarotonga. Der Preis für einen Flug von Honolulu nach Pago Pago und zurück beträgt etwa 800 $. In der Vergangenheit haben den Flugbetrieb von Hawaiian Airlines etliche Probleme geplagt, beispielsweise verspätete oder abgesagte Flüge, verlorengegangenes Gepäck usw. Wenn die DC 8 dieser Gesellschaft überbucht ist, werden Bewohner von Amerikanisch Samoa und andere Fluggäste in zwei Gruppen unterteilt, von denen die Einwohner von Amerikanisch Samoa beim Flug Vorrang genießen. Hier muß man sich auch darauf einstellen, daß ein Flug 3 Stunden früher als geplant beginnt. Seit einem Wechsel der Besitzer von Hawaiian Airlines im Jahre 1989 sollen sich die Dinge gebessert haben, aber Geduld ist nach wie vor erforderlich, wenn man mit dieser Gesellschaft fliegen will.

Weil Amerikanisch Samoa als Inland angesehen wird, sind die Preise für Flüge von und nach Hawaii oft niedriger als für andere Ziele in der Südsee. Manchmal ist es günstiger, anstelle eines Flugscheines für einen Direktflug von Los Angeles nach Pago Pago Flugscheine für die Strecken Los Angeles-Honolulu und Honolulu-Pago Pago getrennt zu kaufen.

Samoa Air (Box 280, Pago Pago, AS 96799, Tel. 699-9106) fliegt viermal täglich von Apia (60 $), zweimal wöchentlich von Vava'u (165 $) und einmal wöchentlich von Niue (165 $) nach Pago Pago. Von Pago Pago kosten 30 Tage gültige Hin- und Rückflugscheine nach Apia 95 $ und nach Vava'u sowie Niue 300 $. Wegen der unterschiedlichen Umrechnungskurse sind Flüge von Pago Pago nach Apia in Apia billiger als in Amerikanisch Samoa oder anderswo.

Polynesian Airlines (Tel. 699-9126) fliegt ebenfalls vier- oder fünfmal täglich zwischen Apia und Pago Pago. In

Apia bestehen zudem Anschlüsse von und nach Australien und Neuseeland sowie mit Air Pacific auch von und nach Fidschi. Bei Polynesian Airlines kann man zudem für 999 $ ein dreißig Tage lang gültiges Rundflugticket kaufen, das für Reisen zwischen Samoa, Tonga, den Cook-Inseln, Australien und Neuseeland gilt.

Wenn Sie von oder nach Nuku'alofa fliegen wollen, können Sie für einen kleinen Zuschlag den Flug in Vava'u und Ha'apai unterbrechen. Besonders hilfreich bei der Buchung von preiswerten Flügen nach Tonga und anderen Zielen ist Paradise Travel über dem Postamt in Fagatogo (Tel. 633-2085).

Samoa Air (Tel. 699-9106) fliegt auch zweimal täglich von Pago Pago nach Ofu und von dort weiter nach Ta'u (einfacher Flug 36 $, Hin- und Rückflug 70 $). Für einen Flug von Ofu nach Ta'u oder umgekehrt muß man 16 $ bezahlen. Manchmal werden für diese Verbindungen in den Tageszeitungen auch günstigere Sondertarife angeboten.

Schiff: Die zwischen West-Samoa und Amerikanisch Samoa verkehrenden Fähren sind oft voll besetzt, weil eine Fahrt mit ihnen etwas günstiger als das Fliegen und wegen der Sicherheitsvorschriften die Zahl der mitfahrenden Passagiere begrenzt ist. In West-Samoa sind die Fahrkarten etwas preiswerter, so daß es sich - wenn möglich - empfiehlt, eine Fahrkarte nur für eine Überfahrt nach Apia zu kaufen und die Rückfahrt dort zu buchen. Allerdings macht die Vorschrift, daß Besucher von West-Samoa bei der Einreise eine Fahrkarte oder einen Flugschein für die Weiterreise besitzen müssen, es schwer, von diesem Vorteil Gebrauch machen zu können. Wegen der Passatwinde aus Südosten ist eine Überfahrt in Richtung Westen nach Apia ruhiger als umgekehrt.

Das Denkmal zu Ehren von John Williams in Leone auf Tutuila.

Agentur für Fahrten auf der Fähre *Lady Samoa II* der Western Samoa Shipping Corporation nach Apia (Fahrpreis 20 $, Fahrzeit 8 Stunden) ist in Pago Pago Polynesia Shipping in dem blauen Gebäude gegenüber von Sadie's (Box 1478, Pago Pago, AS 96799, Tel. 633-1211). Das Schiff verläßt Pago Pago mittwochs und freitags um 16.00 Uhr. Buchen muß man eine Überfahrt mit der *Lady Samoa II* spätestens bis Mittag

des Vortages (Reisepaß mitnehmen). Dabei ist darauf zu achten, daß der eigene Name auf die Passagierliste geschrieben wird, weil man sonst nicht an Bord gelassen wird.
Kneubuhl Maritime Services über dem Postamt (Tel. 633-5121) vertritt die Reederei Warner Pacific Line, deren Schiff monatlich einmal nach Tonga fährt. In der letzten Zeit wurden auf diesem Schiff jedoch keine Passagiere mehr mitgenommen. Tonganische Schiffe legen in Pago Pago einmal monatlich zur Fahrt nach Niuatoputapu, Vava'u und Nuku'alofa ab. Darüber können Sie nähere Informationen bei Herrn Vani Atafua (Tel. 639-9277) erhalten.
Die beste Zeit, um auf einer Yacht mitgenommen zu werden, ist von Mitte April bis November. Wenn Sie auf diese Weise weiterreisen wollen, dann bringen Sie eine Nachricht an der Wand des Gebäudes mit den Duschen neben dem Anleger des Zolls an oder fragen Sie herum. Die meisten Besatzungsangehörigen von Yachten gehen hier an Land. Freitags um 17.00 Uhr treffen sich außerdem viele Segler zur „Happy Hour" bei Getränken zu ermäßigten Preisen und kostenlosem Popcorn im Pago Pago Yacht Club in Utulei (Tel. 633-2465). Das ist auch die Zeit, in der einheimische Segler mit ihrem *Fautasi* (Langboot) eine Runde im Hafen drehen. Der Yacht Club ist täglich außer sonntags geöffnet, ein freundlicher Aufenthaltsort und es wert, sich dort am späten Nachmittag aufzuhalten, wenn man auf einem Segelboot nach Apia, Fidschi, Wallis, Vava'u oder sonstwo mitgenommen werden möchte. Das Essen zur Mittagszeit ist dort ebenfalls ganz gut.

Flughafen: Der Flughafen Pago Pago (PPG) ist über einer Lagune bei Tafuna, 11 km südwestlich von Fagatogo, erbaut worden. Von dort kommt man für 75 Cents mit einem öffentlichen Bus oder für 8 $ mit einem Taxi in die Stadt. Wenn Sie mit einem Taxi fahren wollen, dann vereinbaren Sie unbedingt vor der Abfahrt den Preis. Außerdem müssen Sie den zu zahlenden Betrag passend bereithalten, denn die Fahrer haben nie Wechselgeld. Die öffentlichen Busse halten ziemlich oft vor dem Flughafengebäude. Man kann aber auch die 2 km bis zur Hauptstraße zu Fuß gehen, wo viele davon verkehren (außer abends und sonntags). Die Vertretungen der Mietwagenunternehmen am Flughafen sind nur bei der Ankunft von Flugzeugen aus Hawaii geöffnet.
Ein Informationsstand für Touristen fehlt am Flughafen, aber ein Laden mit zollfreien Waren ist in der Abflughalle vorhanden. Allerdings sind dort im allgemeinen alle Sachen teurer als in den normalen Andenkenläden im Flughafengebäude. Vergessen Sie nicht, Ihren Weiterflug rechtzeitig bestätigen zu lassen. Der Flughafen Pago Pago ist ganz sicher nicht der Ort, an dem man stranden möchte. Achten Sie ferner darauf, daß bei der Abfertigung die Bordkarten und Gepäckanhänger richtig beschriftet sind. Die Mitarbeiter der Fluggesellschaften haben keine Hemmungen, Passagiere und Gepäck für ein

ganz anderes Ziel als das vorgesehene abzufertigen. Eine Flughafengebühr wird beim Abflug in Pago Pago nicht erhoben.

TUTUILA

Tutuila ist nicht nur die größte Insel von Amerikanisch Samoa, sondern auch die Insel, über die die meisten Besucher dieses Territoriums gar nicht hinausgelangen. Der größte Ort der Insel ist Fagatogo, der einen Blick auf den Hafen Pago Pago und seine Ellenbogen-Form bietet. Das Verwaltungszentrum liegt in Utulei, nur wenig östlich von Fagatogo. Wenn man in der Lage ist, über die Ölverschmutzung und die Verunreinigungen durch Fabriken, Schiffahrt, Yachten und Bevölkerung hinwegzusehen, ist dieser Hafen sicherlich einer der schönsten im Südpazifik. Die umliegenden Hügel laden zu erholsamen, abwechslungsreichen Spaziergängen ein, und auch Windsurfer finden hier unvergleichlich gute Bedingungen für ihren Sport vor. Die Südküste von Tutuila bietet wegen der Riffe gute Surfmöglichkeiten, insbesondere in den Monaten Dezember bis März. Ist die See ruhig, haben auch Schnorchler hier ein hervorragendes Revier.

Tutuila ist das Paradebeispiel für amerikanischen Lebensstil im Südpazifik: Die Straßenkehrer kommen gegen den Müll kaum an. Dafür dienen die Müllhalden in den bewohnten Inselteilen ganzen Rudeln streunender Hunde als Futterplatz. Wenn Sie mit einer Yacht im Hafen liegen, können Sie zudem Kühlschränke, Sofas und sogar tote Schweine vorbeischwimmen sehen. Wenn der Hafenkapitän es erlaubt, dann ankern Sie mit einem Segelboot so weit wie möglich vom Krach und vom Gestank der Konservenfabriken und Kraftwerke entfernt. Ist alles ruhig, kann der Gestank fast unerträglich werden. Hinzu kommt, daß man im Hafen nur schlecht festmachen kann, weil der weiche Untergrund mit Plastiktüten bedeckt ist. Außerdem sollten Sie auf Ihrem Boot alles verschließen, bevor Sie an Land gehen.

SEHENSWÜRDIGKEITEN

Utulei: Hoch über dem Hafen von Pago Pago, am Blunt's Point, stehen 2 große Seegeschütze. Sie wurden 1941 dort aufgestellt, sind nun aber zum größten Teil von der Vegetation überwuchert. Der Weg dorthin beginnt auf der Hauptstraße in südöstliche Richtung bis hinter die Öltanks. Kurz vor den beiden Häusern, die auf der der Bucht zugewandten Straßenseite stehen, sollten Sie Ausschau nach dem grünen Wassertank halten. Dort beginnt der Aufstieg. Die Geschütze stehen direkt oberhalb des Tanks.

Wenn Sie zurück in Richtung Stadt gehen, können Sie sich das Lee Auditorium (1962) ansehen. Die angrenzenden

Samoanische Legenden: Märchenerzähler berichten noch heute, daß einmal während einer großen Hungersnot eine blinde, alte Frau ihre Enkelin zu einem schroffen Küstenfelsen bei Vaitogi führte. Dort faßten sich beide an den Händen und sprangen in die Tiefe. Das junge Mädchen wurde in einen Hai verwandelt, die alte Frau in eine Schildkröte. Die Dorfbewohner sind noch heute in der Lage, Haie und Schildkröten aus dem Wasser herbeizurufen. Dies geschieht durch einen bestimmten Gesang.

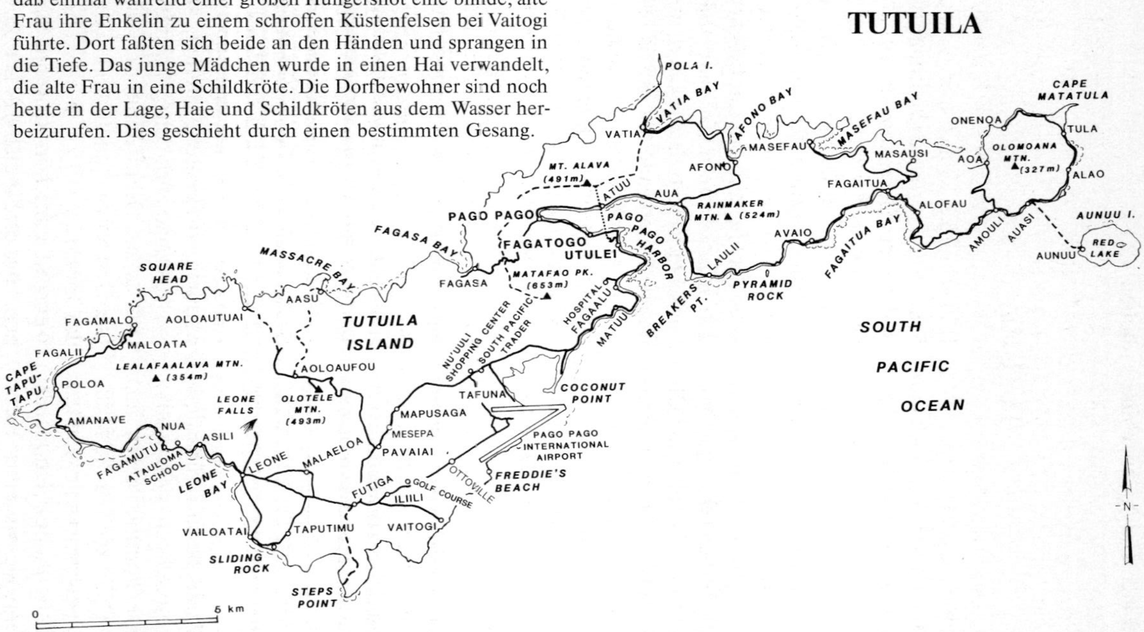

Flugpioniere in der Südsee: Der erste Flug von den USA nach Australien fand 1928 statt. Damals flogen Charles Kingsford-Smith und Charles Ulm in ihrer dreimotorigen Fokker VII-3M, der *Southern Cross*, in 83 Stunden und 38 Minuten von Oakland mit Zwischenlandungen in Hawaii und Fidschi nach Brisbane (11.906 km). Das Flugzeug ist heute vor dem Flughafengebäude für Inlandsflüge am Flughafen Brisbane zu sehen. Im Jahre 1937 begann Pan American Airways mit Linienflügen zwischen den USA und Neuseeland, bei denen in Hawaii und Amerikanisch Samoa Zwischenlandungen eingelegt wurden. Dieser Verkehr mit Flugbooten wurde beim dritten Flug auf tragische Weise unterbrochen, als die *Samoa Clipper* am 10. Januar 1938 kurz nach dem Start in Pago Pago explodierte.

Fernsehstudios können werktags um 10.30 Uhr ebenfalls besichtigt werden. Über drei Kanäle werden hier in der Zeit von 7.30 bis 13.30 Uhr Sendungen für Grundschüler ausgestrahlt. Zwischen 15.30 und 23.30 Uhr sendet der Kanal 2 (PBS) Unterrichtsfilme, während Kanal 4 von NBC und Kanal 5 von ABC betrieben werden. Unterbrochen werden die Sendungen durch Werbung aus Hawaii, weil aus Urheberrechtsgründen heimische Werbung nicht zugelassen ist. Die Samoaner sind jedoch nicht sonderlich zufrieden mit ihrem Fernsehen.

Von den Studios führt ein Weg zur Station der Seilbahn. Dort steht ein Denkmal, das an das Unglück im Jahre 1980 erinnert, bei dem ein Flugzeug der amerikanischen Marine gegen die Kabel flog und dann in das Hotel Rainmaker stürzte. 6 Soldaten und 2 Touristen mußten dabei ihr Leben lassen. Die Hoteldirektion gestattete es jedoch nicht, dieses Denkmal auf dem Hotelgrundstück zu errichten. Diese Tragödie wird sich aber nicht wiederholen können, weil es Flugzeugführern verboten wurde, über den Hafen zu fliegen.

Die Seilbahn, die zu den längsten der Welt gehört, baute man 1965. Sie dient den Fernsehtechnikern und dem Transport von Material zum Fernsehmast auf dem Gipfel des Alava (491 m). Über eine Länge von 1,5 km schwebt die Bahn mit Blick auf die Berge über den Hafen von Pago Pago und die Docks. Zu sehen ist auch der zerklüftete, 524 m hohe Rainmaker. Eine schönere Seilbahnfahrt finden Sie nirgends sonst in der gesamten Südsee. Die beste Aussicht haben Sie früh am Morgen oder am Spätnachmittag. Die Bahn fährt täglich zwischen 8.00 und 16.00 Uhr. Eine Fahrt kostet 1,50 $. Wanderer können vom Alava entlang des Kammes nach Westen zur Straße nach Fagasa gehen. Wegen ständig wiederkehrender technischer Probleme ist die Seilbahn jedoch häufig außer Betrieb.

Fagatogo: Unmittelbar westlich vom Eingang zum Hotel Rainmaker führt eine Treppe hoch zum Government House. Es wurde 1903 erbaut und dient heute als Residenz des Gouverneurs. Das Gebäude selbst ist in Privatbesitz und deshalb nicht zu besichtigen, aber Besucher dürfen ungehindert durch den Garten spazieren. Im alten Verwaltungsgebäude der Marine (1917) ist heute das Jean P. Haydon Museum (Tel. 633-4347) untergebracht. Es ist montags bis freitags von 10.00 bis 15.00 Uhr geöffnet (Eintritt kostenlos).

Mit Blick auf das Malae-O-Le-Talu, wo die Häuptlinge 1900 die Insel an Amerika abtraten, steht das 1973 erbaute Gebäude des *Fono.* Hier tritt das Parlament im Januar und im Juli zusammen. Die Polizeiwache auf der gegenüberliegenden Seite des Feldes diente früher der Fitafita Guard – der ehemaligen samoanischen Miliz – als Kaserne.

Weiter westlich und kurz vor dem Markt steht das 1904 erbaute alte Gerichtsgebäude, ganz im Baustil des Südens der Vereinigten Staaten. Unmittelbar dahinter sehen Sie dann das Gä-

So sah vor dem Zweiten Weltkrieg das Hotel Sadie Thompson in Fagatogo aus.

stehaus, in dem Somerset Maugham 1916 wohnte. Heute ist in diesem Gebäude Sadie's Restaurant untergebracht. Nun kann man hier bei teurem Essen Maughams Erzählung über Sadie Thompson und den gepeinigten Missionar diskutieren.

Pago Pago: Geht man in westliche Richtung zum Laden der Pila F. Patu Co., dann verläuft von dort eine Straße bergauf zum Happy Valley. Diese Nebenstraße führt an 6 Bunkern aus dem Zweiten Weltkrieg vorüber. Sie stehen an der linken Seite, noch vor dem unbefestigten Weg, der nach links zu einem großen Betonbunker führt. Der diente während des Krieges als Hauptquartier der Marine. Da er heute teilweise bewohnt ist, benötigen Sie eine Genehmigung, um sich dem Bunker zu nähern. Er steht in einem Garten weiter hinten. An der Westseite des Hafens liegt der Ort Pago Pago. Asiatische Fischer haben hier ihren Treffpunkt im Korea House. Die Fischverarbeitungsindustrie siedelte sich im Norden des Hafens an. Wenn Sie die Fabrik der Firma Samoa Packing (früher Van Camp) besichtigen möchten, melden Sie sich telefonisch unter der Nummer 644-1347 an, um einen Termin zu vereinbaren (dabei feste Schuhe und keine offenen Sandalen tragen!). Dies ist auch am Tor neben dem Schild mit der Aufschrift „Ralston Purina“ möglich. Die Konservenfabrik von Samoa Packing ist nicht weit entfernt. Die Firma Starkist (H.J. Heinz) ist für Besucher schlechter zugänglich. Westlich dieser Fabriken befindet sich das Gelände von Marine Railway. Dieses Unternehmen übernimmt für die Fischfangflotten Wartungs- und Reparaturarbeiten.

Der Osten: Auf einem Hügel nahe dem Breakers Point stehen zwei weitere Geschütze aus dem Zweiten Weltkrieg.

Die erreichen Sie, wenn Sie bis hinter das Haus von Mr. Paleafei gehen. Das ist das große, zweistöckige Gebäude am höchsten Punkt der Straße. Auf dem Hügel, der direkt gegenüber von den beiden Geschützen die Landschaft bestimmt, steht ein Leuchtturm. Von dort haben Sie eine herrliche Aussicht. Am Fuße dieses Hügels, am Wasser gelegen, ragt ein Munitionsbunker aus Beton empor. Er dient heute als Sprengstofflager.

An der Ostseite von Tutuila, bci Alao und Tula, gibt es breite Sandstrände. Für einen annehmbaren Preis nimmt Mr. Haro M. Lesolo in Tula (Tel. 622-7457) in seinem Haus auch Gäste auf. Wer in Strandnähe wohnen möchte, ist dort gut untergebracht. Gefährlich ist hier für Schwimmer allerdings die Unterströmung. Von Tula (Endstation der Buslinie) verläuft die Straße dann weiter zum Norden der Insel bis Onenoa. Zur Not findet man hier auch einen Platz zum Zelten.

Die Insel Aunuu: Nur einen Ort gibt es auf Aunuu, der Insel, die der Südostküste Tutuilas vorgelagert ist, aber keine Autos. Regelmäßig verkehren Motorboote zwischen dem kleinen Bootshafen in Auasi und Aunuu. Sie nehmen Passagiere für 2 $ (einfache Fahrt) mit. Chartert man ein Boot, kostet es 10 $. Wer frühmorgens übersetzt, wird später noch eine Möglichkeit für die Rückfahrt finden. Allerdings sollte man diesen Ausflug nicht an einem Sonntag unternehmen, weil die Einheimischen dann keine *Palagi* mögen, die für ein Picknick hierhergekommen sind.

Nur schwer erreicht man auf Aunuu den Red Lake (Roten See) mit seinen vielen Aalen. Er liegt in einem Krater. Klippen an der Südküste und dichtes Unterholz lassen den Weg um die Insel nicht gerade einen leichten Spaziergang werden. Der berühmte Treibsandstreifen von Aunuu am Pala-See liegt zwar gar nicht weit entfernt vom Ort, aber es kann sein, daß Sie erst durch einen

Das Bild zeigt den Hafen von Pago Pago im Jahre 1939, bevor die Straßenbauer die Landschaft veränderten.

Sumpf waten müssen, um ihn zu erreichen. Leichter erreicht man die Tarosümpfe unmittelbar hinter dem Ort. Ein Gang bis zur neuen Grundschule vermittelt Ihnen einen umfassenden Eindruck vom Inselleben. Für einen Aufenthalt auf Aunuu brauchen Sie nur ein paar Stunden zu veranschlagen. Dann haben Sie alles gesehen.

Der Westen: Im neuen historischen Park in Ottoville auf der Ebene von Tafua ist jetzt eine alte samoanische archäologische Stätte der Öffentlichkeit zugänglich gemacht worden. Das ist neben dem Zentrum der katholischen Kirche in Fatuoaiga. Dieser kleine, von einer Mauer umgebene Park enthält einen steinernen *Tiaseulupe* (Hügel), der in vielerlei Hinsicht an die späteren *Marae* in Ost-Polynesien erinnert. Ähnliche (wenn auch meistens kleinere) *Tia* sind über die unberührt gebliebenen Bergkämme und Dschungel auf ganz Tutuila verstreut. Der Park ist ganz nett angelegt und befindet sich neben dem einen Stück Regenwald im Flachland, der noch auf der Insel Tutuila existiert. Die Anlage ist mit öffentlichen Verkehrsmitteln schwer zu erreichen, aber einen Besuch durchaus wert, für Vogelliebhaber insbesondere in der Dämmerung.

Zwischen Vailoatai und Taputima rutschen die einheimischen Kinder gern auf einem großen, flachen Felsen herunter, der von glitschigen Algen bedeckt ist. Es ist allerdings gefährlich, so etwas nachzumachen, wenn man nicht genau weiß, wie man es anstellen muß. In Leone, der ehemaligen Hauptstadt der Insel Tutuila, sollten Sie sich das Denkmal zu Ehren des ersten Missionars ansehen, der Samoa erreichte. Das war John Williams, der am 18. Oktober 1832 hier an Land ging. Sehenswert ist auch die Decke der Kirche nebenan. Neben der katholischen Kirche beginnt eine 2 km lange Straße, die zu den Leone-Fällen führt. Sonntags kann man die Wasserfälle jedoch nicht besichtigen. Dort kann man im Süßwasser baden.

Dem Gebäude der früheren Mädchenschule von Atauloma (1900) trauen die Samoaner nicht so recht. Dieser Bau, nur wenige Kilometer westlich von Leone gelegen, sei von *Palagis* bewohnt. Dort lebt kein Einheimischer. Das Wasser am Strand von Atauloma und dem nahen Fagamutu ist nicht nur etwas für Surfer. Geht man nämlich noch etwas weiter nach Westen, kommen auch die Augen nicht zu kurz: Die Landschaft ist außerordentlich reizvoll. Sie können ruhig so weit laufen, wie es die Örtlichkeiten zulassen.

Aus einem Bus aussteigen sollten Sie hinter Amanave, wo die Straße sich in Richtung Norden nach Poloa wendet. Dort führt ein Weg auf der linken Seite entlang der Küste zur Loa-Bucht auf halbem Weg zum Kap Taputapu (erreichbar nur bei Ebbe). Der liebliche Sandstrand bei der unbewohnten Loa-Höhle ist einen Besuch allemal wert.

Das Inselinnere und die Nordküste: Die Busverbindungen zwischen Pavaiai und Aoloaufou, oben im Inselinnern gelegen, sind gut. Von Aoloaufou ist es dann nur noch ein kurzer Spaziergang zu den Rundfunksendern auf dem Olotele (493 m). Von dort haben Sie eine schöne Aussicht.

Dagegen ist der Weg hinunter zum Ort Aasu an der Massacre Bay matschig und schlecht zu begehen. Rechnen Sie für jeden Weg mit einer Stunde. In diesem Ort leben nur noch zwei Familien, bei denen man fragen kann, ob das Zelten erlaubt wird. Man kann sich von ihnen auch den Weg zu den Wasserfällen erklären lassen. Vor einem Haus in diesem Ort steht ein Denkmal aus dem Jahre 1883 mit einem Kreuz. Das Denkmal erinnert an 11 französische Entdecker der Schiffe *Astrolabe* und *Boussole.* Beide Schiffe nahmen an der wenig glücklichen Expedition von La Perouse teil. Bei einem Zusammenstoß mit Einheimischen wurden diese 11 Menschen am 11. Dezember 1787 getötet. Die Franzosen waren an Land gekommen, um Fässer mit Wasser aufzufüllen, und wurden auf dem Rückweg zum Schiff von Samoanern angegriffen. Dabei strandeten auf dem Riff zwei Langboote, weil man die Gezeiten falls eingeschätzt hatte. Daß auch noch ein chinesisches Mitglied der Expedition und 39 Samoaner ihre Leben ließen, bleibt an dem Denkmal unerwähnt.

Von Aoloaufou führt ein anderer Weg nach Aoloautuai, und zwar hinter einem Haus links am Nordwestende der Straße. Aoloautuai ist ein reizender Ort, verträumt an einer lieblichen Bucht gelegen. Vorausgesetzt, Sie ha-

In Aasu steht ein Denkmal für die Opfer des Massakers, dem Mitglieder der Mannschaft von La Perouse zum Opfer fielen.

ben genug Eßbares und Trinkbares mit, können Sie dort gut einige Tage zelten.

Wanderungen: Es ist nur ein halbtägiger Ausflug zur Spitze des höchsten Berges von Tutuila, des 653 m hohen Matafao. Der Weg beginnt beim Paß an der Fagasa Road. Versuchen Sie, so gut es geht, bis zum Grat südlich der Straße zu gelangen, denn der Weg ist im oberen Bereich etwas besser. Für die wunderschöne Wanderung durch den abwechslungsreichen Regenwald benötigen Sie etwa 3 Stunden. Halten Sie sich immer in Richtung Grat. Eine besondere Ausrüstung ist nicht nötig, so daß Sie diesen Aufstieg auch gut allein bewältigen können. Meiden sollten Sie diese Tour lediglich bei Regenwetter, denn dann ist alles sehr rutschig. Vergessen Sie nicht,

etwas zu essen und zu trinken mitzunehmen. Ist die Sicht gut, dann gehört der Ausblick von diesem Gipfel zu den schönsten in der Südsee.
Folgen Sie der Piste für Jeeps auf der anderen Seite des Passes in Richtung Nordosten, erreichen Sie die Fernsehtürme auf dem Alava. Zu diesem Berg gelangen Sie aber auch mit der Seilbahn. Vom Gipfel des Alava geht es bergab nach Vatia, einem malerischen Dorf an der Nordküste. Vor Ihnen liegt dann die Insel Pola mit ihren 100 m hohen Klippen. Von Vatia haben Sie die Möglichkeit, für 1,50 $ mit einem Pickup oder einem der gelegentlich verkehrenden Busse bis zum Markt zurückzufahren (2 $). Natürlich können Sie auch über Afono und Aua zu Fuß gehen. Für einen Tag ist dies alles aber zuviel, so daß Sie die Ausflüge auf 2 Tage verteilen sollten.

Wassersport: Vor den Stränden von Utulei und Faga'alu gibt es ein paar ruhige Stellen zum Schnorcheln. Allerdings sind die zu nahe an der verschmutzten Bucht gelegen und daher nicht zu empfehlen. Die dem Hafen am nächsten gelegenen interessanten Plätze außerhalb des Hafenbereichs sind die Riffe gegenüber der Firma Aveina Bros. Retail in Matu'u oder in Laulii. Im Wasser ist aber Vorsicht geboten: Die heftigen Passatwinde sind tückisch und die Wellen mächtig. Ist das Wasser einigermaßen ruhig, dann versuchen Sie, in einen der *Avas* zu gelangen. Das sind Kanäle, die nach außen führen. Sie können dann das Vergnügen genießen, unter Wasser Höhlen und Canyons zu entdecken. In den Kanälen ist jedoch Vorsicht angebracht, weil die Brecher trügerisch und gefährlich sind und die Unterströmung stark ist. Es kann durchaus sein, daß Sie über das Riff zurückkehren müssen. Die Dünung ist hier innerhalb weniger Meter grundverschieden. Etwas Besonderes finden Sie hier allerdings kaum – eher mehr Abfall als Fische.
Bessere Schnorchelmöglichkeiten bestehen am Ost- und Westende von Tutuila, aber dort muß man auf starke Strömungen und Unterströmungen achten. Am besten zum Schnorcheln eignet sich die Nordküste, weil sie gegen die meiste Verschmutzung und die vorherrschenden Winde am besten geschützt ist.

UNTERKUNFT

Das Hotel Rainmaker mit seinen 167 Zimmern (Box 996, Pago Pago, AS 96799, Tel. 633-4241) wurde Mitte der sechziger Jahre auf Kosten der Fluggesellschaft Pan Am erbaut und gehört heute dem Staat. Das ovale Gebäude im neo-samoanischen Stil steht gegenüber vom Berg Rainmaker auf der anderen Seite der Bucht. Die Zimmerpreise beginnen bei 60 $ für ein normales Einzel- oder Doppelzimmer und steigen über 72 $ für ein besseres Zimmer bis auf 85 $ für ein „Luxuszimmer" mit Fernsehgerät. Kinder unter 16 Jahren dürfen mit Erwachsenen ohne Zusatzkosten übernachten. Wenn Sie hier wohnen wollen und das erste Zimmer, das man Ihnen zeigt, in einem schlechten Zustand ist, dann fragen Sie ruhig nach einem anderen. Auch wenn das Hotel unmittelbar am Strand liegt, müßte man verrückt sein, in dem verschmutzten Wasser zu schwimmen. Allerdings ist auch das Schwimmbecken oft geschlossen. Zum Rainmaker gehören die für Häuser dieser Klasse üblichen Bars, Restaurants, Andenkenläden, mürrischen Mitarbeiter am Empfang und mit Abfall übersäten Außenflächen. In der Sadie Thompson Lounge beim Hauptspeiseraum spielt zur „Happy Hour" eine durchweg gute Band. Hier treffen sich auch gern einheimische Politiker. Ansonsten sind die Preise im Coffee Shop ganz annehmbar.

Die 25 Zimmer im Apiolefaga Inn im Dorf Mesepa hinter dem Community College westlich vom Flughafen (Box 336, Pago Pago, AS 96799, Tel. 699-9124) werden als Einzelzimmer für 50 $, als Doppelzimmer für 55 $ und als Dreibettzimmer für 65 $ vermietet. Auf dem Grundstück gibt es auch eine Bar und ein Schwimmbecken. Dieses Haus ist viel besser in Schuß als das Hotel Rainmaker und eignet sich gut für Übernachtungen, wenn man sich damit abfinden kann, daß es weit abseits liegt.

Mit Herb and Sia's Motel (Box 430, Pago Pago, AS 96799, Tel. 633-5413) mitten in Fagatogo ist es in den letzten Jahren immer weiter bergab gegangen, ohne daß die Preise dem gefolgt sind. Dort stehen 5 Zimmer ohne eigenes Bad zur Verfügung, die als Einzelzimmer 33 $, als Doppelzimmer 38 $ und als Dreibettzimmer 43 $ kosten. Für eines der zwei Zimmer mit Bad muß man als Einzelzimmer 35 $ und als Doppelzimmer 45 $ bezahlen. Ein Kühlschrank steht in jedem Zimmer zur Verfügung, aber eine Kochgelegenheit fehlt. Heißes Wasser gibt es ebenfalls nicht, und die Klimaanlagen und die Kühlschränke können ebenfalls außer Betrieb sein. Um ehrlich zu sein, das ganze Hotel vermittelt ein wenig den Eindruck einer Müllkippe. Wenn Sie hier dennoch übernachten wollen, dann meiden Sie die Zimmer 5 und 6, die keine Fenster nach draußen haben, und schließen Sie die Tür Ihres Zimmers ab, wenn Sie zur Toilette gehen. Alleinreisenden Frauen ist dieses Haus nicht zu empfehlen.

Leider gibt es auf Tutuila kein einziges gutes preiswertes Hotel. Einige Einheimische nehmen jedoch vielleicht Gäste gegen Bezahlung auf, wonach Sie in den kleinen Lebensmittelläden fragen können. Das Dorf Pago Pago am Kopf der Bucht eignet sich gut, um das zu versuchen. Ansonsten ist in öffentlichen Parks das Zelten verboten. Das Zelten an einem Strand kann aber möglich sein.

Außerdem hat das Fremdenverkehrsamt neben dem Gerichtsgebäude in Fagatogo (Box 1147, Pago Pago, AS 96799, Tel. 633-1091) ein Programm namens *Fale, Fala ma Ti* (Haus, Matte und Tee) begonnen, bei dem Gäste bei samoanischen Familien zum Preis von 25 bis 45 $ untergebracht werden (ohne Verpflegung). Dies ist eine großartige Möglichkeit, bei der Suche einer Unterkunft eine einheimische Familie kennenzulernen, aber leider ist das sehr schlecht organisiert. Viele der Familien, die an dem Programm teilnehmen wollen, sind inzwischen umgezogen, haben ihre Preise erhöht oder einfach vergessen, daß sie sich haben auf die Liste derer setzen lassen, die sich an dem Programm beteiligen wollen. Bevor Sie sich zu der Ihnen genannten Adresse begeben, sollten Sie sich von der Gastfamilie alles telefonisch bestätigen lassen.

ESSEN

Auf dem öffentlichen Markt von Fagatogo ist samstags am meisten los. Die Te'o Bros. Bakery and Snack Bar neben dem Markt bietet die preiswertesten Mahlzeiten in der Stadt an und ist zu empfehlen. Nebenan ist Star of the Sea Fisheries (Tel. 633-5838), wo Salat, Taro, Reis und gekochte Bananen angeboten werden. Eine Portion kostet jeweils 50 Cents. Im Milovale's Drive Inn (Tel. 633-4037), ebenfalls am Markt, erhält man eine leckere Mischung aus samoanischen und amerikanischen Gerichten. Frühstück, Hamburger usw. kann man im nicht weit entfernten Icewich Fale (Tel. 633-4414) essen. Hier halten sich gern die Halbwüchsigen an der Musikbox mit Videofilmen auf.

Sadie's Restaurant (Tel. 633-5981), nur ein kurzes Stück westlich vom Markt, ist für das, was geboten wird, zu teuer. Dennoch kann man hier am Sonntag ganz gut Brunch essen. Die Speisekarte in dem etwas besseren Soli and Mark's Family Restaurant in Pago Pago (Tel. 633-4197) reicht von Hamburgern bis zu vier verschiedenen Arten von Hummergerichten und enthält auch andere frische Meeresfrüchte sowie Steaks wie in den USA. Fish and Chips sind auf der Speisekarte nicht enthalten, man kann sie aber dennoch ebenfalls bestellen. Das Tagesgericht in diesem Lokal für Berufstätige, das an Werktagen mittags angeboten wird, ist ganz günstig. Samstags wird hier am Abend ein chinesisches Buffet aufgebaut. Bei allen Gerichten sind die Portionen reichlich.

Im Talofa Fast Food gegenüber von Spencer's in Pago Pago (Tel. 633-2239) wir für 75 Cent pro Schüssel ein orientalisches Mittagessen angeboten. Zu Abend essen kann man hier für 4-8 $. In den koreanischen Hütten im Pago Park kann man koreanische Gerichte zum Mitnehmen erhalten, beispielsweise Krabbensalat für 50-75 Cent pro Schüssel. Die größte Auswahl besteht aber nur morgens. Ab 14.00 Uhr ist vieles schon ausverkauft.

Eine sehr gute Pizza kann man in Paisano's Deli and Pizzeria in der Pago Shopping Plaza in Pago Pago, westlich von Santa Monica, für 11-19 $ kaufen. Hier sind für 4 $ auch riesige Sandwiches mit Corned Beef, Pastrami, italienischen Würstchen usw. zu haben. Der Eigentümer Jimmy Stevens, ein lebendiger Italiener aus New Jersey in den USA, ist bekannt dafür, daß er die heimwehkranken Besatzungsangehörigen der hier beheimateten großen Schleppnetz-Dampfer gut abfüttern kann.

In Ramona Lee's Restaurant unweit des Ladens Nam Island Grocery (Tel. 644-2576), links vom Osten der Konservenfabriken, hat ganz ordentliches chinesisches Essen zu bieten.

Im Speisesaal des Hotels Rainmaker (Tel. 633-4241) wird montags am Abend ein mongolisches Barbecue, freitags von 11.30 bis 13.30 Uhr ein samoanisches Buffet zum Mittagessen (12 $) und freitags um 18.30 Uhr ein Fia-Fia-Buffet mit ausgezeichneten Speisen (Rippchen, grüner Salat usw.) und polynesischen Vorführungen angeboten. Wenn noch Plätze frei sind, läßt man Gäste auch ohne Abendessen ab 20.30 Uhr für 2 $ Eintritt an den Vorführungen teilnehmen. Hier kann man auch einmal das Frühstück im Coffee Shop (6.30–11.00 Uhr) sowie Fish and Chips in der erstaunlich guten Snack Bar des Hotels probieren (theoretisch bis 23.00 Uhr geöffnet).

Gut und preiswert frühstücken kann man in Lydia's Snack Bar hinter der Firma Tom Ho Ching Inc. in Faga'alu (Tel. 633-4917).

Vegetarier kommen sicherlich im Matai's Pizza Fale in Nu'uuli an der Straße zum Flughafen auf ihre Kosten (geöffnet montags bis samstags von 11.00 bis 22.00 Uhr, Tel. 699-9920). Das ist nahe der Abzweigung zum Flughafen. Gelegentlich werden dort auch Pizzen verkauft.

UNTERHALTUNG

Kinos gibt es auf der ganzen Insel nicht, aber man kann werktags am Abend auf dem Markt in Fagatogo Bingo spielen. Im Hotel Rainmaker (Tel. 633-4241) werden zudem freitags zum Abendessen polynesische Vorführungen gezeigt. Dabei kann man Zeuge von Kriegstänzen der Maori, hawaiianischen Hula-Tänzen und sogar einer tropischen Version von *May Way* werden. Die einzigen weiteren Möglichkeiten, samoanische Tänze zu sehen, bestehen, wenn ein Kreuzfahrtschiff an- oder ablegt oder an Feiertagen.

Eine „Happy Hour" kann man bei Soli and Mark's in Pago Pago werktags von 16.30 bis 19.30 Uhr verbringen (Tel. 633-4197). Dann gibt es kostenlose *Pupus* (Snacks) und Getränke für 1,25 $. Hier finden sich viele Besatzungsangehörige von Yachten ein. In der Coral Lounge neben der Bowlingbahn gegenüber von Spencer's in Pago Pago (Tel. 633-1459) kann man sich donnerstags bis samstags am Abend Musik anhören, die von einer Band gespielt wird. „Happy Hour" bei Sadie's zurück in Richtung Markt (Tel. 633-5981) ist werktags von 16.00 bis 18.00 Uhr. Sie können aber auch Ihr Glück in der Lounge vom Hotel Rainmaker versuchen. Dann muß man jedoch früh kommen, denn sonst findet man keinen Tisch mehr. In allen diesen Lokalen gelten abends strenge Kleidungsvorschriften.

Evalani's Cabaret Lounge in Pago Pago (Tel. 633-4776) hat das beste mexikanische Essen in beiden Teilen von Samoa und eine riesige Tanzfläche zu bieten. Hier finden sich auch immer nette Einheimische ein. Der Miteigentümer Duke Wellington spielt zur „Happy

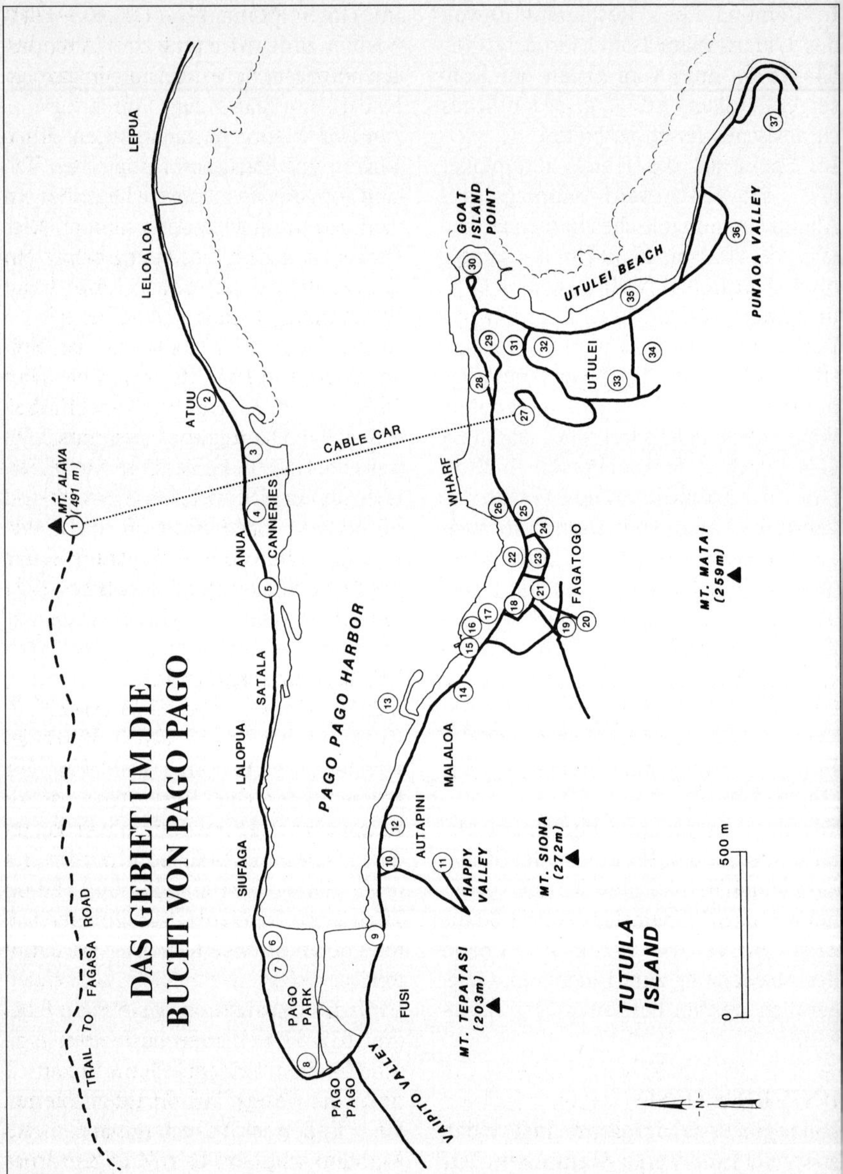
DAS GEBIET UM DIE
BUCHT VON PAGO PAGO
TRAIL TO FAGASA ROAD
MT. ALAVA (491 m)
LEPUA
LELOALOA
ATUU
ANUA
CANNERIES
CABLE CAR
SATALA
LALOPUA
SIUFAGA
PAGO PARK
PAGO PAGO
VAIPITO VALLEY
FUSI
PAGO PAGO HARBOR
AUTAPINI
MALALOA
HAPPY VALLEY
MT. TEPATASI (203m)
MT. SIONA (272m)
TUTUILA ISLAND
WHARF
FAGATOGO
MT. MATAI (259m)
GOAT ISLAND POINT
UTULEI
UTULEI BEACH
PUNAOA VALLEY
0
500 m
N

PAGO PAGO

1. Fernsehturm auf dem Alava
2. Ramona Lee's Restaurant
3. Samoa Packing Company
4. Starkist Foods
5. Marine Railway
6. Korea House
7. Pago Park
8. Koreanische Hütten
9. Senior Handicraft Market und Soli and Mark's
10. Pila F. Patu Co.
11. Bunker aus dem Krieg
12. Kaufhaus Burns Philp
13. Ankerplatz für Segelboote
14. Sadie's Restaurant
15. Icewich Fale
16. Markt und Bushaltestelle
17. Te'o Bros. Bakery and Snack Bar
18. Gerichtsgebäude
19. Mary's Laundromat
20. Herb and Sia's Motel
21. Office of Communication
22. Parlament (*Fono*)
23. Malae-O-Le-Talu
24. Polizeiwache
25. Postamt und Bank of Hawaii
26. Museum
27. Talstation der Seilbahn
28. Bücherei (Feleti Pacific Library)
29. Government House
30. Hotel Rainmaker
31. Fernsehstudios und Office of Public Information
32. Lee Auditorium
33. Öffentliche Bibliothek
34. Verwaltungsgebäude
35. Yacht Club
36. The Drug Store
37. Seegeschütze aus dem Zweiten Weltkrieg

Hour" auf einem Klavier. Die Leute von den Fischdampfern stehen hier meistens an der Bar und geraten unter den Augen eines kräftigen Rausschmeißers untereinander häufig in Schwierigkeiten. An Samstagnachmittagen werden im Evalani's Musikvideos für die Jugend gezeigt (ohne Alkohol). Dann gibt es auch Hot Dogs und Tacos.

In der Pago Bar gegenüber vom Office of Communications in Fagatogo (Tel. 633-5633) kann man sich tagsüber Videofilme ansehen sowie preiswert Bier trinken und dienstags bis samstags am Abend nach den Klängen einer Band tanzen. Dies ist das einzige Lokal, wo man abends nicht gut angezogen sein muß, um eingelassen zu werden. Hier trifft man auch immer einige Einheimische. Erstaunlich ist übrigens, daß Amerikanisch Samoa nach Australien und der Bundesrepublik Deutschland den dritten Platz beim Bierverbrauch pro Kopf einnimmt. Die Altersgrenze für den Alkoholgenuß liegt hier bei 21 Jahren.

SPORT UND ANDERE FREIZEITBESCHÄFTIGUNGEN

Bei Dive Samoa von Chuck Brugman (Box 3927, Pago Pago, AS 96799, Tel. 655-1120 und 633-1850) kann man an Tauchgängen teilnehmen. Das kostet bei mindestens zwei Teilnehmern mit einer Flasche Sauerstoff pro Person 30 $ und mit zwei Flaschen Sauerstoff 50 $. Ein Tauchgang nachts wird mit 30 $ berechnet. Bei allen Tauchgängen wird die Ausrüstung gestellt und bei den längeren Fahrten auch noch eine vierstündige Unterbrechung zum Fischen eingelegt. Schnorchler können zu ermäßigten Preisen mitfahren. An Besichtigungsfahrten mit einem Boot kann man sich für 15 $ pro Person ebenfalls beteiligen. Chuck beginnt alle Fahrten bei Atamai Marine (Tel. 633-1701), gegenüber vom Stadtpark in Faga'alu, wo Tom French auf Wunsch Rettungswesten und Feuerlöschanlagen für Yachten repariert.

Tiefseefischen kann man an Bord der *Leilani* von Mike Crook (Box 3700, Pago Pago, AS 96799, Tel. 633-1701 und 622-7413). Mike nimmt bis zu sechs Personen mit, die für fünf Stunden 200 $ und für 12 Stunden 350 $ bezahlen müssen.

Die richtige Zeit zum Segeln im Hafen von Pago Pago ist eigentlich das ganze Jahr über, wenn auch von Juni bis Oktober nur für Könner. Der größte Nachteil ist die Verschmutzung des Wassers. Wenn Sie gern surfen, dann wenden Sie sich einmal an Bill Hyman bei Island Printing (Tel. 633-4444). Das ist hinter dem Gerichtsgebäude in Fagatogo.

Auf dem Lava Golf Course (Tel. 699-1832), unterhalten vom Dept. of Parks and Recreation in Iliili, sind auch Gäste willkommen. Kostenlos benutzt werden können die öffentlichen Tennisplätze in Pago Pago und Tafuna.

Als Zuschauer begibt man sich in Pago Pago am besten zum Pago Park am Westende des Hafens. In den Monaten Januar bis April wird dort Kricket gespielt, von Mai bis Juli Softball, von August bis September Rugby und von Oktober bis Dezember Fußball, und zwar samstags. Training ist werktags um 16.30 Uhr. Football spielen Oberschüler auf dem kleinen Feld in Tafuna (September bis Dezember).

EINKÄUFE

Samoanische Kunsthandwerker bei der Arbeit können Sie werktags zwischen 8.00 und 15.30 Uhr auf dem Senior Handicraft Market erleben. Das ist unweit von Soli and Mark's. Dort bietet man *Tapa,* Muscheln und Flechtarbeiten zum Kauf an. Hier werden sogar Sachen nach den Vorstellungen der Kunden extra angefertigt. Ein Besuch lohnt sich auch im Samoan Women's Handicraft Fale neben dem *Fono.* Allerdings sind die meisten Gegenstände hier aus Tonga eingeführt worden. Kunstgewerbegegenstände stellt man manchmal auch in den *Fales* vor dem Museum her.

Bei Luana's Handicrafts im Gebäude von Samoa News in Faganeanea, zwischen Fagatogo und dem Flughafen (Tel. 633-1850), gibt es eine gute Auswahl von Kunsthandwerk aus Samoa, Tonga und den Salomonen. Bekleidung von der Insel, Kunstgewerbe und Bücher über Samoa kann man bei Three-U-Two im Hotel Rainmaker (Tel. 633-5834) und im Einkaufszentrum Nu'uuli kaufen. Bei Forsgren's und Spencer's werden ebenfalls Kunstgewerbesachen verkauft, wie auch bei Polynesian Picks im Flughafengebäude (Tel. 699-1874).

Kleidung ist in Amerikanisch Samoa relativ billig, so daß die langen *Putelasi* einzigartige Souvenirs ergeben. Samoanische Mode wird bei Tedi of Samoa in dem Laden im hawaiianischen Stil gegenüber vom Gerichtsgebäude in Fagatogo verkauft (Tel. 633-4200). Während in anderen Geschäften vor-

wiegend Kleidungsstücke aus China angeboten werden, erhält man bei Tedi meistens in Amerika hergestellte Sachen. Nette samoanische T-Shirts kann man im Forsgren's Studio in Fagatogo kaufen (Tel. 633-5431). Spencer's in Pago Pago (Tel. 633-4631) ist das Kaufhaus Karstadt in Samoa. Leute aus West-Samoa unternehmen eine lange Reise, nur um hier einkaufen zu können. Preiswerte tropische Gewänder und *Lavalavas* erhält man bei TK's Clothing in Fagatogo (Tel. 633-2173).
Der Transpac Duty Free Shop im Einkaufszentrum Nu'uuli und unweit von Sadie's Restaurant hat eine gute Auswahl an importierten Waren zu bieten. Kassetten mit samoanischer Musik ist in drei Läden des Record Store erhältlich: in Nu'uuli, in Fagatogo und in der Pago Shopping Plaza. Zur Vielfalt bei den Einkaufsmöglichkeiten tragen auch viele kleine koreanische Geschäfte bei. Wissen muß man allerdings, daß die Geschäfte in der Innenstadt schon um 16.30 Uhr geschlossen werden, samstags bereits um 12.00 Uhr.

DIENSTLEISTUNGEN

Die Amerika Samoa Bank (Tel. 633-1151) ist mit Zweigstellen neben der Polizeiwache in Fagatogo und in Nu'uuli vertreten. Die in Nu'uuli ist auch samstags am Morgen geöffnet. Geld kann man aber nur in der Bank of Hawaii neben dem Postamt in Fagatogo (Tel. 633-4226) wechseln. Schalterstunden sind werktags von 9.00 bis 15.00 Uhr. Das Hauptpostamt ist in Fagatogo (geöffnet montags bis freitags von 8.00 bis 16.00 Uhr und samstags von 8.30 bis 12.00 Uhr) und unterhält Zweigstellen in Leone sowie Fagaitua.
American Express wird vom Samoan Holiday and Travel Center über dem Postamt in Fagatogo vertreten (Box 968, Pago Pago, AS 96799, Tel. 633-1110). Wenn Sie eine Kreditkarte von American Express bei sich haben, können Sie hier Reiseschecks erhalten.
Auslandsgespräche können Sie rund um die Uhr vom Office of Communications führen, das schräg gegenüber vom *Fono* in Fagatogo liegt (Tel. 633-1126). Von hier kostet ein dreiminütiges Gespräch nach Europa 8 $. Abends und am Wochenende sind bestimmte Gespräche etwas billiger als zu anderen Zeiten.
Das LBJ Tropical Medical Center mit 140 Betten (Tel. 633-1222) genießt den Ruf, eines der besten Krankenhäuser der Südsee zu sein. Als ambulanter Patient treffen Sie dort zu jeder Tages- und Nachtzeit einen diensthabenden Arzt an, bei dem eine Konsultation nur 2 $ kostet. Bei stationärer Behandlung zahlt man pro Tag 60 $. Ebenfalls im Krankenhaus befindet sich eine zahnärztliche Abteilung (Behandlung 7 $). Außerdem kann man sich röntgen (2 $) und nach Voranmeldung gründlich untersuchen lassen (18 $). Ärztlich verschriebene Medikamente erhält man im Krankenhaus kostenlos, nicht aber vorbeugende Mittel gegen Malaria. Die Apotheke (Tel. 633-4630) ist mit Filialen auch in Nu'uuli und in dem Komplex mit Tedi's in Fagatogo vertreten.

Samoa Photo Express in der Pago Shopping Plaza in Pago Pago (Tel. 633-2374) behauptet, Filme in einer Stunde entwickeln zu können. Man sollte aber mit 24 Stunden rechnen.

Bei JMPL's Wash 'n Dry (Tel. 633-5980), die Straße gegenüber vom Markt in Fagatogo hinauf, muß man für das Waschen oder Trocknen eines Wäschestücks 75 Cents bezahlen. Hier ist täglich bis 21.00 Uhr geöffnet. Außerdem gibt es dort Videospiele, Eiscreme, Erfrischungsgetränke sowie Kaffee und Tee.

Wäsche waschen kann man auch in Mary's Laundromat gegenüber von Herb and Sia's Motel in Fagatogo und in Luisa's Laundromat in Tafuna (Tel. 699-1882).

Pago Pago ist ein guter Ort für Besatzungen von Segelbooten, um Verpflegung zu kaufen. Wenn man ganze Kartons braucht, sollte man nach einer Preisermäßigung fragen. Im Kaufhaus Burns Philp zwischen dem Markt und Pago Pago (Tel. 633-4281) erhält man bei Einkäufen für 200 $ und mehr 10 % Ermäßigung und liefert die Waren auch bis zum Anleger.

Gute Preise für ganze Kisten mit Lebensmitteln bietet auch Tom Ho Ching Inc. in Faga'alu (Tel. 633-2430, geöffnet montags bis samstags von 7.00 bis 21.00 Uhr und sonntags von 7.00 bis 19.00 Uhr).

Es ist aber auch leicht, Verpflegung in größeren Mengen aus den USA zu bestellen, weil die zollfrei nach Amerikanisch Samoa eingeführt werden dürfen.

INFORMATIONEN

Das Fremdenverkehrsamt neben dem Gerichtsgebäude in Fagatogo (Tel. 633-1091) ist werktags von 7.30 bis 16.00 Uhr geöffnet und hat die üblichen Broschüren sowie Landkarten zu bieten. Auch Auskünfte kann man hier erhalten. Das Fremdenverkehrsamt ist allerdings in den letzten paar Jahren viermal umgezogen, so daß Sie nicht erstaunt sein sollten, wenn es schon wieder anderswo untergebracht ist.

Im Development and Planning Office im neuen Verwaltungsgebäude in Utulei (Tel. 633-5156) verkauft man für 150 $ den *Atlas of American Samoa*. Topographische Karten bekommen Sie bei Island Printing hinter dem Gerichtsgebäude (Tel. 633-1444).

Eine ausgezeichnete Landkarte mit der Bezeichnung *Islands of Samoa* hat auch Transpac (Tel. 633-5224) zu bieten.

Bei Malaloa Duty Free in Malaloa, gleich westlich des Marktes (Tel. 633-513), erhält man amerikanische Magazine, antiquarische Taschenbücher und Kodak-Filme. Einen Besuch sind auch die Wesley Bookshops in Fagatogo und Tafuna wert (Tel. 633-2201).

Sehr gut sortiert ist die Bücherei in Fagatogo (Feleti Pacific Library), die werktags von 8.00 bis 12.00 und von 13.00 bis 15.30 Uhr geöffnet ist (Tel. 633-1182). Es steht Ihnen aber auch noch die Bücherei in Utulei hinter der High School zur Verfügung, in der man Taschenbücher tauschen kann (Tel. 633-5423). Sie ist werktags von 7.30 bis 16.00 Uhr geöffnet.

REISEN AUF TUTUILA

Bus: Dafür, daß Amerikanisch Samoa amerikanisches Gebiet ist, findet man ein außergewöhnliches dichtes Busnetz vor. Eingesetzt werden von Familien betriebene *Aiga*-Busse, die von Fagatogo ohne festen Fahrplan zu den entfernt liegenden Dörfern verkehren. Man kann sie überall entlang der jeweiligen Strecke anhalten und gegen das Dach schlagen, wenn man aussteigen möchte. Allerdings ist nicht an allen Bussen das Fahrtziel angegeben. Hinzu kommt, daß der Verkehr sonntags ab 14.00 Uhr völlig ruht und nach Einbruch der Dunkelheit Busse nur noch sehr selten fahren. Die Fahrpreise sind annehmbar und werden beim Verlassen der Busse gezahlt (Kleingeld bereithalten). Weil Stehplätze nicht erlaubt sind, ist eine Fahrt mit diesen Bussen ganz angenehm. In den großen rot-grauen Flughafenbussen sind sogar zwei Fernsehbildschirme angebracht, auf denen sich die Fahrgäste Filme und Wettkämpfe im Ringen ansehen können. In den meisten der anderen Busse kann man sich plärrende Musik anhören.

Eine Fahrt in der völlig überlasteten Zone von den Konservenfabriken bis zum Krankenhaus kostet 25 Cents. Für eine Fahrt in westliche Richtung bis zur Flughafenabzweigung muß man 50 Cents, nach Leone 75 Cents, nach Amanave 1 $ und nach Fagamalo 1,25 $ bezahlen. In östliche Richtung beträgt der Fahrpreis nach Laulii 50 Cents, nach Amouli oder Fagasa 75 Cents und nach Aoloaufou oder Tula 1 $. Zwischen Fagatogo und Leone verkehren relativ häufig Busse. Dort kann man nach Zielen im Westen umsteigen, in Pavaiai zudem nach Aoloaufou. Der Bus, der ganz über die Insel nach Vatia fährt, verläßt die Haltestelle vor dem Sweet Shoppe in Fagatogo um 9.00 Uhr (2 $).

Taxi: Taxifahrten sind teuer. Hinzu kommt, daß man den Fahrpreis (etwa 1 $ pro Meile) vereinbaren sollte, bevor man in eines der Taxis ohne Taxameter einsteigt. Taxihaltestellen findet man am Markt und am Flughafen (Tel. 699–1179) und kann im übrigen eines bei Island Taxi (Tel. 633–5645), Pago Cab Service (Tel. 633–5545) oder Samoa Cab Service (Tel. 633–5870) anfordern.

Mietwagen: Weil die Busverbindungen zu den Dörfern Fagamalo, Fagasa, Vatia, Masefau, Aoa und Onenoa an der Nordküste selten sind, kommt man dorthin bequem nur mit einem Mietwagen. In Pago Pago sind die meisten der großen Mietwagenunternehmen vertreten, beispielsweise Avis (Tel. 633–1276), Budget (Tel. 633–2482) und Hertz (Tel. 633–4323). Wegen eines Mietwagens kann man sich aber auch an eine der kleineren Firmen wie Morris Scanlan Car Rental (Tel. 633–5520), Otila's Car Rental (Tel. 633–2280), Pavitts U-Drive (Tel. 699–1456), Purse Seiner Services (Tel. 633–2482), Sadie's Travel (Tel. 633–1276), Samoa Motors (Tel. 699–9347) und Royal Samoan Rental Car (Tel. 633–4545) wenden. Avis und einige andere Mietwagenunternehmen sind auch am Flughafen vertreten, allerdings nur bei der Ankunft von Flugzeugen.

Die Preise bewegen sich um 45 $ pro Tag ohne Kilometerbegrenzung zuzüglich 7 $ für eine Versicherung. Die meisten der kleinen Firmen vermieten Autos nur an Fahrer über 25 Jahre, während man bei Avis und Hertz einen Mietwagen bereits ab 21 Jahre erhalten kann. Es reicht zum Autofahren der Führerschein des Heimatlandes. Wenn Sie einen gemieteten Wagen irgendwo abstellen, dann schließen Sie ihn immer ab und lassen Sie keine Wertsachen sichtbar darin liegen. Eines der größten Probleme beim Autofahren auf Tutuila ist das Fehlen von Möglichkeiten zum Überholen. Hinzu kommt, daß man sich oft als Störenfried vorkommt, weil in den Dörfern alle offenen *Fales* an den Stränden stehen. In Amerikanisch Samoa wird rechts gefahren.

DIE MANU'A-GRUPPE

Die drei Inseln der Manu'a-Gruppe, 100 km östlich von Tutuila gelegen, können mit einer fantastischen Landschaft und einer ruhigen, friedlichen Umgebung der Dörfer aufwarten. Auf den Inseln Ofu und Olosega sind die Strände allerdings viel besser und zahlreicher als auf Ta'u, der traditionsreichsten Insel des gesamten Territoriums. Früher wurde die Inselgruppe vom *Tui Manu'a* von Ta'u aus regiert. Im Jahre 1925 sammelte eine junge Frau von 24 Jahren, die inzwischen berühmte Schriftstellerin Margret Mead, hier Material für ihr Buch *Kindheit und Jugend in Samoa (Coming of Age in Samoa)*. Sie lebte damals im Ort Luma auf Ta'u. Eines haben alle drei Inseln gemeinsam: Sie bieten ausgezeichnete Wandermöglichkeiten und die Gelegenheit, einmal der Hektik von Tutuila zu entkommen. Einzige Störfaktoren sind die lästigen Hunde. Ein Stein in der Hand und die Andeutung eines Wurfes halten sie aber in Schach.

Es verwundert, warum so wenige Touristen sich bis hierher vorwagen, denn es stehen sogar einige kleine Hotels zur Verfügung. Wer einmal das typische Leben der Samoaner kennenlernen möchte, kann sich durch das Office of Samoan Affairs im Innenministerium (Tel. 633-5201) in Fagatogo einen Aufenthalt bei einer Familie vermitteln lassen. Hierzu sollte man aber wirklich Zeit mitbringen, denn sonst wäre man nur ein eiliger Gast, und gerade der ist hier nicht gern gesehen. Wegen des jetzt regelmäßigen Flugverkehrs von Tutuila ist die Manu'a-Gruppe wesentlich besser zugänglich geworden. Da die Flüge von den Einheimischen häufig in Anspruch genommen werden, ist rechtzeitiges Buchen angebracht.

OFU UND OLOSEGA

Ofu und Olosega sind die übriggebliebenen nördlichen Teile eines riesigen Vulkans, dessen Südseite im Meer versunken ist. Schnorcheln können Sie am besten in dem Gebiet rund um die Brücke, die diese beiden hoch aufragenden Vulkaninseln verbindet. Dort muß man sich aber vor den Strömungen vorsehen. Die Strömungen zwischen den Inseln Ofu und Nuutele sorgen dafür, daß das Schnorcheln vor den Dörfern Alaufau und Ofu sehr riskant ist. Allerdings ist der kleine Bootshafen nördlich von Alaufau besser geschützt als der auf Ta'u. Der Flugplatz liegt unweit eines langen, weißen Strandes an der Südseite von Ofu. Vom Ort Olosega braucht man zu Fuß dorthin etwa eine Stunde.

Um auf Ofu bis zum Fernmeldeturm auf der Spitze des Tumu (494 m) zu klettern, benutzt man am besten die Piste für Jeeps, die unweit des Schwimmdocks in Alaufau beginnt, und geht dann auf dem Kamm des Hügels bis zu einem Aussichtspunkt auf der Leolo Ridge (458 m), gelegen oberhalb vom Flugplatz. Achten Sie dabei einmal darauf, wie sich mit zunehmender Höhe die Vegetation ändert.

Wenn Sie auf Olosega den Piumafua besteigen wollen, dann folgen Sie der Küste nach Süden fast bis zum Maga Point und von dort entlang des Kammes bis zum 639 m hohen Gipfel. Der Wald in den Wolken oben auf dem steilen Hügel, nachdem Sie glauben, die Spitze bereits erreicht zu haben, erinnert an den Wald im Buch *Der Herr der Ringe*. Kobolde gibt es hier allerdings nicht, sondern nur Moskitos. Seien Sie in diesem Gebiet vorsichtig, um nicht abzustürzen, weil die Bäume den Blick versperren, auch wenn die Wälder sonst auf Ofu und Olosega weitgehend offen und leicht zu durchqueren sind, nachdem man die Wege verlassen hat. Einen Wanderweg entlang der gesperrten Ostküste von Olosega gibt es allerdings nicht.

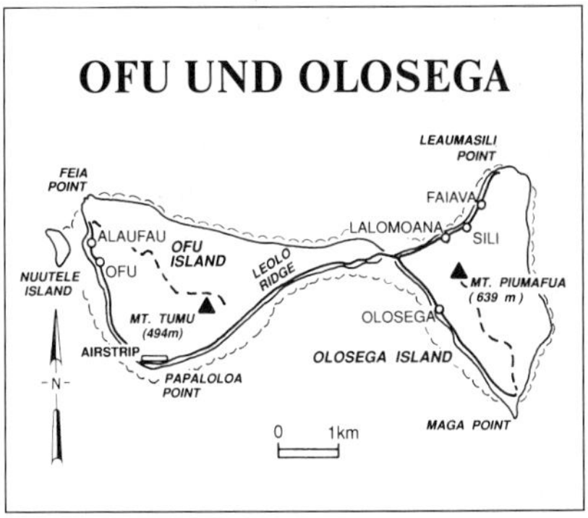

Unterkunft und Essen: In der Vaoto Lodge neben dem Flugplatz auf Ofu (Box 1809, Pago Pago, Tel. 655-1120) werden sechs Zimmer mit Ventilator und eigenem Bad als Einzelzimmer für 35 $ und als Doppelzimmer für 40 $ vermietet. Kochmöglichkeiten stehen ebenfalls zur Verfügung. Die Gastgeber Tito und Marge Malae bereiten aber auf Voranmeldung auch leckere einheimische Gerichte für ihre Gäste zu. Sie vermitteln ohnehin das Gefühl, daß die Gäste zur Familie gehören. Bitten Sie Tito einmal, eine Gespenstergeschichte zu erzählen. Nähere Informationen über dieses empfehlenswerte Quartier können Sie von Marty Malae auf Tutuila erhalten (Tel. 699-9628).

Der Asaga Grill neben der Brücke, die Ofu und Olosega miteinander verbindet, ist ein etwas besseres Hamburger-Lokal, das von Fili, dem Bruder von Soli bei Soli and Mark's in Pago Pago, geführt wird. Dort können Sie auch fragen, ob Zimmer vermietet werden.

Unterkunft kann man auch in einem der 5 Zimmer im Don and Ilaisa's Motel auf Olosega erhalten (Box 932, Pago Pago, AS 96799, Tel. 655-1212 und 633-2304). Die kosten als Einzelzimmer 20 $ und als Doppelzimmer 35 $. Hier sind nicht nur die Preise etwas niedriger als in der Vaoto Lodge, sondern man erhält in diesem Motel auch leichter ein Gefühl dafür, wie das Leben auf den äußeren Inseln verläuft. Im Dorf gibt es auch einen kleinen Laden, in dem man das Wichtigste kaufen kann.

Sie können auch versuchen, vor der Ankunft Faufano Autele (Tel. 655-1123) zu erreichen, der manchmal auf Ofu eine preiswerte Unterkunft besorgen kann.

Besser, als an der wunderschönen Südküste von Ofu zu zelten, ist es, sich in Richtung Brücke nach Osten und zu dem verlassenen Strand an der Nordseite der Insel zu begeben (kurz bevor man die Brücke erreicht). Hier muß man seltener mit unerwünschten Besuchern als an der Straße rechnen. Allerdings muß man sich zum Zelten hierher genug Verpflegung und Wasser mitbringen.

TA'U

Nur 11 km östlich von Olosega befindet sich unter der Wasseroberfläche zwischen den Inseln ein versunkener Vulkan. Vor Jahrmillionen brach die Südseite von Ta'u zusammen und hinterließ dramatisch aussehende Klippen von 500 m Höhe, die unmittelbar aus dem Meer herausragen. Fünf kleinere Krater sind über die steilen nördlichen Hänge des Lata (995 m) verstreut, der höchsten Erhebung in Amerikanisch Samoa. Die gesamte Südostküste von Ta'u wird in den geplanten Nationalpark einbezogen werden.

Der am besten geschützte Hafen für Yachten befindet sich bei Faleasao, der für kleine Boote in Luma. Weil die Passage durch das Riff sehr schmal ist, wird der Hafen vorwiegend von Fischerbooten benutzt und ist für Yachten nicht zu empfehlen. Der neue Flugplatz wurde in Fitiuta angelegt.

Sehenswürdigkeiten: Die Einheimischen haben sich überwiegend in Dörfern im Nordosten und Nordwesten

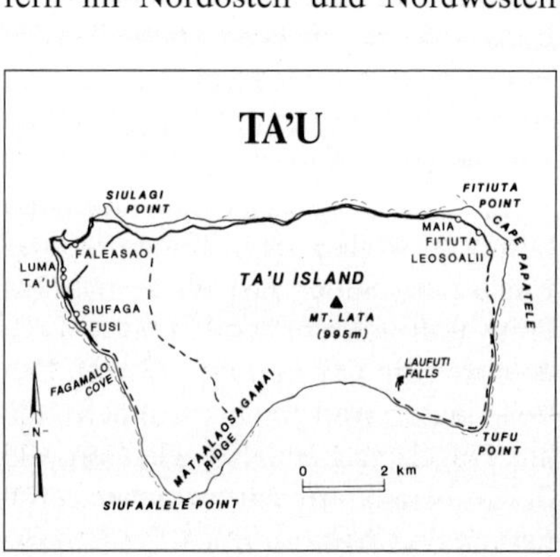

von Ta'u angesiedelt. Im Ort Luma können Sie sich das Grab des *Tui* Manu'a und noch andere Begräbnisstätten von Häuptlingen ansehen. Die finden Sie in der Nähe des königlichen Bades, das man auch als „heiliges Wasser" (Sacred Water) bezeichnet. Es ist heute aber ausgetrocknet. Interessant ist auch die Höhle von Ma'ava, Heimat eines legendären Riesen. Einen ganz schönen Strand gibt es an der Fagamalo-Bucht auf halbem Weg die Westküste hinunter, südlich von Fusi.

Es ist möglich, entlang der Küste von Fitiuta nach Süden bis zu den Laufuti-Fällen zu wandern und am gleichen Tag zurückzukehren, wenn auch an einigen Stellen umgefallene Bäume den Weg blockieren. Hinter Laufuti muß man sich durch das Gebüsch hindurchkämpfen. Das bewaldete Inselinnere ist von Kratern übersät und bekannt wegen seiner Klippen und Schluchten. Die Landschaft und der Wald ändern sich manchmal recht plötzlich. Wo gerade noch ein einfacher Wanderweg verlief, steht man plötzlich unmittelbar vor einem schwierigen Kletterpfad. Ein großer Teil des Binnenlandes ist aber ohnehin nicht zugänglich.

Unterkunft und Essen: Im Nuimata's Guest House im Ort Luma, auch als Motel Ta'u bekannt (Tel. 677-3155), werden 9 saubere Zimmer als Einzelzimmer für je 30 $ und als Doppelzimmer für je 40 $ pro Nacht vermietet. Hier sorgen die Mitarbeiter dafür, das bei den Gästen keine Langeweile aufkommt. Für eines der 8 Zimmer in der Fitiuta Lodge im Dorf Fitiuta (Box 1858, Pago Pago, AS 96799, Tel. 633-5841) muß man bei Alleinbenutzung 25 $ und zu zweit 30 $ bezahlen. Auf ganz Ta'u gibt es allerdings kein einziges Restaurant. Man kann aber in vier kleinen Läden und einer Bäckerei einkaufen. Wenn Sie nicht zu viel anderes Gepäck bei sich haben, sollten Sie sich etwas Verpflegung im Flugzeug aus Tutuila mitbringen.

KORALLENATOLLE

Rose-Atoll: Nachdem dieses Atoll im Jahre 1819 von dem französischen Seemann Louis de Freycinet entdeckt worden war, wurde es 1839 von den Teilnehmern einer amerikanischen Forschungsexpedition unter der Leitung von Commodore Charles Wilkens besucht. 1921 nahmen die USA das 125 km östlich von Ta'u gelegene Atoll für sich in Besitz. Das fast quadratische, 3 km lange und 3 km breite Atoll ist von einem rosaroten Riff mit einer Passage in die Lagune umgeben. Von den beiden Inselchen des Atolls ist Rose mit Kokosnußpalmen und anderen Bäumen bedeckt, während auf Sand jegliche Vegetation fehlt.

In den Spitzen der großen *Buka*-Bäume auf Rose nistet eine große Anzahl von Rotfußtölpeln und Fregattvögeln, während andere Vögel, darunter weiße Seeschwalben, dafür die mittleren und die unteren Zweige benutzen. Weil zudem am Strand Meeresschildkröten ihre Eier im Sand ablegen, wurde das Rose-Atoll in das Pacific Islands National Wildlife Refuge eingegliedert, das vom Fish and Wildlife Service der USA verwaltet wird (Box 50167, Honolulu, HI 96850, USA). Daher benötigt man zum Betreten dieses Atolls eine Genehmigung.

Swains: Dieses kreisrunde Korallenatoll mit etwa 2 km Durchmesser und einem 13 km langen Riff liegt 340 km nordwestlich von Tutuila. Die große Lagune im Zentrum hat keine Verbindung zur See. Swains liegt näher bei Tokelau als beim Rest von Samoa. Das erklärt, warum die eigentlichen Bewohner und Besitzer von Tokelau kamen. Sie kannten die Insel unter der Bezeichnung Olohega. Als 1856 der Kapitän eines Walfangschiffes aus Neuengland, Eli Jennings, diese Insel erreichte, errichtete er mit Hilfe polynesischer Arbeiter eine Kokosplantage. Seine Nachkommen führen sie heute als Farm weiter. Derzeit leben auf der Insel weniger als 10 Menschen.

Später verleibte man Olohega der Union-Gruppe ein, die wiederum von den Briten in die Kolonie der Gilbert- und Ellice-Inseln eingegliedert wurde (1916). Als die Engländer 1925 Tokelau unter neuseeländische Verwaltung stellten, nutzten die Amerikaner die Gelegenheit, um Swains für Amerikanisch Samoa zu beanspruchen. 1980 brachten die Amerikaner die Bewohner von Tokelau dazu, einen Vertrag zu unterzeichnen, der die amerikanische Souveränität über Swains festschreibt. Im Gegenzug erklärte man, gegenüber der Tokelau-Gruppe keine Ansprüche mehr zu haben und auch die 200-Seemeilen-Fischereizone rund um Tokelau anzuerkennen.

WEST-SAMOA

EINFÜHRUNG

Die üppig-grünen Inseln von West-Samoa in Höhe von zwei Dritteln der Strecke zwischen Tahiti und Neuseeland liegen mitten im Herzen der Südsee. Sieht man von dem Jahrhundert ab, in dem Kolonialmächte das Inselleben störten, erhielten und erhalten sich die Samoaner ihre Sitten und Bräuche weitaus besser als die übrigen Bewohner Polynesiens. Das *Fa'a Samoa,* die samoanische Lebensart, gedeiht und blüht trotz eines erheblichen Drucks von außen.

Sie zog jedoch Dichter immer mehr als Maler an. Robert Louis Stevenson verbrachte die letzten 5 Jahre seines Lebens auf diesen Inseln, und Rupert Brooke war von ihnen und ihren Bewohnern so hingerissen, daß er schrieb: „Man liegt entspannt auf einer Matte in einer samoanischen Hütte mit Blick auf den weißen Sand unter den hohen Palmen, auf eine sanft wogende See und auf den schwarzen Rand des Riffs draußen im Meer. Über allem scheint mit mildem Licht der Mond ... In diesem Paradies leben dazu noch die liebenswertesten Menschen der Welt. Ihre Bewegungen und Tänze ähneln denen von Göttinnen und Göttern, sehr ruhig und fast geheimnisvoll. Dabei ist Zufriedenheit in den Gesichtern und in den Herzen der Menschen zu erkennen. Alles zusammen ist von so unvergleichlicher Schönheit, daß es dem Betrachter fast den Atem verschlägt."

WEST-SAMOA

Den Besuchern aus der hektischen Industriegesellschaft sei verziehen, wenn sie zunächst annehmen, sie seien direkt in das Paradies zurückgekehrt. Dies ist aber nur eine Seite. Die andere ist in einigen Novellen des Samoaners Albert Wendt beschrieben. Er beschäftigt sich darin eingehend mit den Problemen, die der Tourismus mit seinem Einfluß auf den Alltag der Menschen in Samoa mit sich bringt. In dem Buch *Sons for the Return Home* setzt er sich mit den Problemen auseinander, die sich dadurch ergeben, daß die Hauptfigur die Autorität der Mutter, so wie es durch das *Fa'a Samoa* traditionell vorgegeben ist, nicht länger hinnehmen kann. Und in dem Buch *The Banyan Tree* werden sehr umfassend die Folgen beschrieben, die sich aus dem Wandel der samoanischen Gesellschaft ergeben. Die Bücher von Albert Wendt bringen den Fremden, den *Palagi,* all das näher, was zur Nation West-Samoa, blockfrei und fast ein Land der Dritten Welt, gehört: Wirtschaftskrise, ständige Bemühungen, die verlorenen Traditionen wieder aufleben zu lassen, insbesondere unter dem Aspekt, sie den Anforderungen der Gegenwart anzupassen. Samoa ist kein Land, das Besuchern eine passive Rolle zugedacht hat. Auch Sie werden es als eine Herausforderung empfinden, dort hinter die Kulissen zu schauen. Es gibt hier viel zu entdecken und zu lernen.

DAS LAND

Zu West-Samoa gehören 4 bewohnte und 5 unbewohnte Inseln. Die Insel, die am dichtesten bevölkert und am besten entwickelt ist und auf der auch die Hauptstadt Apia liegt, ist Upolu. Viel größer aber ist die Insel Savai'i. Dazwischen liegen die beiden ebenfalls dicht besiedelten Inseln Apolima und Manono, während die 5 kleinen Inseln südöstlich von Upolu nur die Heimat von Seevögeln sind. Die Saumriffe um die beiden großen Inseln schützen weiche, strahlende und ruhige Strände.

Die Vulkaninseln von West-Samoa sind vom Alter her von Westen nach Osten entstanden. Savai'i, wenngleich jetzt ruhig, spie noch in diesem Jahrhundert feurige Lava heraus, und die heute erloschenen Vulkankegel von West-Upolu brachen noch vor viel kürzerer Zeit aus als die auf den weiter östlich gelegenen Inseln. Die der Witterung arg ausgesetzten Inseln Tutuila und Manu'a sind noch älter, und Rose, ein klassisches Atoll, ist sogar 10 Millionen Jahre alt.

Savai'i ist eine massive Insel. Sie entstand dadurch, daß über einen langen Zeitraum schnell fließende Lava in verschiedenen Schichten erkaltete. Von der flachen Küste erhebt sie sich gleichmäßig bis zu einem 1.858 m hohen Zentrum mit einigen parallel verlaufenden Bergketten.

Die ausgedehnten Berge der Insel Upolu mit den erloschenen Vulkanen fallen im Süden steiler ab als im Norden. Der Ostteil dieser Insel ist rauh und zerklüftet, während der Westen vorwiegend aus weiten Ebenen besteht.

KLIMA

Auf Samoa ist es das ganze Jahr über heiß, verbunden mit einer hohen Luftfeuchtigkeit. Dennoch sind die Monate von Mai bis Oktober (Winter) wegen der dann vorherrschenden Südostwinde ein wenig erfrischender. In der Regenzeit (Sommer) wechseln die Winde und wehen dann von Westen und Norden, vor allem in den Monaten November bis April. Praktisch sind aber kaum Unterschiede zu verzeichnen, denn sogar in der Regenzeit gibt es an jedem Tag lange sonnige Phasen. Von Januar bis März ist die Zeit der Wirbelstürme. Dann sollten Schiffe schon bei der geringsten Vorwarnung den als unsicher geltenden Hafen von Apia verlassen, zumal Samoa in den letzten Jahren unter einer größeren Zahl von zerstörerischen Wirbelstürmen zu leiden hatte als früher. Der Süden von Upolu verzeichnet im übrigen mehr Niederschläge als der Norden, aber der Regen fällt meist nachts.

FLORA UND FAUNA

In den Gebirgsgegenden mit den hohen Niederschlagsmengen wuchern die Regenwälder üppig. Sie bringen riesige Baumfarne und langsam wachsende Harthölzer hervor, die mit Moos bedeckt sind. In den Übergangszonen, in denen erst in jüngerer Zeit Lavamassen das Land bedeckten, ist die Vegetation spärlicher, denn in dem harten Boden hält sich die Feuchtigkeit nicht. Fruchtbarer sind dagegen die Küstenstreifen. Dort werden Gemüse angebaut und Kokosnüsse geerntet.

Obwohl Upolu kleiner als Savai'i ist, werden durch den fruchtbaren Vulkanboden dieser Insel 72% der Bevölkerung von West-Samoa mit landwirtschaftlichen Erzeugnissen versorgt. Der überwiegende Teil von Savai'i ist kahl, denn dort floß auch vor nicht allzu langer Zeit erneut Lava über die Insel. Das poröse Gestein hält die Feuchtigkeit nicht fest, sondern läßt sie versickern. Hinzu kommt, daß wegen kurzsichtiger wirtschaftlicher Ziele die Regenwälder in Samoa vom Holzschlag bedroht sind. Schon 80% dieser Regenwälder sind mit Hilfe von neuseeländischen „Fachleuten" gerodet und durch Plantagen ersetzt worden. Wo wieder aufgeforstet wird, pflanzt man Mahagoni- und Teakbäume, in denen die in Samoa vertretenen Vögel nicht heimisch werden können.

16 von 34 Vogelarten in Samoa sind endemisch, kommen also nur hier vor. Ein Vogel, die von den Einheimischen *Manumea* genannte Taube mit dem gezähnten Schnabel (*Didunculus strigirostris*), ist vermutlich der einzige Nachfolger von Vögeln dieser Art aus fossilen Zeiten. Da man Tauben leider in großen Zahlen jagt, stehen alle heimischen Tiere dieser Gattung vor dem Aussterben. Außerdem wird eine ebenfalls vom Aussterben bedrohte Fledermausart in großen Stückzahlen erlegt, eingefroren und nach Guam exportiert, wo diese Tiere bei Festlichkeiten als Delikatesse verzehrt werden. Auf Upolu brauchen Sie sich vor Schlangen nicht zu fürchten, aber auf Savai'i gibt es einige davon. Aber die sind harmlos.

GESCHICHTE

Frühgeschichte: Samoa wurde nach den heiligen (*sa*) Hühnern (*moa*) von Lu, dem Sohn von Tagaloa, des Schöpfungsgottes, benannt. Nach samoanischen Legenden war Savai'i früher Hawaiki, das legendäre polynesische Heimatland, aus dem die Samoaner ursprünglich stammen sollen. Von Archäologen bestätigt ist, daß sich etwa um 1000 v. Chr. Polynesier auf Samoa niederließen und hier erst richtig ihre einzigartige Kultur entwickelten. Für sie war es ein landschaftlich schöner, bequemer und ertragreicher Lebensraum. Im fruchtbaren Vulkanboden gedieh das Gemüse, und die Lagune versorgte sie mit ausreichend Fisch. Hier hatten sie die wahre Heimat gefunden! Es dauerte weitere 1.000 Jahre, bis sich kleine Gruppen der Insulaner weiter nach Osten vorwagten und von hier aus Tahiti und die Marquesas besiedelten.

Die alten Samoaner unterhielten auch regelmäßige Kontakte mit Fidschi und Tonga. In den Jahren 950–1250 wurde Samoa sogar von tonganischen Besetzern regiert. Mündliche Überlieferungen lassen sich bis zur Vertreibung der Tonganer zurückverfolgen. Der höchste Häuptlingstitel *Malietoa* bedeutet übersetzt „Tapferer Krieger". Salamsina, eine legendäre Königin im 15. Jahrhundert, wurde die einzige Herrscherin in Samoa, die diesen und alle anderen drei der höchsten Häuptlingstitel auf sich vereinigen konnte. Sie sorgte dafür, daß Samoa 60 Jahre lang in Frieden leben konnte. Lange bevor Ende des 18. Jahrhunderts die ersten Europäer auftauchten, war das *Matai*, das Stammessystem, fest in der Gesellschaft verankert und ausgebaut. Die Religion war weniger stark ausgeprägt. Es gab auch keine sozialen Klassen, vielleicht deshalb, weil nur in Samoa die Häuptlinge gewählt wurden. Überall sonst in Polynesien galt die Erbfolge.

Christianisierung und wirtschaftliche Ausbeutung: Im Jahre 1830 landete Rev. John Williams von der Londoner Missionsgesellschaft mit seiner *Messenger of Peace* auf Savai'i. Nachdem er vom obersten Häuptling, Malietoa Vai'iupo, willkommen geheißen worden war, schaffte es der eifrige Missionar, daß bis 1840 alle Samoaner seinem Glauben beigetreten waren. Die Missionare brachten die Samoaner auch dazu, sich nach ihren Vorstellungen zu bekleiden. Dies hatte zur Folge, daß umgehend weiße Händler auf den Plan traten, um Baumwollstoffe zu verkaufen. Sehr geschäftstüchtig war auch der Sohn des Missionars, John Williams jun., der sich als Koprahändler betätigte. 1842 exportierte er bereits 6 Tonnen Kopra. In den vierziger Jahren des vorigen Jahrhunderts wurde von der Kirche auch das Malau College gegründet.

Im Jahre 1855 eröffnete die deutsche Firma Godeffroy und Söhne in Apia ihren ersten Laden. Es dauerte nicht lange, bis über hundert Europäer sich in der neuen Stadt niedergelassen hatten. 1868 sorgte eine Gruppe von Häuptlingen aus den verschiedenen Bezirken für die erste zentrale Verwaltung. Während der siebziger Jahre des 19. Jahrhunderts kauften deutsche Geschäftsleute von örtlichen Häuptlingen große Landflächen, die Familien gehörten, und legten auf ihnen Kokosnußplantagen an. Dafür setzten sie chinesische und melanesische Arbeitskräfte ein. Bald richteten die Deutschen, Briten und Amerikaner auch Konsulate ein.

1873 stand der Amerikaner A. B. Steinberger den einheimischen Häuptlingen bei der Aufgabe mit Rat und Tat zur Seite, eine Verfassung auszuarbeiten. Zwei Jahre danach ernannte er sich selbst zum Premierminister. Er war zwar offizieller Vertreter der Vereinigten Staaten, aber dennoch fand er nicht die volle Unterstützung seiner Regierung. Nach 5 Monaten als Premierminister wurde Steinberger verhaftet und vom Kapitän eines britischen Kriegsschiffes nach Fidschi gebracht. Man unterstellte Steinberger, mit den Deutschen sympathisiert zu haben. Er kehrte nie wieder nach Samoa zurück.

Unsicherheit und Intrigen: Mühsam versuchte die neue samoanische Regierung, sich zu behaupten, und unterzeichnete Freundschaftsverträge mit den Amerikanern und Deutschen. Das Ende des 19. Jahrhunderts brachte bürgerkriegsähnliche Zustände, weil sich die Sprecher der Häuptlinge von Pule und Tumua wegen der 4 ranghöchsten Titel nicht einigen konnten. Rivalisierende Europäer hielten zu den unterschiedlichen Gruppen, was zur Folge hatte, daß niemand in der Lage war, eine stabile Regierung auf die Beine zu stellen. 1879 nutzten die europäischen Bewohner von Apia die Situation aus, um zumindest die Verwaltung dieser Stadt unter Kontrolle zu bekommen.

Die Deutsche Handels- und Plantagen-Gesellschaft, die aus der Firma Godeffroy hervorgegangen war und die zu diesem Zeitpunkt 80 % aller Geschäfte in Samoa abwickelte, wollte die instabile Lage nicht länger hinnehmen und inszenierte 1887 einen verdeckten Putsch. Der ernannte König, Malietoa Laupepa, wurde zur Flucht gezwungen und durch eine Marionettenfigur ersetzt. Deren Regime, unterstützt von deutschen Marineeinheiten, aber nicht von Berlin sanktioniert, säte Zwietracht unter den Samoanern, Briten und Amerikanern.

Als 1889 ein bewaffneter Aufstand der Samoaner stattfand, traten Kriegsschiffe aus Deutschland, England und Amerika auf den Plan und ankerten im Hafen von Apia. Die Folge war eine größere internationale Konfrontation. Absurd wurde alles aber erst recht, als die Verteidiger angesichts eines herannahenden Hurrikans nicht bereit waren, den Hafen aufzugeben und den rivalisierenden Großmächten das Feld zu überlassen. Diese Halsstarrigkeit und Arroganz der Kolonialmächte hatte den Untergang von vier Schiffen zur Folge. Zwei weitere strandeten oder wurden beschädigt. 200 Menschen ließen dabei ihr Leben. Bei diesem Sturm wurde das deutsche Schiff *Adler* auf das Riff geschleudert. Nur die englische *Calliope* konnte auf das offene Meer entkommen. Die Samoaner aber sahen dieses Geschehen als ein Gottesurteil an.

Die instabile Lage und offene Auseinandersetzungen, manchmal kriegerisch, sowie ständig wechselnde, unfähige Regierungen hielten die Nation bis 1899 in Atem. Am 2. Dezember dieses Jahres unterzeichneten die drei Nationen Samoa, Amerika und Deutschland einen Vertrag (Tripartite Treaty). Mit diesem Vertragswerk wurde Samoa zwischen Amerika und Deutschland aufgeteilt. England zog sich völlig zurück, denn die Deutschen hatten den Briten dafür Konzessionen in Tonga und auf den Salomonen eingeräumt.

Die Kolonialzeit: Am 1. März 1900 wurde über West-Samoa die deutsche Flagge gehißt. Unter den Gouverneuren Wilhelm Solf (1900–1912) und Erich Schultz (1912–1914) wurden die ersten öffentlichen Schulen, ein Krankenhaus sowie die einzige Straße gebaut, die bis 1942 auf Samoa existierte. Obwohl Solf und Schultz sich bemühten, nach dem Grundsatz zu handeln, daß die

Der Taifun, der vom 16.–17. März 1889 tobte, hinterließ die beiden amerikanischen Schiffe *Trenton* und *Vandalia* als Wracks im Hafen von Apia. Die *Vandalia* ist nur teilweise unter Wasser und liegt längsseits der *Trenton*. Der Bug des deutschen Schiffes *Eber* wurde an den Strand geworfen, während der Rumpf der *Adler* im Hintergrund links auf dem Riff sichtbar ist. Das Schiff, das hinter der *Trenton* vor Anker liegt, könnte die *Nipsic* sein. Sie ist mit Teilen der *Vandalia* verbunden. Einzig und allein der britischen *Calliope* gelang es, dem aufziehenden Taifun noch rechtzeitig zu entkommen. Sie kämpfte gegen den Sturm an und kam noch vorher aus dem Hafen. Von all den abgebildeten Schiffwracks ist heute nichts mehr zu sehen.

Samoaner angeleitet und nicht gezwungen werden sollten, wurden im Jahre 1909 samoanische Widerstandskämpfer auf die Marianen deportiert. Die Deutschen studierten aber auch sorgfältig die traditionelle samoanische Kultur, um in der Lage zu sein, rivalisierende Gruppen gegeneinander auszuspielen.

Am 29. August 1914, bei Beginn des Ersten Weltkrieges, ergab sich der letzte deutschc Gouverneur ohne Widerstand einem neuseeländischen Expeditionskorps. Die riesigen Plantagen der Deutschen, die damals beschlagnahmt wurden, unterstehen bis heute der staatlichen Western Samoa Trust Estates Corporation. Die meisten der rund 2.000 Chinesen, die von den Deutschen aus dem südlichen China zur Arbeit auf den Plantagen herbeigeholt worden waren, schickte man wieder nach Hause.

Allerdings waren die recht unfähigen Verwalter aus Neuseeland nicht gerade eine ruhmreiche und bessere Alternative zu den Deutschen. Im November 1918 ließen sie sogar zu, daß die Besatzung der *Talune* die Grippe nach Samoa einschleppen konnte. An ihr starben anschließend 8.000 Einwohner, 22 % der damaligen Bevölkerung. Da die Quarantänebestimmungen von Amerikanisch Samoa und Fidschi effektiver und strikter waren, konnte die Epidemie von diesen Inseln ferngehalten werden. Die ungeschickte Verwaltung wurde auch von einer recht starken Oppositionsbewegung (Mau) bedrängt, die bereits während der deutschen Kolonialzeit bestanden hatte. Die Mau war nicht nur gegen eine Kolonialverwaltung, sondern auch gegen westliche Entwicklungen und gegen Einflüsse westlicher Kulturen. Sie organisierte daher einen Boykott importierter Waren. 1929 wurde die Mau jedoch mit militärischer Gewalt aufgelöst. Dies gelang, obwohl sie die Unterstützung der meisten Orte, Häuptlinge und Geschäftsleute samoanischer Abstammung hatte.

In diesem Bau aus der Zeit der deutschen Herrschaft trafen sich die Mitglieder der samoanischen Widerstandsbewegung.

Erst 1949 gelang der entscheidende Schritt in Richtung Unabhängigkeit. Es wurde nämlich aus den Reihen der *Matai* (Häuptlinge) eine gesetzgebende Versammlung (Legislative Assembly) gewählt. 1960 nahm man dann auch eine Verfassung an, und ein Jahr später stimmte das Volk sowohl der Verfassung als auch der Unabhängigkeit zu. Dies geschah in einer allgemeinen Wahl, der einzigen Wahl dieser Art, die jemals in Samoa stattfand. 1962 war es dann endlich soweit, daß West-Samoa als erster polynesischer Staat im 20. Jahrhundert die Unabhängigkeit erhielt.

STAAT UND VERWALTUNG

Nach dem parlamentarischen System von West-Samoa wird der Premierminister vom Parlament aus den eigenen Reihen gewählt. Er ernennt dann ein achtköpfiges Kabinett, ebenfalls aus den Reihen des Parlaments. Seit der Unabhängigkeit steht Malietoa Tunamafili II., Paramount Chief von Samoa, als Staatsoberhaupt an der Spitze des Staates. Möglicherweise bleibt er das bis zu seinem Tode. Nachfolger wird dann einer der vier Paramount Chiefs, die alle 5 Jahre vom Parlament gewählt werden.

Bis vor kurzem wurden 47 der 49 Parlamentsmitglieder von den 18.000 traditionellen samoanischen *Matai* (Häuptlingen) gewählt, während die übrigen zwei aus den Reihen der alle 5 Jahre gewählten nicht-samoanischen Inselbewohner (Individual Voters Roll) kamen. Im Oktober 1990 jedoch durften alle Samoaner im Alter ab 21 Jahren in einem Referendum entscheiden, ob künftig ein allgemeines Stimmrecht eingeführt und alle drei oder vier Jahre gewählt werden soll. Man entschied sich jedoch dafür, daß die *Matai* um die 47 Sitze im Parlament kandidieren sollen. Als dabei jedoch zum erstenmal eine große Zahl von Frauen politisch aktiv werden durfte, begannen die samoanischen Politiker die Bedeutung von Frauenfragen zu erkennen und erklärten, daß ein Ministerium für Frauenfragen eingerichtet würde. Diese Fortschritte zahlten sich aus, denn im April wurde die bisherige Regierung mit einer größeren Mehrheit als bei der vorangegangenen Abstimmung wiedergewählt. Bald darauf ernannte man Fiame Naomi zum ersten weiblichen Kabinettsmitglied.

Es gibt in West-Samoa zwei politische Parteien, nämlich die Human Rights Protection Party und die Christian Democratic Party. Wie aber auch in anderen Teilen der angelsächsischen Südsee, bewegen sich politische Parteien eher um bestimmte Persönlichkeiten als um ein Programm. Dabei werden Wahlkampfgelder auch benutzt, um Stimmen zu „kaufen“. Dennoch, mit dem Prinzip, daß jede Person wahlberechtigt ist, hat sich West-Samoa weit vor die Verhältnisse in den Nachbarländern Fidschi und Tonga gesetzt und ist nun eine der stabilsten Demokratien der ganzen Region.

Die 11 Verwaltungsbezirke (A'ana, Aiga-i-le-Tai, Atua, Fa'asaleleaga, Gaga'emauga, Gagaifomauga, Palauli, Satupa'itea, Tuamasaga, Va'a-o-Fonoti und Vaisigano) werden nur benutzt, um die Dienstleistungen des Staates besser organisieren zu können. Bezirksleiter mit Machtbefugnissen gibt es hier nicht. Eine Armee besteht in West-Samoa nicht, auch Polizisten sind nicht sehr zahlreich. Ihre Aufgaben nehmen zum größten Teil die *Matai* wahr.

WIRTSCHAFT

Handel: West-Samoa ist in vielem ein typisches Land der Dritten Welt: eine hohe Geburtenrate, eine Wirtschaft, die auf der Landwirtschaft beruht, keine Industrie, dafür aber ein erhebliches Zahlungsdefizit im Handel mit dem Ausland. Dic Importe sind 12 mal so hoch wie die Exporte. Allein die Kosten für die Einfuhr der notwendigen Nahrungsmittel fressen alle Exporterlöse auf. Lebensmittel mit vielen Knochen, die im Ursprungsland nicht verkauft werden können, werden nach West-Samoa geliefert: Hähnchenrücken und Truthahnschwänze aus den USA sowie Hautlappen von Schafen und fettes Corned Beef aus Neuseeland. Die wichtigsten Exportgüter sind Taro, Kokosnußcreme und Sicherheitsgurte für Autofahrer. Kokosnußöl, Kokosnüsse, Kopra, Kakao, Nutzholz und Bekleidung werden ebenfalls ausgeführt.
In den fünfziger Jahren exportierte Samoa auch 1,2 Millionen Kisten Bananen pro Jahr nach Neuseeland. Dieser Markt ging dem Land aber wegen der Verschiffungsprobleme, Schäden durch Wirbelstürme, Krankheiten und unrationelle Arbeitsweisen verloren. In diese Lücke schlüpfte Ekuador. Während die Ausfuhr von Kakao abnimmt, ist die Bedeutung des exportierten Taro wegen der in Neuseeland lebenden Polynesier gewachsen. Auch die Erzeugung von Kopra ist wegen niedriger Preise, überalterter Plantagen und des Eindringens von Nashornkäfern geschrumpft. Etwa 7.000 ha vom besten Land im ganzen Staat wird von der unwirtschaftlichen WSTEC verwaltet.
Am meisten profitieren Neuseeland, Japan und Australien von der schlechten Zahlungsbilanz - ein klassischer Fall von Neo-Kolonialismus. Australien exportiert 17 mal so viele Waren nach West-Samoa wie es von dort kauft, Neuseeland 7 mal so viele und Japan sogar 188 mal so viele. Die Regierung hat versucht, die Situation durch eine Abwertung des Tala in den Griff zu bekommen. Man beabsichtigte damit, die Importe weniger attraktiv zu machen und den einheimischen Exporteuren mehr Landeswährung zuzuführen.
Der Versuch von West-Samoa, ein Sparprogramm durchzusetzen, das dem Land vom Internationalen Währungsfond auferlegt wurde, wird durch die tägliche Werbung im Fernsehen unterlaufen. Das Fernsehprogramm kommt nämlich aus Hawaii und wird über Pago Pago nach West-Samoa gesendet. Dabei wird kaum einer der den Verbrauchern angepriesenen Artikel in West-Samoa angeboten.

Innenpolitik: Die Regierung von West-Samoa lebt immer am Rande eines Konkurses. Wiederholt mußten der Internationale Währungsfond eingreifen und andere Einrichtungen helfen, das drohende Unheil abzuwenden. Da erstaunt es nicht, daß die einzige Gewerkschaft im Land die Public Service

Association mit ganzen 8.000 Mitgliedern ist. Im übrigen sind 66 % aller Arbeitnehmer Staatsbedienstete, unter denen Bestechung, Begünstigung und Korruption weit verbreitet sind. Wen wundert es da, daß 1986 das Hauptpostamt von Apia gerade dann niederbrannte, als dort eine Untersuchung darüber beginnen sollte, wo Hunderttausende von Dollar öffentlicher Gelder verblieben sind.

Die Arbeitslosenrate in West-Samoa ist die höchste und das Durchschnittseinkommen das niedrigste in der gesamten Südsee. Festgelegt ist ein Mindestlohn von 1,25 T pro Stunde, und das ist auch das, was viele Leute tatsächlich erhalten. In West-Samoa betrug das Bruttosozialprodukt im Jahre 1987 pro Kopf 939 australische Dollar, während es 1985 in Amerikanisch Samoa 6.663 australische Dollar ausmachte. Seit Mitte der siebziger Jahre, als Neuseeland die Einwanderung erschwerte, hat die Zahl der Arbeitslosen in West-Samoa noch zugenommen. Derzeit dürfen gerade 1.000 West-Samoaner legal nach Neuseeland auswandern, was zur Folge hat, daß weit mehr über Pago Pago in die USA auswandern und von dort Geldleistungen nach West-Samoa erbringen, die mehr als doppelt so viel wie die Erlöse aus allen Exporten ausmachen.

Zwei Drittel der Arbeitskraft aber stekken in der vorwiegend für den Eigenbedarf bestimmten Landwirtschaft. Fischerei und Landwirtschaft tragen daher zu über einem Drittel zum Bruttoinlandsprodukt bei. Das ist nach den Salomonen der höchste Anteil in der gesamten Südsee. Die einheimischen Fischer fahren mit ihren aus Aluminium gefertigten Katamaranen (*Alia*) auf das Meer hinaus und fangen dort Thunfische. Im übrigen müssen sich die West-Samoaner abmühen, um an Bargeld zu gelangen. Vielleicht ist das ein Grund dafür, warum sie dünner und gesünder aussehen als die Leute aus Amerikanisch Samoa.

Um die Leichtindustrie zu fördern, hat die Regierung in Vaitele ein kleines Industriezentrum gegründet. Das ist an der Straße zum Flughafen, 5 km westlich von Apia. Hier können sich Firmen langfristig zu günstigen Preisen ansiedeln. Die Kokosnußölfabrik, die sich hier 1982 niederließ, erwirtschaftete früher ein Drittel der gesamten Exporterlöse, aber gefallene Preise für Kokosnußöl haben inzwischen zu Verlusten geführt.

Die in deutschen Händen liegende Vailima-Brauerei direkt nebenan ist mit ihrem ausgezeichneten Bier erfolgreicher gewesen. Der einzige Konkurrent im Land, die Apia Bottling Company, stellt nur unpasteurisiertes Manua-Bier her. 1991 hat die japanische Firma Yazahi Samoa Co. in dem Industriegebiet eine Fabrik gebaut, in der Sicherheitsgurte für Autofahrer hergestellt werden. Dieses Unternehmen hat angekündigt, daß weitere Investitionen folgen sollen. Anfang 1992 hat die inzwischen ebenfalls begonnene Herstellung von elektrischen Schaltanlagen schon zu 75 % zu den Exporten des Landes beigetragen.

In West-Samoa beheimatete Firmen müssen 39 % Steuern bezahlen, können aber, wenn sie mindestens 95 % ihrer Erzeugnisse exportieren, für die ersten 5 Jahre von den Steuern befreit werden und müssen danach nur 25 % Steuern bezahlen. Die meisten der in West-Samoa hergestellten Waren können nach dem South Pacific Regional Trade and Economic Cooperation Agreement (SPARTECA) zollfrei nach Australien und Neuseeland, nach dem Abkommen von Lome zollfrei in die Länder der Europäischen Gemeinschaft und nach dem Generalised System of Preferences (GSP) zollfrei in die USA sowie nach Kanada und Japan eingeführt werden. In der Vergangenheit sind allerdings ausländische Investitionen durch bürokratische Hemmnisse behindert worden, von denen noch ein paar bestehen. Wer dennoch in West-Samoa Geld anlegen will, kann den „Official Guide to Investing in Western Samoa" anfordern (Department of Economic Development, Box 862, Apia, West-Samoa).

Mehr Aufmerksamkeit schenkt man nun auch dem Tourismus, zumal der Flughafen Faleolo 1985 ausgebaut wurde und seitdem dort auch Jumbos landen können. In West-Samoa kommen jährlich etwa 50.000 Besucher aus dem Ausland an, davon rund die Hälfte aus Amerikanisch Samoa, 20 % aus Neuseeland und ca. 10 % aus Australien, den USA sowie Europa.

Im Jahre 1989 wurde in West-Samoa ähnlich wie in Vanuatu und auf den Cook-Inseln auch das Bankwesen liberalisiert, so daß ausländische Unternehmen sich hier niederlassen können, um sich der Besteuerung im Heimatland zu entziehen. Die größten Nutzer dieser neuen Steueroase sind Firmen aus Hongkong, Süd-Korea, Indonesien und Europa. Australien und Neuseeland haben inzwischen ihre Steuergesetze geändert, um ihre Staatsbürger davon abzuhalten, ebenfalls von Möglichkeiten des Steuersparens in West-Samoa Gebrauch zu machen.

West-Samoa enthält Entwicklungshilfe in der Reihenfolge der Bedeutung aus Australien, aus Japan, von der Asiatischen Entwicklungsbank, aus Neuseeland und von der Europäischen Gemeinschaft. In den letzten Jahren ist West-Samoa aber unter immer stärkeren Druck dieser Länder und Organisationen sowie anderer Interessensgruppen aus dem Ausland wegen der schädlichen Entwicklung geraten. Japan hat ein habgieriges Auge auf die Regenwälder von Savai'i geworfen, und ein umweltzerstörendes Projekt zum Bau einer Ölraffinerie an der Fagaloa Bay auf Upolu konnte gerade noch eben abgewendet werden. Im Jahre 1986 lehnte West-Samoa den Vorschlag der Firma LPT Development of California, eine Anlage zur Verbrennung von amerikanischem Abfall zu errichten, jedoch ab. Dennoch, die Habgier von einigen Politikern und Beamten sowie Landeigentümern und der Druck von gewissen Entwicklungsagenturen, multinationalen Firmen sowie Banken haben dieses kleine Land zu einem Risikofaktor werden lassen.

DIE MENSCHEN

Die Samoaner sind nach den Maori die zweitgrößte Gruppe der Polynesier auf der Erde. Die Hälfte der Bevölkerung von West-Samoa lebt in der nordwestlichen Ecke der Insel Upolu, zwischen Apia und dem Flughafen. Wegen der großen Zahl der Auswanderer ist die Geburtenrate ziemlich klein und betrug zwischen 1973 und 1990 nur 0,1 % pro Jahr. Ein weiteres Ergebnis davon ist, daß etwa 50 % aller Einwohner 15 Jahre oder jünger sind. Insgesamt leben etwa 60.000 Samoaner in Neuseeland und rund 50.000 in den USA.

Die Lebensziele eines Samoaners sind von denen eines Europäers weit entfernt, wenn nicht sogar gegensätzlich: Reichtum, Besitz und Erfolg strebt man gemeinschaftlich an, aber nie für sich allein. 80 % des Landes gehören Gemeinschaften von Familiengruppen (*Aiga*) und können nicht verkauft oder beliehen werden. Die *Matai* setzen sich für das Wohlergehen und den Wohlstand ihrer gesamten *Aiga* ein.

Die Samoaner sind äußerst konservativ und widersetzen sich jeglicher Einflußnahme von außen, wenn es ihre Dorfgemeinschaft angeht. Im allgemeinen leben die Samoaner, was Protokoll, Rang und Etikette betrifft, in einem fast feudalen System. Sie führen ein weitgehend stilisiertes, aufwendiges Leben, wobei sie heute Zugeständnisse an die moderne Gesellschaft machen müssen. Und in dieser Gesellschaft haben Besitz und individuelle Interessen eben einen höheren Stellenwert als im *Fa'a Samoa*. Die größte Last der Anpassung liegt unglücklicherweise auf den Schultern der jungen Menschen von Samoa. Unter ihnen ist die Selbstmordrate so hoch, daß sie weltweit an erster Stelle steht.

Ein Samoaner

Sozialstruktur: Seit alters her setzt sich die samoanische Gesellschaft aus Großfamilien (*Aiga*) zusammen. Ihnen steht ein *Matai* vor, der aufgrund allgemeiner Übereinkunft aus dem Familien-Clan ernannt wird. Der *Matai* ist verantwortlich für den Grund und Boden der *Aiga,* dessen Gewinn und die Verteilung des Landes. Er sorgt auch dafür, daß niemals ein Mitglied der Großfamilie in Not gerät, schlichtet bei Streitigkeiten, kümmert sich um die gesellschaftlichen Verpflichtungen des Clans und ist zugleich der Vertreter der *Aiga* im Bezirks- oder Dorfrat (*Fono*).

Blutsverwandtschaft hat bei der Wahl des *Matai* einen hohen Stellenwert. Hat sich aber jemand besonders verdient gemacht, so kann auch er gewählt werden, wenn er der entfernteren Verwandtschaft angehört. *Matai* kann aber nur ein Samoaner werden. Diese Semi-Demokratie ist das Grundelement der samoanischen Gesellschaft und verleiht ihr auch ihre Stärke.

Rang und Namen hat in dieser nach strengen Vorschriften agierenden Welt nur ein Mann, der es bis zum *Matai* brachte. Einige solcher Großfamilien bilden eine Dorfgemeinschaft (*Nu'u*), der der Sprecher (*Tulafale*) und ein oberster Häuptling (*Ali'i*) vorsteht. Der *Tulafale* leitet wichtige Debatten, hält bei Feiern auch Reden und ist überhaupt in der Gemeinschaft dic obcrstc Autorität. Dabei werden Konflikte vermieden, indem man eine allgemeine Übereinstimmung sucht. Die einzelnen Dörfer sind weitgehend autonom. Hier kommt das Wohlergehen der ganzen Familie vor den Rechten der Einzelnen – ein reiner Kommunismus vor Beginn der Industriegesellschaft.

Dörfer: Die Samoaner leben in 362 Dörfern an der Küste, in denen sich die Familien die Arbeit ebenso wie das Essen teilen. Jeder hat hier seinen Platz zum Leben und das starke Gefühl, zu einer Gemeinschaft zu gehören. Jede Familie hat ihr eigenes *Fale* (Haus), das rund oder oval sein kann. Da die Häuser keine Wände haben, sind sie die Wohnungen, in denen man auf der ganzen Welt über die geringste Privatsphäre verfügt. Das einzige Möbelstück, wenn überhaupt, ist eine Truhe oder ein Schrank. Ein solches *Fale* entsteht auf einer Steinplattform. Der Kieselsteinboden ist von Matten bedeckt. Um das Innere des Hauses vor Wind schützen zu können, sind Vorrichtungen vorhanden, um außen Matten oder Jalousien herablassen zu können. Für uns mag diese wenig intime Atmosphäre fremd sein, aber in Samoa ist ein *Fale* ein kühler, sauberer und angenehmer Ort zum Leben.

Die meisten Lebensmittel baut man auf den Feldern des Dorfes an und kocht sie in einem Erdofen (*Umu*). Die Familien sind für unsere Verhältnisse groß, denn 8 Kinder sind für die Samoaner gerade richtig. Männer tragen einen bunten Wickelrock, bekannt als *Lavalava.* Die Frauen einer Dorfgemeinschaft sitzen häufig in dem *Fale* des Frauenkomitees zusammen, um gemeinsam traditionelle Kunstgewerbegegenstände herzustellen. Der *Fono* tagt im *Fale taimalo.* Teil eines jeden Dorfes ist auch der Kricketplatz. Er sieht meist nicht anders aus als ein einsamer Fußweg neben der Straße. Sehenswert sind auch die *Tia*, die steinernen Beisetzungsplätze mit den abgestuften Schichten, unter denen die Häuptlinge beerdigt sind.

Sitten und Bräuche: Die Missionare wetterten zwar schon vor 100 Jahren gegen das Tätowieren, aber diese Art des Körperschmucks konnte sich dennoch bis heute bei vielen Männern von Samoa erhalten. Die Tätowierungen reichen meist von der Hüfte bis zu den Knien und sind zugleich sichtbares Zeichen mannhaft ertragener Qualen, denn es sind mindestens 16 schmerzhafte Sitzungen nötig, bis ein *Pe'a* fertig ist. Hat man nämlich erst einmal mit einer Tätowierung begonnen, muß sie auch zu Ende geführt werden. Andernfalls wird der Mann von seiner Umwelt nur noch mißachtet. Die Muster der Tätowierungen zeigten ursprünglich Flughunde. Sie sind heute nur noch andeutungsweise in den Linien der oberen Flügel sichtbar, die über der Hüfte tätowiert werden.

Ganz anders als in Fidschi oder Tonga ist die *Kava*-Zeremonie in Samoa eine außergewöhnliche Angelegenheit. Sie wird nur bei wichtigen Treffen der *Matai* abgehalten, bei denen Besucher selten Zutritt haben. Dabei bereitet der *Taupou* das Getränk in der traditionellen Holzschale zu. Früher oblag diese Aufgabe einer streng bewachten Jungfrau, der Tochter des höchsten Häuptlings im Ort. Meist ist die *Kava*-Zeremonie mit Gesang und Tanz verbunden.

Religion: Seit John Williams 1830 hier landete, nehmen die Samoaner das Christentum ernst und halten sich an die Regeln ihres Glaubens. Samoanische Missionare trugen diesen Glauben überzeugt zu vielen anderen Inseln weiter und bekehrten dort ebenfalls die Bewohner. Dies geschah unter anderem auf Tuvalu, den Salomonen und Neuguinea. Viele Samoaner glauben fest daran, daß Samoa der Garten Eden der Bibel gewesen sei. Etwa die Hälfte der Bevölkerung gehört der Kongregationskirche (Nachfolgekirche der Londoner Missionsgesellschaft) an, während ein Viertel katholisch ist und der Rest sich ziemlich gleichmäßig auf Methodisten und Mormonen verteilt. Die Zahl der Mormonen in West-Samoa nimmt übrigens wegen einer massiven Missionierung mit viel Geld stark zu. Diese Glaubensgemeinschaft hat inzwischen 85 Kapellen für jeweils rund 400 ihrer Anhänger errichten lassen. Wissen sollte man auch, daß die Samoaner die Zeremonien des Christentums bereitwillig angenommen haben, aber christliche Glaubensgrundsätze wie die Sünde des Einzelnen weniger gern akzeptieren.

In jedem Dorf gibt es eine oder mehrere Kirchen. Das Haus des Pfarrers ist häufig das größte Wohnhaus des Dorfes. In einigen Dörfern ist es sogar Pflicht, daß die Bewohner an Sonntagen mindestens dreimal zum Gottesdienst gehen und sich wöchentlich einmal am Chorgesang beteiligen. Auch die meisten Schulen sind in kirchlichen Händen, denn eine Schulpflicht besteht

nicht. Es muß sogar Schulgeld bezahlt werden, selbst für Grundschüler.
Die tägliche Vesper (*Sa*) findet gegen 18.00 Uhr als Familiengottesdienst statt. Zu dieser Zeit hat alle Arbeit und jede andere Tätigkeit zu ruhen. Diese Bestimmung wird in einigen Dörfern mehr als ernst genommen. Die Vesper dauert aber nur etwa 10 Minuten. Am besten ist es, wenn Sie sich in dieser Zeit unter einem Baum am Strand niederlassen und die Menschen in ihrer Besinnung nicht stören. Das Signal, das das Ende der Vesper verkündet, werden Sie nicht überhören. Es ist eine Glocke, ein Gong oder ein Schlag auf eine Pfanne, mit dem das Ende verkündet wird.

Kunst und Kunsthandwerk: Die Liebe der Samoaner zum Detail erkennt man schon an den Mustern der feinen Matten (*Ie toga*). Sie werden aus fein aufbereiteten Blättern der Pandanuspalme gefertigt. Ein besonders wertvolles Stück nimmt die Arbeitskraft einer einzigen Frau für ein ganzes Jahr in Anspruch. Besonders feine Matten gelten als Erbstücke und werden häufig als Mitgift überreicht. Einen besonderen Wert erhalten sie dann, wenn sie während einer Zeremonie von der Hand einer Person in die der nächsten übergeben werden, also als Austausch von Zeremoniengeschenken (*Lafo*). Matten dieser Art können nicht gekauft werden.
Samoanisches *Tapa* (*Siapo*) verziert man, indem es über ein eingefärbtes Holz gezogen wird, das das gewünschte Muster als Relief enthält. Die Muster sind in Samoa meist geometrisch, aber die Symbole haben natürliche Vorbilder. Während in Fidschi und Tonga die *Kava*-Schalen nur 4 runde Füße haben, sind samoanische Gefäße rund mit 6 oder mehr Füßen, rund mit 4 rechteckigen Füßen oder haben gar die Form einer Schildkröte.
Abgesehen von diesen Schalen ist das, was man so in den Andenkenläden findet, verglichen mit den Gegenständen, die in anderen Pazifikländern angeboten werden, armselig. Samoa kennt als höchste Ausdrucksform seiner Kultur die Reden und das Tätowieren, gefolgt von der *Kava*-Zeremonie.

Tanz: Der *Sa-sa* ist ein synchronischer Gruppentanz nach dem Takt eines Handgongs. Schlag-, Messer- oder Feuertänze führen Tänzer allein oder höchstens in kleinen Gruppen auf. Die beiden zuletzt genannten Tänze sind nicht ungefährlich. Der Tradition nach, und die Insulaner glauben daran, können sich nur ängstliche Männer während des Feuertanzes Verbrennungen zuziehen. Der *Siva* ist ein sehr anmutiger, fließender Tanz. Bei ihm darf sich die Tänzerin oder der Tänzer ganz so geben, wie es dem eigenen Gefühl entspricht.

Feste und Feiertage: Feiertage in West-Samoa sind die Neujahrstage (1. und 2. Januar), Karfreitag und Ostermontag (März oder April), der ANZAC-Tag (25. April), die Unabhängigkeitstage (1.–3. Juni), der Weiße Montag (Montag

Das Kreuz des Südens: Die bedeutendste Sternenkonstellation in Äquatornähe ist das Kreuz des Südens in der Milchstraße, unweit des südlichen Himmelspols. Etwas rechts davon liegt noch ein ähnliches Sternenbild, aber das echte Kreuz des Südens strahlt viel klarer. Als Orientierungshilfe sollten Sie sich die Sterne Alpha und Beta Centaurus suchen. Wenn Sie dann die lange Achse des Kreuzes nach links um das Fünffache verlängern, dann haben Sie den Himmelssüdpol. So können Sie den Süden und den Breitengrad ermitteln, der am Äquator 0°, bei Apia 13°50' und am Südpol 90° ist. Wenn Sie in Apia die Achse des Kreuzes um das Fünffache nach links verlängern, ergibt das 13°50' oberhalb des Horizontes, den Breitengrad von Apia. Das Kreuz des Südens in seiner strahlendes Schönheit können Sie nur von Orten unterhalb von etwa 20 Grad nördlicher Breite sehen. Seine Sterne glitzern wie Diamanten am Himmel. Das Sternbild ist ein Symbol auf den Flaggen von West-Samoa, Neuseeland, Australien und Papua-Neuguinea.

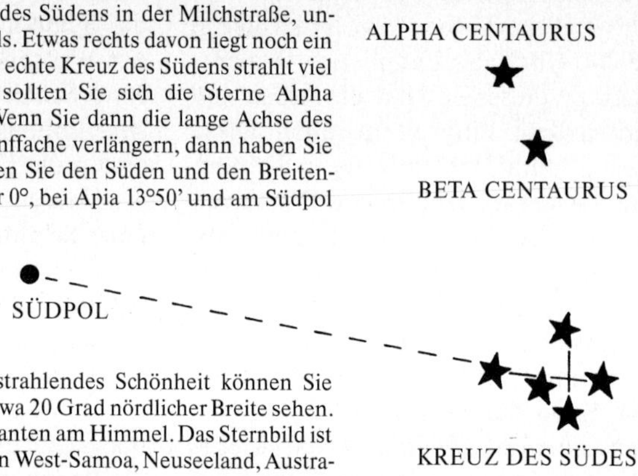

nach dem zweiten Sonntag im Oktober), der Tag des Baumes (Freitag in der ersten vollen Woche im November), der Muttertag (letzter Donnerstag im November) und die Weihnachtstage (25. und 26. Dezember).

Das größte Ereignis im Jahr sind die Feierlichkeiten rund um die Unabhängigkeitstage in der ersten Juniwoche. Dann finden Tänze, Festessen, Reden der *Tulafale,* Pferderennen und andere Sportveranstaltungen statt. Höhepunkt der Feierlichkeiten ist das *Fautasi*-Rennen am Samstag, der dem Unabhängigkeitstag am nächsten liegt. In diesem Rennen kämpfen Dutzende von Männern in ihren langen Ruderbooten um den Sieg. Bedenken Sie, daß zu diesem Zeitpunkt drei Feiertage aufeinander folgen. Das hat zur Folge, daß Banken, Büros und fast alle Läden an 5 aufeinander folgenden Tagen geschlossen sind. Interessant ist in diesem Zusammenhang, daß West-Samoa seine Unabhängigkeit am 1. Januar 1962 erhielt, die Feierlichkeiten aber im Juni stattfinden, um zu verhindern, daß um Weihnachten und Neujahr alles lahmgelegt wird.

Am Weißen Sonntag gehen die Kinder ganz in Weiß in einer Parade zur Kirche. Nach dem Gottesdienst erhalten sie einen Ehrenplatz zugewiesen und nehmen erstmals am Familienfestessen teil. Ein weiteres Fest wird begangen, wenn einmal im Jahr der *Palolo*-Riffwurm (*Eunice viridis*) an die Wasseroberfläche kommt. Diese Würmer steigen dann vor Sonnenaufgang aus dem Korallenriff empor. Der Zeitpunkt richtet sich nach der Mondphase (auf Upolu im Oktober, auf Savai'i im November). Die Samoaner erwarten die Würmer mit Laternen und Netzen in der

Hand, um möglichst viele davon zu fangen. Sie sind eine Delikatesse und gelten als „Kaviar der Südsee". Dieses bemerkenswerte Fest wird nur in Samoa und Fidschi begangen.

SITTEN UND BRÄUCHE

Gebühren: In vielen Teilen von West-Samoa besteht das ungeschriebene Gesetz, daß man für bestimmte Dinge bezahlen muß. Dazu gehören ein Aufenthalt am Strand und das Schwimmen im Meer oder in einem kleinen Teich, der Besuch einer Höhle, einer Lavaröhre, eines Wasserfalles usw. Manchmal wird der jeweils erhobene Betrag an einer Tafel angegeben, meist jedoch nicht. Westlichen Besuchern mag befremdlich erscheinen, warum man für bestimmte Dinge zahlen muß und wieso die Samoaner sich das Recht herausnehmen, dafür zu kassieren. Aber welches Recht haben wir, uns all dies *ohne* Bezahlung anzusehen? Wer diese Grundregel nicht akzeptieren will, der halte sich besser fern von diesen Plätzen und suche Strände auf, die nicht unmittelbar bei einem Dorf liegen. Auf keinen Fall sollten Sie mit Einheimischen über diese Gebühren streiten, denn es ist ihr Land.

Daß es auf diesem Gebiet zu einigen Streitigkeiten kam, ist leider Tatsache. Wie will man nämlich herausfinden, ob die Person, die da kassieren kommt, dazu auch berechtigt ist? Im Durchschnitt brauchen Sie aber nicht mehr als 1 bis 5 Tala bezahlen. Fordert man höhere Beträge, dann sollten Sie vorsichtig handeln. Da manche Touristen einfach jeden Preis zahlten, führte dies dazu, daß manch ein Samoaner einfach viel fordert.

Wir empfehlen Ihnen, nur dann zu zahlen, wenn entweder auf einem Schild der Betrag klar angegeben ist oder wenn Sie vor dem Betreten dazu von einer zuständigen Person aufgefordert werden. So bleibt es Ihnen überlassen, ob Ihnen der Besuch den geforderten Betrag wert ist oder nicht. Verweigern sollten Sie die Zahlung allerdings, wenn Sie erst beim Verlassen der Sehenswürdigkeit dazu aufgefordert werden. Dies ist höchstens dann geboten, wenn darauf auf einem entsprechenden Schild hingewiesen wird. Geben Sie zudem *niemals* Eintrittsgeld an Kinder! Falls Zweifel über ein Eintrittsgeld auftreten, dann bestehen Sie darauf, es nur an das Dorfoberhaupt (*Pulenu'u*) zu zahlen. Er wird für Sie schnell alles klären und regeln. Bleiben Sie bei der Klärung derartiger Fragen aber stets zurückhaltend und freundlich, denn die Samoaner achten sehr auf Höflichkeit und vermeiden Ärger oder Auseinandersetzungen, wann und wo immer dies möglich ist. Wir haben alle uns bekannten Gebühren in diesem Buch erwähnt. Sollten wir sie an einigen Stellen vergessen haben oder sie neu eingeführt worden sein, so lassen Sie uns dies bitte wissen.

Bitten der Samoaner: Die samoanische Kultur und ihre Verhaltensweisen sind beeinflußbar und fließend. Man sagt von ihr, daß man mit einem *Fa'amolemole* (bitte) fast alles kaufen kann. Die

Samoaner bitten ständig gegenseitig um bestimmte Dinge; dies ist nicht nur ein Spiel mit Fremden. Wer länger in einem Dorf wohnt, wird spüren, daß er plötzlich von Mitgliedern eines anderen Haushaltes um Geld oder auch wegen eines Kleidungsstückes angesprochen wird, das gerade getragen wird. Es ist wichtig, daß Sie dann standhaft und strikt reagieren. Machen Sie dann dem Einheimischen klar, daß Sie alles, was Sie bei sich haben, mit Ihren Gastgebern teilen und daß Sie kein Geld haben, das Sie ohne weiteres weggeben können. Schon mancher unerfahrene Tourist kam von einem nur wenige Tage dauernden Besuch auf Savai'i zurück und sah völlig ausgeplündert aus. Dies war das Ergebnis des *Fa'amolemole.* Am besten ist es, Sie bleiben von Anfang an bei dieser konsequenten Haltung.

Diebstähle und Gewalttätigkeiten: Grundsätzlich will Ihnen in Samoa niemand etwas anhaben, und Gewalttätigkeiten sind nahezu unbekannt. Dennoch ist Wachsamkeit geboten, weil persönliches Eigentum in unserem Sinne für Samoaner unbekannt ist. Lassen Sie Wertsachen daher nie unbeaufsichtigt. Es kann nämlich vorkommen, daß man Ihnen sogar die Wäsche von der Leine nimmt. Hängen Sie die zum Trocknen besser in Ihrem Zimmer auf. Diebstähle aus Hotelzimmern sind in West-Samoa ebenfalls nicht mehr ganz unbekannt. Dagegen kann man sich schützen, indem man alle nicht benötigten Wertsachen in einen Briefumschlag legt und den versiegelt der Bank of Western Samoa übergibt. In deren Kellergewölbe wird der Umschlag für etwa 5 Tala sicher aufbewahrt. Das ist eine gute Vorsichtsmaßnahme, wenn man in West-Samoa länger bleiben will.

Bei einem Besuch in West-Samoa ist es am besten, gelassen zu bleiben. Man bringt sich selbst besser nicht in eine riskante Situation. Gelingt das nicht und muß man sich verteidigen, versucht man besser davonzulaufen. Wenn man von einem streitsüchtigen Betrunkenen belästigt wird (abends durchaus möglich), dann bleibt man zweckmäßigerweise ruhig und entschuldigt sich, selbst wenn man nichts falsch gemacht hat, um so zu einer Entspannung der Konfrontation beizutragen. Wenn eine solche Begegnung doch mit Gewalt endet, werden Sie als Besucher immer auf der Verliererseite bleiben, denn die samoanische Kultur zwingt Verwandte und Freunde, Einheimischen zur Hilfe zu kommen, selbst wenn sie dann auf der falschen Seite stehen. Bei ihnen ist Treue oberstes Gebot und eine lebenslange Verpflichtung.

Steinewerfen: In einsamen Gegenden Samoas sind die Bewohner manchmal verärgert, wenn Touristen in Mietwagen durch ihre Dörfer fahren. Die Samoaner wissen nämlich, daß der Preis pro Tag für einen Mietwagen höher ist als der Betrag, den sie in einem ganzen Monat werden verdienen können. Daher hat es Fälle gegeben, in denen Kinder Schimpfworte riefen, ihre Hinterteile entblößten und gelegentlich auch schon mal Steine warfen. Manchmal geschieht dies auch gegenüber *Palagis* in Bussen, aber nur, wenn die Fremden als Eindringlinge betrachtet werden, weil sie sich entsprechend benehmen. Lächeln Sie einfach und bewahren Sie vor allem Haltung. Wenn Sie von einem geworfenen Stein getroffen worden sind, sollten Sie den Vorfall nach Rückkehr nach Apia dem Fremdenverkehrsamt mitteilen und fragen, was man dort gegen solche Ereignisse zu unternehmen gedenke. Es haben uns schon mehrere Leser von Vorfällen geschrieben, bei denen sie mit Steinen beworfen wurden, aber wir erhielten auch folgende Zuschrift: „Obwohl tätowierte Samoaner mit großen Macheten sehr grimmig aussehen können, lächeln sie sofort zurück, wenn man sie anlächelt und ihnen zuwinkt. Wir haben keine beängstigenden Vorfälle erlebt."

Kinder: Gelegentlich können auch die liebenswerten Kinder in Samoa zur Plage werden, wenn sie sich dauernd bei den Besuchern aufhalten, und dies nicht gerade rücksichtsvoll. Abwenden können Sie dies, indem Sie schon beim Herannahen einer Kinderschar lächeln und ihnen freundlich *Talofa* (Hallo) zurufen. Lächeln Sie immer weiter. Wenn Sie weitergehen, werden Sie wieder allein gelassen. Wichtig ist, daß Sie dabei weder Ärger noch Verwirrung zeigen. Denn gerade das wird die Kleinen nur erfreuen und sie veranlassen, den nächsten Fremden noch härter anzugehen.

Wollen Sie sich irgendwo eine Weile niederlassen und werden belästigt, dann beschweren Sie sich sehr höflich bei den Eltern. Halten Sie sich aber stets vor Augen, daß Sie der Eindringling sind. Es ist auch nicht Ihre Sache, Lektionen im Benehmen zu erteilen oder die Kinder gar fortzujagen. Unachtsame Touristen, die ohne Einhaltung der auf Samoa üblichen Regeln Dorfeigentum (Strand) mit Beschlag belegten, wurden wiederholt mit Steinen beworfen. Vorsicht ist also geboten. Hier ist, wie auch sonst im Leben, ein Lächeln die beste Verteidigung. Sind Sie Gast in einem Dorf, wird man Ihnen zu jeder Zeit großen Respekt entgegenbringen. Und dies sollten Sie durch einfühlsames Benehmen honorieren.

Liebe und Heirat: Männlichen Touristen wird schon nach wenigen Tagen in Samoa auffallen, daß die Samoanerinnen ein Interesse daran zeigen, einen Mann aus einem westlichen Land als Ehemann zu ergattern. Das Alter der Männer spielt dabei keine wesentliche Rolle, weil Teenager recht einladend auch Männer im mittleren Alter anlächeln. Die Samoaner bringen Europäer immer mit Reichtum in Verbindung. Dies ist auch darauf zurückzuführen, daß sie durch das amerikanische Fernsehen entsprechend beeinflußt sind. Heiratet ein Mädchen einen *Palagi,* so ändert sich nicht nur ihre eigene wirtschaftliche Situation, sondern auch die ihrer gesamten Großfamilie (*Aiga*). Jedenfalls nehmen sie es an.

Wenn Sie sich mit einer Samoanerin angefreundet haben, erwartet sie nicht nur die Befriedigung ihrer eigenen Bedürfnisse, sondern auch die ihrer Angehörigen. Die Samoanerinnen sind eingeübt in Verhaltensweisen, die fremde Männer leicht in unangenehme Situationen geraten lassen. Die Brüder dieser Mädchen wissen dann die Situation auf ihre Weise recht nachdrücklich zu lösen. Ein Flirt mit den Mädchen, nur um eigene Vorteile herauszuholen, kann zum Bumerang werden. Wissen sollten Sie auch, daß Sie durch die Heirat einer Samoanerin keine Rechte im Land erhalten, auch nicht das eines unbefristeten Aufenthaltes. Zweck dieser Annäherungsversuche ist es, zu erreichen, daß Sie das Mädchen und ihre Familie mit in Ihre Heimat nehmen und versorgen.

Weitere Hinweise: Unterlassen Sie während eines Rundgangs in einem Dorf das Essen und reden oder essen Sie auch nicht, wenn Sie in einem *Fale* stehen. Setzen Sie sich in einem Haus im Schneidersitz auf eine Matte und beginnen Sie erst dann mit dem Sprechen oder Essen. Strecken Sie während des Sitzens auch die Beine nicht aus, weil es als unhöflich gilt, die Füße in Richtung einer anderen Person zu halten. Das Gestikulieren mit den Händen gilt zudem als Zeichen eines schlechten Geschmacks.

Wenn Sie an einem Haus während der abendlichen Andacht ankommen, dann warten Sie draußen, bis die beendet ist. Ein Zeichen, daß man eingeladen wird einzutreten, ist das Auslegen von Matten, damit Sie darauf sitzen können. Gehen Sie auch immer um die ausgelegten Matten herum und treten Sie nicht darauf. Schuhe sollten zudem vor dem Betreten eines Hauses ausgezogen und draußen gelassen werden. Nach der Ankunft in einem samoanischen Haus wird der Gastgeber eine kleine Ansprache halten, auf die man als Besucher antworten sollte. Dabei gibt man am besten seine Eindrücke vom Dorf wieder, erläutert seine Gründe für den Besuch und beginnt dabei mit den Worten *Susu mai* (Hören Sie bitte). Wenn Ihnen etwas zu essen angeboten wird, dann nehmen Sie ein wenig davon, auch wenn Sie nicht hungrig sind. Erwähnen Sie auf keinen Fall, daß Sie bestimmte Speisen nicht mögen.

Die Bewohner einiger Dörfer sind sehr darauf bedacht, daß ihr Strand an Sonntagen nicht benutzt wird, und manche untersagen dies sogar für alle Tage. Erkundigen Sie sich immer vorher und suchen Sie gegebenenfalls einen abseits gelegenen Strand auf. Öffentliches Nacktbaden ist übrigens verboten. Und ziehen Sie sich bei Rundgängen durch Dörfer immer vollständig an. In den meisten Dörfern ist das Herumlaufen nach 22.00 Uhr verboten. Bei Kirchgängen tragen Sie bitte keinen Blumenschmuck und keine leuchtende Kleidung. Frauen wird übrigens mehr Respekt entgegengebracht, wenn sie ein *Puletasi* (langes Kleidungsstück) tragen und auf Hosen oder gar Shorts verzichten. Die Samoaner sind zudem ein sehr höfliches Volk und werden fast jede

Frage beantworten, und zwar bejahend. Dies können Sie leicht überprüfen, indem Sie eine Frage stellen, von der Sie wissen, daß die Antwort „ja" wirklich nicht stimmt. Aber aus Höflichkeit dem Fremden gegenüber wird man sie doch positiv beantworten.
Wenn Sie all dies gelesen haben, sollten Sie sich dennoch von den samoanischen Bräuchen nicht einschüchtern lassen. Versuchen Sie Ihr Bestes, um die Tradition zu respektieren, aber seien Sie auch versichert, daß die Samoaner gegenüber Ausländern nachsichtig sind, die einen verzeihlichen Fehler begehen. Alle Samoaner sind sehr stolz auf ihr *Fa'a Samoa* und fühlen sich geehrt, wenn man sie bittet, es zu erklären. All das ist Teil einer neuen Erfahrung in Samoa und keineswegs lästig.

Ein letzter Hinweis: Wenn all diese Verhaltensregeln verwirrend sind, weil Sie es nicht fassen können, daß die sonst so höflichen Samoaner Steine werfen und eine hohe Selbstmordquote haben, dann lesen Sie die Bücher von weltweit anerkannten Kennern wie Margaret Mead und Derek Freeman. Auch sie kamen zu gegensätzlichen Ergebnissen bei ihren Untersuchungen in Samoa. Margaret Meads Darstellung eines glücklichen, ungehemmten Sexuallebens in dem Buch *Kindheit und Jugend in Samoa* ist herausgefordert worden von Freemans Beschreibung einer gewaltbereiten, untereinander konkurrierenden Gesellschaft, in der Jungfräulichkeit gepriesen und sexuelle Beziehungen vor einer Ehe untersagt sind. Der Roman *Pouliuli* von Albert Wendt ist eine hervorragende Analyse des „Laboratoriums der Widersprüche", das Samoa ist.

UNTERKUNFT

Um den Gästen etwas Sand in die Augen zu streuen, geben die teureren Hotels in West-Samoa ihre Preise in US $ an. So sind die Beträge optisch etwas niedriger. Wir haben in diesem Buch alle Preise in Tala genannt, um es leichter zu machen, die Angebote zu vergleichen. Auf alle Preise in den teureren Hotels wird im übrigen eine Steuer von 10 % berechnet, die in preiswerteren Unterkünften in den geforderten Preisen im allgemeinen bereits enthalten ist. Die meisten der preiswerten Unterkünfte findet man in Apia, aber es gibt auch noch einige kleinere Pensionen im Osten von Savai'i und im südlichen Upolu. Man kann auch bei Familien wohnen. Wo das möglich ist, muß man allerdings wahrscheinlich selbst herausfinden.
Die Samoaner zählen zu den gastfreundlichsten Menschen der Erde. Sie sind stolz auf die Sitte, daß jeder Fremde in jedem Haus um Essen und ein Dach über dem Kopf bitten darf und selten abgewiesen wird. Diese entgegenkommende Geste sollte aber auf keinen Fall ausgenutzt werden. Es ist auch Teil ihrer Kultur, daß man sich für jedes Geschenk mit einem Gegengeschenk bedankt – wenn auch nicht immer sofort, dann doch später einmal. Wer als Tourist Geschenke dieser liebenswerten Menschen annimmt (wie

Unterkunft und Verpflegung), ohne etwas zurückzugeben, unterläuft die Kultur und veranlaßt die Einheimischen dazu, sich beim nächsten Besucher weniger freundlich zu verhalten.

Unter diesem Gesichtspunkt wird dringend geraten, auf jeden Fall Geschenke bei sich zu haben, die Sie bei einer Einladung den Gastgebern überreichen können. Dank allein ist dann nicht genug, und Geld kann kränken und Ärgernis erregen. Die Samoaner sind sehr stolz, vielleicht das stolzeste Volk der Südsee. Dies muß jeder Besucher ständig im Bewußtsein haben, um Mißverständnisse gar nicht erst aufkommen zu lassen. Die Samoaner sind sensibel und erkennen schnell, ob Sie es ehrlich meinen oder ob bei Ihnen Handeln und Denken zwei verschiedene Dinge sind.

Setzen Sie sich daher bei der Beendung eines Gastaufenthaltes in einem privaten Haus immer mit dem Gastgeber zu einer formellen Abschiedszeremonie zusammen und bringen Sie dann zum Ausdruck, daß Gastfreundschaft ein kostbares Gut ist, das nicht mit Geld aufgewogen werden kann. Lassen Sie auch erkennen, daß Sie wirklich nicht wissen, wie Sie alles gutmachen können, aber als kleine Gegenleistung ein Geschenk (*Mea alofa*) überreichen möchten. Das Geschenk sollte den Wert von etwa 10 Tala pro Nacht haben. Überreichen Sie Geld, dann sollten Sie es mit der Bemerkung tun: „Kaufen Sie doch bitte etwas für die Kinder davon." Haben Ihre Gastgeber Sie besonders liebevoll aufgenommen, Sie beim Fischfang mitgenommen oder bei Bergwanderungen begleitet, dann sollten Sie mehr als 10 Tala geben. Als Geschenk eignen sich auch Stoffe oder ein Hemd.

Genau wie in Fidschi ist es in Samoa wichtig, daß diese Regeln nicht mißachtet werden. Es gibt in Samoa sogar ein Sprichwort für den Mißbrauch von Gastfreundschaft, das *Ua afu le laufala* heißt und übersetzt „Die Matten auf dem Boden schwitzen" bedeutet. Unterhalten Sie sich schon vor Ihrer Abreise mit Ihren Reisebegleitern über diese Dinge, damit Einigkeit besteht. Mit jemandem, der diese Bräuche nicht achtet, sollten Sie gar nicht auf die Reise gehen. Sehr selten werden Sie in die Lage versetzt sein, daß die Gastgeber wirklich nichts annehmen möchten. Machen Sie dann mehr als nur ein Foto von der Familie und senden Sie von Zuhause die Abzüge. Auf diese Weise können Sie sich jedenfalls ein wenig für die Gastfreundschaft revanchieren.

Weitere Hinweise: Erhalten Sie von einer Familie eine Einladung, dann sollten Sie ihr bei einer Zusage sofort die Länge Ihres Aufenthaltes mitteilen. Lädt ein Nachbar der Gastgeber Sie ein, auch bei ihm zu wohnen, dann lehnen Sie dies freundlich ab, denn das wäre für Ihre Gastgeber eine glatte Beleidigung. Es ist eine samoanische Sitte, daß Besucher auch im Haus des Pfarrers übernachten dürfen. Lädt man Sie dazu ein, dann spenden Sie der Kirche einen entsprechenden Betrag. Ein solcher Aufenthalt wird für Sie besonde-

ren Wert haben, weil Sie ganz sicher von den Ansichten des Pfarrers über Religion, Werte und Entwicklung angetan sein werden.
Für das Zelten der Touristen haben die Samoaner bisher nur wenig Verständnis entwickelt. Sie könnten sich beleidigt fühlen, wenn Sie ihre Einladung ablehnen und statt dessen eine Nacht im Zelt verbringen. Aber vielleicht akzeptiert man Ihren Wunsch zu zelten mit der Begründung, daß Sie der See nahe sein möchten, allein in einem Kokospalmenhain schlafen wollen, aber im allgemeinen sind sie Sonderlingen gegenüber, die aus der Gemeinschaft flüchten, argwöhnisch. Bevor Sie Ihr Zelt irgendwo aufschlagen, müssen Sie hierzu stets die Genehmigung bei dem dafür verantwortlichen Erwachsenen der Großfamilie einholen, der das Grundstück gehört. Andernfalls achten Sie bitte darauf, daß Ihr Zelt außer Sichtweite von Straßen, Wegen und Dörfern steht. Wenn Sie diese Regel nicht beachten, unterliegen Sie auch nicht dem Schutz des jeweiligen Dorfes.

ESSEN

Unbedingt probieren sollten Sie *Palusami.* Das besteht aus dicker Kokosmilch, Zwiebeln, Corned Beef aus der Dose und jungen Taroblättern. Diese Zutaten wickelt man in ein Blatt des Brotfruchtbaumes und läßt das Ganze auf heißen Steinen garen. Serviert wird es auf Scheiben von gebackener Taro und schmeckt ausgezeichnet, wenn es richtig zubereitet ist. Weitere samoanische Spezialitäten sind *Taofolo* (geknetete Brotfrucht mit süßer Kokosmilch, eingewickelt in Taroblätter und dann gebacken), *Fa'ausi* (ein Pudding aus geraspelter Taro und Kokosmilch), *Suafa'i* (reife Bananen mit Kokosmilch) und *Oka* (roher Fisch).
Wer über Nacht in einem Dorf bleibt, stellt schnell fest, daß nahezu alle Zutaten der Mahlzeiten vor Ort angebaut und geerntet werden. Grundnahrungsmittel sind Taro und Brotfrucht, ergänzt durch Schweinefleisch, Fisch, Geflügel, *Ta'amu* und Bananen. Lassen Sie gleich nach der Ankunft in einem Dorf alle wissen, daß Sie der Konservenmahlzeiten überdrüssig sind und gern die heimische Küche teilen würden. Gehen Sie jedoch nach einem Essen bei Gastgebern nicht gleich fort, sondern verweilen Sie noch ein wenig. Ein sofortiges Aufbrechen nach dem Essen gilt als grobe Unhöflichkeit. In den Eßgewohnheiten unterscheiden sich die Samoaner übrigens von uns; während wir essen, bis wir satt sind, essen sie so lange, bis sie müde werden.

PRAKTISCHE HINWEISE

Einreisebestimmungen: Für einen Aufenthalt von weniger als 30 Tagen benötigen Sie kein Visum, müssen aber einen Flug- oder Fahrschein für die Weiterreise vorlegen. Das späteste Abflugdatum wird bereits bei der Ankunft in den Paß gestempelt. Die 30 Tage Aufenthaltserlaubnis erhält man ohne jegliche Schwierigkeit. Wenn Sie länger als 30 Tage in West-Samoa bleiben wollen, dann gehen Sie mit einer guten Begründung rechtzeitig zur Ausländerbehörde (oberstes Stockwerk). Außerdem benötigen Sie dafür 10 Tala, zwei Paßbilder, den Flug- oder Fahrschein für die Weiterreise, genügend Mittel für den weiteren Aufenthalt und den Nachweis, daß Sie in einem Hotel wohnen. Es kann auch sein, daß eine Verlängerung der Aufenthaltserlaubnis von einem Bürgen abhängig gemacht wird, der die Verantwortung für Sie übernimmt. Wenn diese Vorschriften sich streng anhören, dann berücksichtigen Sie, daß jährlich etwa 1.000 Samoaner aus Neuseeland ausgewiesen werden. Die strengen Vorschriften für eine Erlaubnis, länger als 30 Tage im Land bleiben zu dürfen, sind die Antwort West-Samoas auf diese Vorgehensweise. Weitere Informationen über längere Aufenthalte können Sie bei der Ausländerbehörde einholen (Immigration Office, Box L1861, Apia, Tel. 20-291).

Für in der Südsee segelnde Yachten ist Apia der einzige Hafen, in dem als erster in West-Samoa angelegt werden darf. Wenn Segelboote West-Samoa wieder verlassen, dürfen sie aber nach der Abfertigung in Apia noch Savai'i anlaufen, wenn die Besatzung dafür eine Genehmigung vom Büro für innere Angelegenheiten (Internal Affairs Office) im obersten Stockwerk des Gerichtsgebäudes erhalten hat.

Geld: Der Tala (T) von West-Samoa ist in 100 Sene unterteilt und neuerdings in Plastikbanknoten im Umlauf. Samoaner sprechen oft von Dollar, wenn sie Tala meinen. Zur Verwirrung tragen aber auch Geschäftsleute bei, die Touristen gegenüber Preise in US-Dollar nennen, damit die niedriger erscheinen. Achten Sie also genau auf die Währung, denn 1 US-Dollar ist 2,44 Tala wert. Wir haben im Kapitel über West-Samoa die meisten Preise in Tala angegeben, auch wenn sie ursprünglich in US-Dollar galten und zum angegebe-

nen Kurs umgerechnet werden mußten. Das sollten Sie im Auge behalten, wenn der Tala abgewertet werden sollte. Um diesen Prozentsatz würden die ursprünglich in US-Dollar berechneten Preise dann steigen.
Da Tala außerhalb des Landes wertlos sind, sollten Sie nur den Betrag eintauschen, den Sie während des Aufenthaltes voraussichtlich benötigen. Bleiben trotz guter Kalkulation vor der Weiterreise noch Tala übrig, können Sie die ohne Schwierigkeiten bei einer Bank in Apia zurückwechseln. Wer weiter in Richtung Tonga oder Fidschi reist, kann sich dann gleich mit der Währung dieser Länder eindecken. Für Reiseschecks in US-Dollar erhält man übrigens etwa 4% mehr als für Bargeld. Aber es ist trotzdem gut, immer einige Dollar Bargeld in kleinen Noten bei sich zu haben, denn wenn Tala ausgegangen sein sollten, werden auch Dollar überall gern angenommen. Wiederholte Abwertungen der Landeswährung haben zu einer hohen Inflationsrate geführt. Für Touristen sind dadurch aber auch die heimischen Erzeugnisse und Dienstleistungen billiger geworden. Andererseits sind wegen der hohen Zölle importierte Waren sehr teuer. Es empfiehlt sich daher, Geschenke für Gastgeber bereits in Fidschi oder Pago Pago zu kaufen oder von zu Hause mitzubringen. So sind zum Beispiel Filme extrem teuer, und die Auswahl ist zudem gering. Das heißt, daß Sie sich auch damit besser vorher eindecken. Und wenn Sie Sachen wie Teebeutel, Waschpulver und Toilettenartikel überhaupt bekommen, so sind auch diese einfachen Gegenstände des täglichen Gebrauchs überteuert. Trinkgelder sind in Samoa verpönt, und den bettelnden Kindern in den Straßen von Apia sollten Sie auf keinen Fall Geld geben.

Strom: Anders als in Amerikanisch Samoa, wo die Stromspannung 110 Volt beträgt, ist sie in West-Samoa 240 Volt Wechselstrom (50 Hertz).

Maße: In Amerikanisch Samoa ist das System mit amerikanischen Maßen (Yards, Meilen usw.) üblich, während in West-Samoa das metrische System angewandt wird.

Telefon: Bei Selbstwahlgesprächen ist für Amerikanisch Samoa die Länderkennzahl 684 und für West-Samoa die Länderkennzahl 685 zu verwenden.

Zeit: Sowohl in Amerikanisch Samoa als auch in West-Samoa gilt die gleiche Zeit, denn die internationale Datumsgrenze, wo der Tag endet, verläuft weiter westlich. In Samoa ist die Zeit 3 Stunden später als in Kalifornien und 21 Stunden später als in Ost-Australien.

Geschäftszeiten: Die üblichen Öffnungszeiten sind montags bis freitags von 8.00 bis 12.00 Uhr und von 13.30 bis 16.30 Uhr sowie samstags von 8.00 bis 12.00 Uhr. Behörden sind jedoch samstags geschlossen. Banken öffnen montags bis freitags von 9.30 bis 15.00 Uhr, Postämter montags bis freitags von 9.00 bis 12.00 Uhr sowie von 13.00 bis 16.30

Uhr. Ansonsten müssen Sie damit rechnen, daß außer Hotel- und Kirchentüren sonntags alles geschlossen ist.

Gesundheit: Auch wenn bei der Einreise nach West-Samoa Impfnachweise nicht verlangt werden (außer in dem eher unwahrscheinlichen Fall, daß man unmittelbar aus einem Gelbfieber- oder Choleragebiet kommt), mag es sich lohnen, sich mit Gamma-Globulin (gegen Gelbsucht vom Typ A) sowie gegen Typhus und Wundstarrkrampf (nach Hundebissen) impfen zu lassen. Auch wenn der erste AIDS-Tote im Jahre 1990 registriert wurde, ist diese Krankheit in West-Samoa noch sehr selten (der einzige bekannte Infizierte starb inzwischen). Dennoch sollte man gegen AIDS die üblichen Vorsichtsmaßnahmen ergreifen. Vertreter der Gesundheitsbehörde sind der Meinung, daß die Gruppe mit dem höchsten Ansteckungsrisiko nicht, wie allgemein angenommen, die Transvestiten (*Fa'afafine*) sind, sondern die Heterosexuellen mit wechselnden Partnern und Partnerinnen. Ansonsten sind unter Dorfbewohnern Läuse und Darmparasiten weit verbreitet. Dagegen sind aber in Apotheken Medikamente erhältlich. Bei allen Arzneien in West-Samoa muß man jedoch auf das Verfallsdatum achten. Seien Sie ferner beim Genuß von Wasser aus den Leitungen in Apia vorsichtig. Bier ist gesünder!

Medien: In West-Samoa erscheinen drei englischsprachige Tageszeitungen: *Samoa Weekly* (Box 1462, Apia, Tel. 20-872), *Samoa Observer* (Box 1572, Apia, Tel. 21-099), herausgegeben jeden Mittwoch, Freitag und Sonntag, sowie *Samoa Times* (Box 2028, Apia, Tel. 20-945), die fünfmal wöchentlich veröffentlicht wird.

ANREISE

Flug: Die nationale Fluggesellschaft Polynesian Airlines (Box 599, Apia, Tel. 21-261) fliegt von und nach Auckland, Nadi, Nouméa, Nuku'alofa, Pago Pago, Rarotonga und Sydney. Mit dem „Polypass" dieser Gesellschaft kann man 30 Tage lang beliebig oft das gesamte Streckennetz in Anspruch nehmen und sogar je einmal von und nach Auckland und Sydney fliegen. Das kostet 999 US$. Einzelheiten über dieses Rundreiseticket und andere „Dreiecksflüge" können Sie dem Einführungsteil entnehmen. Studenten unter 26 Jahren erhalten 25 % Ermäßigung auf die normalen Flugpreise. Polynesian Airlines ist übrigens die einzige Fluggesellschaft, die an Bord echte polynesische Speisen anbietet (Glückwunsch!) und sich auch sonst beim Service hervorhebt. Allerdings sind die Flüge häufig verspätet. Polynesian Airlines war zudem 1991 die erste Fluggesellschaft in der Südsee, in deren Flugzeugen das Rauchen verboten wurde.

Die Fluggesellschaft Polynesian Airlines ist 1959 von dem australischen Piloten Reginald Barnewall gegründet worden. Sie begann ihre Tätigkeit 1960 mit täglichen Flügen von Apia nach Pago Pago und hatte auf dieser Strecke bis 1975 ein Monopol. 1964 erweiterte

Polynesian Airlines das Streckennetz um Flüge nach Fidschi, Tonga und Wallis. Im Jahre 1971 übernahm die Regierung von West-Samoa einen Anteil an der schnell wachsenden Gesellschaft, der es ihr ermöglichte, die Kontrolle über Polynesian Airlines auszuüben. Es folgte 1977 die Aufnahme von Flügen nach Niue sowie Rarotonga und 1978 nach Tahiti sowie Auckland. 1981 wurde eine nagelneue 737 von Boeing an die Fluggesellschaft ausgeliefert, aber die schnelle Expansion und der zunehmende Wettbewerb durch andere Gesellschaften führten bald zu einer Finanzkrise. Deshalb unterzeichnete Polynesian Airlines 1982 einen Vertrag mit Ansett Airlines aus Australien, durch den die Australier das Management übernahmen. Dieser Vertrag wurde 1987 um 10 Jahre verlängert. Zur gleichen Zeit übernahm Ansett Airlines auch das Management bei Air Vanuatu, was zur Folge hatte, daß Polynesian Airlines und Air Vanuatu 1982 Gemeinschaftsflüge von Sydney über Port Vila nach Apia aufnahmen. Ein Wechsel in der Luftverkehrspolitik in Australien führte aber 1992 dazu, daß Ansett Airlines den Vertrag beendete, weil diese Gesellschaft selbst das Recht erhalten hatte, Flüge ins Ausland zu unternehmen.

Air Pacific (Tel. 21-261) fliegt von Suva und Nadi nach Apia (häufig voll besetzt), Air New Zealand (Tel. 23-097) von Auckland, Honolulu sowie Nuku'alofa und Hawaiian Airlines (Tel. 21-345) ebenfalls von Honolulu. Sowohl Air New Zealand als auch Hawaiian Airlines haben gute Anschlüsse von und nach Los Angeles zu bieten. Nähere Informationen über die „Dreiecksflüge" zwischen Fidschi, Apia und Tonga können Sie dem Einführungsteil entnehmen. Im übrigen muß man wissen, daß bei Air Pacific manchmal wegen der kleinen eingesetzten Maschinen vor dem Abflug Gepäck wieder ausgeladen werden muß und Hawaiian Airlines einen etwas zweifelhaften Ruf wegen vieler Überbuchungen und verspäteter Flüge hat.

Zudem unternehmen mehrmals täglich Maschinen von Polynesian Airlines und Samoa Air (Tel. 22-321) Pendelflüge zwischen Apia und Pago Pago (einfacher Flug 48 $, Hin- und Rückflug 73 $). Samoa Air hat auch Sondertarife für Flüge von Apia nach Niue (einfacher Flug 195 $, Hin- und Rückflug 360 $) und Vava'u (einfacher Flug 195 $, Hin- und Rückflug 360 $) zu bieten, die beide über Pago Pago führen.

Schiff: Die Reederei Western Samoa Shipping Corporation (Private Bag, Apia, Tel. 20-935) setzt für die sechsstündige Überfahrt von Apia nach Pago Pago dienstags und donnerstags um 22.00 Uhr die Autofähre *Lady Samoa II* ein (einfache Fahrt 40 T). Wenn Sie nach Apia zurückkehren wollen, dann kaufen Sie sich eine Fahrkarte für die Hin- und Rückfahrt, denn die Preise sind in Pago Pago höher. Der Fahrplan ändert sich jedoch leider jede Woche, so daß Sie sich besser vorher noch einmal genau erkundigen. Gebucht werden muß bis 12.00 Uhr des Tages vorher. Das ist im Büro der Reederei oberhalb vom Transportministerium und unweit des Hauptanlegers möglich. Dabei muß man aber seinen Reisepaß vorlegen. Am Vortage müssen Sie auch schon bei der Bank eventuell überflüssige Tala in Dollar oder andere Währungen umtauschen, weil es am Anleger keine Bank gibt. Wenn Sie statt mit einem Flugzeug mit einem Schiff aus West-Samoa ausreisen, sparen Sie die 30 T Flughafengebühr.

Bei Trans-Pacific Travel unweit der Commercial Bank (Tel. 21–346) können Sie sich nach anderen Schiffen erkundigen, die Apia oder Aleipata am Ostende von Upolu mit Pago Pago verbinden.

Näheres über Schiffsverbindungen zu den Tokelau-Inseln erfahren Sie im Büro von Tokelau Affairs (Tel. 20–822). Etwa einmal in jedem Monat legt ein Versorgungsschiff zur Fahrt in diese Richtung ab, auf dem ein Kabinenplatz hin und zurück etwa 400 neuseeländische Dollar kostet. Reservierungen sind jedoch nicht möglich. Touristen müssen sich ohnehin mit den Plätzen begnügen, die bei Abfahrt noch frei sind.

Flughafen: Der Flughafen Faleolo (APW) liegt 35 km westlich von Apia. Von dort kann man mit einem Flughafenbus bis zu dem Hotel fahren, in dem man wohnen will (6 T). Man kann aber auch an der Hauptstraße auf einen öffentlichen Bus warten, mit dem eine Fahrt nach Apia nur 1,20 T kostet. Nach 16.00 Uhr und sonntags verkehren die aber nur selten. In Gegenrichtung ist der Flughafenbus (Tel. 23–014) sehr unzuverlässig. Wir haben etliche Briefe von Lesern erhalten, die sich darüber beklagten, daß sie 30 T für eine Taxifahrt zum Flughafen bezahlen mußten, weil der Flughafenbus, den sie gebucht und auf den sie vertraut hatten, zur Abholung einfach nicht kam. Achten Sie aber auch darauf, ob der Taxifahrer am Flughafen einen Fahrpreis in US-Dollar oder in Tala nennt.

Nach der Ankunft auf dem Flughafen können Sie während des Wartens auf das Gepäck einem Ständer Broschüren des Fremdenverkehrsamtes entnehmen. Außerdem gibt es im Flughafengebäude zwei Banken und Schalter von mehreren Mietwagenunternehmen. Ferner sind ein paar der Geschäfte zu allen Flügen geöffnet und bieten beim Weiterflug die Möglichkeit, die letzten Tala auszugeben. Die philatelistische Abteilung der Post ist im Flughafengebäude ebenfalls vertreten.

Beim Abflug sind 30 Tala Flughafengebühr zu bezahlen, die jedoch bei Transitpassagieren, die weniger als 24 Stunden im Land geblieben sind, entfällt. Dann muß man aber auf die Karte, die bei der Ankunft auszufüllen ist, „Transit“ schreiben und dem Beamten der Ausländerbehörde ausdrücklich sagen, daß man innerhalb 24 Stunden weiterreisen will. Wenn Sie innerhalb von 30 Tagen aus West-Samoa zweimal mit einem Flugzeug ausreisen, dann bewahren Sie die Quittung für die Flughafengebühr beim ersten Flug auf, weil man beim zweiten Weiterflug innerhalb von 30 Tagen nicht erneut zahlen muß.

UPOLU

APIA UND UMGEBUNG

Trotz des steten Wachsens der Stadt, in der 1991 35.000 Menschen lebten, ist Apia immer noch eine Ansammlung verschiedener Dörfer. Wie in der Südsee üblich, reihen sich an der Promenade Kirchen und Gebäude der Handelsunternehmen einträchtig aneinander.

Farbenfroh ist der Markt, auf dem die Dorfbewohner Taro, Bananen und Kakao feilbieten. Außerdem bietet der Hafen von Apia, wo der Fluß Vaisigano für eine Öffnung im schützenden Riff um Upolu gesorgt hat, eine bunte Mischung von Fähren, Händlern, Fischerbooten und Segelyachten.

Wer alles Sehenswerte dieser Stadt etwas genauer kennenlernen möchte, wird eine knappe Woche benötigen. Da es hier alles gibt, was man auf einer Reise so braucht, sollten Sie in Apia Ihre Südseereise einmal unterbrechen und sich alles etwas gründlicher ansehen. Wer schon Pago Pago kennt, wird feststellen, daß die Stadt bemerkenswert sauber ist. Zudem sind die Menschen freundlich und haben immer genug Zeit, vor allem für ein Gespräch. Hier können Sie einen guten Eindruck von der faszinierenden Kultur der Samoaner erhalten und sich somit auch gut auf eine Rundreise nach Savai'i vorbereiten.

Samoa ist die Inselgruppe in der Südsee, wo Polynesisches noch unverfälscht erhalten blieb. Und Apia ist der helle Stern, um den sich in Samoa alles dreht.

Wie Suva, Nuku'alofa, Avarua (auf Rarotonga) und die anderen Städte des „Bibelgürtels“ in der Südsee ist Apia samstags am Nachmittag und sonntags so gut wie ausgestorben. Glücklicherweise sind aber in den letzten Jahren rund um Upolu und Savai'i etliche Ferienanlagen am Strand eröffnet worden, die Besuchern die Möglichkeit geben, der gesetzlich geschützten Religion zu entfliehen und von Samstag auf Sonntag in einer von ihnen zu übernachten. Dafür muß man sich aber einige Tage vorher anmelden.

Vom Markt nach Mulinu'u: Beginnen sollten Sie Ihren Rundgang auf dem geschäftigen, farbenfrohen Markt von Apia (Maketi Fou). Er ist der beste in der gesamten Südsee. Hier herrscht 24 Stunden am Tag Trubel, denn die Familien übernachten lieber auf dem Markt, als ihren guten Platz zu verlieren. Angeboten werden eine breite Palette von Erzeugnissen mit festen Preisen, Kunsthandwerk und heimische Nahrungsmittel. Ein Fischmarkt ist ebenfalls vorhanden. Und nicht zu vergessen die Menschen in ihrer Viel-

APIA UND UMGEBUNG

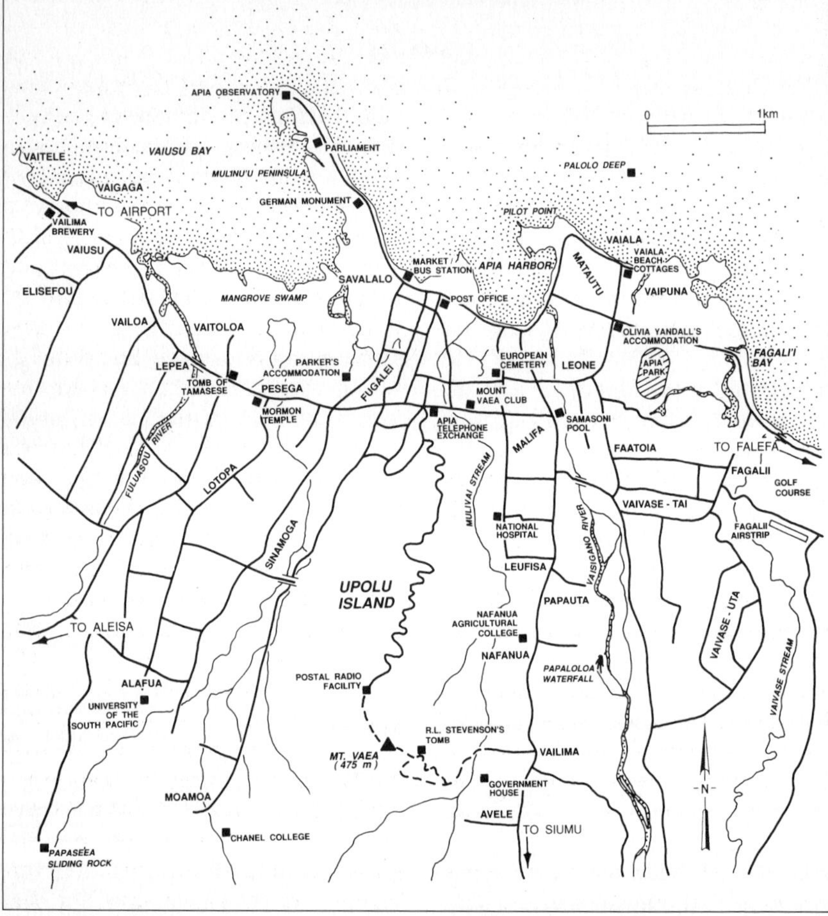

falt mit einer Reihe von Beispielen für klassische Polynesier. Der Busbahnhof ist gleich nebenan.

Gegenüber, auf der anderen Straßenseite, stehen die Gebäude der Western Samoan Trust Estates Corporation, einer Körperschaft des Staates, die nach dem Ersten Weltkrieg die Kokosplantagen der Deutschen übernahm. Das alte Gebäude war früher Sitz der Hauptverwaltung und stammt aus der deutschen Kolonialzeit. Nur ein wenig weiter nordwestlich steht das Hotel Tusitala. Dieses Gebäude ist sehenswert, weil in dem Hauptbau, wie ein *Fale* erbaut, die nur mit den Händen errichtete Dachkonstruktion beeindruckt.

Wenn Sie das Hotel in Richtung Nordwesten verlassen und entlang der Mulinu'u Street gehen, stehen links zwei Denkmäler, die an das verheerende Ereignis von 1889 erinnern (vgl. Abschnitt über die Geschichte). Der deutsche Kreuzer *Adler,* der während des Taifuns sank, liegt heute unter dem trokkengelegten Teil von Apia, direkt im Zentrum. Auch rechts steht ein Denkmal. Es erinnert an das Hissen der deutschen Flagge am 1. März 1900.

Das große Gebäude weiter links, das wie ein Bienenkorb aussieht, ist das neo-samoanische Parlamentsgebäude aus dem Jahre 1972. Es wurde 1990 geschlossen, nachdem festgestellt wurde, daß krebserzeugende Asbestfasern von der Decke auf die Abgeordneten herunterregnen. Das alte Parlamentsgebäude (*Fono*) steht auf der anderen Seite des Platzes gegenüber vom Unabhängigkeitsdenkmal (1962). Dort kann man lesen, daß „der Heilige Geist, der Rat aller Menschen, Samoas Geschicke leiten wird".

Am Ende der Halbinsel Mulinu'u steht das Observatorium von Apia, das 1902 von Deutschen gegründet wurde. Sehenswert sind auch die vielen Gräber der königlichen Familien, die an dieser Stelle und weiter links an der Straße angelegt wurden. Mulinu'u ist das Herzstück der modernen Geschichte Samoas.

Vailima: Im Jahre 1889 kaufte der berühmte Autor des klassischen Abenteuerromans *Die Schatzinsel,* Robert Louis Stevenson, am Fuße des Mt. Vaea 162 Hektar Buschland. Von Apia aus liegt das Grundstück landeinwärts, aber hoch über der See. Er bezahlte damals 4.000 US $. Da das Gelände nahe bei einem Fluß lag, wurde es schnell als „Vailima" bezeichnet („Wasser aus der Hand"). Der Legende nach bot nämlich hier die Frau eines nach langer Reise völlig erschöpften Häuptlings Wasser aus diesem Fluß an. In dieser Gegend errichtete Stevenson sein Haus und verbrachte die letzten 5 Jahre seines Lebens dort.

Während eines Machtkampfes zwischen rivalisierenden samoanischen Gruppen wurden einige Häuptlinge in Mulinu'u in das Gefängnis gesteckt. Dort besuchte sie Stevenson. Dafür ehrten die Häuptlinge Stevenson, indem sie ihm nach ihrer Freilassung eine Straße hinauf nach Vailima bauten. Die Samoaner nannten Stevenson *Tusitala* („Märchenerzähler"). Am 3. Dezember 1894 erlag Stevenson im Alter von 44 Jahren einer Gehirnblutung, als er seiner Frau Fanny bei den Vorbereitungen zum Abendessen behilflich war, und wurde unmittelbar unterhalb des Gipfels vom Mt. Vaea beigesetzt. Der Berg überragt Vailima, und den Beisetzungsort hatte Stevenson sich so gewünscht. Sein Herrenhaus mit dem herrlichen tropischen Garten wurde zunächst an einen pensionierten deutschen Geschäftsmann verkauft und ging später in die Hände der deutschen Regierung über, die es als Residenz für ihren Gouverneur nutzte. Als die Neuseeländer die Macht übernahmen, beschlagnahmten sie das Haus. Heute dient es dem Staatsoberhaupt von Samoa als Residenz. Er wohnt dort aber nicht ständig. Um Vailima zu besuchen, fahren Sie am besten mit dem Bus vom Markt. Vorher müssen Sie sich aber eine Genehmigung des Premierministers erteilen lassen, dessen Büro in Apia werktags von 8.00–12.00 und von 13.00–16.35 Uhr geöffnet ist. Gelegentlich wird auf der hinteren Veranda das Steuerrad des britischen Schiffes *Calliope* aufgestellt. Es trägt die Inschrift „*Samoa 1889*“ und ist aus Mahagoni. Die *Calliope* entging als einziges Schiff der Taifunkatastrophe Ende des letzten Jahrhunderts (siehe Abschnitt über die Geschichte). Das Steuerrad wurde nach dem Zweiten Weltkrieg von Großbritannien an West-Samoa übergeben, nachdem das Schiff zusammengebrochen war.

Anfang 1992, nachdem der Hurrikan „Val“ die Anlage schwer beschädigt hatte, pachteten schnell Geschäftsleute der Mormonen aus Utah und Arizona für 60 Jahre das Anwesen und beabsichtigen, es in eine gewinnbringende Touristenattraktion umzuwandeln. Dabei sollen eine Seilbahn zu Stevensons Grab am Mt. Vaea errichtet und in einem Museum auf dem Grundstück lebensgroße Figuren des Dichters, seiner Frau und der Haustiere seiner Familie aufgestellt werden. Die dazu ermächtigten Beamten haben die Pacht auf einen Tala pro Jahr festgesetzt und die Unternehmer von allen Steuern und Zollabgaben befreit. Diese Schändung der Anlage ist nur der letzte Versuch, den Ruf des Dichters für kommerzielle Ziele auszunutzen, denn das einzige in West-Samoa gebraute Bier heißt Vailima, und eines der größten Hotels wurde Tusitala genannt. Das Jahr des 100. Todestages von Stevenson (1994) soll zudem für eine Werbekampagne

Fanny Osborne und Robert Louis Stevenson mit Freunden in Vailima.

genutzt werden, mit der man mehr Touristen nach West-Samoa locken will. Aber es kann durchaus sein, daß dieser Frevel auf Leute, die wenigstens ein Fünkchen Respekt vor dem Dichter haben, eine gegenteilige Wirkung ausüben wird.

Mt. Vaea: Nahezu ein Höhepunkt jeder Reise nach Samoa ist der Spaziergang auf den Mt. Vaea. Diese 60 Minuten in Anspruch nehmende Wanderung führt entlang eines gut ausgeschilderten, sich in Windungen schlängelnden Weges zum Grab von Stevenson, das unmittelbar unterhalb des 470 m hohen Gipfels liegt. Nach Regenfällen kann dieser Weg aber sehr matschig werden. Das an Vailima grenzende Gebiet am Fuße des Berges wurde sehr geschmackvoll in einen Botanischen Garten umgewandelt, enthält einen Teich zum Baden und einen allerdings meistens ausgetrockneten Wasserfall. Nur während der Regenzeit stürzt hier Wasser herunter.

Der Weg auf den Berg wurde von 200 trauernden Samoanern angelegt, bevor sie die sterblichen Überreste des berühmten Dichters 1894 zur letzten Ruhe betteten. Vom Grab aus haben Sie einen herrlichen Blick auf Apia. Direkt unter Ihnen können Sie das blaue Dach von Vailima erkennen. Östlich liegt ein fruchtbares Tal, hinter dem die wolkenverhangenen Berge von Upolu und noch weiter draußen die weiße Linie des Riffs zu sehen sind, an dem sich endlos die Wellen brechen. Hier herrscht Stille; es ist ein friedlicher, ungewöhnlicher und einsamer Platz. Stevenson schrieb hierüber:

Under the wide and starry sky,
Dig the grave and let me lie.
Glad did I live and gladly die,
And I laid me down with a will.

This be the verse you grave for me:
Here he lies where he longed to be;
Home is the sailor, home from the sea,
And the hunter home from the hill.

Stevensons Frau Fanny starb 1914 in Kalifornien. Ihre Asche wurde nach Samoa gebracht und neben ihrem Mann beigesetzt. Auf der Bronzeplatte kann man ihren samoanischen Namen Aolele sowie folgende Worte von Stevenson lesen:

Teacher, tender comrade, wife,
A fellow-farer true through life
Heart-whole and soul-free,
The August Father gave to me.

Buschwanderungen: Eine längere Wanderung über den Mt. Vaea, etwas schwieriger als auf dem Weg zu Stevensons Grab, beginnt hinter dem Telefonamt von Apia. Gehen Sie in Richtung eines Navigationsfeuers bergaufwärts und anschließend auf der unbefestigten Straße weiter bis zu den Rundfunksendern (Postal Radio Facility) am Ende der Straße. Unterwegs haben Sie herrliche Ausblicke auf Apia und die See. Gehen Sie dann am Zaun links herum und weiter bis zu dem unmittelbar dahinter liegenden Grat. Dieser Teil des Weges ist allerdings stark überwuchert, so daß Sie lange Hosen brauchen, um

Verletzungen an den Beinen zu vermeiden. Wenn Sie den Versuch wagen, bis zu dem höchstgelegenen Grundstück links zu laufen, dann müßten Sie kurz vor dem Grab aus dem Wald herauskommen. Unterwegs bietet es sich an, etwas genauer auf die Pflanzen zu achten, die hier in einer überraschenden Vielfalt anzutreffen sind. Dieser Weg ist viel interessanter und schöner als der, auf dem Touristen üblicherweise gehen. Essen und Trinken sollten jedoch mitgenommen werden.

Der Südwesten: Am besten ist, Sie nehmen vom Markt aus einen Bus in Richtung Tafaigata oder Seesee und bitten den Fahrer, Sie an einer Stelle aussteigen zu lassen, die den Papase'ea-Felsen am nächsten liegt. Dann sind noch 2 km zu laufen. Wenn Sie den Eintritt bezahlt haben (1 T, aber nur an den Erwachsenen am Eingang und nicht den Kindern), können Sie über drei Felsen bis in Süßwasserteiche rutschen. Vergessen Sie daher nicht, eine Badehose oder einen Badeanzug einzupacken!
In Alafua, etwas weiter unten und östlich von diesem Gebiet, befindet sich das 30 Hektar große Gelände des Teils der University of the South Pacific, dessen Hauptteil in Fidschi ist. Hier wurde 1977 mit Unterstützung aus Neuseeland die Fakultät für Landwirtschaft gegründet. Links vom Haupteingang wurde mit finanzieller Hilfe der Europäischen Gemeinschaft ein Ausbildungszentrum errichtet. Die zwei Semester in dieser Universität dauern jährlich von Ende Februar bis Ende Juni und von Ende Juli bis Ende November. Für Studenten, die nicht aus der Region kommen, beträgt die jährliche Studiengebühr 11.400 T.
Auf dem Rückweg nach Apia lohnt ein Halt beim Mormonentempel an der Flughafenstraße. Der goldene Engel Moroni posaunt dort von oben herab. Touristen ist der Zutritt zwar verwehrt, haben aber in einem Informationszentrum nebenan die Möglichkeit, sich mit dem Glauben der Mormonen vertraut zu machen.
Von dort sind es nur wenige Minuten zu Fuß entlang der Hauptstraße zum gewaltigen vierstufigen Grab von Tupua Tamasese Lealofi III., dem Anführer der Mau-Bewegung (siehe Abschnitt über die Geschichte). Zusammen mit 8 samoanischen Mitstreitern wurde Tamasese am 29. Dezember 1929 von neuseeländischen Verwaltungsbeamten hingerichtet, weil sie sich angeblich der Kolonialverwaltung widersetzten.

Das Zentrum von Upolu: Fahren Sie mit dem Bus nach Vailima bis zur Endstation in der Nähe des Ausstellungsraumes der Island Styles Factory (siehe Abschnitt über Einkäufe). Ein etwa halbstündiger Fußweg führt von hier zu dem oberhalb der Fabrik gelegenen Haus der Baha'i-Sekte, das 1984 eröffnet wurde. Es ist der größte Tempel der Baha'i in dieser Region und zugleich eines der beeindruckendsten modernen Gebäude im Südpazifik. Die monumentale Kuppel erhebt sich 30 m über die umliegenden Bauten, hat neun

Seiten und soll damit die neun wichtigsten Religionen der Welt symbolisieren. Das Gitterwerk der Gewölberippen in dem Tempel bildet mitten in der Kuppel einen neunzackigen Stern. Die Sitzreihen sind so angeordnet, daß sie in Richtung Heiliges Land (Israel) weisen. Dort nämlich liegt der Prophet und Gründer des Baha'i-Glaubens, Baha'u'llah (1817–1892), begraben. Der Tempel wurde von Anhängern dieser Religion in allen Teilen der Welt finanziert und steht allen Besuchern zum Gebet und zur Meditation offen. Statten Sie auch dem Besucherzentrum des Tempels einen Besuch ab (Tel. 24-192). Es liegt links vom Tempel. Dort stehen eine Bücherei, ein audiovisuelles Programm und Erfrischungen zur Verfügung.

In weiteren 30 Minuten auf dem Cross Island Highway kommen Sie zu einer Straße, die links in Richtung des Lanoto'o-Sees abzweigt. Dieser See liegt mitten in Upolu in einer Höhe von 590 m. Bis zu der Abzweigung können Sie aber auch mit einem Pick-up in Richtung Siumu fahren. Diese Autos stehen vor dem Dept. of Economic (Wirtschaftsministerium). Wenn Sie davon Gebrauch machen, dann besuchen Sie den Baha'i-Tempel auf dem Rückweg. In dem kleinen Laden unweit der Abzweigung können Sie nach dem Weg zum Goldfisch-See (Goldfish Lake) fragen. So wird der Lanoto'o-See ebenfalls genannt.

Gehen Sie zunächst etwa eine Stunde geradeaus in westliche Richtung, bis Sie die Stromleitungen erreichen, die plötzlich an einer Umspannstation enden. Von dieser Stelle sehen Sie auch ein paar Funkmasten links neben der Straße. Wandern Sie dann noch 500 m weiter bis zur nächsten Kreuzung. Dort zweigt eine Straße nach Süden in den Wald ab, bis Sie links wieder die Funkmasten sehen. Wenn Sie nun in Richtung Südwesten sehen, werden Sie eine stark überwachsene Straße entdecken. Sie wurde diagonal zu den beiden derzeit bestehenden Straßen geschlagen und führt direkt zum See. Der Weg beginnt nur wenige Schritte südlich der Straße. Von dort braucht man noch etwa 45 Minuten bis zum See. Die ersten 15 Minuten führt der Weg durch langes Gras, das mittlerweile die alte Straße überwuchert. Danach wird der

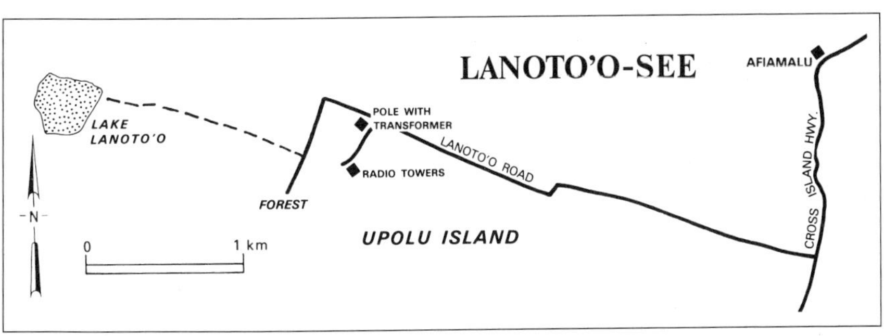

UPOLU

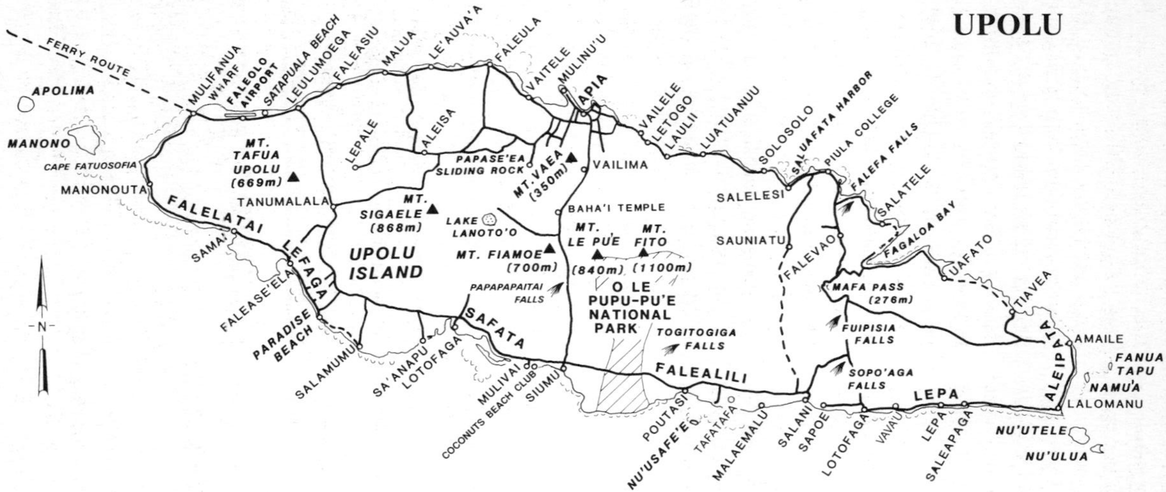

0 10km

Wie die Palme nach Samoa kam: Tuna, ein junger Mann aus Fidschi, verliebte sich eines Tages in eine reizende Besucherin aus Samoa. Er bat sie eilends um ihre Hand. Sie aber konnte sich nicht sofort entscheiden und kehrte nach Hause zurück. Verzweifelt verwandelte sich Tuna in einen Aal und folgte seiner Geliebten nach Savai'i. Dort fand er in einem Teich Zuflucht. Regelmäßig kam Sina, so hieß das Mädchen, um ihn dort zu besuchen. Leider hatte Tuna aber das Lied vergessen, das er singen mußte, um wieder in ein menschliches Wesen zurückverwandelt zu werden. Mittlerweile hatten aber Sinas Brüder diese unglückliche Liebesaffäre entdeckt und töteten Tuna. Bevor er starb, konnte er Sina noch um die Erfüllung eines letzten Wunsches bitten. Sie möge seinen Kopf begraben. Aus ihm würde dann ein wunderschöner, lebensspendender Baum wachsen. Die Frucht würde seine Augen und seinen Mund enthalten, und wann immer Sina die Frucht zum Trinken an ihre Lippen setzen würde, käme dies einem Kuß für den Geliebten gleich. Auf diese Weise kamen der Legende nach die Palmen nach Samoa.

Weg etwas besser. Haben Sie den großen, rechteckigen Kurzwellensender oben auf dem Hügel entdeckt, dann liegt der See direkt unter Ihnen.
Das dunkle, grüne Wasser dieses selten besuchten Kratersees ist von moosgrünen Wäldern umgeben, während die Umgebung ständig in Nebel gehüllt ist. Das Schwimmen hier im See ist ein unvergeßliches Erlebnis. Zu dieser sehr fremdartigen Atmosphäre kommt noch die Tatsache, daß der See voll von Goldfischen ist. Um sie zu entdecken, muß man aber etwas Geduld aufbringen, denn vom Ufer aus sind sie nicht auszumachen. Wer gerade ein paar Brotkrümel in der Tasche hat, kann sie damit etwas schneller anlocken. Diese Wanderung zum Goldfisch-See ist wie ein Lehrpfad für die Vegetation in höheren Lagen, und dies in nicht allzu großer Höhe. Ist auch noch die Sicht gut, haben Sie oben vom Kurzwellensender einen herrlichen Blick in die Umgebung. Gutes Schuhwerk und feste Hosen sind aber unerläßlich.
Wenn Sie nach diesem recht abenteuerlichen Spaziergang immer noch nicht müde sind, können Sie sich, wenn Sie die Hauptstraße wieder erreicht haben, auch noch zu den Papapapaitai-Fällen (auch Tiavi-Fälle genannt) durchfragen. Sie liegen rechts von der Straße, nur ein wenig weiter südlich.

Der Osten: Den Markt in Apia verlassen Busse nach Falefa, 29 km östlich gelegen, ungefähr jede Stunde. Die Fahrt ist ein Genuß, denn man erlebt dabei die Nordküste in ihrer ganzen Schönheit und kommt an den bei Surfern so beliebten Stränden von Laulii und Solosolo vorbei, an denen man aber mit Unterströmungen rechnen muß. Hier bricht kein Barriereriff die Wellen, die deshalb an die Küste mit dem schwarzen Sand schlagen können. Verlassen Sie den Bus bei den Falefa-Fällen (freier Eintritt). Sie sind während der Regenzeit ein Naturschauspiel, aber das Schwimmen empfiehlt sich wegen des trüben Wassers nicht. Der Rückweg führt nach 2 km durch den malerischen Ort Falefa und weiter bis zum Piula College.
Unmittelbar unterhalb der großen Methodistenkirche entspringt eine Quelle, die den Piula Cave Pool speist. Er ist von Montag bis Samstag in der Zeit zwischen 8.00 und 16.30 Uhr geöffnet (Eintritt 1 T). Das Wasser ist trotz des übermäßig starken Verbrauchs von Seife und des Waschens von Wäsche klar und schön. Sie können von hier die Höhle unterhalb der Kirche schwimmend erreichen. Durch eine kleine Öffnung unter Wasser im hinteren Bereich links ist sie mit einer zweiten Höhle verbunden. Die ist lang, dunkel und tief. Mit Maske und Schnorchel kann man sie genauer in Augenschein nehmen. Nach dem Schwimmen (Umkleidekabinen sind vorhanden) können Sie nach Apia entweder mit dem Bus zurückkehren oder versuchen zu trampen.
Der Ausflug läßt sich bequem in einem Vormittag bewältigen. Steht Ihnen genügend Zeit zur Verfügung, können Sie bei Flut auch noch rund um der Albatros-Insel im Hafen von Saluafata gut

schnorcheln. Das ist zwischen dem Piula College und Solosolo. Der Hafen eignet sich für Yachten auch gut zum Ankern.

Weitere Möglichkeiten zum Schwimmen: Nicht gerade einladend ist der wenig schöne Strand bei Vaiala. Wegen der gefährlichen Unterströmung ist hier Vorsicht geboten. Gegenüber der Kirche von Matautu befindet sich der beschilderte Eingang zum Palolo Deep Marine Park (Eintritt 1 T). Dort finden Sie nicht nur Umkleideräume, Toiletten und eine Bar, sondern auch eine Plattform draußen auf dem Riff, von wo sich die Korallen hervorragend erkunden lassen und man eine große Vielfalt von Fischen sehen kann. Eine Ausrüstung zum Schnorcheln kann man ausleihen. Wenn Sie hierfür einen Nachmittag einplanen, dürfte das ausreichen.

Von der Uferstraße aus ein Stück die Falaelili Street hinauf führt eine Straße in Richtung Osten zum Samasoni Bathing Pool. Dort können Sie von den Felsen in das klare, tiefe Wasser tauchen. Am gleichen Fluß, nur ein bißchen weiter aufwärts, liegt der Papaloloa-Wasserfall. Den Weg dorthin müssen Sie allerdings erfragen. Er beginnt kurz hinter dem Nafanua Agricultural College.

Ein Leser schrieb uns folgendes: „Der einzige Platz, an dem wir uns wohlfühlten, Badesachen zu tragen, am Strand zu liegen und in das Wasser zu gehen, war am Coconuts Beach Club. Wir sind eigentlich keine Leute, die sich in solchen Ferienanlagen gern aufhalten, aber auf dieser Insel hat es uns gut gefallen. Das Essen war gut, der Strand ganz schön, und man fährt von Apia dorthin nur eine halbe Stunde."

Tauchen: Seitdem die Einheimischen Dynamit beim Fischen einsetzen, sind die Tauchmöglichkeiten am Five Mile Reef nicht mehr ideal. Dieses Riff, 8 km vor der Küste des Hafens von Apia gelegen, gehörte einmal zu den besten Tauchplätzen von Samoa.

Nun bevorzugen Taucher die Südküste von Upolu. Dort sind die Einrichtungen gut, ist die See ruhiger und wird allerlei geboten. Die Kanäle im Riff wimmeln von Fischen, insbesondere bei aufkommender Flut. Besonders schöne Korallen können Sie bei der Insel Nu'usafe'e sehen, die vor Poutasi liegt. Auch dort tummeln sich viele Fische, darunter sogar die harmlosen Sandhaie. Die recht zahmen Fische können sogar mit der Hand gefüttert werden. Fünf Durchbrüche von 10–25 m Länge unterbrechen hier das Riff und ermöglichen den Zugang zum klaren Wasser. Mutige schwimmen durch die Öffnung bei Lefaga und fürchten auch nicht die tosenden Wellen über dem Kopf. Allerdings herrscht dort eine starke Strömung. Das ist nur etwas für sehr erfahrene Taucher.

Gut tauchen läßt es sich auch an den steilen Abfällen bei den Inseln Nu'utele und Nu'ulua in Alaipata. Das ist westlich von Manono am Ende des Barriereriffs, 3 km vor der Küste von Lalomalava auf Savai'i. Diese Tauchplätze wurden vom neuseeländischen Tauchsportmagazin *New Zealand Dive* mit besonderem Lob bedacht.

DER OSTEN VON UPOLU

Etwa 8 km südlich der Falefa-Fälle windet sich die Straße hoch zum 276 m hohen Mafa Pass. Nach weiteren 5 km kommt man tief im Innern zu den Fuipisia-Fällen, auf die an der Straße ein Hinweisschild aufmerksam macht (Eintritt 2 T). Von dort sind es nur noch 300 m landeinwärts, wo das Wasser über die Fälle 56 m tief in ein dicht mit Farnen bewachsenes Tal hinabstürzt. Von oberhalb der Fälle hat man einen ausgezeichneten Blick in dieses herrliche Tal.

3 km weiter südlich fließt dieser Fluß über die 53 m hohen Sopo'aga-Fälle (Eintritt 1 T). Dort gibt es einen Aussichtspunkt. Er liegt hinter dem ersten Haus rechts, nur wenige hundert Meter hinter der Kreuzung mit der Straße in westliche Richtung zum O Le Pupu-Pu'e-Nationalpark. Von diesem Aussichtspunkt führt ein Pfad hinunter zu den Fällen. Wem nach Schwimmen zumute ist, der läuft entlang der Straße zum Nationalpark ein wenig weiter bis zu der Brücke über den Fluß. An der Ostseite können Sie dann einen Weg sehen, der flußaufwärts zum Badeplatz führt.

Leider sind die Busverbindungen von Sopo'aga bis zum Nationalpark entlang der Südküste schlecht. Die Aussicht, eine Mitfahrgelegenheit mit einem privaten Fahrzeug zu finden, wird aber besser, wenn Sie die 4 km nach Westen bis zur Abzweigung nach Salani wandern. Die meisten Busse fahren in östliche Richtung weiter in den Bezirk Aleipata. In dieser Gegend gibt es viele ausgezeichnete und unberührte weiße Sandstrände. Upolus Südküste ist noch viel weniger verändert worden als die Nordküste. Hier halten die Bewohner ihre Dörfer sauber und schmücken sie mit Blumen.

Lohnend ist eine Fahrt mit Fischern, die bei Flut vom östlichsten Haus in Lalomanu zu den kleinen Inseln vor der Küste hinausfahren. Die Höflichkeit gebietet es, sich dann an den Treibstoffkosten zu beteiligen. Die Insel Nu'utele, einst eine Leprakolonie, ist heute unbewohnt. Zwei wunderschöne Strände verlaufen unterhalb der steilen, bewaldeten Hänge. Um ein Boot zur Fahrt nach Nu'utele zu mieten, muß man mit etwa 30 T rechnen.

Anfang der zwanziger Jahre lebte Erich Scheurmann bei Tuiavii, dem Häuptling von Ti'avea, und veröffentlichte später unter dem Titel *Der Papalagi* eine Sammlung von Ansprachen des Häuptlings. Entlang der steilen Nordküste von Ti'avea führt ein Fußweg zur Fagaloa Bay, einem guten Ankerplatz für Yachten, von wo für die Rückfahrt nach Apia sogar Busse zur Verfügung stehen. Die Afulio-Fälle oberhalb der Fagaloa Bay sind übrigens zur Nutzung für ein Wasserkraftwerk vorgesehen.

O Le Pupu-Pu'e-Nationalpark: Nationalparks sind im Pazifikraum sehr selten, so daß ein Besuch dieses Parks fast zur Besonderheit einer Südseereise wird. Er ist 2.850 ha groß und erstreckt sich von der Wasserscheide der Insel von den Gipfeln des Mt. Le Pu'e mit seinem Doppelkrater, östlich von Afiamalu, und dem 1.100 m hohen Mt. Fito, der höchsten Erhebung auf Upolu, bis hinunter zu den Lavafeldern des O Le Pupu und zur Küste. Der Park bietet dem vom Aussterben bedrohten Tonganischen Flughund (*Pteropus tonganus*) einen Lebensraum, selbst wenn sogar hier die hübschen Tiere von Wilderern in großen Zahlen getötet werden. Bei Sonnenuntergang kann man diese riesigen Fledermäuse mit einer Flügelspannweite von 1½ m über den Spitzen der Bäume schweben sehen.

Ein sehr informatives Besucherzentrum finden Sie in Togitogiga, 20 km südlich von Apia, das über den Cross Island Highway zu erreichen ist. Unweit des Besucherzentrums, in wenigen Minuten über einen Weg erreichbar, der von der Hauptstraße abzweigt, kann man sich die Togitogiga-Fälle ansehen, schwimmen oder im Wasser waten, im mittleren Pool sogar tauchen. An den Fällen gibt es sogar Umkleidekabinen, Toiletten und Unterstände, die allerdings unter Vandalismus gelitten haben.

Vom Besucherzentrum führt ein anderer Weg zur Peapea-Höhle. Um dorthin zu gelangen, müssen Sie für den Hin- und Rückweg mit 2 Stunden rechnen. Wen die Lavafelder interessieren und wer auch noch herrliche Ausblicke auf die Küste genießen möchte, der wandert ein wenig auf dem O Le Pupu Trail. Er beginnt nur wenige Kilometer westlich des Besucherzentrums. Den Nationalpark erreichen Sie am bequemsten mit einem Pick-up vom Dept. of Economic Development in Apia. Eine tägliche Busverbindung besteht von der Westseite des Parks zum Bezirk Lefaga.

DER WESTEN VON UPOLU

Der Bezirk Lefaga, 36 km westlich von Apia gelegen, ist nicht nur wegen des weißen Sandes und der schwarzen Felsen bekannt, sondern auch wegen des klaren Wassers am Return to Paradise Beach. Der liegt 2 km abseits der Hauptstraße. Mit einem Bus nach Lefaga erreichen Sie dieses Ziel direkt, während die Busse nach Safata nur bis zu der 2 km entfernten Kreuzung fahren. Wer hierher einen Tagesausflug unternehmen will, sollte früh in Apia aufbrechen. Am Eingang zum Strand werden pro Fahrzeug 2 T Eintritt kassiert. Berühmtheit erlangte er durch den Film *Return to Paradise,* der hier gedreht wurde. Hauptdarsteller dieses Films war Gary Cooper.

Von Lefaga nach Salamumu führt ein Fußweg an der Küste entlang, und zwar an einem einsamen Strand vorbei, wo man auch zelten kann. Da die Eigentumsrechte an diesem Strand nicht so ganz geklärt sind, kann es sein, daß man Sie hier zweimal zur Kasse bittet. Zunächst werden die Bewohner von Lefaga Eintritt verlangen und dann die Bewohner von Salamumu. Dies sollte Ihnen aber Ihre Laune nicht verderben, denn diese beiden Beträge stehen in keinem Verhältnis zu dem, was Ihnen landschaftlich geboten wird. Unweit des Ortes Salamumu können Sie übrigens für etwa 10 T ein *Fale* mieten. Und bei Mulifanua befindet sich nicht nur der Anleger für die Fähren nach Savai'i, sondern auch die größte Kokosplantage in der südlichen Hemisphäre.

MANONO

Die 3 km^2 große Insel vor dem Westende von Upolu liegt innerhalb des Riffs der größeren Schwester und ist daher geschützt. Die Umrundung von Manono nimmt nur eine Stunde in Anspruch. Da es auf der Insel keine Autos, keine Hunde, keine Läden und keinen Strom gibt, ist sie ein wahres Paradies der Ruhe. Sehenswert ist das Grab mit den 99 Steinen, von denen jeder zu Ehren einer Ehefrau des verstorbenen Mannes hierher geschafft wurde. Dem ersten Missionar der Methodisten, der Samoa 1835 erreichte, hat man auf Manono ein Denkmal gesetzt. Zum Erholen stehen einige Strände zur Verfügung.

Eine Überfahrt zur Insel Manono läßt sich für 1 T in Manonouta arrangieren. Brechen Sie aber früh auf, denn sonst werden Sie für die Rückfahrt ein ganzes Boot allein für 20 T mieten müssen. Um die nahegelegene Insel Apolima in der Straße zwischen Upolu und Savai'i besuchen zu können (Fahrt mit einem Boot hin und zurück 50 T), benötigen Sie eine Einladung von einem Einheimischen. Übernachtungen sowohl auf Manono als auch auf Apolima sollten vorher durch ein Reisebüro in Apia organisiert werden. Die Einheimischen sind nämlich Besuchern gegenüber, die einfach ankommen und Gastfreundschaft voraussetzen, ein wenig zurückhaltend. Einige Reisebüros in Apia bieten auch ganztägige Ausflüge nach Manono einschließlich Mittagessen für 60 T pro Person an. Daran teilzunehmen ist eine einfache Möglichkeit, die Insel kennenzulernen.

UNTERKUNFT

Preiswerte Quartiere: In Apia gibt es eine ganze Reihe preiswerter Unterkünfte. Zu den besten gehört Valentine Parker's Guest House in Fugalei (Box 395, Apia, Tel. 22-158), das vom Markt in 10 Minuten zu Fuß zu erreichen ist. Eine Übernachtung in einem der 12 Doppelzimmer kostet in der luftigen 2. Etage des ansehnlichen, im europäischen Stil erbauten Hauses allein 20 T und zu zweit 30 T. Duschen, Küche und Fernsehraum sind unten. Besucher dürfen in den Zimmern allerdings nicht empfangen werden. Zur exotischen Atmosphäre dieses Hauses tragen auch die quiekenden Schweine unten und die Beat-Musik von einer Diskothek die Straße weiter hinauf bei. Ansonsten ist der Gemischtwarenladen von Parker einer der billigsten in ganz Apia.

Auf der anderen Seite der Stadt, kurz vor der Shell-Tankstelle in der Matautu Street (zu erreichen vom Markt mit einem Bus nach Letogo), befindet sich Betty Moor's Guest House (Box 18, Apia, Tel. 21-085), wo man für einen der 13 kleinen Schlafräume bei Alleinbenutzung 18 T und zu zweit 30 T bezahlen muß. Ein großes Apartment zur Selbstversorgung wird einschließlich

ZENTRUM VON APIA

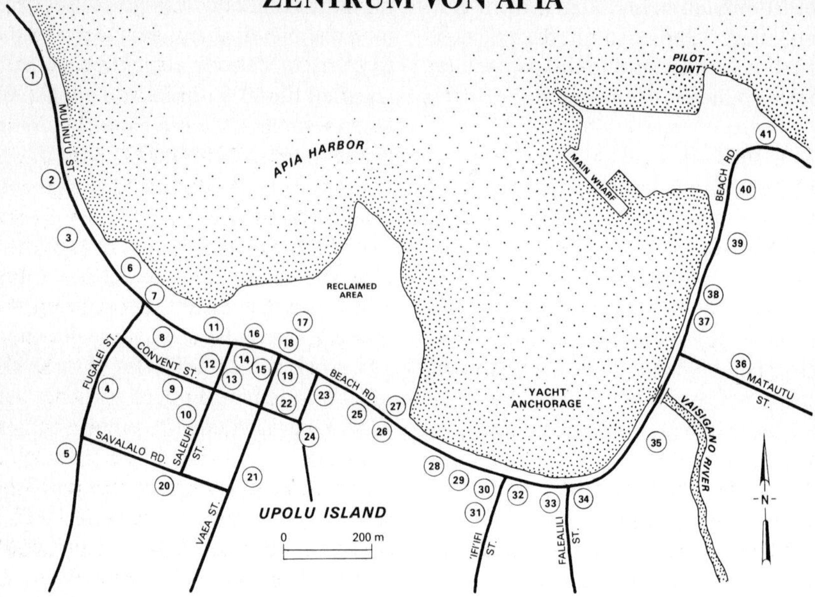

1. Hotel und Restaurant Le Godinet
2. Nachtclub Beachcomber
3. Hotel Tusitala
4. St. Mary's Covent
5. Office for Tokelau Affairs
6. Haltestelle der Nahverkehrsbusse
7. Markt
8. Morris Hedstrom
9. Kino Starlite
10. Kino Tivoli 2
11. Dept. of Economic Development
12. Gold Star
13. Trans-Pacific Travel
14. Büro von Air New Zealand
15. Büro von Polynesian Airlines
16. Bibliothek
17. Haltestelle der Fernverkehrsbusse
18. Glockenturm
19. Chan Mow
20. Ah Kam's Motel
21. Chester the Chicken
22. Isa's Ice Cream Shoppe
23. Hauptpostamt
24. Feiloaimauso-Halle
25. Buchhandlung Wesley
26. Katholische Kathedrale
27. Fremdenverkehrsamt
28. Copy Center
29. Otto's Reef und Restaurant Wong Kee
30. Ausländerbehörde
31. Polizeiwache
32. Büro des Premierministers
33. Vermessungsamt (Lands and Survey Dept.)
34. John Williams Building
35. Hotel Aggie Grey's
36. Betty Moor's Guest House
37. Restaurant Waterfront
38. Büro der Western Samoa Shipping Corporation
39. Seaside Inn
40. Hotel Harbour Light
41. Palolo Deep Marine Park

Steuern für 600 T pro Woche vermietet. Am Abreisetag muß man sein Zimmer spätestens um 12.00 Uhr geräumt haben. Wen Betty mag, den läßt sie auch an ihren Herd, damit man sich eigene Mahlzeiten zubereiten kann. Sie wacht aber genau über die Messer, Gabeln und Teller, so daß das Kochen zu einem Problem werden kann, wenn Betty außer Haus ist. Mit ihr kann man auch gut ein Schwätzchen halten. Nachts wird man hier jedoch manchmal durch lautstarke Hunde gestört. An Wochenenden dröhnt zudem laute Musik von einem nahegelegenen Nachtclub herüber.

Gehen Sie in der gleichen Richtung weiter, dann finden Sie hinter der BP-Tankstelle Olivia Vandall's Accomodation (Box 4089, Apia, Tel. 22–110). Die Atmosphäre ist hier nett und freundlich, zumal die sehr guten, geräumigen Unterkünfte ganz im samoanischen Stil auf einem großzügig angelegten Grundstück errichtet worden sind und man nur einen Steinwurf vom Apia Park entfernt ist. Zu jedem *Fale* gehören eine Küche, ein Aufenthaltsraum, eine Toilette und eine Dusche. Übernachten kann man hier in einem Schlafsaal für 15 T pro Person sowie in einem Bungalow zu zweit für 44 T und zu dritt für 55 T. Ein *Fale* mit 4 Betten ist für 40 T zu haben. Da hier längst nicht so viel Betrieb ist wie in den anderen Quartieren, fühlt man sich wohl; die Atmosphäre ist ausgezeichnet.

Mittelklassehotels: Im Seaside Inn gegenüber vom Anleger in Matautu (Cyril Curry, Box 3019, Apia, Tel. 22–578) wird Übernachtung mit Frühstück geboten, und zwar für Alleinreisende zum Preis von 35 T, für Paare zum Preis von 45 T und für eine Gruppe von 3 Leuten zum Preis von 55 T. Hinzu kommen 10 % Steuern. Für Paare ist das gar nicht schlecht. Zu dieser Unterkunft gehört auch eine kleine Bar. Außerdem kann man hier selbst kochen. Man muß aber darauf achten, daß man am Abreisetag sein Zimmer nicht zu spät räumt, weil sonst eine weitere Übernachtung berechnet wird. Das Frühstück besteht allerdings nur aus Toast und Kaffee oder Tee, und manchmal gibt es auch Schwierigkeiten mit dem Wasser, aber dennoch ist das Seaside Inn eine erfreuliche, saubere sowie gut geführte Unterkunft, in der man leicht andere Gäste kennenlernen kann. Wertsachen sollte man hier jedoch nicht herumliegen lassen.

Unmittelbar nördlich vom Seaside Inn kommt man zum Hotel Harbour Light (Box 5214, Apia, Tel. 21–103). Hier werden 30 Zimmer wie in einem Motel mit Klimaanlage und eigenem Bad vermietet, die mit 60 T für ein Einzelzimmer, 72 T für ein Doppelzimmer und 84 T für ein Dreibettzimmer zuzüglich 10 % Steuern aber auch schon deutlich teurer sind. Dafür wird aber auch mehr geboten als im Seaside Inn. Ein paar einfache Zimmer zur Alleinbenutzung für 34 T und für zwei Gäste zum Preis von 45 T sind ebenfalls vorhanden.

In Ah Kam's Motel in der Savalalo Road in der Innenstadt von Apia (Box 1299, Apia, Tel. 20–782) werden 12 Zimmer mit Ventilator und Kühlschrank als Einzelzimmer für 72 T, als Doppelzimmer für 96 T und als Dreibettzimmer für 120 T (zuzüglich 10 % Steuern) vermietet. Für eine Suite muß man etwa 40 % mehr bezahlen.

Luxushotels: Das Japanern gehörende Hotel Kitano Tusitala (Box 101, Apia, Tel. 21-122), gelegen unmittelbar westlich des Marktes, ist ein Komplex mit zweistöckigen Blocks und Hauptgebäuden im neo-samoanischen Stil. Die Preise für eines der 96 klimatisierten Zimmer dieses Hauses mit eigenem Bad beginnen bei 144 T (Einzelzimmer), 192 T (Doppelzimmer) bzw. 216 T (Dreibettzimmer). Hinzu kommen noch 10 % Steuern. Kinder werden aber in Begleitung von Erwachsenen wahrscheinlich kostenlos aufgenommen. Danach sollten Sie fragen. Leser dieses Buches, die im Tusitala übernachtet haben, teilten uns mit, daß alles schlecht organisiert und unfreundlich gewesen sei, in der Snack Bar aber ausgezeichnetes Essen zu annehmbaren Preisen serviert werde. Hier darf man sich auch nicht darauf verlassen, daß die Gäste telefonisch übermittelte Nachrichten erhalten oder ein Telefax auch wirklich abgesandt wird. Ferner darf man nicht damit rechnen, saubere Badehandtücher zu erhalten. Zuverlässiger sind das Waschen und Trocknen von Wäsche der Gäste und die hohen Preise, es sei denn, man wird zu den Preisen untergebracht, zu denen Pauschalreisende in diesem Haus übernachten. Es kann zudem passieren, daß die Kellner zu wenig Wechselgeld herausgeben oder um ein Darlehen oder einen kostenlosen Flug in die USA bitten. Die Bar neben dem Schwimmbecken eignet sich jedoch gut für einen Besuch am Nachmittag oder frühen Abend.

Etwas weiter hinaus zur Halbinsel Mulinu'u, nordwestlich vom Tusitala, kommt man zum Le Godinet Beachfront Hotel (Box 9490, Apia, Tel. 23-690), das früher einmal dem Staat Nauru gehörte. Die 27 sauberen Zimmer dieses Hauses werden als Einzelzimmer für 96 T, als Doppelzimmer für 120 T und als Dreibettzimmer für 144 T vermietet (zuzüglich 10 % Steuern). Der Eigentümer Derek Godinet serviert im Restaurant dieses Hotels (an Werktagen mittags von 12.00 bis 14.00 Uhr und täglich abends geöffnet) den besten Hummer in ganz Apia und vielleicht sogar den besten Spaghetti mit Meeresfrüchten auf der ganzen Welt. Freitags wird am Abend ein samoanisches Buffet angeboten. Zur Cocktail-Zeit spielt hier eine besänftigende Band mit drei Musikern.

Fast schon eine Institution ist das Hotel Aggie Grey's (Box 67, Apia, Tel. 22-880). Die Anfänge gehen in das Jahr 1942 zurück, damals als Verkaufsstand für Hamburger, an dem die hier stationierten amerikanischen Soldaten versorgt wurden. Amerikaner kommen noch immer hierher, nun als Touristen, die in dem anspruchsvollen Haus im alten Teil um das Schwimmbecken herum in einem Einzelzimmer für 180 T, in einem Doppelzimmer für 204 T und in einem Dreibettzimmer für 228 T übernachten können. In einem Bungalow kann man für etwa 40% mehr, im Hauptgebäude für ca. 50% mehr und in einer Suite für rund 100% mehr wohnen. Kinder bis zum Alter von 11 Jahren werden zum halben und Kinder ab 12 Jahren zum vollen Preis untergebracht. Zu all diesen Preisen kommen noch 10% Steuern. Ein wenig billiger wird es, wenn man mit Air New Zealand nach West-Samoa fliegt und über diese Fluggesellschaft ein Zimmer in Aggie Grey's Hotel bucht. Früher war auch Vollpension in den Preisen enthalten, aber die wird jetzt mit 84 T pro Person und Tag gesondert berechnet. Bevor Sie im Restaurant dieses Hotels etwas bestellen, sollten Sie sich nach den Preisen erkundigen. Das Hauptgebäude zum Wasser hin ist kürzlich von Alan Grey und japanischen Investoren im nachgemachten Kolonialstil erneuert worden. Hier gibt es mitten im Schwimmbecken sogar eine Insel! Das Aggie's ist ein Erlebnis für sich.

Einige Kilometer von Apia entfernt in Vaiala wurden mit Blick auf die Lagune die Vaiala Beach Cottages errichtet (Box 2025, Apia, Tel. 22-202). Eine Übernachtung in einem der sieben Bungalows kostet allein 132 T, zu zweit 156T und zu dritt 180T (zuzüglich 10% Steuern). Für Kinder unter 12 Jahren in Begleitung ihrer Eltern kommen jeweils 24 T hinzu. Wenn man sich in der Anlage direkt anmeldet, kann man für längere Aufenthalte eine Ermäßigung erhalten. Bei Reservierungen über ein Reisebüro oder eine Fluggesellschaft sind die Preise 10% höher. Die Leiterin Helen Mihelovich ist im übrigen sehr hilfsbereit.

Das dreistöckige Motel Insel Fehmarn des Deutschstämmigen Hans-Jürgen Kruse (Box 3272, Apia, Tel. 23-301) liegt in einer ruhigen Gegend die Falealili Street hinauf in der Nähe des Nationalkrankenhauses. Hier werden 54 Zimmer an Alleinreisende für 156 T, an Paare für 180 T und an Gruppen von drei Leuten für 204 T zuzüglich 10% Steuern vermietet. In jedem Zimmer sind ein Kühlschrank, eine Kochmöglichkeit, ein Videorekorder, ein Fernsehgerät und ein eigenes Bad vorhanden. Weil im Motel Insel Fehmarn vorwiegend Geschäftsreisende absteigen, stehen den Gästen auch Schreibmaschinen, Fotokopiergeräte und ein Faxgerät zur Verfügung.

Preiswerte Quartiere am Strand: Im Le Satapuala Beach Resort am Fusive'a Beach unweit des Dorfes Satapuala (Box 1539, Apia, Tel. 23-744) versucht man, sowohl Gästen mit wenig Geld als auch wohlhabenden Touristen gerecht zu werden. Hier gibt es drei *VIP-Fales* mit Ventilator und eigenem Bad sowie Kühlschrank, in denen man allein für 108 T oder zu zweit für 132 T übernachten kann, aber auch ein *Fale*, in dem Gäste für 20 T pro Person wohnen können. Das Zelten in einem eigenen Zelt auf dem Gelände ist für 10 T pro Person ebenfalls möglich. Auf alle Preise werden aber noch 10% Steuern erhoben. Weil die Anlage unmittelbar an der Hauptstraße nach Apia liegt, sind

Fahrten dorthin oder von dort ziemlich einfach. Fahrten der Gäste vom und zum Flughafen sind kostenlos. Im Restaurant dieser Ferienanlage hat man sich auf einheimische Gerichte spezialisiert. Hier ist Vollpension für 48 T pro Person und Tag erhältlich. Eine kleine Bar, in der mittwochs und freitags am Abend eine Band spielt, ist ebenfalls vorhanden. Sonntags werden Gerichte in einem *Umu* (Erdofen) zubereitet (10 T). Hier werden auch vielfältige Sportmöglichkeiten angeboten. Für die Besucher, die sich nach einer vollständigen samoanischen Erfahrung sehnen, werden im Le Satapuala auch Aufenthalte bei Familien in nahegelegenen Dörfern für 20 T pro Person arrangiert. Weil diese Ferienanlage noch ziemlich neu ist, sollten Sie uns wissen lassen, wie sie Ihnen gefallen hat, wenn Sie dort gewohnt haben.

Die Vaiula Beach Houses am Petersen's Private Beach in Tafatafa, gelegen im Bezirk Falealili an der Südküste (Box 6600, Apia, Tel. 22-808), gibt es schon seit Jahren. Hier stehen zwei Häuschen, jedes mit vier Zimmern, zur Verfügung, in denen man für 15 T pro Person übernachten kann. Auch eine Gemeinschaftsküche ist vorhanden. Die Toiletten und die Duschen sind allerdings gesondert errichtet worden. Hier kann man für 10 T pro Person auch in einem offenen *Fale* und für 5 T pro Person im eigenen Zelt schlafen. Wenn Sie in dieser Anlage übernachten wollen, dann rufen Sie vorher an, um zu klären, ob Platz vorhanden ist. Die in Apia lebenden Ausländer benutzen den Strand am Wochenende gern zum Picknicken (5 T pro Person).

1992 wurden an der Südostseite von Upolu zwei neue Ferienanlagen eröffnet. Dazu gehören die Vava'u Beach Fales zwischen Lolofaga und Lepa, wo sechs *Fales*, jedes mit eigenem Bad und Kochmöglichkeit, vermietet werden. Weil ein Restaurant nicht vorhanden ist und man in der Nähe nicht einkaufen kann, sollte man sich dorthin Verpflegung mitbringen. Die andere Anlage, Sieni's Beach Fales, befindet sich unweit von Lalomanu. Die Vava'u Beach Fales wurden von den Dorfbewohnern der Umgebung mit finanzieller Hilfe der Europäischen Gemeinschaft errichtet. Beide Anlagen sollten zur Mittelklasse gehören. Weil die Informationen bisher nur schemenhaft sind, sollten Sie sich über Näheres im Fremdenverkehrsamt in Apia erkundigen.

Luxushotels am Strand: An den Stränden von Upolu sind in den letzten Jahren etliche Luxushotels entstanden. Dazu gehört auch der Coconuts Beach Club and Resort an einem weißen Sandstrand in Maninoa an der Südseite von Upolu (Box 3684, Apia, Tel. 24-849). Hier werden Unterkünfte in großen strohgedeckten Hütten mit jeweils etwa acht Zimmern angeboten. Von den geräumigen Balkonen und Badewannen für zwei Personen (!) hat man gute Ausblicke auf das Meer. Für ein Einzelzimmer im Erdgeschoß muß man 215 T und für ein Doppelzimmer 260 T bezahlen, für ein Einzel-

oder Doppelzimmer im Obergeschoß 300 T und für ein Dreibettzimmer 348 T. Auch hier werden zusätzlich 10 % Steuern erhoben. Kinder bis zum Alter von 11 Jahren werden für jeweils 22 T untergebracht. Daneben stehen sieben von Ventilatoren gekühlte Cottages mit Fenstern an zwei Seiten, an denen Luftschlitze angebracht sind, sowie eigenem Bad als Einzel- oder Doppelzimmer für 115 T und als Dreibettzimmer für 135 T zur Verfügung. Die 1992 eröffnete Anlage ist das Werk von drei langjährigen Lesern verschiedener Auflagen dieses Buches, nämlich Barry „Afa" Rose, Jennifer „Sieni" Rose und Michael „Mika" Pirics, die in der Südsee auf der Suche nach dem Paradies herumgestreift sind und es hier fanden.

Sienis Three Stool Bar und Mikas American Bistro Restaurant befinden sich unmittelbar am Strand. Nach vorheriger Vereinbarung mit Samoa Marine in Apia ist auch das Tauchen direkt vor der Küste möglich. Das Fischen am Riff mit einem *Paopao* (Auslegerkanu) oder das Tiefseefischen mit einem *Alia* (motorisierter Katamaran) lassen sich ebenfalls arrangieren. Auch Tagesbesucher sind willkommen, müssen aber für die Benutzung der Toiletten und Duschen 10 T bezahlen, die allerdings mit Imbissen und Getränken verrechnet werden können. Das Mitbringen eigener Verpflegung ist nicht erlaubt. Aktuelle Informationen über die Verbindungen von und nach Apia mit einem Pendelbus können Sie telefonisch erhalten oder dem Abschnitt über das Reisen auf Upolu (vgl. weiter unten) entnehmen. Die Anlage ist sehr zu empfehlen.

Sieni vom Coconuts Beach Club hat uns übrigens geschrieben, daß sie bereit ist, für Besucher Aufenthalte in einem *Fale* im nahegelegenen Dorf Maninoa zu arrangieren (10 T pro Person). Die Familie Rose ist ohnehin immer mit hilfreichen Hinweisen zur Hand, so daß Sie, wenn Sie ein paar Nächte bei einer samoanischen Familie verbringen wollen und bisher nicht wußten, wie Sie das ermöglichen sollten, es nun wissen. Und wenn die gleichbleibende samoanische Küche Ihnen zuviel wird, können Sie auch jederzeit ihr Restaurant in Anspruch nehmen.

Samoas andere Luxusferienanlage am Strand ist das Samoan Village Resort am Kap Fatuosofia, gegenüber der Insel Manono (Bob Roberts, Box 3495, Apia, Tel. 20-954). Diese 1990 provisorisch eröffnete Anlage hat bisher sechs luxuriöse strohgedeckte *Fales*, jedes mit eigenem Bad, Veranda, Wohnzimmer und Whirlpool, zu bieten. Weil möglicherweise einmal 36 *Fales* entstehen sollen, werden die schon vorhandenen während der weiteren Bauarbeiten zur Alleinbenutzung oder zur Benutzung zu zweit für 180 T zuzüglich 10 % Steuern vermietet. Außerdem ist ein Schwimmbecken vorhanden, während das Restaurant und die Bar vor kurzem durch einen Hurrikan zerstört wurden, so daß die Gäste Lebensmittel mitbringen und selbst kochen müssen. Aber das kann sich inzwischen auch schon wieder geändert haben. Die Fahrt vom oder zum Flughafen muß man jeweils mit 24 T bezahlen, während die Benutzung von Fahrrädern, Kanus und Ausrüstungen zum Schnorcheln kostenlos ist.

ESSEN

Etwas, das man nicht verpassen sollte, ist eine Tasse heißen Kakao – echten Samoa-Kakao – mit einem Stück Kuchen oder Pfannkuchen auf dem Markt. An den Essensständen im hinteren Teil erhält man aber auch andere preiswerte Gerichte (2–5 T).

Im Coffee 'n Things (Tel. 21-038) neben der Boutique Carol 'n Mark, vom Büro von Hawaiian Airlines die Allee hinunter, werden gute Hähnchen und Mittagessen (*Oka*) zu annehmbaren Preisen angeboten. Allerdings muß man früh dort sein, wenn man nicht nur erhalten will, was übriggeblieben ist. Sonntags ist hier jedoch geschlossen. Josie's Deli unter den Arkaden neben dem Büro von Polynesian Airlines (Tel. 24–242) eignet sich gut für eine Kaffeepause oder ein Frühstück, zugleich Mittagessen.

Beim Skippy's neben dem Glockenturm werden Fish and Chips und richtige Hamburger angeboten – nicht die Imitationen aus dem Mikrowellenherd. Weitere Imbissse sind im Isa's Ice Cream Shoppe an der Convent Street, einen Block hinter dem Postamt, zu haben.

Im Chester the Chicken an der Vaea Street (Tel. 20–029) kann man ganz gut Pizza, aber auch gebratene Hähnchen essen.

Das beste chinesische Essen zu annehmbaren Preisen serviert man Ihnen im Restaurant Wong Kee. Untergebracht ist es in dem baufälligen Gebäude hinter Otto's Reef. Meist ist es aber nur mittags geöffnet. Probieren Sie dort einmal *Aiga* Lunch oder ein Gericht mit Hummer.

Das von Deutschen betriebene Apia Inn im 2. Stock des John Williams Building an der Beach Road (Tel. 21–010) war einmal ein gutes Ziel, um in frischem Fisch, Hummer, Muscheln und Krabben zu schwelgen, aber seit der Chef Stefan Szegedi die Leitung des Samoan Village Resort übernommen hat, ist es mit der Qualität bergab gegangen. Geöffnet ist dienstags bis freitags von 12.00 bis 14.00 Uhr sowie montags bis samstags von 19.00 bis 23.00 Uhr.

In Daphne's Coffee Shop unten (Tel. 22–400) wird ein gutes Frühstück, aber ein fürchterlicher Kaffee serviert.

Etwas teurer ist es im Restaurant Waterfront in der Clipper-Arkade unweit vom Seaside Inn (Tel. 20–977). Dort erwartet man von den Gästen, daß sie ordentlich angezogen sind. Hier ist die Auswahl groß, die Bedienung tadellos und das Essen gut, aber achten Sie auf die Preise für Wein. Preisgünstige Tagesgerichte werden auf einer Tafel angeboten. Auch hier ist sonntags geschlossen.

Über das Restaurant Canton an der Matautu Street, unweit von Betty Moor's Guest House (Tel. 22–818), hört man Unterschiedliches. Aber dieses Lokal ist eines der wenigen, die auch am

Sonntag geöffnet sind (17.30 bis 21.00 Uhr). Versuchen Sie hier einmal die Salzwasserkrabben.
Im Yacht Club von Apia auf der Halbinsel Mulinu'u können Sie freitags am Abend einen hervorragenden Cheeseburger mit einem Getränk erhalten und sonntags von 11.00 bis 16.00 Uhr am Barbecue teilnehmen. Besucher sind aber nur als Gäste eines Mitglieds willkommen. Nette, gut angezogene Besucher werden jedoch normalerweise auch ohne Begleitung durch ein Mitglied eingelassen.

UNTERHALTUNG

Zwei Kinos stehen in Apia zur Verfügung: das Tivoli 2 und das Starlite.
Wer unbedingt Anschluß sucht, findet den im Mount Vaea Club in der Vaitele Street (Tel. 21-627). Die Atmosphäre ist allerdings laut und rauh. Dafür halten sich hier zahlreiche Mädchen und Jungen auf. In diesem Lokal ist bis spät etwas los. Allerdings geraten Betrunkene auch oft in Zankereien, so daß man aus der Mitte besser wegbleibt und zu jedermann nett ist. Schwierigkeiten treten normalerweise nur zwischen Einheimischen und selten mit Touristen auf. Das Le Lelaga draußen an der Straße zum Flughafen ist ähnlich.
Die meisten der problematischen Situationen in diesen Lokalen entstehen durch die samoanische „Nachtclub-Sitte", nach der jede Frau, die nicht gerade tanzt, gefragt wird, ob sie tanzen möchte, und zwar unabhängig davon, ob sie in Begleitung ist oder nicht. Es kann als Beleidigung aufgefaßt werden, wenn man dann ablehnt, so daß eine Frau, die nur mit ihrem Partner tanzen möchte, ständig mit ihm tanzen muß oder sich pausenlos die Frage nach einem Tanz gefallen lassen muß, den sie nicht ohne weiteres ablehnen kann. Sonst bleibt nur, sich mit Schmerzen an einem Fuß herauszureden oder abwechselnd mit dem Partner und einem Einheimischen zu tanzen.
Otto's Reef an der Beach Road (Tel. 22-691) ist ein sicheres, zwangloses Ziel für einen Drink. Probieren Sie hier donnerstags bis samstags auch einmal *Oka*, den gut gewürzten rohen Fisch. Freitags und samstags treten im Beachcomber Nightclub (Tel. 20-248), vom Hotel Tusitala aus in Richtung Halbinsel Mulinu'u, Rockbands auf. Hier erhält man am Freitagnachmittag nach der Arbeit während der „Happy Hour" auch eine kostenlose Vorspeise. Die Preise für Getränke sind ganz annehmbar, aber hüten Sie sich vor dem Mann an der Tür, der für sein unvorhersehbares Verhalten bekannt ist. Im Hotel Tusitala spielt an den meisten Abenden eine Tanzkapelle. Eintritt wird dort nur an den Wochenenden verlangt. Eine traditionelle samoanische Tanzgruppe tritt samstags im Tusitala auf. Sonntags ist bis auf die Bars in den Hotels alles geschlossen. Um dann in einer Hotelbar bedient zu werden, muß man Hotelgast sein oder als solcher angesehen werden.
Werktags um 7.50 Uhr marschiert die Polizeikapelle die Beach Road entlang bis zum Gerichtsgebäude, wo um 8.00

Uhr die Zeremonie der Flaggenhissung stattfindet. Dann wird aller Verkehr gestoppt. Am Freitag kann man spätabends beim Markt miterleben, wie Pfarrer predigen und Chöre fröhliche Kirchenlieder singen, während sich die Hände der Teilnehmer grazil im Takt bewegen, gerade so, als wäre dies eine *Fia Fia*. An jedem Sonntagmorgen können Sie guten Chorgesang auch in den Kirchen hören. Ziehen Sie sich dabei adrett an und meiden Sie leuchtende Kleidung und Shorts.

Fia Fias: Ein wesentlicher Teil jedes Besuches in West-Samoa ist die Teilnahme an einer *Fia Fia*, bei der zu einem Buffet als Abendessen mit samoanischen Speisen polynesische Tänze aufgeführt werden. Bevor Sie sich in die Schlange am Buffet einreihen, empfiehlt es sich, erst einmal alle Gerichte in Augenschein zu nehmen.

In Apia findet eine *Fia Fia* normalerweise mittwochs im Hotel Aggie Grey's und donnerstags im Hotel Tusitala statt, manchmal aber auch dienstags und freitags. Erkundigen Sie sich also. Bei der Vorführung im Tusitala sind Teilnehmer aus mehreren Südseeländern vertreten, während im Hotel Aggie Grey's nur Einheimische auftreten. Manchmal sind die Vorführungen vor dem Essen, manchmal danach. Wenn Sie die gern sehen möchten, aber nicht hungrig sind, dann sollte das auch bei einem Drink an der Bar möglich sein. Leuten in T-Shirts könnte der Zutritt jedoch verweigert werden.

Samoanische Tänze können Sie auch jeden Freitag am Abend in Magretay's Beer Garden, einer Ansammlung von kleinen *Fales* neben dem Restaurant Waterfront, östlich von der Innenstadt an der Beach Road, sehen. In diesem Biergarten im samoanischen Stil geht es immer rüpelhaft und lustig zu.

Samstags wird abends im Coconuts Beach Club (Tel. 24-849) eine *Fia Fia* unmittelbar am Strand unter den Sternen veranstaltet. Für Gäste im Restaurant oder in der Bar ist das kostenlos. Die Tänze werden von Leuten aus fünf umliegenden Dörfern vorgeführt, denen andere Dorfbewohner kostenlos zuschauen dürfen. Die dabei auftretenden Feuertänzer sind zwischen 8 und 50 Jahre alt. Hier hat jeder Teilnehmer viel Spaß, zumal die Zahl der Touristen von der Zahl der Einheimischen um das Fünffache übertroffen wird. Anmeldungen kann man telefonisch vornehmen. Dabei erhält man auch nähere Informationen über den Pendelbus von und nach Apia. Besser ist jedoch, von Samstag auf Sonntag über Nacht zu bleiben und das Wochenende in der Anlage zu verbringen. Am Samstag und am Sonntag treten am Nachmittag im Coconuts auch Musiker auf, die traditionelle samoanische Lieder spielen.

SPORT UND ANDERE FREIZEITBESCHÄFTIGUNGEN

Samoa Marine an der Beach Road, gleich hinter dem Glockenturm (Box 4700, Apia, Tel. 22-721), bietet Tauchgänge einschließlich Ausrüstung mit einer Flasche Sauerstoff für 110 T und

mit zwei Flaschen Sauerstoff für 130 T an. Alle Tauchgänge werden von einem Boot aus unternommen. Tauchkurse werden von Zeit zu Zeit ebenfalls veranstaltet. Taucher mit eigener Ausrüstung und einem gültigen Zertifikat können zudem Flaschen mit Sauerstoff mieten und auf eigene Faust tauchen. Dabei kann es sein, daß man seinen Reisepaß als Sicherheit hinterlegen muß. Fahrten zum Tiefseefischen (Marlin) werden ebenfalls organisiert.
Eine andere Möglichkeit, zum Tauchen mitgenommen zum werden, besteht darin, am späten Nachmittag im Yacht Club von Apia auf der Halbinsel Mulinu'u herumzufragen. Einige Mitglieder tauchen regelmäßig und sind bereit, Besucher mitzunehmen, wenn die willens sind, sich an den Kosten zu beteiligen.
Samstags um 16.00 Uhr haben Sie im Apia Park Gelegenheit, sich Sportveranstaltungen anzusehen. In den Monaten März bis Juni spielt man hier Rugby, von Juli bis September Fußball. Der Eintritt ist gering. Die Sporthalle am Apia Park ist ein Geschenk der Volksrepublik China, das Samoa anläßlich der South Pacific Games im Jahre 1983 erhielt. Dienstags und donnerstags um 17.00 Uhr wird hier Basketball gespielt, mittwochs und freitags um 19.00 Uhr Badminton und in den Monaten Mai bis Juli samstags Volleyball.
Ganzjährig wird in vielen ländlichen Gegenden samstags um 14.00 Uhr Krikket (*Kirikiti*) gespielt. Auf dem Rasen hinter dem Glockenturm, gegenüber von Burns Philp, finden nachmittags manchmal ebenfalls Spiele statt.
Die Tennisplätze im Apia Park sind täglich von 8.00 bis 16.00 Uhr für jedermann zugänglich. Auch Squash-Anhänger kommen in Apia zu ihrem Recht. Das Squash Center befindet sich neben dem Seaside Inn (Tel. 23-780). Einen Partner muß man sich jedoch mitbringen. Besucher sind auch auf dem Golfplatz mit 18 Löchern des Royal Samoa Country Club (Tel. 20-120) willkommen. Der wurde unweit vom Flugplatz Fagali'i, östlich von Apia, angelegt. Die Green Fee beträgt 10 T. Der bedeutendste Wettkampf ist das Samoa Open im August.

EINKÄUFE

Apias Markt ist zu jeder Zeit ein Erlebnis. Am farbenprächtigsten und dichtesten ist das Geschehen dort jedoch am Samstagmorgen. Dann kann man sehr gut echte Kunstgewerbegegenstände erstehen. Wenn West-Samoa auch kein Land ist, in dem man günstig Konsumgüter kaufen kann, so sind die Textil- und Kunstgewerbeläden dort bestens sortiert. Gut einkaufen kann man Holzschnitzereien, Matten, Körbe, Taschen und *Tapa*-Gewebe. Die traditionellen Holzarbeiten beschränken sich allerdings auf *Kava*-Schalen, Trommeln und Kriegsstäbe. Wichtig ist noch der Hinweis, daß die *Tikis* nicht in Samoa heimisch sind, sondern zur Kunst der Maori und Hawaiianer gehören. Von den grotesken, grimassenschneidenden Teufeln sollten Sie besser die Hände lassen. Auch vom Kauf aller Gegenstände aus Schildkrötenpanzern sollten Sie Abstand nehmen. Nicht nur, weil die Einfuhr in viele Länder verboten ist, sondern auch deshalb, weil dann immer mehr von diesen Tieren zu kommerziellen Zwecken getötet und so vom Aussterben bedroht werden. Sehr gute Kunstgewerbesachen zu günstigen Preisen kann man bei Morris Hedstrom kaufen. Allerdings sind die meisten Geschäfte samstags am Nachmittag und sonntags geschlossen.

Sehr gute traditionelle Kunstgewerbegegenstände gibt es auch im Office for Tokelau Affairs in der Fugalai Street (Tel. 20–822). Dort werden Sachen aus dem ganzen Südseeraum angeboten. Ganz besonders gut ist die Auswahl an Hüten aus Kokosfasern (gute Qualität), Handtaschen, Fächern sowie ausgezeichneten Kanumodellen. Einige Handtaschen haben sogar Einsätze aus Kokosschalen und könnten daher Frauen bei allzu aufdringlichen Männern gut als Schutz dienen. Authentisch und einzigartig sind auch die Wasserbehälter aus Kokosschalen. Als Mitbringsel eignet sich auch einer der hölzernen, wasserdichten Behälter (*Tuluma*) gut, der für den Transport von Wertsachen bei Fahrten mit einem Kanu benutzt wird. Im gleichen Büro werden auch Briefmarken und Sondermünzen aus Tokelau verkauft. Das Büro für Philatelisten (Western Samoa Philatelic Bureau) finden Sie im Obergeschoß des Hauptpostamts. Es ist auch am Flughafen vertreten. Dort erhalten Sie wunderschöne Briefmarken.

Bekleidung: Legen Sie in Samoa doch einfach Ihre westliche Kleidung ab und ziehen Sie statt dessen die farbenfrohen Kleider der Einheimischen an. Frauen tragen sehr zur Verständigung bei, wenn sie sich mit dem langen *Mu'umu'u*-Gewand kleiden. Es besteht entweder aus zwei Stücken (*Puletasi* mit *Lavalava*) oder einem einfachen *Sarong,* der nur um den Körper geschlungen wird.

Barry Markowitz mit Tochter und zwei amerikanischen Seeleuten vor dem Geschäft Adventure Gifts in der Beach Road von Apia. Barry ist ein echter Bewohner der Südsee, der Besuchern über Samoa alles erzählen kann, was die wissen wollen.

Die Firma Island Styles (Tel. 21–436) fertigt übrigens sehr schöne, handgedruckte Stoffe an, die bei der Herstellung dieser Kleidungsstücke verwendet werden. Die Fabrik hat auch einen Ausstellungsraum am Cross Island Highway, den Sie mit dem Bus nach Vailima erreichen können. Die Auswahl ist dort besonders groß. Hier kann man auch die in West-Samoa hergestellten Talofa-Weine und -Liköre probieren. Die Firma hat aber außerdem auch noch einen Laden unter den Arkaden hinter der Buchhandlung Wesley. Eine große Auswahl an Kleidern finden Sie auch in der Boutique Carol n' Mark neben Gold Star (Tel. 21–038). Sie können sich dort auch Stoff kaufen, um daraus dann von einem der zahlreichen Schneider der Stadt nach Ihren Wünschen ein Kleidungsstück anfertigen zu lassen. Kleider von der Stange können allerdings in Pago Pago billiger sein.

Bei Adventure Gifts an der Beach Road zwischen dem Hotel Aggie Grey's und dem John Williams Building (Tel. 22–198) werden T-Shirts mit samoanischen Motiven, Kleider für Frauen, *Lavalavas*, Bermuda-Shorts und Tischdecken verkauft. Anders als die Straßenverkäufer, deren Stoffe mit Tinte bedruckt sind, wird bei der Herstellung der von Adventure Gifts verkauften Sachen teurer Farbstoff verwendet, mit dem sich die Stoffe auch beim Waschen in einer Waschmaschine nicht verfärben. Die Inhaber Barry und Taffy Markowitz sind sehr hilfsbereit, so daß Sie dort einmal halten und „Hallo" sagen sollten.

Sieni vom Coconuts Beach Club bemalt mit der Hand hochwertige T-Shirts (30 T), die nur in der Anlage selbst zu haben sind.

DIENSTLEISTUNGEN

Wer die lange Schlange im Hauptgebäude der Bank of Western Samoa beim Geldwechseln meiden möchte, kann zur Filiale der Bank, zu Gold Star, gehen. Die Filiale ist werktags von 9.30 bis 15.00 Uhr geöffnet. An Wochenenden kann das Wechseln von Geld problematisch werden, aber im Notfall sollten die größeren Hotels in der Lage sein auszuhelfen. Im übrigen ist der Wechselkurs für Reiseschecks deutlich besser als für Bargeld.

Bei der Bank of Western Samoa, einem Gemeinschaftsunternehmen des Staates und der ANZ Bank, erhält man mit einer Kreditkarte von Visa Bargeld, während die Pacific Commercial Bank, ein Gemeinschaftsunternehmen der Bank of Hawaii und der Westpac Bank, bei Vorlage einer Kreditkarte von Eurocard/Mastercard Bargeld aushändigt. Agentur von American Express in West-Samoa ist Retzlaff's Tours (Tel. 21–724).

Auslandsgespräche können Sie beim Telegrafenamt (International Telephone Bureau) täglich zwischen 8.00 und 22.30 Uhr führen. Das Amt befindet sich hinter dem Hauptpostamt.

Die Botschaft der USA findet man im 5. Stock des John Williams Building in der Beach Road (Tel. 21–631). Sie wurde vorwiegend aus politischen Gründen eingerichtet und ist am Schutz und an der Verteidigung von einzelnen Amerikanern kaum interessiert. Botschaften haben in West-Samoa auch Australien (Tel. 23-411), China (Tel. 22-474) und Neuseeland (Tel. 21-404) gegründet. Mit Honorarkonsuln sind Deutschland im Gebäude des National Provident Fund (Tel. 22-695), Chile (Tel. 24-096), Frankreich (Tel. 22-711), Großbritannien (Tel. 21-895), die Niederlande (Tel. 24-337) und Schweden (Tel. 21-721) vertreten.

Ärztliche Beratung und Behandlung erhalten Sie im Nationalkrankenhaus (Tel. 21-212), dessen Ambulanz fast rund um die Uhr besetzt ist. Eine Konsultation kostet 15 T. Bringen Sie sich für die Zeit des Wartens auf eine Behandlung am besten ein Buch mit. Sind Sie ernsthaft erkrankt, sollten Sie jedoch lieber nach Pago Pago fliegen. Werktags zwischen 8.00 und 12.00 Uhr sowie von 13.00 bis 16.30 Uhr kann man sich in der Public Health Clinic im gleichen Krankenhaus impfen lassen. Apotheken sind an Sonn- und Feiertagen in Apia geschlossen, und die Apotheke im Nationalkrankenhaus ist nutzlos.

Wäsche können Sie im Faupepe's Laundromat waschen (Tel. 21-469). Der Waschsalon liegt genau gegenüber vom Nationalkrankenhaus und ist täglich von 9.00 bis 23.00 Uhr geöffnet. In einem weiteren Waschsalon an der Matautu Street, neben Betty Moor's Guest House, kann man täglich für 2 T waschen und für 3 T die Wäsche trocknen. Hüten Sie sich jedoch vor den bösartigen Hunden und bringen Sie sich eigenes Waschpulver mit. Sehr günstig ist ein Haarschnitt beim Friseur neben dem Tivoli 2.

Farbfilme kann man innerhalb eines Tages im Photo Center unweit vom Markt entwickeln lassen (Tel. 20-665), allerdings keine Diafilme. Wenn man vorher bezahlt, erhält man eine kleine Ermäßigung. Diafilme sind in Apia nicht nur teuer beim Kauf, sondern auch beim Entwickeln.

Informationen: Zwei Quellen können Sie als Tourist für Informationen anzapfen: das Fremdenverkehrsamt (Visitors Bureau) in einem *Fale* gegenüber der katholischen Kathedrale an der Beach Road (geöffnet werktags von 8.00 bis

Die Laus (*Pediculus capitis*), ein kleines flügelloses Insekt, kann sich in allen behaarten Körperregionen von Lebewesen mit warmem Blut anfinden. Es stimmt aber nicht, daß man sich diese Tiere durch äußerste persönliche Sauberkeit vom Körper halten kann. Jeder ist anfällig, ganz gleich, ob man sauber oder schmutzig ist, denn der Parasit legt seine Eier an den Haarwurzeln ab. Wenn Sie sich in einer Drogerie eine entsprechende Lösung kaufen, werden Sie die lästigen Tiere in Minutenschnelle wieder los.

12.00 Uhr und von 13.00 bis 16.30 Uhr, Tel. 20-878) und - wenn Sie besondere Fragen haben - den Informationsschalter (Visitors Information Desk) im Büro von Polynesian Airlines.
Informationen über West-Samoa erhält man auch im Statistischen Amt (Box 151, Apia, Tel. 21-371) hinter dem Büro des Premierministers, wo die Publikationen *Annual Statistical Abstract* und *Quarterly Statistical Bulletin* verkauft werden. Große Karten von Apia und Samoa erhalten Sie im Vermessungsamt (Lands and Survey Dept., Tel. 22-481). Sie kosten pro Stück 5 T. Besser ist die mit einem ausführlichen Register versehene Karte *Islands of Samoa*, die von der University of Hawaii herausgegeben wurde und manchmal im Andenkenladen im Hotel Aggie Grey's erhältlich ist.
Die Werke des führenden Schriftstellers von Samoa, Albert Wendt, sowie ausgezeichnete Bücher über die Pazifikregion finden Sie in der Buchhandlung Wesley (Tel. 20-967). Im University of the South Pacific Center unweit der Lehrerausbildungsstätte in Malia (Tel. 20-874) werden ebenfalls Bücher verkauft, die Einsichten in die Region Südsee vermitteln und von Südseeinsulanern geschrieben wurden. Ein Besuch lohnt sich auch im Pacific Room der Nelson Memorial-Bücherei (Tel. 20-118).

REISEN AUF UPOLU

Bus: Innerhalb von Apia kostet eine Busfahrt 50 Sene. Für eine Fahrt zum Anleger Mulifanua (Pasi O Le Vaa) muß man 1,20 T, nach Lefaga 1,20 T, zum Mafa Pass 1,40 T und nach Lalomanu 2 T bezahlen. Zwischen Falelatai und Lefaga gibt es keine Busverbindung. Wer einen Tagesausflug an eines der Enden der Insel plant, muß spätestens um 7.00 Uhr an der Busstation am Markt sein. Sonst ist die Rückkehr abends nicht mehr gewährleistet. Wenn Sie nach Aleipata wollen, müssen Sie in Lotofaga umsteigen. Viele Fernbusse fahren von dem Platz hinter der Bibliothek und unweit des Glockenturms ab. Busse zum Coconuts Beach Club verkehren von hier werktags um 7.30, 10.00, 13.30 und 16.40 Uhr sowie sonntags um 7.30, 10.00 und 13.30 Uhr. Wenn Sie mit einem Lastwagen nach Siumu fahren wollen (Fahrpreis 2,50 T), dann halten Sie danach vor dem Gebäude des Dept. of Economic Development Ausschau.
Besonders gut für Busfahrten eignet sich übrigens der Samstagmorgen, während am Samstagnachmittag, an Abenden und sonntags die Busse nur sehr selten verkehren. Sehr bequem sind die Busse nicht, aber an ihnen ist zumindest das jeweilige Ziel angegeben, und feste Preise sind auch üblich. An den Bushaltestellen kann es manchmal sehr chaotisch werden. Außerdem fahren die Langstreckenbusse häufig noch eine ganze Stunde in der Stadt herum, weil die Fahrer Ausschau nach weiteren Passagieren halten. Ein Leser hat deshalb empfohlen, zu Fuß aus der Stadt zu gehen und dann zu versuchen, einen Bus anzuhalten, der in die gewünschte Richtung fährt. Natürlich kann es dann

passieren, daß man keinen Sitzplatz mehr erhält. Die meisten der farbenprächtigen Busse gehören Dorfgemeinschaften, so daß die Fahrten im jeweiligen Dorf beginnen und enden. Das macht es schwer, sie für lange Tagesausflüge von Apia zu benutzen. Die Stereomusik in den Bussen ist eine kostenlose Dreingabe.

Mietwagen: Weil ein internationaler Führerschein in West-Samoa nicht anerkannt wird, muß man, um einen Wagen mieten zu können, manchmal zunächst einen samoanischen Führerschein erwerben. Den erhält man für 10 T und zwei Paßbilder im Verkehrsministerium (Ministry of Transport) neben dem Seaside Inn. Fahren Sie in West-Samoa sehr langsam und vermeiden Sie es, beim Fahren irgendwelche Leute oder Tiere anzustoßen. Das kann so schlimm wie in Mexiko werden. Wenn Sie gegen irgendetwas gestoßen sind, dann halten Sie nicht an. Andernfalls werden mit Sicherheit Steine geworfen werden. Wenn es etwas Wertvolles war, beispielsweise ein großes Schwein, dann fahren Sie umgehend zur nächsten Polizeiwache und melden Sie dort den Vorfall. Der Himmel möge Ihnen helfen, wenn Sie einen Samoaner angefahren haben! Wenn Sie einen Mietwagen in einem Dorf abstellen, laufen Sie Gefahr, daß er beschädigt oder zerstört wird. Zudem sind einige Nebenstraßen zu rauh für einen Pkw, so daß die Vermieter darauf hinweisen, daß die Versicherung nicht eintritt, wenn auf ihnen dennoch gefahren wird und dort etwas passiert. Wenn Sie in West-Samoa einen Jeep fahren wollen, dann müssen Sie die Reservierung lange im voraus vornehmen. Gefahren wird auf der rechten Seite.

Prüfen Sie den Wagen, den Sie gemietet haben, vor der Abfahrt sehr sorgfältig und lassen Sie Ihren Reisepaß unter keinen Umständen als Sicherheit beim Mietwagenunternehmen zurück, auch wenn einige Agenturen die Frechheit besitzen, dies vorzuschlagen. Außer an einer Tankstelle unweit vom Flughafen und an einer in Siumu ist Benzin außerhalb von Apia im allgemeinen nicht erhältlich. Planen Sie also rechtzeitig. Wenn Sie beabsichtigen, einen Mietwagen mit nach Savai'i zu nehmen, dann vergewissern Sie sich vor dem Unterschreiben des Mietvertrages, ob das möglich ist. Die meisten Mietwagenunternehmen erlauben das nämlich nicht. Seien Sie zudem kritisch beim Mieten eines Wagens, denn wir erhalten über Mietwagenfirmen in Apia mehr Beschwerden als sonst üblich.

Bei Avis/Rentaway Rentals in der Vaea Street (Tel. 22-468) kann man einen Pkw oder einen Kleinbus ab 90 T ohne Kilometerbegrenzung erhalten. Hinzu kommen jedoch noch 30 T für die Versicherung. Budget, vertreten im N.P.F. Building gegenüber vom Glockenturm (Tel. 20-561), berechnet pro Tag 116 T und pro Woche 692 T, ebenfalls ohne Kilometerbegrenzung. Eines der zuverlässigsten örtlichen Mietwagenunternehmen ist Pavitt's U-Drive unweit vom Nationalkrankenhaus (Tel. 21-766), wo die Preise für Pkw bei 115 T pro Tag beginnen. Außerdem sind in der Stadt noch Apia Rentals (Tel. 24-244), Billie's Car Rentals (Tel. 21-724), Emka Rentals (Tel. 23-266), G & J Rentals (Tel. 21-078), Hibiscus Rentals (Tel. 24-342) und Le Car Rentals (Tel. 22-754) vertreten. Überall wird zusätzlich zum Mietpreis noch eine Steuer von 10% berechnet. Es ist außerdem möglich, in Apia Motorräder und Fahrräder zu mieten, aber die Unternehmen, bei denen das möglich ist, wechseln ständig, so daß Sie sich nach dem neuesten Stand im Fremdenverkehrsamt erkundigen sollten. Bei der Miete von Motorrollern ist die Versicherung im allgemeinen im Mietpreis enthalten, nicht aber der Preis für das Benzin. Verlangt wird auch eine Sicherheit in bar.

Taxi: Taxis tragen auf den Kennzeichen den Buchstaben T. Sie sind relativ preiswert und bieten eine gute Möglichkeit, nach einem abendlichen Stadtbummel zurück zum Hotel zu gelangen. Handeln Sie vor Antritt einer Fahrt aber unbedingt den Preis aus. Wenn Sie beabsichtigen, aus einem Taxi vorübergehend auszusteigen, dann fragen Sie vorher auch, was das Warten des Fahrers kostet. Wenn Sie das unterlassen, kommt es am Ende der Fahrt unweigerlich zu Forderungen nach einem zusätzlichen Betrag und zu häßlichen Drohungen, wenn Sie sich weigern, den ebenfalls zu bezahlen. Im Fremdenverkehrsamt (Visitors Bureau) gibt es übrigens eine Liste, der Sie alle Taxi- und Buspreise entnehmen können. Darin steht auch, daß für Gepäck kein Zuschlag kassiert werden darf und daß ein Trinkgeld nicht notwendig ist. Vorsicht ist bei den Taxis vor dem Hotel Aggie Grey's geboten. Ihre Fahrer nehmen Gäste schon mal aus, wenn die unerfahren und unsicher sind.

Ausflugsfahrten: Viele Unternehmen organisieren von Apia aus Ausflugsfahrten über die Insel Upolu. Die Preise hängen von der Zahl der Teilnehmer, dem Fahrzeug (Privatwagen oder Kleinbus), davon, ob das Mittagessen enthalten ist, usw. ab. Bei diesen Fahrten dürfen Sie von den Erläuterungen des Fremdenführers nicht viel erwarten. Sie sind vielmehr eine Möglichkeit, um herumzukommen. Einige Unternehmen veranstalten keine Fahrten, wenn sich dafür nicht mindestens acht Teilnehmer angemeldet haben. Daher empfiehlt es sich, nach der Mindestteilnehmerzahl zu fragen. Sollte sich dabei herausstellen, daß es fraglich ist, ob eine Fahrt zustande kommt, dann erkundigen Sie sich anderswo. Selbst wenn organisierte Ausflugsfahrten Ihnen sonst nicht zusagen, lohnt es sich, so etwas in West-Samoa in Erwägung zu ziehen.

Jane's Tours in der Vaea Street (Box 70, Apia, Tel. 20-954) berechnen für eine halbtägige Fahrt durch die Stadt oder über die Insel 36 T pro Person und für eine Ganztagsfahrt nach Aleipata oder Manono mit Mittagessen 60 T. Bei Oceania Tours (Box 1572, Apia, Tel. 24-443) muß man für eine Tagesfahrt über Upolu 77 T und für einen ganztägigen Ausflug nach Manono 60 T bezahlen. Fahrten nach Savai'i mit einer Übernachtung werden für 180 T pro Person angeboten. Samoa Scenic Tours neben dem Hotel Aggie Grey's (Tel. 22-880), Annie's Tours (Tel. 21-550), Retzlaff's Tours (Tel. 21-724) und mehrere weitere Reisebüros bieten solche Fahrten ebenfalls an. Sie stellen eine gute Möglichkeit dar, einen Sonntag zu verbringen, aber man muß vorher die Preise vergleichen und sich rechtzeitig anmelden.

Polynesian Airlines (Tel. 21-261) veranstaltet vom Flugplatz Fagali'i in der Nähe von Apia auch zweimal täglich Rundflüge von 45 Minuten Dauer um Upolu herum, die einschließlich Transfer von einem Hotel in Apia 144 T kosten.

SAVAI'I

Savai'i liegt nur 20 km nordöstlich von Upolu auf der anderen Seite der Apolima-Straße. Obwohl um die Hälfte größer und höher als der Nachbar, leben auf Savai'i nur zwei Fünftel der Einwohner von Upolu. Die große Insel Savai'i hält für Besucher eine Vielfalt an Sehenswürdigkeiten bereit: Ruinen alter polynesischer Bauten, klare Süßwasserteiche, weiße Strände, riesige schwarze Lavafelder, mächtige Vulkane und Beispiele für den traditionellen samoanischen Lebensstil. Savai'i diente dem Regisseur Flaherty schon 1926 als Kulisse für seinen Film *Moana of the South Seas*. Die meisten Orte liegen an der Küste, und zwar entlang der Straße um die ganze Insel. Die Dörfer laden zu einem beschaulichen Bummel ein, jedenfalls dann, wenn man die manchmal ein wenig aufdringlichen Kinder freundlich abwimmeln kann.

Savai'i ist (abgesehen von Hawaii und Neuseeland) die größte Insel in Polynesien. Der größte Teil des Nordens entstand in seiner heutigen Form erst bei den Vulkanausbrüchen des Matavanu in den Jahren 1905–1911. Die verwüstenden Lavamassen begruben frucht-

Für die Schiffe, die in Apias Hafen einlaufen, ist die katholische Kathedrale ein Wahrzeichen,

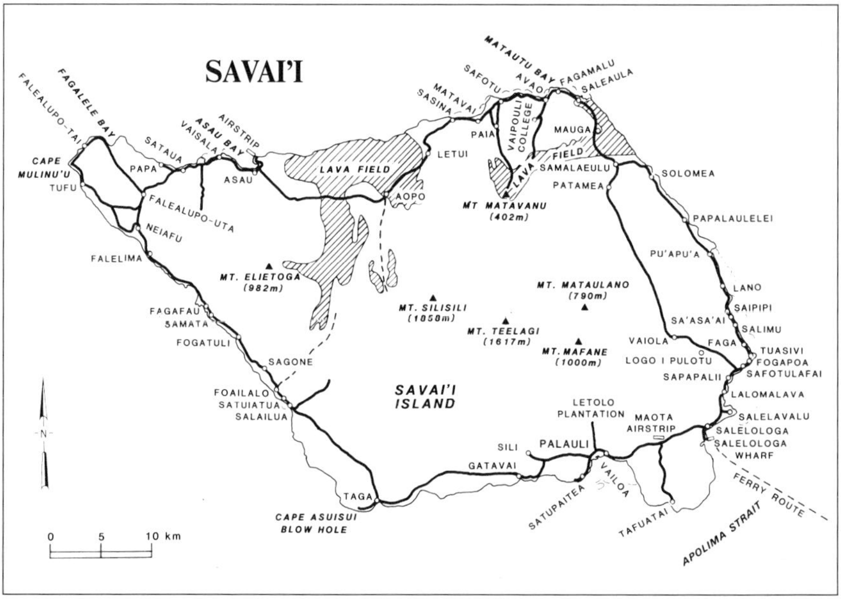

bares Land unter sich und ließen die Bewohner nach Upolu flüchten. Heute ist dieses Gebiet sich selbst überlassen und wird landwirtschaftlich nicht genutzt. Leider vergeht man sich an dem hier noch ursprünglichen Regenwald, indem man weite Flächen abholzt, auch wenn in solchen Lichtungen manchmal landwirtschaftliche Nutzflächen angelegt werden. Daher ist ein staatlicher Schutz dringend notwendig. Entlang der Ostküste erstrecken sich zwischen Salelologa und Pu'apu'a herrliche Korallenriffe, ebenso an der Nordküste zwischen Saleaula und Sasina sowie zwischen Asau und Vaisala und vor der Südküste bei Palauli. Wenn Sie in einem Dorf an den Strand gehen wollen, dann müssen Sie damit rechnen, daß pro Person 1 T Gebühr bezahlt werden muß. Geben Sie eine solche Gebühr nur einem Erwachsenen und niemals einem Kind.

ORIENTIERUNG

Auf Savai'i gibt es nichts, was man eine Stadt nennen könnte. Hier liegen nur Dorf an Dorf entlang der Küste nebeneinander, wenn auch mit großen Lücken an allen Seiten. Ein kleiner Markt und eine Bushaltestelle findet man vom Anleger in Salelologa aus ein Stück aufwärts. Die Bank of Western Samoa und die Pacific Commercial Bank sind mit Zweigstellen in Salelologa und Asau vertreten. Eine Polizeiwache findet man in Asau ebenfalls, auch wenn die Hauptstelle der Polizei sich im kleinen Verwaltungskomplex in Tuasivi, etwa 10 km nördlich von Salelologa, angesiedelt hat. Postämter gibt es in Tuasivi und Asau.

SEHENSWÜRDIGKEITEN

Letolo Plantation: Fahren Sie mit einem Bus vom Anleger der Fähre in Salelologa die 8 km bis zur Letolo Plantation im Bezirk Palauli, kurz hinter Vailoa. Das ist die größte bis heute erhaltene vorgeschichtliche Stätte von ganz Polynesien. Außer den historischen Sehenswürdigkeiten erwarten Sie hier ein idyllischer Wasserfall und ein Teich. Etwa 100 m hinter dem Schuppen mit Kopra zweigt rechts ein Weg von der Hauptstraße ab, der in östliche Richtung verläuft und etwa 400 m durch einen Kokospalmenhain bis zum Rand der Schlucht führt. Den Weg hinab zum Teich werden Sie dann leicht finden, allein schon anhand der Abdrücke im Boden von parkenden oder wendenden Fahrzeugen. Das kristallklare Wasser des an der Ostseite der Plantage verlaufenden Flusses stürzt über eine Klippe in einen großen und tiefen Teich. Zum Schwimmen geht man von den Seiten hinein. Im Teich leben braune Krabben, die man mit Brotkrumen leicht anlocken kann.

Nach einem erfrischenden Bad sollten Sie zunächst zur Straße zurückkehren und dann weiter nach Norden gehen. Die Straße teilt sich dann bald; die unbefestigte Straße links führt zur riesigen Pulemelei-Steinpyramide (*Kia*). Sie steht auf einem steilen Hang links von der Straße, etwa 3 km von der Hauptstraße entfernt, die um die ganze Insel führt. Bis 1960 war diese beeindruckende Steinplattform völlig überwuchert. Sie thront auf einem Hügel inmitten einer Kokospalmenplantage, ist 9 m hoch und an der Spitze 45 m lang sowie 27 m breit. Rund um die Plattform stehen verstreut steinerne Sitze, die bei religiösen Zeremonien benutzt wurden. Die Bauart ähnelt dem Stil der

Wasserfall auf der Letolo Plantation (Savai'i).

Plattformen von Tahiti. Möglicherweise dienten die tahitianischen Bauten als Vorbild. Von den Samoanern kann sich niemand mehr an den Zweck erinnern. Es hat den Anschein, als sei alles aus den Gedächtnissen verschwunden. Nichts wurde überliefert, was zur Erklärung beitragen könnte.
Gehen Sie dann bis zur Straßengabelung nördlich vom Schuppen für Kopra zurück. Auch der andere Weg führt übrigens zu einer Steinplattform, die ebenfalls links der Straße steht, aber kleiner ist. Wer sich diese Überbleibsel aus der Geschichte ansehen möchte, sollte stets im Bewußtsein haben, daß er sich auf Privatgelände der Familie Nelson befindet. Treffen Sie Einheimische, dann bitten Sie in jedem Fall - schon aus Höflichkeit - um die Erlaubnis, die Wege benutzen zu dürfen.

Die Südwestküste: Entlang der Küste beim Kap Asuisui, in der Nähe des Dorfes Taga und etwa 40 km vom Anleger entfernt, gibt es einige spektakuläre „Blaslöcher" (*Pupu*). Das Spektakel (Eintritt 1 T) ist am eindrucksvollsten bei Flut und Sonnenuntergang. Gönnen Sie sich das Vergnügen und werfen Sie eine Kokosnuß in das Loch. Sie schießt, von den gewaltigen Wassermassen getragen, wieder heraus und wird später am Boden zerschmettert.
Surfer finden in den Wintermonaten (Mai bis Oktober) hier vor der Küste ein gutes Revier, insbesondere bei Flut und an der Stelle hinter dem großen Laden in Salailua. Das ist 13 km nordwestlich von Taga. Wer am Strand bei Satuiatua zelten will, muß dazu vorher die Genehmigung der Einheimischen einholen. Zeigt man Interesse, dann nehmen die Fischer Touristen gern mit hinaus auf See. Es ist auch möglich, von Salailua aus den Silisili zu besteigen, aber für den dreitägigen Treck braucht man einen Führer, gute topographische Karten und eine Ausrüstung zum Zelten. In Fagafau fallen die steilen Klippen von Lover's Leap jäh hinab bis ins Meer.

Falealupo: Von Falealupo-uta sind 9 km auf einer unbefestigten Straße zu fahren, bis Sie Falealupo-tai erreichen. Das ist ein traditioneller samoanischer Ort mit strohgedeckten *Fales,* die entlang eines weißen Sandstrandes aufgereiht stehen. Hierher kommt man nur einmal täglich mit einem Bus um 3.00 Uhr, es sei denn, man findet eine Mitfahrgelegenheit.
2 km vor Falealupo-tai, an der Straße von Falealupo-uta, finden Sie rechts neben der Straße unweit eines Banyan-Baumes (*Aoa*) den „Fußabdruck" von Moso (Moso's Footprint). Stolze 3 m lang ist dieser „Fußabdruck". Der Sage nach soll er vom Kriegsgott Moso stammen, der ihn hier hinterließ, als er von Samoa nach Fidschi sprang. Gehen Sie noch einige hundert Meter nach Westen, dann zweigt rechts ein Weg zum abgelegenen Fagalele Beach ab. Wenn Sie im Dorf Falealupo-tai ankommen, werden Ihnen links von der Straße eine Höhle mit einer Betontreppe und ein Schild mit der Aufschrift „Welcome" auffallen. Halten Sie beim Bummel

Falealupo auf Savai'i (West-Samoa)

durch den Ort Ausschau danach, ob die Holzschnitzer in ihrem Schuppen neben der katholischen Kirche arbeiten. Wer Falealupo-tai kennenlernen will, muß 5 T in die Dorfkasse zahlen.

Wenn man noch eine halbe Stunde bis hinter das Dorf geht, erreicht man das palmenbestandene Kap Mulinu'u. Dieses Kap hat die Form eines Pfeiles, dessen Spitze nicht nur gegen Asien gerichtet ist, sondern auch gegen das Geisterreich Pulotu. Hier am Kap mit dem lieblichen weißen Sandstrand ist Samoas westlichste Spitze. Der Pfad führt weiter nach Tufu, 1 km vom Kap entfernt, und nach Neiafu an der Hauptstraße. Das alles läßt sich zu Fuß gut in ein paar Stunden bewältigen. Um sich diese Gegend ansehen zu können, werden Sie möglicherweise 5 T bezahlen müssen.

Die Nordküste: Das wunderschöne Dorf Papa an der Nordküste ist in vielen Broschüren für Touristen abgebildet worden (Eintritt 2 T). Allerdings wurde es 1990 durch den Hurrikan „Ofa" verwüstet, so daß viele Bewohner nach Falealupo-uta umziehen mußten. Bei Asau, dem Zentrum für den Norden von Savai'i, endet die asphaltierte Straße. Das ist ein recht hübscher Ort mit einem Flugplatz auf den Wellenbrechern, die die Asau Bay umschließen, einem Anleger, einer Bank und einem großen Sägewerk, das der Firma Samoa Forest Products gehört. Im gut geschützten kleinen Bootshafen sind Yachten sicher aufgehoben, allerdings beginnt der Kanal durch das Riff zu versanden, so daß man sich von Einheimischen beraten lassen sollte, bevor man versucht, mit einem Segelboot in den Hafen zu gelangen. Eine sichere, wenn auch freiere Möglichkeit zum Ankern besteht von Mai bis Oktober ferner in der Matautu Bay weiter östlich.

Sie können sich aber noch weiter nach Osten begeben. Der einfachste Weg auf den Silisili, Samoas höchsten Berg, beginnt in Aopo. Wenn Sie den besteigen wollen, kann es sein, daß Sie mehr als einmal aufgefordert werden, dafür 15 T pro Person zu bezahlen. In Matavai sollten Sie eine Pause einlegen. Dort gibt es nämlich in einer großen Süßwasserquelle (*Mata ole alelo*) eine Möglichkeit zum Baden. Das Schild, das Sie an der Wand des Gebäudes nebenan entdecken und das in samoanischer Sprache verfaßt ist, nennt nicht den Betrag, den Sie als Besucher zu zahlen haben, sondern die Strafe für die Einheimischen, wenn sie sich bestimmte Dinge zuschulden kommen lassen.

Weitere Süßwasserteiche (*Vaisafe'e*) finden Sie im Ort Safotu, 3 km östlich von Matavai. Wer sich alles nur ansehen möchte, muß sicherlich keinen Eintritt zahlen. Auch in Safotu gibt es eine große katholische Kirche. Sie steht majestätisch gegenüber vom recht malerischen Strand, an dem kleine, aus Baumstämmen ausgehöhlte Kanus der Fischer liegen.

Von Safotu 3 km landeinwärts liegt das Dorf Paia, wo der *Pulenu'u* von Besuchern 1 T Gebühr erhebt. Auf einem Hügel unmittelbar oberhalb des Dorfes steht eine alte samoanische Festung, aber interessanter ist sicher die Lavaröhre, die *Nu'uletau* („Höhle der kleinen Leute“), von Paia weitere 3 km landeinwärts. Um sich die anzusehen, braucht man einen Führer und eine Kerosinlampe (3 T Eintritt). Man erzählt sich, daß darin Zwerge von nur einem Meter Größe leben.

Recht anstrengend ist der Weg von Paia auf den 402 m hohen Matavanu, für den man etwa 2 1/2 Stunden braucht. Die Einheimischen nennen den Berg *Mata ole afi* („Auge des Feuers“). Hier fanden in den Jahren 1905–1911 die verheerenden Vulkanausbrüche statt, die weite Teile im Nordosten von Savai'i verwüsteten. Schwarze Lava bedeckt nun den früher fruchtbaren Boden. Um den Krater zu finden, braucht man nicht unbedingt einen Führer. Halten Sie einfach nach dem Weg Ausschau, der nach links abzweigt, wenn sich nach 2 1/2 Stunden Marsch die Straße von Paia absenkt. Wenn Sie sich dem Krater nähern, dann achten Sie auf die tiefen Einschnitte und die scharfen Ecken, die schon mindestens ein Todesopfer forderten. Den Krater erreichen Sie auch, wenn Sie hinter dem Vaipouli College über das Lavafeld landeinwärts wandern. Das ist allerdings nicht ohne Risiko. Nehmen Sie unbedingt Wasser mit und achten Sie darauf, daß Sie sich nicht verlaufen.

Das Lavafeld: Die Straße, die südlich von Saleaula verläuft, führt mitten durch ein breites Lavafeld. Unter einem großen Baum und etwa 100 m abseits der Straße steht am Nordrand des Feldes und an der Nordostseite der Straße eine große Steinkirche. Sie wurde zu Beginn dieses Jahrhunderts von den Lavamassen fast eingeschlossen. Etwa 150 m östlich der Kirche liegt unweit eines Mangobaumes das sogenannte Jungfrauen-Grab. Halten Sie dort Ausschau nach einer rechteckigen Vertiefung in der Lava (2 m tief); das Grab ist dann am Boden der Senke klar erkennbar. Für einen kleinen Obolus führen Sie Kinder des Dorfes gern zu all diesen Stätten.

Als während der Ausbrüche die schnell fließenden Lavamassen an dieser Stelle die Küste erreichten, türmten sie sich beim Riff zunächst auf und teilten sich dann zu beiden Seiten. Die Straße führt heute über 8 km durch dieses Lavafeld. Um ein Gefühl für das gewaltige Naturereignis zu bekommen, geht man am besten ein Stück zu Fuß über dieses Feld. Der Ort Mauga liegt um den Rand eines alten Kraters herum, der damals bereits von den Lavamassen eingekreist war. Mitten im Krater ist eine tiefe Quelle.

Die Ostküste: Von Pu'apu'a reihen sich malerische Dörfer und weiße Sandstrände in Richtung Süden bis zum Anleger aneinander. Im Sommer (Dezember bis März) eilen Surfer mit Vorliebe zum Strand von Lano, während Schnorchler sich bei Faga ein Stelldichein geben. Vor dem Gebäude der Kongregationskirche in Sapalalii steht ein großes Denkmal zu Ehren von John Williams. Es erinnert daran, daß dieser Missionar hier 1830 zum erstenmal samoanischen Boden betrat. Innerhalb weniger Tage gelang es ihm, alle Häuptlinge zum Christentum zu bekehren. Nicht weit hinter der Kirche stehen die Siufaga Beach Houses und das Hotel Safua, die zu einer Rast während einer Fahrt rund um Savai'i einladen.

UNTERKUNFT

In Salelologa, 5 Minuten Fußweg vom Anleger der Fähren entfernt, stehen 3 Übernachtungsmöglichkeiten zur Verfügung. Im Taffy's Paradise Inn (Box 3044, Apia, Tel. 51–111, App. 77, und Tel. 20–263), unmittelbar neben dem Markt und der Bushaltestelle, werden sieben Zimmer in einem Gebäude im westlichen Stil vermietet, in denen man für eine Übernachtung allein 60 T, zu zweit 77 T und zu dritt 108 T bezahlen muß (zuzüglich 10 % Steuern). Eine Bar ist ebenfalls vorhanden. Ferner kann man in diesem Haus für 68 T pro Person und Tag Vollpension erhalten, von der man ganz sicher satt wird. Dieses Hotel gehört Barry und Taffy Markowitz von Adventure Gifts beim Hotel Aggie Grey's in Apia, so daß Sie dort nähere Informationen erhalten können. Nach Übernachtungsmöglichkeiten in diesem Haus kann man sich aber auch in Mom's Café am Anleger in Salelologa erkundigen.

Nicht weit entfernt ist das Motel Savai'i Ocean View (Tui und Maselina Retzlaff, Box 195, Apia, Tel. 21–724) mit sieben Bungalows zur Selbstversorgung, in denen man allein für 84 T, zu zweit für 108 T und zu dritt für 132 T übernachten kann. Über dieses Haus kann man sich bei Retzlaff's Tours in der Vaea Street in Apia näher informieren.

Am preisgünstigsten übernachtet man in Salelologa im Salafai Inn gegenüber der Bushaltestelle (Masoe Niko, Box 1193, Apia, Tel. 51–111, App. 50). Hier werden für ein Einzelzimmer 18 T, für ein Doppelzimmer 30 T (mit Gemeinschaftsbädern) und für ein Doppelzimmer mit eigenem Bad 35 T verlangt. Hinzu kommen 10 % Steuern. Auf Voranmeldung wird für die Gäste auch gekocht. Lassen Sie sich vom Äußeren des Hauses nicht abschrecken, denn innen ist es viel netter. Außerdem kann man

sich in einer angenehmen Lounge unten aufhalten.
Statt in einem dieser Quartiere zu übernachten, tun Sie besser daran, sich in das Hotel Safua zu begeben (Private Mail Bag, Salelologa, Tel. 51-111, App. 252). Die 12 samoanischen *Fales* mit eigenem Bad wurden in Lalomalava, 6 km nördlich des Anlegers, sehr geschmackvoll in einem Gartengelände errichtet. Die Preise (Einzelzimmer 72 T, Doppelzimmer 84 T und Dreibettzimmer 96 T zuzüglich 10% Steuern) beinhalten auch Vollpension. Die Mahlzeiten werden gemeinsam an langen Tischen eingenommen. Dazu gesellt sich auch die anmutige Besitzerin Moelagi Jackson mit ihrer Familie. Das Essen ist ausgezeichnet, wobei die samoanischen Spezialitäten die vielen internationalen Gerichte abends abwechseln und ergänzen. Besonders gut schmeckt das Abendessen am Sonntag. Eine Bar liegt zum schattigen Garten hin, aber es steht den Gästen auch ein gute Bücherei zur Verfügung. Für 15 T pro Person darf man auf dem Grundstück auch zelten. Im Hotel Safua werden auf Wunsch auch Aufenthalte bei einheimischen Familien vermittelt.
Nur wenige Minuten zu Fuß vom Hotel entfernt steht ein Süßwasserpool zur Verfügung, wo man ohne Eintritt schwimmen kann. Das große *Fale* oberhalb des Pools gehört Moelagis Mutter, so daß Hotelgäste dort gern eine Pause einlegen dürfen. Wer gern schnorchelt, fährt mit einem Bus die 6 km in Richtung Norden nach Faga. Dieser Ort taucht in vielen Reisebroschüren auf und erlangte aus gutem Grund Berühmtheit. Manchmal leiht man den Gästen im Hotel auch ein Motorrad. Ausflüge in einem Minibus über die Insel oder bis zur Plantage der Familie werden ebenfalls veranstaltet.
Moelagi, eine der wenigen weiblichen *Failauga* in Samoa, ist übrigens eine Expertin in der Herstellung von *Tapa* und hat meistens ein paar hochwertige Stücke vorrätig, die sie auch verkauft. Leider scheint es, wenn Moelagi mal nicht im Hause ist, mit dem Essen und der Bedienung bergab zu gehen. In Apia können Sie sich nach dem Hotel Safua bei Oceania Travel erkundigen (Tel. 24-443).
Wenn Sie sich unmittelbar an einem Strand aufhalten wollen, dann entscheiden Sie sich für die Siufaga Beach Houses unweit von Tuasivi, ein paar Kilometer hinter Lalomalava (Box 8002, Tuasivi, Tel. 22-536). Gegründet von einem italienischen Arzt und seiner samoanischen Familie, liegt die Anlage mit der großen grünen Rasenfläche direkt am wunderschönen Faga Beach, einem der besten Plätze zum Schwimmen und Schnorcheln in ganz Samoa. Die insgesamt 6 Häuser mit eigenem Bad und Kochgelegenheit werden zur Alleinbenutzung für 72 T, an ein Paar für 84 T und an drei Leute für 96 T vermietet (zuzüglich 10% Steuern). Besucher mit einem eigenen Zelt sind auf dem Grundstück ebenfalls willkommen (12 T pro Person). In der Anlage gibt es auch einen kleinen Laden, in dem man Lebensmittel einkaufen

kann. Der Eigentümer, Dr. Peter Caffarelli, ist ein ganz interessanter Mensch, der es liebt, auf seiner Veranda mit den Gästen zu plaudern. Eine kleine Klinik hat er hier ebenfalls. Zu erreichen sind die Siufaga Beach Houses vom Anleger in Salelologa mit einem Bus in Richtung Puapua (2 T). Wenn Sie vorher einen Bungalow reserviert haben, holt ein Mitarbeiter Sie ab. Sehr zu empfehlen!

Bis heute das einzige offizielle Hotel auf der anderen Seite von Savai'i ist das Hotel Vaisala (Box 570, Apia, Tel. 22-027). Es liegt 4 km westlich von Asau an der Nordküste. Die 33 Zimmer sind in einem Gebäude untergebracht, das ganz im europäischen Stil mit Blick auf den Strand erbaut wurde. 24 Zimmer mit eigenem Bad werden als Einzelzimmer für 114 T, als Doppelzimmer für 136 T und als Dreibettzimmer für 159 T vermietet (zuzüglich 10 % Steuern). Die Zimmer ohne eigenes Bad sind billiger, werden aber, wenn man nicht eine bestätigte Reservierung besitzt, häufig als voll belegt bezeichnet. Auch wenn die teureren Zimmer ganz gut und mit Kaffeemaschinen sowie Kühlschränken (aber nicht mit Kochmöglichkeiten) ausgestattet sind, muß man für die Gerichte im Restaurant sehr hohe Preise bezahlen. Hinzu kommt, daß die Motorroller und die Ausrüstungen zur Ausübung von Wassersport unzuverlässig sind. Für einen Transfer vom Flugplatz Maota oder vom Anleger in Salelologa und zurück werden pro Person 48 T berechnet. Das Vaisala eignet sich gut als bequemer Ausgangspunkt zur Erkundung der Nordwestküste, aber hoffentlich bekommt das Hotel bald Konkurrenz. Es wurde übrigens 1991 bei einem Hurrikan schwer beschädigt. Auch wenn Ende 1992 bereits einige Zimmer wieder vermietet wurden, war zu diesem Zeitpunkt das Restaurant noch geschlossen und heißes Wasser noch nicht wieder vorhanden. Aber das kann sich in der Zwischenzeit geändert haben.

AN- UND WEITERREISE

Flug: Von Montag bis Freitag dreimal täglich und samstags einmal fliegt Polynesian Airlines (Box 599, Apia, Tel. 21-261) vom Flugplatz Fagali'i in Apia (im Osten der Stadt) nach Maota, westlich von Salelologa (einfacher Flug 15 T, Hin- und Rückflug 20 T). Bei diesen Flügen dürfen die Passagiere allerdings nur 5 kg Gepäck mitnehmen. Weil man vom Flugplatz Maota auch noch eine teure Taxifahrt bis zu seinem Quartier bezahlen muß, ist der Flug nur etwas für Leute, die schon beim Gedanken an die 1½stündige Überfahrt mit dem Schiff tiefgrün werden.

Schiff: Die Western Samoa Shipping Corporation (Tel. 20-935) bedient mit Autofähren die Strecke zwischen den Anlegern in Mulifanua (Upolu) und Salelologa (Savai'i). Theoretisch sollen die Schiffe auf beiden Inseln täglich um 6.00, 9.00, 12.00 und 15.00 Uhr ablegen (einfache Überfahrt 8 T, Schüler und Studenten 4 T). Wenn man ein Fahrrad mitnehmen will, kommt ein Zuschlag von 2 T hinzu. Dabei muß man aber aufpassen, daß nicht der höhere Fahrpreis für ein Motorrad berechnet wird. Die genauen Abfahrtszeiten richten sich nach den Wetterbedingungen, nach der Zahl der Passagiere sowie nach Lust und Laune der Besatzung. Seien Sie daher rechtzeitig am Anleger und richten Sie sich auf Wartezeiten ein. Die Überfahrt dauert etwa 1 1/2 Stunden. Unterwegs haben Sie einen herrlichen Blick auf den einzigen Ort der Insel Apolima. Er liegt an der zerklüfteten Nordseite des Vulkankraters.

Ende 1991 war diese Verbindung übrigens wegen Reparaturarbeiten am Anleger in Mulifanua unterbrochen. Die Schiffe legten damals um 6.00 und 12.00 Uhr im Hafen von Apia ab. Das war aber nur eine zeitweilige Regelung, so daß Sie sich erkundigen sollten, ob inzwischen der Verkehr von Mulifanua aus wieder aufgenommen worden ist.

REISEN AUF SAVAI'I

Eine asphaltierte Autostraße vom Anleger in Salelologa über Salailua (Südküste) nach Asau, erbaut mit australischer Hilfe, macht das Reisen auf dieser Seite der Insel leicht. Die Straße an der Ostküste ist bis zum Lavafeld unweit von Samalaeulu geteert und auch noch bis Sasina ganz gut. Die Busverbindung zwischen Sasina und dem Anleger ist daher ebenfalls annehmbar. Von Sasina nach Asau gibt es aber nur eine sehr steile, nicht asphaltierte Straße, die in einigen Bereichen besonders schwierig ist. Hier verkehren keine Busse. Bei einer Fahrt rund um die Insel ist dies der unbequemste Streckenabschnitt und fast eine Herausforderung. Wissenswert ist, daß werktags Lkw mit Arbeitern des Sägewerks auf der Ladefläche gegen 16.00 Uhr von Asau nach Sasina und noch weiter starten. Meist nimmt man Touristen gern mit. Wenn Sie dem Fahrer eine Schachtel Zigaretten anbieten, ist die Mitfahrgelegenheit fast sicher. Eine Inselrundfahrt, bei der alle genannten und beschriebenen Punktc angesteuert werden, ist leicht in 3 oder 4 Tagen zu schaffen.

Alle öffentlichen Verkehrsmittel auf Savai'i fahren aber nur zu unregelmäßigen Zeiten, so daß man keinen zu knappen Zeitplan aufstellen sollte und nicht erwarten kann, am Tag der Ankunft noch nach Upolu zurückzukehren und einen Flug ins Ausland zu erreichen. Wenn ein Sturm aufkommt und die Fahrten der Fähren abgesagt werden, ist man auf Savai'i wie anderswo zunächst gestrandet.

Bus: Die zentrale Abfahrtstelle der Busse auf Savai'i ist am Anleger in Salelologa. Von dort fahren die Busse morgens nach fast allen Teilen der Insel, und zwar immer kurz nach Ankunft einer Fähre. Manchmal haben 5 Busse das gleiche Ziel und fahren kurz hintereinander ab. Bis zur Ankunft der nächsten Fähre ist dann Pause. Wenn die Überfahrt einer Fähre abgesagt wird, verkehren auch keine Busse. Das bedeutet, daß die Leute, die unterwegs an der Strecke mitgenommen werden wollen, nicht wissen, wann der nächste Bus vorbeifährt. Der Rückweg zum Anleger ist noch unbequemer. Die Abfahrtszeiten der Busse in den Orten an der Nordwestecke von Savai'i sind recht unbarmherzig mitten in der Nacht. Beispielsweise fährt der Bus von Asau über Matavai an der Nordküste nachts um 3.00 Uhr ab. Manchmal kommen die Busse trotz vorheriger Versprechungen der Fahrer aber auch gar nicht.

Trampen: Auf Savai'i kann man auch gut trampen. Die Lkw-Fahrer erwarten zwar stets eine Bezahlung, aber nicht mehr als den Fahrpreis für eine Busfahrt. Dabei kommt man mit einem Lkw weitaus besser voran. Drücken Sie sich daher nicht vor dem zu entrichtenden Obolus, sonst könnten spätere Besucher darunter leiden. Glücklicherweise verweigern nur wenige Fahrer Fremden die Mitnahme. Wenn dies doch geschieht, dann aufgrund von schlechten Erfahrungen, die sie mit Ausländern sammelten. Fragen Sie daher immer sofort nach dem Preis, wenn ein Fahrer hält, damit der Fahrpreis sofort geklärt ist. Nach 14.00 Uhr nimmt der Verkehr aber überall auf der Insel stark ab.

Weitere Verkehrsmittel: Mietwagen sind auf Savai'i nicht erhältlich. Aber auch die meisten Mietwagenfirmen auf Upolu lassen die Mitnahme eines Wagens auf der Fähre nach Savai'i nicht zu. Taxifahrten sind auf der Insel teuer, aber man kann im Fremdenverkehrsamt in Apia vorher die Preise erfahren. Die einfachste Möglichkeit, Savai'i kennenzulernen, ist die Teilnahme an einer Rundfahrt vom Hotel Safua aus. Dort werden Fahrten in den Norden über die Lavafelder zum Matavanu und zur „Höhle der kleinen Leute" sowie entlang der Südküste zur Steinpyramide von Pulemelei und zu den Blaslöchern von Taga angeboten, allerdings nur, wenn sich mindestens 4 Teilnehmer anmelden. Der Preis für eine halbtägige Fahrt beträgt etwa 36 T und für eine ganztägige Fahrt ca. 60 T.

KLEINES SAMOANISCHES WÖRTERBUCH

Sowohl in Amerikanisch Samoa als auch in West-Samoa kommen Sie mit einigen Englisch-Kenntnissen gut durch. Ein paar Wörter in der Sprache der Samoaner jedoch lassen Ihren Aufenthalt erlebnisreicher werden und helfen dabei, Kontakte zu erweitern. Das „g" wird immer wie „ng" und das „t" manchmal wie „k" gesprochen. Ein Apostroph kennzeichnet stets einen Knacklaut zwischen den Silben.

afio mai Begrüßung auf Samoanisch
afu Wasserfall
'ai essen
aiga Großfamilie
alia Katamaran der Fischer
ali'i Häuptling
alofa lieben, Liebe
alu gehen
alu i fea? wohin gehst Du?
'ata lachen
fa'afafine Transvestit
fa'afetai danke
fa'afetai tele danke sehr
fa'amolemole bitte

fa'apefea mai oe?	wie geht es Dir?
fa'a Samoa	die samoanische Lebensart
fa'a se'e	surfen
fafine	Frau
fa'i	Banane
faia	heilig
fai se miti lelei	träum' schön!
failauga	Sprecher
fale	Haus
fautasi	samoanisches Langboot
fia fia	samoanisches Fest(essen) glücklich, fröhlich
fono	Rat, Versammlung
i	nach, in Richtung
i'a	Fisch
inu	Getränk, trinken
ioe	ja
lafo	zeremonieller Austausch von Geschenken
lavalava	traditionelles Kleidungsstück der Männer
le	der, die, das
leai	nein
leaga	schlecht
lelei	gut
lelei tele	sehr gut
le tau	die Kosten, der Preis
lotu	Region
maamusa	Freundin
malae	Versammlungsort
malaga	Reise
mamaia tele Samoa	Samoa ist sehr schön
manogi	duften, riechen
manuia!	Prost!
manuia le po	Gute Nacht!
matafaga	Strand
matai	Oberhaupt einer Großfamilie
mau	Opposition, Gegensatz
mea alofa	Geschenk
moe	schlafen
musu	unnachgiebig, unfreundlich
niu	Kokosnuß
nofo	sitzen
nu'u	Dorf, Ort
oi fea ...?	wo ist ...?
ou te alofa ia te oe	ich liebe Dich
ou te toe sau	ich werde wiederkommen
palagi	Nicht-Samoaner, Fremder
paopao	Kanu
pe fia?	wieviel?
pisupo	Cornedbeef in der Dose
poo fea a alu iai?	wohin gehst Du?
pule	Autorität, Macht
pulenu'u	Bürgermeister
puletasi	traditionelles Kleidungsstück der Frauen
pupu	Blasloch an der Küste
sa	tabu, heilig
sau	kommen
savali	wandern, gehen
sene	ein Cent
siapo	*Tapa*-Gewebe
sili	gut
siva	Tanz
soifua	viel Glück
taavale	Auto
tai	See
tala	Dollar
talofa	Hallo!
talofa lava	Hallo, sei gegrüßt!
tama	Junge
tamaloa	Mann
tamo'e	rennen, laufen
tanoa	Kavagefäß
taupou	Jungfrau (zeremonielle Bedeutung)
tautau	gemeines Volk (ohne Adelstitel)
tele	viel
tofa	Auf Wiedersehen
tofa soifua	Gute Reise
tulafale	Sprecher (bei den Häuptlingen)
ula	Blumengirlande
uma	fertig, beendet
umu	Erdofen
va'a	Boot

TONGA

EINFÜHRUNG

Im ältesten Königreich Polynesiens ist man stolz darauf, daß man sich nie einer fremden Macht unterwerfen mußte und daß die Monarchie bis heute besteht. Es sind nur 691 km^2 Landfläche, die diese Nation ihr eigen nennt, und die liegen weit verstreut im Ozean und erstrecken sich von Niuafo'ou, zwischen Fidschi und Samoa, bis zum Minerva-Riff, das 290 km südwestlich von Ata liegt.

Tonga besteht aus drei größeren Regionen: der Tongatapu-Gruppe im Süden mit Nuku'alofa als Hauptstadt, der Ha'apai-Gruppe, einem weit auseinandergezogenen Archipel von flachen Koralleninseln und erhabenen, hohen Vulkanen im Zentrum, und der Vava'u-Gruppe im Norden mit einem riesigen, von Land umschlossenen Hafen. Diese drei Inselgruppen sind angenehm unterschiedlich, jede mit interessanten Gesichtspunkten zum Genießen.

Zwischen Tongatapu und Ha'apai liegen mehr als 100 km offene See, weitere 100 km zwischen Ha'apai und Vava'u. Und noch einmal 400 km nördlich finden sich erst die Niuas-Inseln, zu denen die abgelegenen Eilande Niuafo'ou und Niuatoputapu gehören. Insgesamt besteht Tonga aus 170 Inseln, von denen 36 bewohnt sind. Tongas Inseln rechnet

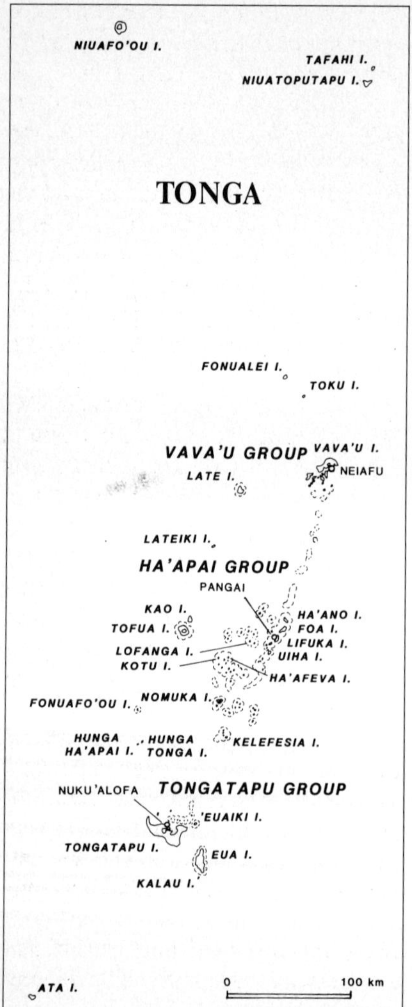

man zwar zu den am dichtesten besiedelten Inseln im Pazifik, aber trotzdem sind sie kaum berührt vom modernen Leben, so daß man leicht vergißt, daß man im 20. Jahrhundert lebt.

TONGA AUF EINEN BLICK

	Bevölkerung (1986)	Fläche (km^2)
Eua	4.393	87
Tongatapu	63.614	259
Ha'apai-Gruppe	8.979	109
Vava'u-Gruppe	15.170	119
Niuas*	2.379	72
Tonga	94.535	646**

* Niuafo'ou, Niuatoputapu, Tafahi
** nur die bewohnten Inseln

DAS LAND

Tonga liegt am äußersten Ostrand der indo-australischen Platte, die immer weiter hochgeschoben wird, je mehr die Pazifikplatte sich beim Tonga-Graben unter die indo-australische Platte drückt. Dieses lange Ozeantal, das östlich von Tonga beginnt und bis Neuseeland reicht, gehört zu den tiefsten Stellen im Ozean. An einigen Stellen ist der Pazifik hier 10 km tief. Tonga liegt auch an dem rund um den Pazifik verlaufenden „Feuerring". Diese Kette aus Vulkanen erstreckt sich von Neuseeland bis Samoa und wieder zurück bis nach Vanuatu und zu den Salomonen. Dort, wo heute das erhobene Atoll Tongatapu, die flache Koralleninsel Lifuka und das ebenfalls erhobene Atoll Vava'u im Pazifik liegen, ragten einst hohe Vulkane empor. Sie spuckten Feuer und Schwefel. Im Laufe von Millionen von Jahren versanken diese Vulkane, und Korallenpolypen bildeten dann nach und nach die Inseln.

Wer die Karte von Tonga genau studiert, wird herausfinden, daß 4 große Atolle entlang einer 350 km langen Linie aufgereiht sind. Die beiden zentralen Atolle (Ha'apai) sind bis heute größtenteils versunken. Allein Lifuka und Nomuka blieben als jeweils größte Inseln dieser Atolle zurück. Als Ha'apai sank, neigten sich die beiden äußersten Inselgruppen, Vava'u und Tongatapu, zur Mitte hin. Dabei entstanden an ihren äußeren Seiten Klippen, während die Inseln an der inneren Seite versanken. Der Bruch in der Erdoberfläche, der ursprünglich Tonga entstehen ließ, bewegte sich in Richtung Nordwesten. Deshalb finden Sie die aktiven Vulkane heute alle in einer Linie, die 50 km westlich von Ha'apai und Vava'u verläuft. Vulkanausbrüche gab es in den letzten 200 Jahren auf Fonuafo'ou, Tofua, Lateiki, Late, Fonualei und Niuafo'ou.

Klima: Der Name Tonga bedeutet „Süden". Da die Inseln wirklich relativ weit südlich liegen, ist auch das Klima kühler und weniger feucht als auf den mehr in Äquatornähe liegenden Inseln (z. B. Samoa). Die heißen, regenreichen Monate sind von Dezember bis April, wobei insbesondere von Januar bis März die Luftfeuchtigkeit ansteigt. Dagegen kann es von Juni bis August kühl genug werden, daß man gelegentlich einen leichten Pullover braucht. Die Wassertemperaturen in Tongatapu schwanken zwischen 21° C im Juni und 29° C im Dezember.

Durchschnittlich wird Tonga pro Jahr zweimal von Wirbelstürmen heimgesucht, meist in den Monaten November bis März, was nicht ausschließt, daß sie auch noch im Mai toben können. Je weiter Sie nach Norden kommen, desto höher werden Regenmenge, Temperatur und die Wahrscheinlichkeit eines Wirbelsturmes. Vorherrschend sind die Passatwinde aus Südosten. Auf Tonga bedeuten Winde aus Westen und Nordwesten, daß Schlechtwetter naht. Im Februar und März bringen dagegen Nordwinde Hitzewellen und starke Regenfälle.

Um zu erfahren, wie das Wetter in Tonga werden wird, können Sie während der üblichen Arbeitszeit in Nuku'alofa die Telefonnummer 23-401 anrufen.

GESCHICHTE

Frühgeschichte: Der Sage nach erwarb der Halbgott Maui von Samoa einen Angelhaken, an dem er dann die Tonga-Inseln aus dem Meer zog. Vor mehr als 3.000 Jahren kamen von Fidschi Polynesier nach Tonga. Tangaloa, ein Gott, stieg vom Himmel herab und zeugte mit der wunderschönen Jungfrau Va'epopua aus Tonga einen Sohn namens Aho'eitu. Dieses Kind wurde der erste König (*Tu'i Tonga*). Dies war etwa um 950 n. Chr.

Die kämpferischen Krieger von Tonga, die in ihren Doppelkanus (*Kalia*) durch ganz West-Polynesien zogen, waren sehr gefürchtet. In jedem dieser Kanus fanden bis zu 200 Menschen Platz. Im 13. Jahrhundert konnte sich das Königreich Tonga von Rotuma im Westen über Teile der Lau-Gruppe, Wallis und Futuna, Samoa und Tokelau bis nach

Niue im Osten ausdehnen. Der mögliche Zusammenbruch dieses Reiches führte zu Unruhen und einer Reihe von Attentaten auf den *Tu'i* von Tonga, so daß der 24. König im Jahre 1470 einen großen Teil seiner politischen Macht auf einen Bruder, den *Hau* (zeitweiligen Regenten), übertrug, seine geistige Autorität aber behielt. Später wurde die politische Macht zwischen dem *Tu'i* Ha'atakalaua und dem *Tu'i* Kanopolu geteilt, woraus drei Adelsfamilien entstanden.

Europäische Kontakte: Die beiden Holländer Schouten und Le Maire sahen die Niuas zwar schon im Jahre 1616, aber erst Abel Tasman war es, der Tongatapu und Ha'apai als erster Europäer besuchte. Als sein Schiff sich am 19. Januar 1643 näherte, kamen Einheimische in schmalen Kanus auf ihn zu. Tasman ließ Schüsse aus einer Kanone abfeuern und erschreckte den Häuptling zutiefst. Um so verwunderter war dieser, als nach dem Schuß zunächst eine Trompete und dann eine Violine und eine Flöte ertönten. So ging die erste Begegnung friedlich aus, und Tasman konnte das so dringend benötigte Wasser und auch Lebensmittel bunkern. Ohne diese Dinge hätte er seine Reise nicht fortsetzen können. Um ein Haar hätte es allerdings eine Katastrophe gegeben, als er vollbeladen über das Nanuku-Riff segelte. Sein Glück war, daß sich zwischen Schiff und Riff gerade genügend Wasser befand.
Als Capt. Cook dann in den Jahren 1773, 1774 und 1777 nach Tonga kam, wurde ihm und seinen Männern ein überaus freundlicher Empfang bereitet. Zur Begrüßung türmten sich Lebensmittel zu ganzen Pyramiden auf. Man führte zu seinen Ehren Tänze auf und veranstaltete Boxwettkämpfe. Chancen hatten Cooks Männer jedoch kaum, dazu waren die tonganischen Boxer viel zu geschickt. An diesen Veranstaltungen nahmen auch junge Mädchen und Frauen teil. Man erzählt sich heute immer noch, daß damals einige Tonganer beabsichtigten, Capt. Cook und seine Mannschaft zu braten und im Rahmen des allgemeinen Festtaumels zu verzehren. Sie wurden nur dadurch von ihrem Vorhaben abgehalten, daß Cook wirklich tiefe Dankbarkeit gezeigt hatte, als ihn die Insulaner auf so überaus herzliche Weise empfingen. Dies spürten sie und änderten ihre Absichten. Cook übergab dem *Tu'i Tonga* daraufhin eine männliche Schildkröte von den Galapagos-Inseln. Sie lebte – später erblindet – in den königlichen Gärten und starb erst 1966 im stolzen Alter von mehr als 200 Jahren. Seit Cooks erstem Besuch sind die Tonga-Inseln auch als die „freundlichen Inseln" bekannt. Vava'u ist von Capt. Cook allerdings nie besucht worden. Diese Inselgruppe wurde erst 1781 von einem Europäer betreten, nämlich von dem Spanier Mourelle.

Die Entstehung der Nation: Der Kontakt mit Europäern brachte es mit sich, daß die Bevölkerung mehr und mehr abnahm. Der Grund hierfür war, daß die sich gegenseitig bekriegenden Häuptlinge die neu erworbenen Gewehre und Kanonen aufeinander richteten. Etwa um diese Zeit eroberten tonganische Krieger auch die Lau-Gruppe der Fidschi-Inseln. Mitten im Trubel und Toben dieser Stammeskriege kamen im Jahre 1797 Mitglieder der Londoner Missionsgesellschaft nach Tonga. Es gelang ihnen aber nicht, die Insulaner zu bekehren, so daß schon 1804 alle Missionare wieder verschwunden waren. 1822 versuchten dann Methodisten ihr Glück, den Tonganern ihren Glauben aufzuzwingen.

Ihren größten Erfolg verzeichneten sie 1831, als der Häuptling von Ha'apai, Taufa'ahau, übertrat. Aus Dankbarkeit darüber verhalfen die Methodisten ihm 1845 auf den Thron. Er wurde König George Tupou I., Regent eines geeinten Tonga. Er befreite die Tonganer 1862 auch von der Zwangsarbeit, die die Häuptlinge der einzelnen Regionen auf Tonga ihren Untertanen auferlegt hatten. Zur gleichen Zeit schaffte er es, bei den Häuptlingen von Tonga die Erbfolge einzuführen.

König George I. ging dann daran, jedem seiner Untertanen ein *Tax'api* zu übereignen. Das bedeutete, daß jeder Bürger für eine jährliche Pacht von 3,30 P ein Grundstück in der Stadt und 3,34 ha Ackerland bekam. Darauf haben Tonganer eigentlich heute noch Anspruch, wenngleich dafür nicht mehr genug Grund und Boden zur Verfügung stehen. In dieser Zeit wurde auch eine konstitutionelle Regierung eingeführt, ebenfalls auf Veranlassung von König George I. Dabei ernannte er den Privy Council selbst, während

König George Tupou I.: 1831 wurde dieser junge Häuptling von Ha'apai durch Wesley-Missionare getauft und somit bekehrt. Mit ihrer Unterstützung verdrängte er den *Tu'i Tonga* auf Tongatapu und ließ sich 1845 zum König ausrufen. Er nahm den Namen des britischen Königs an. Das derzeit regierende Königshaus hat ihn zum Vorfahren. 1862 befreite George I. die Sklaven von Tonga, und 1875 gab er dem Land die Verfassung, die heute noch in Kraft ist.

Vertreter des Adels und des gemeinen Volkes in einem Parlament zusammentraten.

Dieses System, 1875 in die Verfassung von Tonga aufgenommen, ist bis heute in Kraft. Ein Jahr später schloß Deutschland mit Tonga einen Freundschaftsvertrag, in dem die Unabhängigkeit Tongas und die Souveränität des Königs anerkannt wurden. Ähnliche Verträge wurden auch mit England (1879) und mit den USA (1888) abgeschlossen. König George I. starb 1893 im Alter von 97 Jahren. Ihm kommt die Ehre zu, den geeinten christlichen Staat Tonga geschaffen zu haben. Dies und viele andere Eigenschaften und Taten führten dazu, daß er als einer der bemerkenswertesten Männer des 19. Jahrhunderts gilt.

Das 20. Jahrhundert: Tonga teilt sich zusammen mit Japan, Thailand, Nepal und einigen Staaten des Mittleren Ostens die Ehre, nie durch eine europäische Macht kolonialisiert worden zu sein. Ende des 19. Jahrhunderts hatte Deutschland zwar einen starken Einfluß auf Tonga und hätte diesen Südseestaat gern seinem Kolonialreich einverleibt. Das scheiterte aber am englischen Widerstand. Man einigte sich jedoch darauf, daß das Deutsche Reich eine etwas freiere Hand in Samoa erhielt. 1900 schloß Tonga einen neuen Freundschaftsvertrag mit England. Er enthielt die Klausel, daß England Einfluß auf die Außenpolitik Tongas nehmen dürfe. Damit wollte man verhindern, daß andere Kolonialmächte Tonga in ihren Einflußbereich brächten.
Dieser Schutz der Briten hielt bis 1970 an, änderte aber nichts daran, daß die königliche Familie ihren Einfluß ununterbrochen weiter ausübte und an der Macht blieb. Wie intensiv die Missionare in den ersten Jahren des 19. Jahrhunderts ihre Arbeit verrichteten, ist immer noch spürbar, wenn man Tonga sonntags beobachtet. Die Kirchen erfreuen sich dann regen Besuches. In den Jahren 1918 bis 1965 regierte die allseits überaus beliebte Königin Salote. Zu ihren großen Taten gehörte

Königin Salote

die Wiedervereinigung der Wesley-Kirche und die Einrichtung eines öffentlichen Gesundheits- und Bildungswesens. Darauf ist zurückzuführen, daß von allen Südseeländern in Tonga die meisten Kinder eine Schule besuchen und 99,6 % aller Tonganer schreiben und lesen können. 1953 eroberte sich die Königin die Herzen vieler Millionen, als sie trotz eines Wolkenbruchs anläßlich der Krönung der englischen Königin in einer offenen Kutsche durch London fuhr. In Wahrheit tat sie nichts anderes, als es die tonganischen Sitten erfordern: einer königlichen Hoheit in jedem Falle Respekt entgegenzubringen, und sei es dadurch, sich ungeschützt dem schlechten Wetter auszusetzen.
Auch wenn er nicht die Körpergröße seiner Mutter erreicht, sondern mit

1,90 m 10 cm kleiner als sie ist, so ist der heutige König, Taufa'ahau Tupou IV., mit seinen 210 kg Gewicht durch und durch ein polynesischer Monarch – im Aussehen wie im Herzen. Als Kronprinz studierte er während des Zweiten Weltkrieges in Sydney und wurde der erste Tonganer, der einen akademischen Grad erhielt. Er setzte sich auch für eine behutsame Modernisierung des Landes ein und schaffte es, seinem Reich 1970 wieder die volle Souveränität zu verschaffen. Im Jahre 1972 setzte er sein ganzes Gewicht, abstrakt und konkret, dafür ein, Pläne rechter amerikanischer Millionäre zu vereiteln, die vorsahen, daß Tongas Minerva-Riff in einen steuerfreien, utopischen Staat umfunktioniert würde. Er intervenierte höchstpersönlich und konnte die Opportunisten schließlich zurückdrängen.

Seit über zwei Jahrzehnten steuert König Tupou nun schon einen konservativen Kurs. Anders als West-Samoa, das diplomatische Beziehungen mit der kommunistischen Volksrepublik China aufgenommen hat, erkennt Tonga nach wie vor die in Taiwan beheimatete Republik China an. Allerdings nahm Tonga bereits 1976 als erster Staat in der Südsee diplomatische Beziehungen zur damaligen Sowjetunion auf, was zu einer absurden Panik wegen einer möglichen sowjetischen Expansion im Pazifik führte. Die Aufnahme von Beziehungen mit der früheren UdSSR erwies sich für Tonga als Vorteil, denn daraufhin trafen die überfälligen Entwicklungshilfeleistungen aus Australien, Neuseeland und den USA ein. Tonga hat sich bisher auch geweigert, den Vertrag über eine atomwaffenfreie Südsee zu unterschreiben. Daher können in Tonga regelmäßig mit Atomwaffen bestückte Kriegsschiffe der USA anlegen. Eine ähnliche Sache spielte sich 1980 in Vanuatu ab, als Geldgeber einen Umsturz finanzierten.

STAAT UND VERWALTUNG

Tonga ist eine konstitutionelle Monarchie, in der der König auch wirklich regiert. Er ernennt die 10 Mitglieder seines Kabinetts, die ihre Aufgaben bis zur Pensionierung wahrnehmen. So verhält es sich auch im House of Lords

Diese recht imposante Statue von König Taufa'ahau Tupou IV. steht am Flughafen Fua'amotu.

in England. Die 10 Minister und die beiden Gouverneure von Ha'apai und Vava'u, die ebenfalls vom König ernannt werden, sind Mitglieder des 30-köpfigen Parlaments. Hinzu kommen 9 Mitglieder, die die 33 Adligen des Königreichs vertreten, und weitere 9 Personen, die die 100.000 Tonganer repräsentieren.

Die gewählten Mitglieder werden als unabhängig bezeichnet, weil es auf Tonga keine politischen Parteien gibt. Bei den Wahlen im Februar 1990 gewannen Kandidaten, die sich für mehr Demokratie und eine größere Zahl von gewählten Mitgliedern des Parlaments einsetzten, sechs von neun Sitzen. Sprecher im Parlament ist einer der Adligen, der vom König dazu ernannt wird. Premierminister bis zu seinem Rücktritt im Jahre 1991 war 26 Jahre lang der jüngste Bruder des Königs. Als Außen- und Verteidigungsminister amtiert der älteste Sohn des Königs und Thronfolger, nämlich Kronprinz Tupoutu'a. Daneben gibt es in Tonga Gemeinderäte nicht. Die Verwaltungschefs in den Städten und Dörfern werden alle vom König ernannt. Nuku'alofa ist zudem der Zentralregierung unmittelbar unterstellt. Die Rechtsprechung ist jedoch unabhängig, bei der der Oberste Gerichtshof aus drei Richtern aus anderen Commonwealth-Staaten besteht.

Tonga verfügt über eine kleine, aber schlagkräftige Armee mit 260 Soldaten. Militärische Einrichtungen gibt es hinter dem königlichen Palast und beim Flughafen. Auf diese Armee nehmen die USA dadurch Einfluß, daß ihre Angehörigen von Soldaten der Vereinigten Staaten ausgebildet werden. Presse und Rundfunk gehören der Regierung und lassen keine Kritik am König zu. Weil jedoch die Zahl der Tonganer ohne Grund und Boden zunimmt und Einflüsse von außen die Erwartungen steigen lassen, wird die Macht der wenigen Privilegierten immer mehr in Frage gestellt. Es wurde sogar schon die weitverbreitete Korruption angeklagt und von Kirchenoberen eine Landreform gefordert. Als Verfechter von mehr Demokratie ist besonders der katholische Bischof von Tonga, Patelisio Finau, hervorgetreten. Trotzdem befürworten die meisten Tonganer die Stabilität und die Sicherheit des derzeitigen Systems und stellen den Fortbestand der Monarchie nicht in Frage. Kronprinz Tupoutu'a hat aber bereits angekündigt, daß es nach seiner Thronbesteigung zu politischen Änderungen kommen wird.

WIRTSCHAFT

Landwirtschaft und Land: Nach dem in Tonga herrschenden Feudalsystem gehört alles Land der Krone. Verwaltet wird es durch Adlige, die es an die Bevölkerung verpachten. König und Adel halten 27 % des gesamten Grundes und Bodens für eigene Zwecke, der Regierung gehören weitere 18 %. Fremde dürfen Land gar nicht erst kaufen; sogar eine Pacht erfordert die Zustimmung des Kabinetts. An diesem System hat sich seit 1862 nichts geändert. Dies ist um so beachtlicher, als sich die Gesellschaft in Tonga und die Verhältnisse in dieser Zeit drastisch wandelten. Die

Tonganer, die mit dieser Art der Landverteilung ihre Schwierigkeiten haben, versuchen eine Lösung durch Auswanderung nach Neuseeland und in die USA zu finden. Würden ihnen diese Möglichkeiten genommen, stünde Tonga vor schier unlösbaren Schwierigkeiten, wenn nicht gar vor Unruhen.

Trotz allem gibt es eine erhebliche Zahl von Arbeitslosen in Tonga. In den Vororten von Nuku'alofa sind bereits Barackensiedlungen entstanden. Daraus wird deutlich, daß sich die Schere zwischen den Besitzenden und den Habenichtsen immer weiter öffnet. Dazu trägt auch bei, daß die Einkommensteuer im Jahre 1986 von 40 % auf 10 % und Firmensteuern ebenfalls stark gesenkt wurden. Die daraus resultierenden Einnahmeausfälle wurden durch die Einführung einer Verkaufssteuer von 5 % ausgeglichen. Das ist im Ergebnis eine beispiellose Verschiebung der Besteuerung von den Reichen zu den Armen.

Man muß aber auch die Gefahr sehen, wenn die Entwicklung Tongas an westlichen Maßstäben gemessen wird. Nur die Hälfte der Bevölkerung lebt nämlich von dem Verdienst aus einem Arbeitsplatz in der gewerblichen Wirtschaft. Der Rest ernährt sich von der Landwirtschaft und vom Fischfang. Die Produktion der zum Eigenverbrauch bestimmten Güter wie Lebensmittel und Fisch ist mehr als zweimal so hoch wie der Wert der Güter, die gegen Bargeld verkauft werden. Dieses Verhältnis erscheint in den offiziellen Statistiken kaum. Grundnahrungsmittel sind Yams, Taro, Maniok und Süßkartoffeln. Dabei wechselt man jährlich die Fruchtfolge und läßt zwei Drittel der Landfläche ständig brachliegen.

Handel und Entwicklung: Ausgehend von einer ausgeglichenen Handelsbilanz in den Jahren vor 1960 hat sich die wirtschaftliche Situation dahingehend geändert, daß heute der Wert der Importe sechsmal höher ist als der der Ausfuhren. Allein die Kosten für eingeführte Lebensmittel sind höher als die Erlöse für alle Exporte. Von diesem Ungleichgewicht profitieren Australien und Neuseeland am meisten, denn diese Länder verkaufen Lebensmittel, Treibstoffe, Maschinen und verarbeitete Erzeugnisse nach Tonga. Im Jahre 1989 betrug der Wert der Waren, die von Neuseeland geliefert wurden, 20.906.000 australische Dollar, während dorthin tonganische Erzeugnisse nur im Wert von 3.884.000 australischen Dollar geliefert wurden. Australien, Neuseeland und Japan leisten aber auch die größte Entwicklungshilfe, wobei diese Hilfe allerdings nur ein Drittel des tonganischen Handelsdefizits ausgleicht.

Exportiert werden (in der Reihenfolge ihrer Bedeutung) Kürbisse, Vanille, Stricksachen aus Wolle, Thunfisch, Lederjacken, Kokosnußöl, verarbeitete Gegenstände und Taro. Die zunehmende Bedeutung von nichtlandwirtschaftlichen Erzeugnissen ist vorwiegend ein Ergebnis des regionalen Freihandelsabkommens (SPARTECA), das abgeschlossen wurde, um die bereits

erwähnte unausgeglichene Handelsbilanz zu verbessern. Allerdings fällt der Marktwert von landwirtschaftlichen Erzeugnissen abhängig davon weiter, welche Preise für Importe berechnet werden. Hinzu kommt, daß tonganische Bananen wegen der zunehmenden Konkurrenz durch internationale Produzenten und wegen strengerer Kontrollen auf Pflanzenkrankheiten bereits aus dem neuseeländischen Markt herausgenommen werden mußten, nachdem in Tonga an den Spitzen der Bananenstauden eine Krankheit ausbrach. Auch der Wiederaufbau der alten tonganischen Kokosnußplantagen hat sich nicht als sinnvoll erwiesen.
Bisher war Tonga aber immerhin in der Lage, eine extreme Finanzkrise, wie sie Samoa in den vergangenen Jahren erlebte, zu verhindern. Dennoch gehören beide Länder zur Dritten Welt. Um überhaupt einen Ausgleich zwischen den Exporten und Importen herzustellen und das Gleichgewicht in etwa aufrecht zu erhalten, sind die Gelder, die die im Ausland arbeitenden Tonganer nach Hause schicken, lebenswichtig. Das Schulsystem in Tonga bringt zu viele qualifizierte Absolventen hervor, als daß man alle auf den wenigen anspruchsvollen Arbeitsplätzen überhaupt unterbringen könnte. Dies führt unweigerlich zu Unzufriedenheit und zur Auswanderung in andere, besser entwickelte Pazifikländer. Bemerkenswert ist auch, daß die ländlichen Gegenden immer mehr in Vergessenheit geraten, weil in zunehmendem Maße Leichtindustrie und Einrichtungen der Regierung rund um Nuku'alofa angesiedelt wurden. Inzwischen lebt ein Drittel aller Tonganer in der Hauptstadt, in die zudem aus den umliegenden Dörfern Hunderte pendeln, um zu ihrem Arbeitsplatz zu kommen. Gewerkschaften sind in Tonga übrigens verboten.

Industrie: 1980 gründete der Staat im östlichen Teil von Nuku'alofa ein Zentrum für Kleinindustrie (Small Industries Center – SIC), in dem sich Firmen angesiedelt haben, die Konsumgüter für den Export herstellen. Heute arbeiten hier ca. 500 Tonganer für 30 Unternehmen. Sie bauen Yachten und stellen Farben, Fußbälle sowie Lederjacken her. Auch maschinengestrickte Pullover aus neuseeländischer Wolle entstehen, die dann wieder nach Auckland exportiert werden. In Tonga produzierte Waren haben ohne Zölle und Quotenbeschränkungen Zugang zu den Märkten in Australien sowie Neuseeland und genießen Importerleichterungen bei der Einfuhr in die USA und die Länder der EG.
Die Infrastruktur, wie Wasser- und Stromversorgung sowie Kommunikationsnetze, wird für Investoren bereitgestellt, die von den niedrigen Löhnen im Land, von niedrigen Pachten und steuerlichen Anreizen profitieren wollen. Probleme bilden der Mangel an Rohstoffen sowie die hohen Kosten für die Verschiffung. Das Projekt ist jedoch so erfolgreich, daß nun ein Ableger des SIC in Vava'u entstehen soll. Die asiatische Entwicklungsbank arbeitet inzwi-

schen auch mit Kiribati, Vanuatu und den Salomonen zusammen, um dort Industriegebiete nach dem Modell in Tonga aufzubauen. In Tonga haben sich angesichts der zu erwartenden Übernahme der Kronkolonie durch China im Jahre 1997 bereits mehrere Firmen aus Hongkong angesiedelt.

Weitere Einnahmequellen: Der Tourismus nach Tonga wurde lange durch den unzureichenden regionalen Flugverkehr behindert, der nur den hartgesottensten Reiselustigen einen Besuch von Tongatapu ermöglichte. Dabei hat eines der wichtigsten Yacht-Charter-Unternehmen schon seit Jahren seinen Sitz in Vava'u. Nun hat die EG Mittel bereitgestellt, um den Flughafen von Vava'u auszubauen und der Insel es dadurch zu ermöglichen, das wichtigste Ziel des Tourismus in Tonga zu werden. Die Einnahmen aus dem Tourismus sind schon jetzt doppelt so hoch wie die aus allen Exporten zusammen. In Tonga bleibt ein größerer Teil der Tourismus-Dollar als in mehreren anderen pazifischen Ländern zurück. Das ist auf den hohen Anteil an kleinen Pensionen und Motels in der Hand von Einheimischen zurückzuführen. Die 20.000 Touristen, die jährlich das Land besuchen, kommen nach ihrer Anzahl geordnet aus Neuseeland, den USA, Australien, Deutschland, von den Fidschi-Inseln und anderen Gebieten. Welche Bedeutung dem Tourismus zugemessen wird, erkannt man daran, daß 1989 die Rollbahn von Tongatapu mit australischer Hilfe ausgebaut, 1990 von Japanern das neue Flughafengebäude finanziert und 1991 Royal Tongan Airlines gegründet wurden. 1992 bauten taiwanesische Interessenten zudem ein Luxushotel mit 86 Zimmern in der Nähe des Flughafens.

Mit kleinen, im Land gebauten Fischerbooten werden daneben kleinere Fische gefangen, während die *Lofa*, ein staatlicher, 34 m langer Longliner, zum Fang von Thunfisch eingesetzt wird. Mit japanischer Hilfe wurden außerdem noch andere Schiffe und Kühlanlagen für den weiteren Ausbau der Fischerei bereitgestellt.

1990 bot ein in Tacoma im Staat Washington der USA beheimatetes Unternehmen an, 30 Millionen alte Autoreifen aus den USA nach Tonga bringen zu lassen, um sie dort zur Stromgewinnung zu verbrennen (In den USA ist dies aufgrund der Umweltschutzgesetze verboten). Dieser neue Versuch, Industriemüll auf Südsee-Inseln zu exportieren, löste heftigen Protest aus, so daß das Projekt schließlich aufgegeben wurde.

Verkauf von Reisepässen: Die wohl bizarrste Art der Geldgewinnung, die seit einigen Jahren um sich greift, betrifft den Verkauf von tonganischen Pässen an Chinesen aus Hongkong und anderen Ländern, die eine neue Staatsbürgerschaft benötigen. 1983 begann Tonga mit der Ausstellung von Pässen an „von Tonga geschützte Personen". Das waren alle, die mindestens 10.000 US-Dollar auf den Tisch legen konnten. Die Ausweise gaben den Inhabern jedoch nicht das Recht, ihren Wohnsitz nach Tonga zu verlegen. Ein Einreisevisum blieb notwendig. Zudem erkannten zahlreiche Länder, darunter Australien und Neuseeland, derartige Reisepässe nicht an. Durch ein Gesetz wurde 1984 die Ausgabe von richtigen tonganischen Pässen sowie von Einbürgerungsurkunden an solche Interessenten gebilligt, die dafür 20.000 US-Dollar zahlten. Zu den 462 Inhabern eines derartigen Ausweises gehören auch Imelda Marcos und ihre Kinder. Diese Praxis wurde jedoch von einfachen Mitgliedern des tonganischen Parlamentes angefochten, die herausstellten, daß die sonst für die Einbürgerung rechtlich notwendige Aufenthaltsdauer von fünf Jahren so umgangen werde. 1988 wurde das Gesetz aufgehoben, aber der Verkauf ging dennoch weiter.

1989 erhob die 'Akilisi Pohiva, die stärkste das Volk repräsentierende Partei im Parlament, gegen den Finanzminister, die Polizei und die Regierung mit der Begründung Klage, der Verkauf von Pässen an Ausländer sei ungesetzlich. Als der Oberste Gerichtshof gerade im Begriff war, sein Urteil zu fällen, berief im Februar 1990 die Regierung eine außerordentliche Sitzung des Parlaments ein, um die Verfassung zu ändern und dadurch die Ausstellung von Reisepässen an Ausländer zu legalisieren. Als unübersehbar wurde, daß die Regierung ihre große Mehrheit bei den ernannten und nicht gewählten Mitgliedern benutzen würde, um die Gesetzesänderung durchzubringen, legten die drei gewählten Volksvertreter von Tongatapu ihr Amt nieder. Am 7. März marschierten 2.500 Menschen durch Nuku'alofa zum Königspalast, um dort eine Petition vorzubringen, mit der sie gegen die Verfassungsänderung protestierten. Das war die größte Demonstration dieser Art, die je in Tonga stattgefunden hat.

1990 wurde ein neuer Typ des tonganischen „National Passport" (50.000 US $) eingeführt, der Ausländern weder ein dauerndes Aufenthaltsrecht noch das Wahlrecht einräumt, jedoch eine 12monatige Aufenthaltserlaubnis, innerhalb der weitere Genehmigungen zum Bleiben erteilt werden können. Das Geschäft mit den Pässen hat zu einem Gewinn von Dollar in Millionenhöhe geführt, die nun bei der Bank of America in San Francisco deponiert sind. Es wurde jedoch noch keine Gesamtaufstellung über die Einnahmen des Staates aus dem Verkauf von Reisepässen veröffentlicht. Viele Länder, darunter auch Australien und Neuseeland, erkennen diese per Post bestellbaren Pässe nicht an.

DIE MENSCHEN

Am meisten beeindrucken in Tonga die Kultur des Landes und seine Einwohner. Die Tonganer sind ausgesprochen warmherzig, entspannt und gegenüber Verspätungen gelassen. Sie schreien und gestikulieren nicht und werden untereinander auch nicht böse. Mit der niedrigsten Sterberate auf der Welt scheinen sie sogar ganz langsam in das Jenseits überzuwechseln. Sie sind immer zu einem Späßchen aufgelegt und foppen sich zudem gern untereinander, aber auch sympathisch erscheinende Besucher. Der sehr glückliche, zufriedene Lebensstil ist zusammengefaßt in Begriffen wie *Mo'ui* (zufriedenes Leben), *Mo'ui nonga* (friedliches Leben), *nofo fiefia* (glücklich leben) und *nofo fakalata* (anderen das Gefühl geben, zu Hause zu sein). Man sagt aber auch, daß dann, wenn ein Tonganer seine Identität verliert, er langsam beginne zu sterben. In Tonga können die Frauen zudem bequemer leben als irgendwo sonst in der Südsee. Die Tonganer haben sich aber auch stärker dem Westen angepaßt als die Samoaner und sind Touristen gegenüber zurückhaltender.

Tonga hat die typischen Merkmale eines Entwicklungslandes und besteht aus Großfamilien sowie einer extrem jungen Bevölkerung. Die Tonganer leben in kleinen Orten in der Nähe ihrer Felder. Nimmt man die europäisierten Gegenden aus, sind einsame Häuser entlang der Straßen große Ausnahmen. Die Bevölkerung nimmt jedoch jährlich um 3 % zu. Mit 145 Menschen pro Quadratkilometer gehört Tonga zu den am dichtesten besiedelten Pazifikländern. Es ist zweimal so dicht besiedelt wie die Cook-Inseln und viermal so dicht besiedelt wie Fidschi. Auf die recht bescheidenen Ressourcen übt dies allerdings einen erheblichen Druck aus. Tausende von Tonganern verließen deshalb schon das Land, viele für immer. Etwa 12.000 Tonganer leben heute in Neuseeland, rund 10.500 in den USA und ca. 4.500 in Australien.

Die Bedeutung des Familienverbandes wurde von den Missionaren erhöht. Matriarchin in einer Familie ist immer die älteste Tochter, die über die jüngeren Brüder sowie Nichten und Neffen wacht. Im übrigen kommt jedem Familienmitglied eine bestimmte Rolle zu, wobei die Älteren den größten Respekt genießen.

Es kann auch durchaus vorkommen, daß Kinder statt bei ihren Eltern bei einer Tante leben und dort Gehorsam lernen, was auch der Grund dafür ist, daß tonganische Kinder sich so viel besser benehmen als samoanische. Die wichtigsten Begebenheiten im Leben der Tonganer sind der 1. und der 21. Geburtstag, die Hochzeit und die Beerdigung.

Der Verlust der kulturellen Identität schreitet aber auch in Tonga voran. In Nuku'alofa hat bereits eine von sechs Familien einen Videorekorder, die dafür sorgen, daß die 30 Videoverleihe gute Geschäfte machen. Während Kinofilme und die Presse in Tonga zensiert sind, wird auf Videofilme wenig Kontrolle ausgeübt, was zur Folge hat, daß sich die Tonganer mit ihrem Videorekorder von Folterungen bis Pornographie auf ihrem Bildschirm alles ansehen können. Die Videofilme haben aber auch maßgeblich dazu beigetragen, daß das *Faka'apa'apa*, der Respekt zwischen Brüdern und Schwestern, nach dem es unvorstellbar war, im gleichen Raum zu sitzen und sich eine Sexszene anzusehen, geschwunden ist. Das erklärt aber auch einiges der Aufmerksamkeit, die tonganische Männer

alleinreisenden Frauen in Diskotheken schenken.
Die Menschen in Tonga leben mit einer langen, traditionellen Geschichte. Viele sind in der Lage, bis zu 39 Generationen auswendig zu nennen. Die soziale Mobilität ist gering, denn man bleibt in seiner Gesellschaftsschicht. So wird ein Bürgerlicher nie ein Adliger werden können. Demgegenüber ist es aber möglich, daß Adlige oder Mitglieder der königlichen Familie ihren Titel verlieren können. Es kam schon vor, daß Bürgerliche zu Kabinettsmitgliedern ernannt wurden. Dies setzte aber stets eine gute Erziehung und großes Können voraus. Ihnen kann auch der Rang eines *Matapule* (Häuptlingssprecher), also eines Sprechers des Königs oder des Adels, verliehen werden. Bemerkenswert ist ferner, daß bürgerliche Tonganer sich eines besonderen Dialekts bedienen müssen, wenn sie sich mit einem Angehörigen des Adels oder der königlichen Familie unterhalten wollen, der ganz anders als Tonganisch der Alltagssprache ist. Ein Beispiel dafür würde im Deutschen wie folgt aussehen: Bürgerliche stopfen sich voll, die Adeligen essen und der König speist.
Für Tonganer ist Körperfülle ein Zeichen von Schönheit. Diesem Ideal entsprechen Tonganerinnen meistens schon ab Erreichen ihres 15. Lebensjahres.

Traditionelle Kleidung: Der typische Rock der Tonganer ist der *Ta'ovala* . Die Sitte, so etwas zu tragen, stammt möglicherweise aus der Zeit, in der Tonganer die Segel ihrer Boote benutzten, um ihre Nacktheit zu bedecken. Hergestellt wird er aus sehr fein gewobenen Matten aus Pandanusblättern. Man wickelt ihn einfach um die Hüften. Während die Männer ihn mit einer Kordel aus Kokosfasern festhalten, benutzen die Frauen das *Kiekie*-Hüftband. Wohl kaum ein Fremder wird unbeeindruckt bleiben, wenn er mehrere Tonganerinnen mit diesen Röcken um den Hüften am Straßenrand stehen sieht. Bestimmte Röcke, die für besondere Festlichkeiten gefertigt wurden, sind häufig sehr wertvolle Erbstücke. Wenn Tonganerinnen trauern, tragen sie Schwarz. König und Königin von Tonga tragen zwar bei Feierlichkeiten, die europäischen Ursprungs sind, auch europäische Kleidung, haben aber sonst genauso ihren *Ta'ovala* über den *Vala* (Rock oder Kilt) geschlungen wie alle anderen auch. Dabei tragen auch die königlichen Tonganer entweder Sandalen oder gehen bei tonganischen Zeremonien oder Festen sogar barfuß.

Religion: Die Tonganer sind fromm. Nach ihrer Verfassung (geschrieben von einem methodistischen Missionar) ist der Sabbath Day sogar für immer heilig. Es ist verboten, an diesem Tag zu arbeiten, sich sportlich zu betätigen oder gar am Sonntag Handel zu treiben. Werden am Sonntag Verträge unterzeichnet, sind sie null und nichtig. Damit entfallen an Sonntagen auch die meisten Ausflugsfahrten für Touristen. Es finden lediglich Picknicktrips nach den vor Nuku'alofa liegenden Inseln statt. Den Touristen, die ein Zimmer ohne Verpflegung gebucht und auch keine Kontakte in Tonga haben, sind am Sonntag etwas verlassen. Manchmal bereitet sogar ein hungriger Magen Schwierigkeiten. An Sonntagen sind nämlich alle Geschäfte und auch die meisten Restaurants geschlossen. Der Sonntag ist auf Tonga so heilig, daß ihn hier sogar die Adventisten als Tag des Herrn feiern, und nicht wie sonst bei ihnen üblich am Samstag. Sie begründen diese Ausnahme mit dem „Bogen" in der Datumsgrenze. Zwei Sonntage in Tonga wären aber wohl doch nicht durchführbar.

Als eifrige Kirchgänger gehören ein Drittel aller Tonganer und der gesamte Adel der Freien Wesley-Kirche an. Drei andere Glaubensrichtungen der Methodisten haben aber ebenfalls viele Anhänger: die Freie Kirche von Tonga (10.500 Anhänger), die Kirche von Tonga (7.000 Anhänger) und die Christliche Gemeinschaft Tokaikolo (5.000 Anhänger). Es gibt aber auch 13.000 Katholiken und 11.500 Mormonen in Tonga. Kleinere Glaubensgemeinschaften bilden die Anglikaner, die Adventisten, die Zeugen Jehovas und die Anhänger des Baha'i-Glaubens. Alles in allem sind 15 Glaubensrichtungen offiziell in Tonga vertreten. Außerdem kommen ständig Missionare anderer Gemeinschaften nach Tonga.

Versuchen Sie einmal, am Sonntag um 10.00 Uhr am Gottesdienst in der Methodisten-Kirche in Nuku'alofa teilzunehmen. Der Kirchenchor ist wirklich ein Erlebnis, und manchmal bekommt man auch die königliche Familie zu Gesicht. Man erwartet aber, daß die Männer Jacken und Krawatten tragen und die Damen ebenfalls entsprechend gekleidet sind. Nach dem Gottesdienst wird der Rest des Tages erholsam ver-

Tonganische Friedhöfe sind einzigartig.

bracht. Meist besucht man seine Freunde, zumal die Tonganer dies ohnehin sehr gern tun. Dies erleichterte es den Missionaren übrigens, den Tonganern beizubringen, für Kommunikation mit Bekannten und Freunden einen ganzen Tag in der Woche freizuhalten.

Friedhöfe: Die Friedhöfe der Tonganer sind einzigartig, jedenfalls für unser Verständnis. Meist liegen sie in einem Hain von Frangipanibäumen. Die Gräber bestehen aus eigenartigen sandigen Hügeln, markiert mit Flaggen sowie Bannern und umgeben von umgekehrt in die Erde gesteckten Bierflaschen, künstlichen Blumen, Meeresmuscheln und schwarzem Vulkangestein.

KUNST UND KUNSTHANDWERK

Kunsthandwerk: Kunstgewerbegegenstände aus Tonga gehören zu den besten ihrer Art im Pazifikraum. Massenproduktion hielt noch nicht Einzug, denn jedes Teil ist von Hand gefertigt und somit einzigartig. Bedenkt man, welche Arbeit in jedem der Gegenstände steckt, sind die Preise erstaunlich niedrig. Wer mehrere Pazifikländer bereist, sollte in Erwägung ziehen, Souvenirs in Tonga einzukaufen. Wen die Mitnahme bei der Weiterreise belastet, der kann seine Mitbringsel auch gut von Tonga nach Hause schicken.
Die meisten der traditionellen Gegenstände werden von Frauen hergestellt: Taschen, Matten oder *Tapa*-Gewebe. Die Webarbeiten sind meist gelbbraun, braun, schwarz und aus weißen Pandanusblättern. Die größeren, festen Körbe bestehen vorwiegend aus Pandanus und werden mit den Mittelrippen der Kokosblätter verstärkt. So ein großer, fast einen Meter hoher Behälter eignet sich hervorragend als Verpackung, um weitere kleinere Gegenstände heimzusenden. Zu bedenken ist dabei aber, daß die Post keine Gegenstände annimmt, die länger als 1 m und als Seepost schwerer als 20 kg oder als Luftpost schwerer als 10 kg sind. Sehr schön und ausgefallen sind auch die weißen Matten von den Niuas, häufig verziert mit farbiger Wolle.
Das berühmte *Tapa*-Gewebe stammt meistens von Tongatapu, wo der Papiermaulbeerbaum (*Broussonetia papyrifera*) am besten wächst. Die Rinde dieses Baumes wird in Streifen geschnitten und in Stücke geschlagen, die Ausmaße von 200 m Länge und 6 m Breite haben können. Dann werden sie in naturbraunen und gelbbraunen Farben mit der Hand bemalt. Große *Tapa*-Stücke ergeben außergewöhnlich schöne Wandteppiche oder gar Wandbespannungen. Sie werden in den Dörfern häufig das rhythmische Schlagen der Schlegel hören, die bei der Herstellung des *Tapa* benötigt werden. Die Frauen, die hiermit beschäftigt sind, freuen sich über jeden interessierten Besucher. Manchmal ist es auch möglich, sofort ein Stück von ihnen zu kaufen. Rechnen Sie für ein großes *Tapa*-Stück mit etwa 75 P.
Leider paßte man sich bei den Schnitzereien in Tonga dem Geschmack der Touristen an: Gefertigt werden immer mehr *Tikis,* Imitationen der Hawaiianer oder Maori. Einige dieser Figuren sind

allerdings aus Sandelholz, dem Mahagoni ähnelnden *Milo* oder dem schwereren *Puo-Poa* geschnitzt. Wenn Sie solche Figuren mögen, sollten Sie welche kaufen, müssen aber wissen, daß sie nicht traditionell tonganisch sind. Die herrlichen Kriegskeulen, die man in Museen sehen kann, werden heute nur noch selten gefertigt - vielleicht aus Angst, daß sie benutzt werden könnten!

Vorsicht ist beim Kauf von Schmuck aus Schildkrötenpanzern angebracht, denn zum Schutz der Meeresschildkröten, einer vom Aussterben bedrohten Tierart, ist in vielen Ländern die Einfuhr solcher Erzeugnisse verboten. Auch das Mitbringen von geschnitzten Zähnen und Knochen von Walen, die man in Tonga sehen kann, ist in den meisten westlichen Ländern verboten. Schmuck aus den Kernen von Früchten kann ebenfalls Probleme bereiten, wenn Sie versuchen sollten, es durch den neuseeländischen Zoll zu bringen. Lassen Sie besser auch die Finger von Schmuck aus schwarzen Korallen, weil die Riffe in Tonga dafür geplündert werden, nur um schnell ein Geschäft machen zu können.

Erstaunlicherweise bieten sich einige der besten Möglichkeiten, um Kunsthandwerk zu kaufen, dann, wenn zur Ankunft eines Kreuzfahrtschiffes Märkte mit Ständen eröffnet werden. Dann kann man am günstigsten in der ganzen Südsee einkaufen, weil zu diesen Märkten die Landbevölkerung ihre kunsthandwerklichen Gegenstände zum Verkauf bringt.

Die Miniaturstatuen waren die einzigen Götzenbilder, die man früher in Tonga schnitzte. Der Missionar John Williams begegnete diesem Götzendienst, indem er 1830 5 dieser Figuren in Ha'apai aufhängen ließ.

Eine stilisierte Schildkröte auf einem *Tapa*-Stück aus Tonga.

Musik: Die tonganische Kirchenmusik ist berühmt. Häufig werden Chor und Gemeinde von einer Kapelle mit Blechbläsern der Heilsarmee begleitet. Kurz vor dem Gottesdienst wird die *Lali* (Schlitztrommel) geschlagen, um die Gläubigen zum Gebet zu rufen. Die Tonganer haben die Lieder, die ihnen von den ersten Missionaren beigebracht wurden, geändert und singen sie statt in Moll nun in Dur. Zudem schufen sie sich selbst Kirchenlieder, genannt *Hiva Usu*, die sich eher an die traditionellen Gesänge als an das von Missionaren mitgebrachte Liedgut anlehnen. Die *Hiva Usu* sind heute bei den Gottesdiensten der Kirche von Tonga, der konservativsten der vier Methodisten-Gruppen von Tonga, sehr verbreitet.

Harmonische polynesische Gesänge können auch bei den Zusammenkünften zum Kava-Trinken (*Faikava*) gehört werden, wenn Gruppen von Männern beliebte tonganische Lieder singen, um sich zwischen den Runden mit Kava zu unterhalten. Tongas Kapellen mit Saiteninstrumenten (Gitarre, Violine, Banjo, Bass und Ukulele) wurden allerdings vielfach von modernen Popbands mit elektrischen Instrumenten verdrängt, auch wenn man sie in Hotels, bei privaten Festen und sogar bei *Faikavas* noch antreffen kann. Öffentliche

Feierlichkeiten und Paraden werden von Blechbläser-Kapellen der Colleges unterstützt. Die traditionelle *Fangufangu* (Nasenflöte aus Bambus) wäre wahrscheinlich schon völlig in Vergessenheit geraten, hätte nicht das Atenisi-Institut in Nuku'alofa begonnen, Kurse zum Erlernen des Instrumentes anzubieten. Bei der *Utete* (Mundorgel) handelt es sich um ein Kinderspielzeug, das aus einem Kokospalmenblatt besteht und bei dem die Mittelrippe quer zum Mund gehalten und in Schwingungen versetzt wird. Weitere tonganische Instrumente sind die *Nafa* (Hauttrommel), die *Kele'a* (Seemuschelschale) sowie die *Tutua* (eine mit einem *Tapa*-Schlegel geschlagene Trommel). Die *Mimiha* (eine Panflöte), die noch von Captain Cook beschrieben wurde, wird heute nicht mehr gespielt.

Tanz: Bei den traditionellen tonganischen Tänzen handelt es sich um von Tänzern dargestellte und von Sängern vorgetragene Geschichten. Die Bedeutung wird durch Bewegungen der Hände und Füße, nicht jedoch der Hüften, symbolisiert. Die anmutigen Bewegungen der Tänzerinnen stehen im Gegensatz zu der großen Vitalität der Tänzer. *Punake* ist die Bezeichnung für jemanden, der Dichter, Komponist und Choreograph zugleich ist, also Lieder schreibt, sie dann einstudiert und die Tänzer anleitet.

Der *Lakalaka*, ein Tanz, der stehend aufgeführt wird, beginnt langsam, steigert sich dann jedoch zu einem rhythmischen Endteil. Die Tänzerinnen und Tänzer stehen dabei an den entgegengesetzten Seiten der Bühne und werden von einem Chor begleitet. Dabei singen alle ein speziell für diesen Anlaß komponiertes Lied. Bei einem bedeutenden *Lakalaka* können Hunderte von Teilnehmern mitwirken. Er dauert ca. eine halbe Stunde. Dagegen ist der *Ma'kulu'ulu* ein Tanz, der im Sitzen vorgetragen und im allgemeinen bei formellen Anlässen von einer Gruppe von Frauen, begleitet von einer *Nafa*, dargeboten wird. Der *Ula* wird von stehenden Mädchen getanzt. Im Gegensatz zu den bisher genannten Tänzen wird beim *Kailao*, dem Kriegstanz, nicht auch gesungen. Das Stampfen mit den Füßen, die Rufe des Führers und die eindringlichen Rhythmen der Trommeln sorgen dafür, daß dieser Tanz bei Besuchern sehr beliebt ist. Ganz anders ist der würdevolle *Tau'olunga*, der von einem einzelnen Mädchen mit eng geschlossenen Knien bei Hochzeiten oder bei Dorffeierlichkeiten vorgetragen wird.

Die beste Möglichkeit, echte tonganische Tänze zu sehen, bietet sich bei Wohltätigkeitsveranstaltungen (achten Sie dabei darauf, wieviel die Tonganer beisteuern, und geben Sie dann Ihren Beitrag), an Nationalfeiertagen und bei Besuchen von wichtigen Persönlichkeiten. Die Compact Disc „Malie! Beautiful!" (Pan 2011 CD), die 1992 von PAN Records (Postfach 155, NL-2300 AD Leiden, Niederlande, Fax 71/22 68 69) herausgebracht wurde, bietet einen hervorragenden Überblick über die tonganische Tanzmusik. Die Aufnahmen wurden bei wichtigen Festen und Wettbewerben von Ad und Lucia Linkels mitgeschnitten.

FESTE UND FEIERTAGE

Feiertage sind Neujahr, Karfreitag, Ostermontag (März oder April), der ANZAC-Tag (25. April), der Geburtstag des Kronprinzen (4. Mai), der Unabhängigkeitstag (4. Juni), der Geburtstag des Königs (4. Juli), der Tag der Verfassung (4. November), der König-Tupou-I.-Tag (4. Dezember) und Weihnachten (25. und 26. Dezember).

Das Hailala-Fest in Nuku'alofa fällt mit seinen Schönheits-, Blaskapellen- und Tanzwettbewerben, seinen Paraden sowie seinen Sportwettkämpfen in die erste Juliwoche und daher mit dem Geburtstag der Königs zusammen. In der Nacht des 4. Juli reihen sich zahlreiche Tonganer am Strand auf und halten Palmblatt-Fackeln, mit denen sie die gesamte Küste erleuchten. Vergleichbare Veranstaltungen finden im Mai aus Anlaß des Geburtstages des Kronprinzen und zum Unabhängigkeitstag statt. Wer in dieser Zeit nach Tonga will, sollte lange zuvor eine Unterkunft gebucht haben.

Landwirtschaftsschauen werden in ganz Tonga im September sowie im Oktober veranstaltet und vom König ausnahmslos besucht. Zu diesen Zeiten bestehen zusätzliche Fährverbindungen mit der *Olovaha*, nach denen Sie sich erkundigen und die Sie früh buchen sollten. Die Woche des Roten Kreuzes im Mai wird mit verschiedenen Wohltätigkeitsveranstaltungen, darunter auch einem Ball, begangen. Eine Militärparade in Nuku'alofa kennzeichnet das Ende der Parlamentsperiode im Oktober. Informationen über Veranstaltungen können Sie im Fremdenverkehrsamt von Tonga erhalten.

SITTEN UND BRÄUCHE

Sowohl Männer als auch Frauen müssen mit einer Geldstrafe von 20 P rechnen, wenn sie in der Öffentlichkeit mit unbekleidetem Oberkörper angetroffen werden. Dies gilt natürlich nicht für Männer am Strand. Wie die viktorianischen Engländer gehen Tonganer häufig bekleidet schwimmen – die meisten von ihnen besitzen gar keine Badekleidung. Für eine tonganische Frau ist es undenkbar, in einem Oberteil mit Spaghetti-Trägern und Minirock aus dem Haus zu gehen. Auch weibliche Besucher des Landes werden sich in Röcken oder langen Hosen besser akzeptiert finden als in Shorts. Trotz dieser strikten Moral in der Öffentlichkeit sind die Tonganer in der Sexualität privat häufig großzügig. So ist es für verheiratete Männer durchaus üblich, Affairen zu haben.

In Tonga ist der Besitz von Drogen kein Kavaliersdelikt und wird schnell bekannt. Der Zoll durchsucht Yachten häufig nach Drogen an Bord. Wird jemand mit Drogen gefaßt, schließt man ihn bald in eine winzige Zelle mit Flöhen ein und wirft den Schlüssel weg. Begehen Sie daher keinen Fehler, denn mit Drogen versteht man in Tonga keinen Spaß.

Achten Sie in Tonga auch auf Ihr Gepäck, da uns Berichte über Diebstähle vorliegen. Führen Sie niemanden in Versuchung, indem Sie Wertgegenstände unbeaufsichtigt lassen. Selbst die Zimmer in den Hotels sind unsicher. Es heißt, daß ein Tonganer nie etwas kaufen werde, von dem er glaubt, er könne es geschenkt bekommen oder stehlen. Alles, was man ungeschützt liegenläßt, kann wegkommen, insbesondere dann, wenn es jeder hätte nehmen können. Es ist problemlos, einen oder zwei Tonganer in sein Zimmer einzuladen, aber schon bei drei oder mehr Gästen werden verschiedene Dinge verschwinden. Hüten Sie sich, wenn jemand auf der Straße (insbesondere in der Nähe des Hotels Dateline) Ihnen ein „Geschenk", z. B. eine Muschelkette, anbietet. Sie werden die „Gabe" am Ende doch bezahlen müssen. Geben Sie den Bettlern, die Sie in den am häufigsten von Touristen besuchten Gegenden antreffen, kein Geld. In Tonga wird man fast nie belästigt. Sollte dies jedoch einmal der Fall sein, dann sagen Sie höflich nein, und man wird Sie sofort in Ruhe lassen.

Sollte ein Mercedes mit sechs Türen und einer Polizei-Eskorte Ihren Weg kreuzen, wenn Sie mit einem Fahrrad unterwegs sind, dann steigen Sie ab und nehmen Sie die Kopfbedeckung herunter, denn dann sehen Sie gerade den König.

UNTERKUNFT UND ESSEN

Auf alle Übernachtungspreise wird in Tonga eine Steuer von 5% erhoben. Allerdings sind in Tonga preiswerte Unterkünfte leichter zu finden als irgendwo sonst in der Südsee. Leider ist der wichtigste Grund dafür, warum in Tonga vieles so billig ist, die Armut der Einwohner. Auf der anderen Seite sind bessere Quartiere selten, und in ihnen ist die Bedienung zudem häufig schlecht. Das hat Vor- und Nachteile, ist aber für Abenteuerlustige vorteilhaft.

Richtige Zeltplätze gibt es in Tonga nicht, aber in einigen Ferienanlagen wie dem Good Samaritan Inn und dem Sun Islands Resort auf Tongatapu sowie dem Niu'akalo Beach Hotel auf Ha'apai ist man bereit, Besucher ihr Zelt auf dem Grundstück aufschlagen zu lassen. Sonst muß man jeweils um Erlaubnis fragen, die normalerweise erteilt wird. Anders als in Fidschi und West-Samoa (aber wie auf den Cook-Inseln) werden Besucher nur selten eingeladen, eine Nacht in einem privaten Haus zu verbringen. Es ist Besuchern zwar nicht (wie auf Rarotonga) verboten, bei Einheimischen zu wohnen, aber die Tonganer ziehen eine gewisse Distanz zwischen ihnen selbst und den *Palangi* (Touristen) vor.

Kochgelegenheiten findet man in Gästehäusern nur selten, aber die Gerichte in den Restaurants sind ja billig. In ländlichen Gebieten kann man zudem von den Leuten, die in ihren Gärten arbeiten, frische Früchte zu den Preisen kaufen, die auf den Märkten verlangt werden. In einigen Läden werden zudem unsagbar fette Stücke Lammfleisch, die man *Sipi* nennt, verkauft. Leider gehören sie bei vielen Tonga-

nern zum täglichen Speisezettel. Hunde- und Pferdefleisch wird ebenfalls gegessen.
Einladender sind da schon die gewaltigen Festessen der Tonganer. Bei den spektakulärsten von ihnen, beispielsweise bei so wichtigen Ereignissen wie der Krönung des Königs oder einem Besuch von Königin Elisabeth, wird für jeden der Tausende von Gästen ein ganzes Schwein gebraten. Dabei werden buchstäblich Tonnen von Speisen mit Taro, Yams, Kassava, Brotfrucht, Kartoffeln, Fisch, Hummer, Tintenfisch, Schweinefleisch, Corned Beef, gekochten Taroblättern, Obst usw. auf langen Platten (*Polas*) aufgehäuft. Die Speisen werden in Erdöfen (*Umu*) zubereitet und mit Kokosnuß-Creme verfeinert. Weniger aufwendige Festessen bereitet man zu, wenn Besucher nach Tongatapu oder Vava'u kommen. Versuchen Sie, wenigstens ein solches Fest mitzuerleben.

PRAKTISCHE HINWEISE

Einreisebestimmungen: Besucher mit einem Reisepaß und einem Flugschein für die Weiterreise benötigen für einen Aufenthalt von bis zu einem Monat für Tonga kein Visum. Verlängerungen der Aufenthaltserlaubnis bis 6 Monate sind möglich. Ein gutes Anzeichen für die Zugehörigkeit Tongas zur Dritten Welt ist die kleine Gebühr, die man für jedes auszufüllende Formular bezahlen muß, um die Beamten zufriedenzustellen.
Für alle wissenschaftlichen Untersuchungen in Tonga ist eine behördliche Erlaubnis erforderlich. Dazu gehören auch archäologische Grabungen und soziologische Untersuchungen. Bei der Anmeldung solcher Untersuchungen ist eine Gebühr von 1.000 P zu zahlen, die erstattet wird, wenn das Projekt genehmigt wird. Es ist klar, die Behörden wissen wollen, wer im Land herumstöbert. Kürzlich wurde eine Untersuchung über den Alkoholismus abgelehnt. Als Begründung wurde angegeben, daß es keine Probleme mit dem Trinken gebe.
Besatzungen von Yachten können Tonga in Niuatoputapu, Vava'u und Nuku'alofa betreten. Wenn man mit einer Yacht von Osten nach Tonga kommt, ist es viel einfacher, zunächst in Vava'u anzulegen, weil die vorherrschenden Winde es einfacher machen, von Vava'u nach Nuku'alofa zu segeln als in Gegenrichtung. Außerdem gibt es zwischen Nuku'alofa und Fidschi weniger gefährliche Riffe als zwischen Vava'u und Fidschi.

Geld: Der tonganische Pa'anga (P), unterteilt in 100 Seniti, ist etwa so viel wert wie der australische Dollar, auch wenn der Kurs ein wenig schwankt. Von 1976 bis 1991 war der Pa'anga fest an den australischen Dollar gebunden, aber nun basiert sein Wert auf einer Mischung der australischen, neuseeländischen und amerikanischen Währungen. Im Umlauf sind Banknoten im Wert von 1, 2, 5, 10, 20 und 50 P sowie Münzen im Wert von 1, 2, 5, 10, 20 und 50 Seniti sowie 1 und 2 P. Versuchen Sie, immer ein paar kleine Münzen bei sich zu haben, wenn Sie vermeiden wollen,

daß wegen Mangels an Kleingeld zu zahlende Beträge zu ihren Ungunsten aufgerundet werden.
Die Bank von Tonga gehört zu 40% dem Staat und zu jeweils 30% der Bank of Hawaii sowie der Westpac Bank aus Australien. Geld kann man in den Zweigstellen in Nuku'alofa, Ononua (Eua), Pangai (Lifuka) und Neiafu (Vava'u) wechseln. Wenn man sonst irgendwo Geld wechseln will (z. B. in Geschäften und bei privaten Geldwechslern auf Märkten), wird ein sehr viel niedriger Kurs zugrunde gelegt. Freitags sind die Banken allerdings sehr voll. Wissen muß man auch, daß tonganisches Geld außerhalb des eigenes Landes nur sehr schwer zu wechseln ist, so daß man es vor der Abreise ausgeben sollte. Im übrigen wird in Tonga auf alle Waren und Dienstleistungen eine Steuer von 5% erhoben. Trinkgelder und das Feilschen um Preise sind in Tonga nicht üblich.

Strom: Die Stromspannung in Tonga beträgt 240 Volt (50 Hertz). Gebräuchlich sind dreipolige Stecker und Steckdosen wie in Australien und Neuseeland.

Zeit: Wegen der Lage unmittelbar westlich der Datumsgrenze ist Tonga das Land der Welt, das jeden neuen Tag als erstes begrüßt. Das verwirrt die Hähne in Tonga anscheinend so sehr, daß sie ununterbrochen krähen, nur um sicher zu sein, einen neuen Tag nicht zu verpassen. In Tonga ist es der gleiche Tag wie in Fidschi, Australien und Neuseeland, aber ein Tag später als in Samoa, Tahiti und Hawaii. Die Uhrzeit in Tonga ist identisch mit der in Samoa, aber der in Hawaii eine Stunde voraus und der in Fidschi und Neuseeland eine Stunde hinterher.
Tongas heiliger Sonntag trägt zum Spaß mit der Datumsgrenze weiter bei. Linienflüge (und die meisten anderen Beförderungsarten) sind an diesem Tag im Königreich verboten. Lassen Sie sich aber nicht in die Irre leiten, wenn Sie plötzlich bemerken, daß ein Flug von Honolulu oder Amerikanisch Samoa nach Tonga an einem Sonntag beginnt. Bei der Landung ist es nämlich Montag. Das merkt man sich am besten mit dem Spruch: Wenn es für die Samoaner Sonntag ist, dann ist es für den König von Tonga Montag.
Die üblichen Geschäftszeiten in Tonga sind montags bis freitags von 8.00 bis 13.00 Uhr und von 14.00 bis 17.00 Uhr sowie samstags von 8.00 bis 12.00 Uhr. Arbeitszeit in Behörden ist montags bis freitags von 8.30 bis 12.30 Uhr und von 13.30 bis 16.30 Uhr. Banken sind montags bis freitags von 9.30 bis 15.30 Uhr geöffnet, Postämter von 8.30 bis 16.00 Uhr. Sonntags ist alles geschlossen.

Medien: Der staatliche *Tonga Chronicle* (Postfach 197, Nuku'alofa, Tel. 23-302) erscheint jeden Donnerstag. Eine der wenigen Stellen, an denen man diese Zeitung erhalten kann, ist das Büro im ersten Stock der Tungi-Arkade, gegenüber der Buchhandlung. Halten Sie auch einmal Ausschau nach dem monatlich erscheinenden Magazin *Kele'a*

(Postfach 956, Nuku'alofa, Tel. 21-215), veröffentlicht von Akilisi Pohiva, dem Führer der Bewegung für mehr Demokratie im Parlament.
Wenn man ein Abonnement des alle zwei Monate erscheinen Magazins *Matangi Tonga* bestellen will, muß man mit Seepost 15 US-Dollar und mit Luftpost 23 US-Dollar bezahlen (Postfach 427, Nuku'alofa, Tel. 23-101). Es bietet eine hervorragende Möglichkeit, mit dem Land in Kontakt zu bleiben.

ANREISE

Tongas nationale Fluggesellschaft Royal Tongan Airlines (Private Mail Bag 9, Nuku'alofa, Tel. 23-414)) fliegt zweimal wöchentlich von Auckland nach Nuku'alofa. Mit Polynesian Airlines aus West-Samoa (Tel. 21-566) kommt man von Apia und Auckland zweimal in jeder Woche sowie von Sydney einmal wöchentlich nach Tonga. Air Pacific, die Fluggesellschaft von Fidschi (Tel. 23-422), unterhält von Nadi und Suva montags bis samstags eine Flugverbindung nach Tonga. Ein Flugschein dieser Gesellschaft zum Sondertarif („Triangle Fare“) für die Strecke Suva - West-Samoa - Tonga - Fidschi kostet 667 Fidschi-Dollar, gilt ein ganzes Jahr und ist in Fidschi erhältlich. Mit dem „Pacific Pass“ von Air Pacific kann man 30 Tage lang beliebig oft zwischen Fidschi, West-Samoa, Tonga und Vanuatu für 449 US-Dollar fliegen (für 549 US Dollar, wenn auch Flüge von und nach den Salomonen eingeschlossen sein sollen). Allerdings muß man einen Flugschein zu diesem Tarif vor der Ankunft in der Südsee kaufen. Einzelheiten dazu können Sie der Einführung entnehmen.
Von den USA kann man mit Air New Zealand (Tel. 21-646) direkt nach Tonga fliegen, und zwar von Los Angeles über Honolulu und Apia. Zweimal wöchentlich verkehrt ein Flugzeug von Air New Zealand auch zwischen Auckland und Tonga. Weitere Einzelheiten über die Flugverbindungen von Air New Zealand finden Sie im Einführungsteil.
Mit Hawaiian Airlines (Tel. 21-688) kommt man zweimal wöchentlich von Honolulu über Pago Pago nach Tonga. Zwei Flüge pro Woche von Pago Pago nach Vava'u bietet Samoa Air (Tel. 70-477) an, für die man 165 US-Dollar (einfach) bzw. 300 US-Dollar (hin und zurück) bezahlen muß. Das ist eine interessante Route durch die Hintertür nach Tonga.

REISEN IN TONGA

Flug: Royal Tongan Airlines (Tel. 23-414), früher Friendly Islands Airways, setzt Maschinen vom Typ Twin Otter für die Verbindungen von Nuku'alofa nach Eua (15 P), Ha'apai (77 P), Vava'u (103 P), Niuatoputapu (207 P) und Niuafo'ou (233 P) ein, allerdings sonntags nie. Die Flüge nach Eua und Ha'apai finden zwei- oder dreimal wöchentlich, nach Vava'u vier- oder fünfmal täglich und auf die Niuas einmal wöchentlich statt. Wenn Sie nach Norden fliegen wollen, dann lassen Sie sich einen Platz für Freitag oder Samstag reservieren, um dadurch den depressiv stimmenden Sonntagen in Nuku'alofa entfliehen zu können. Wenn die Flugzeuge mit Passagieren nach Vava'u voll besetzt sind, fliegen sie über Ha'apai oft hinweg. Dann haben Fluggäste, die in Ha'apai warten, kein Glück. In „Notfällen" werden sogar Passagiere mit einer bestätigten Reservierung zugunsten von Fluggästen mit Vorrang zurückgelassen. Das passiert nicht oft, aber seien Sie gewarnt und begeben Sie sich früh genug zur Abfertigung für einen Flug (niemals später als eine Stunde vor Abflug). Als Freigepäck sind bei Inlandsflügen von Royal Tongan Airlines nur 10 kg zugelassen, aber gegen einen saftigen Zuschlag wird auch mehr Gepäck befördert.

Es kann sein, daß Royal Tongan Airlines die unzuverlässigste Fluggesellschaft der Welt ist. Die Flugzeuge sind immer verspätet, aber die für den Flugbetrieb zuständigen Leute sind trotzdem immer fröhlich und versuchen das Beste. Diese Fluggesellschaft wird auf einer sehr persönlichen Grundlage betrieben, was seine guten, aber auch seine schlechten Seiten hat. Wenn man als Passagier nichts von sich hören läßt, wird man vergessen und die Reservierung gestrichen. Daher sollte man einen Flug früh buchen, sich jeden zweiten Tag vergewissern, ob die Buchung noch besteht, und hoffen, daß weder der König noch ein anderer Angehöriger des Adels den Platz benötigt.

Schiff: Die Shipping Corporation of Polynesia an der Railway Road in Nuku'alofa (Postfach 453, Nuku'alofa, Tel. 21-699) bietet die sichersten und zuverlässigsten Schiffsverbindungen zwischen den Inseln von Tonga. Die große Autofähre dieser Reederei, die *Olovaha*, legt in Nuku'alofa jeden Dienstag um 17.30 Uhr ab, kommt in Pangai (Decksklasse 28 P) sehr früh am Mittwochmorgen an und fährt dann weiter nach Vava'u (Decksklasse 42 P), wo sie mittwochs am Nachmittag anlegt. Die Rückfahrt beginnt sie in Vava'u am Donnerstag abend, hält in Pangai mitten in der Nacht und erreicht Nuku'alofa freitags am späten Nachmittag. In Ha'apai legt das Schiff sowohl in Ha'afeva als auch in Pangai an.

Auf diesem Schiff kann es an Deck sehr voll werden. Bei einer Mitfahrt an Deck ist auch keine Verpflegung im Preis enthalten. In der Business-Klasse ist es ebenfalls unbequem, auch wenn man dann einen Plastiksitz in einem Salon zugeteilt erhält. Eine Kabine der Ersten Klasse kostet aber viermal so viel wie ein Platz an Deck, weil man immer eine Doppelkabine bezahlen muß. Davon gibt es vier, wo es so laut sein kann wie an Deck, aber unendlich komfortabler ist. Wenn Sie einen Studentenausweis besitzen und mit dieser Fähre fahren wollen, dann fragen Sie nach dem Studententarif für Mitfahrten an Deck. Im Fahrpreis für die Business-Klasse und die Erste Klasse ist auch Verpflegung im Fahrpreis enthalten.

Die Walter Shipping Lines (Tel. 23-989) setzen ein kleineres Schiff, die *Fokololo*, ein, das Nuku'alofa montags um 17.00 Uhr verläßt und in Pangai dienstags um 6.00 Uhr und in Vava'u dienstags um 19.00 Uhr ankommt. In Vava'u legt es zur Fahrt nach Ha'apai und Nuku'alofa mittwochs um 18.00 Uhr ab. Dieser Fahrplan ist aber nur theoretisch. In Wahrheit ändert er sich von Woche zu Woche. Auf dem Schiff dieser Reederei gibt es keine Kabinen. Dafür sind die Preise für eine Fahrt an Deck etwas niedriger als auf der *Olovaha*. Wenn Sie sich dazu entschließen, auf dem „schwimmenden Sarg" mitzufahren, dann nehmen Sie Verpflegung, Wasser und Tabletten gegen Seekrankheit mit. Wenn das Wetter es zuläßt, fährt die *Fokololo* alle drei Wochen auch zu den Niuas. Ein anderes Schiff der Walter Shipping Lines, die 32 m lange *Loto Ha'angana*, verkehrt ebenfalls wöchentlich zwischen Nuku'alofa und Vava'u. Auf beiden Schiffen gibt es weiche Bänke, auf denen man unterwegs versuchen kann zu schlafen, wenn es nicht zu laut ist. Und das ist zwischen Ha'apai und Vava'u normalerweise der Fall.

Zwei Schiffe der Reederei pendeln zwischen Nuku'alofa und Eua (6 P). Die *Ngaluta'ane* legt dienstags bis samstags um 5.00 Uhr am Anleger in Faua ab und kehrt nachmittags zurück. Gezahlt wird an Bord. Die *Vaomapa* unternimmt die Fahrt umgekehrt und legt in Eua montags bis samstags um 7.00 Uhr und in Nuku'alofa um 15.00 Uhr ab. Die 24 m lange *Pulupaki* der Walter Shipping Lines verkehrt ebenfalls zwischen Nuku'alofa und Eua. Kleine private Schiffe verlassen den Anleger in Faua zur Fahrt nach Eua täglich außer sonntags um 13.00 Uhr, aber die sind nicht gerade für ihre Sicherheit berühmt. Wie immer Sie fahren, seien Sie auf eine extrem rauhe vierstündige Fahrt nach Osten und eine ruhigere und schnellere Fahrt in Richtung Westen gefaßt.

Die „W" Islands Line im Fakafanua Center gegenüber vom Königin-Salote-Anleger (Postfach 1166, Nuku'alofa, Tel. 22-699) schickt monatlich Schiffe nach Vava'u, Apia und Pago Pago sowie gelegentlich nach Niue, Fidschi, Kiribati, Majuro und zu den Niuas auf die Reise. Wenn Sie damit fahren wollen, dann bringen Sie sich selbst Verpflegung mit. Beim Einsatz der Schiffe dieser Reederei geht es aber vorrangig um die Beförderung von Fracht, so daß die Mitnahme von Passagieren eher die Ausnahme als die Regel ist. Am wahrscheinlichsten ist, daß man auf der Fahrt von Niue über Tonga nach Fidschi mitgenommen wird.

Alle obigen Angaben sind nur Anhaltspunkte dafür, was bei gutem Wetter geschehen soll. In Wirklichkeit ist vieles anders. Erkundigen Sie sich daher bei Interesse gleich nach Ihrer Ankunft in Tonga und seien Sie auf ein paar Tage Verspätung vorbereitet. All das gehört zu einer Reise nach Tonga.

Flughafen: Der Flughafen Fua'amotu (TBU) liegt 21 km südöstlich der Hauptstadt Nuku'alofa, auf der anderen Seite von Tongatapu. Dort gibt es einen Laden mit zollfreien Waren und eine Bank. Unweit vom alten Flughafengebäude steht eine Statue von König Tupou IV., die es wert ist, den Taxifahrer um einen kleinen Umweg zu bitten, damit man sie sich ansehen kann. Die

Flughafengebühr bei internationalen Flügen beträgt 15 P. Täglich außer sonntags verkehrt viermal täglich ein Flughafenbus (5 P). Die Fahrer von privaten Autos, die sich beim Flughafengebäude aufhalten, nehmen Passagiere oft für den gleichen Preis mit. Bevor Sie einen Bus oder ein Taxi (etwa 12 P) besteigen, sollten Sie nach dem Fahrpreis fragen. Um zum Flughafen zu gelangen, können Sie den unregelmäßig verkehrenden Flughafenbus oder jeden Bus nach Mu'a bis zur Abzweigung unweit von Malapo benutzen. Von dort müssen Sie die restlichen 6 km bis zum Flughafen zu Fuß gehen oder per Anhalter fahren. Sonntags ist der Flughafen geschlossen.

TONGATAPU

Die 259 km^2, die diese Insel ausmachen, ergeben etwas mehr als ein Drittel der gesamten Fläche von Tonga. Aber auf Tongatapu leben zwei Drittel der Gesamtbevölkerung. Die Insel ist korallischen Ursprungs und flach, wenn auch mit einer leichten Neigung von den 18,2 m hohen Klippen südlich des Flughafens bis zu den teilweise bereits im Meer versunkenen Inseln und Riffen im Norden. Vor etwa 20.000 Jahren war Tongatapu mit Vulkanasche bedeckt, die von einem Vulkanausbruch auf der Insel Tofua stammte. Sie bildete den fruchtbaren Boden, der heute eine intensive Landwirtschaft ermöglicht. An Samstagen werden Sie viele Pferdewagen auf den Landstraßen sehen. Mit ihnen fahren die Menschen zu ihren Gärten, um für den Sonntag zu ernten.

Die Hauptstadt Nuku'alofa (30.000 Einwohner) liegt etwas nördlich der azurblauen Fanga'uta-Lagune. Sie ist leider ohne jegliches Leben, weil die Abwässer des angrenzenden Vaiola-Krankenhauses den Fischen und anderen Tieren im Wasser jegliche Lebensgrundlage genommen haben. Nuku'alofa ist eine staubige, baufällige kleine Stadt, wenn auch im Vergleich zu Pago Pago recht sauber. Hier sind der Tourismus, der Handel, die Industrie und die Behörden konzentriert, aber dennoch konnte sich die friedliche Atmosphäre einer typischen Südseestadt halten. Nuku'alofa bedeutet „Wohnsitz der Liebe", während Tongatapu mit „Heiliges Tonga" übersetzt werden kann. Die Insel ist weltberühmt wegen ihrer *Tapa*-Gewebe, hat aber außerdem auch noch einige der wohl bedeutendsten archäologischen Funde zu bieten. Schon Capt. Cook war von Tongatapu begeistert. Ihnen wird es nicht anders ergehen!

SEHENSWÜRDIGKEITEN

Nuku'alofa: Beginnen Sie Ihren Besuch am Vuna-Anleger, dem bedeutendsten Hafen Tongas von 1906 bis zum Bau des Königin-Salote-Anlegers weiter östlich im Jahre 1967. Gegenüber sieht

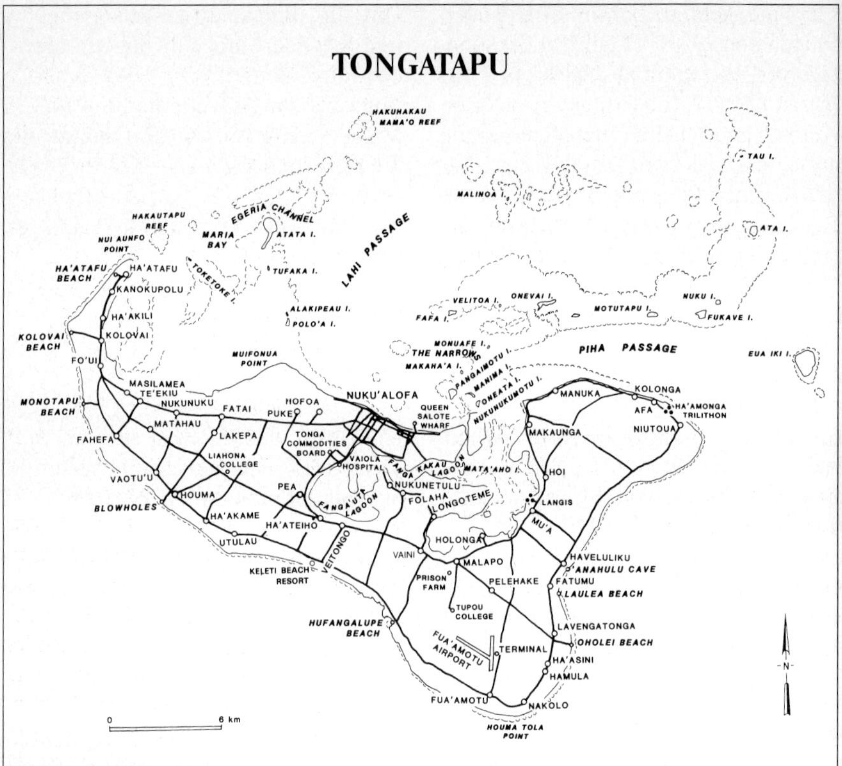

man das Gebäude der Schatzkammer (1928), früher als Hauptpostamt genutzt und immer noch Heimat der philatelistischen Abteilung. Nicht weit entfernt, in der Railway Road, kommt man zum Parlament (Legislative Assembly), einem kleinen hölzernen Gebäude, das in Neuseeland hergestellt und hier zusammengebaut wurde. Die 30 Abgeordneten tagen in diesem Gebäude jedes Jahr zwischen Anfang Juni und Anfang September. Einen Block weiter, mit Blick zur Taufa'ahau Road, steht das eindrucksvolle Gebäude samt Turm mit dem Büro des Premierministers.

Dann geht man am besten weiter nach Westen bis zum viktorianischen Königspalast. Er ist für die Öffentlichkeit geschlossen, aber von außerhalb des Grundstücks, auf dem er steht, leicht zu betrachten. Dieser Palast im Zuckerbäckerstil wurde ebenfalls in Neuseeland vorfabriziert und im Jahre 1867 hier zusammengebaut. Die Veranda im 2. Stock wurde 1882 hinzugefügt. Die

Giebel und die überhängenden Dachkanten dieses weißen Fachwerkgebäudes werden von einem hellroten Dach gekrönt und sind umgeben von Norfolk-Fichten. Der König und die Königin leben allerdings nicht mehr hier, sondern im Palast in Fua'amotu, unweit vom Flughafen. Es wird als respektlos angesehen, sich an den hohen Zaun, der das Grundstück umgibt, zu lehnen oder ihn nur zu berühren.

Westlich vom Palast ist der Mt. Zion, der Platz einer tonganischen Festung aus dem 18. Jahrhundert und der ersten Kapelle von Missionaren (1830). Von hier aus kann man viele alte Residenzen im Kolonialstil sehen, die entlang der Vuna Road stehen, darunter die Residenz des britischen Hohen Kommissars mit dem Flaggenmast, umgeben von Kanonen des Kaperschiffes *Port au Prince*, die 1806 in Ha'apai erbeutet wurden. Bemerkenswert ist auch die Residenz des neuseeländischen Hohen Kommissars weiter im Westen.

Die Jahrhundertkirche aus dem Jahre 1952, südlich vom Mt. Zion, ist das bedeutendste Gotteshaus der Freien Wesley-Kirche, der größten der drei in Tonga vertretenen Glaubensrichtungen der Methodisten. In dieser Kirche können etwa 2.000 Gläubige sitzen, unter denen an den meisten Sonntagen am Morgen auch der König und die Königin sind. Der Vorsteher dieser Kirche wohnt in dem beeindruckenden Gebäude aus dem Jahre 1871 an der Westseite der Kirche.

Nur ein wenig weiter südlich, an der Vaha'akolo Road, steht das alte Kirchengebäude aus Holz (1888), das früher an der Stelle stand, an der die Jahrhundertkirche errichtet wurde, und 1949 von zwei Lastkraftwagen und 24 Pferdekarren in einem Stück an den neuen Platz gezogen wurde. Am Südende dieses langen Blocks befindet sich das Königin-Salote-College, eine im Jahre 1923 gegründete Mädchenschule.

Der Königspalast in Nuku'alofa.

Östlich der Nordseite der Mateialona Road wurden die königlichen Gräber angelegt, wo Angehörige der Königsfamilie seit 1893 beigesetzt werden. Hier ziehen auch Kasuarien und das Vieh des Königs Blicke auf sich. Zurück an der Taufa'ahau Road ist die eindrucksvolle Basilika des Heiligen Antonius von Padua einen Besuch wert wegen des Gemeinschaftszentrums im Untergeschoß.

Kulturzentrum: Lassen Sie bei einem Besuch nicht das Tongan National Center (Postfach 37, Nuku'alofa, Tel. 23–022) aus, einen Komplex mit traditionellen polynesischen Gebäuden an der Fanga'uta-Lagune, unweit vom Vaiola-Krankenhaus. Dort kann man sich die Herstellung von Kunsthandwerk (Fertigung von *Tapa* und Kanus, Holzschnitzen, Korbflechten, Weben von Matten), zeitgenössische Kunst und historische Darstellungen ansehen. Die Ausstellungshalle ist werktags von 9.00 bis 12.00 Uhr geöffnet (Eintritt 2 P). Werktags um 12.30 Uhr wird ein Barbecue bei einer Vorführung traditioneller Mode angeboten (12 P), und um 14.00 Uhr beginnt eine ausgezeichnete zweistündige kulturelle Tour mit Führer (5 P), bei der eine Kava-Zeremonie gezeigt, alte Legenden und Mythen erzählt sowie im Amphitheater mit 450 Plätzen traditionelle Tänze aufgeführt werden. Dann wird auch weiter Kunsthandwerk hergestellt, das man direkt von den Künstlern zu durchaus annehmbaren Preisen kaufen kann. Gelegentlich werden auch Abendessen mit Vorführungen angeboten (15 P). Für Kinder gelten jeweils die halben Preise. Vorherige Reservierungen durch ein Reisebüro oder direkt beim Kulturzentrum bis 10.00 Uhr sind notwendig, wenn man mittags am Barbecue teilnehmen will. Für die Veranstaltungen morgens und nachmittags braucht man keine Reservierungen vorzunehmen. Wenn Sie in Tonga nur eine Sehenswürdigkeit besichtigen, dann lassen Sie es diese sein.

Der Westen von Tongatapu: Bei Houma, 15 km von Nuku'alofa entfernt, haben an der felsigen, terrassenförmigen Südwestküste der Insel Wellen durch natürlich gebildete Luftschlitze „Blaslöcher"

Die Blaslöcher (Blowholes) bei Houma sind bei Flut ein besonders reizvoller Anblick. Dann schlagen die Wellen gegen die Korallenterrassen und sorgen dafür, daß die Gischt hoch hinauf in den Himmel schießt.

entstehen lassen. Vom Ende der Straße muß man einen Pfad zur Rechten entlanggehen, um dorthin zu gelangen. Nach einem kurzen Spaziergang erreicht man einen guten Strand zum Paddeln und Schwimmen. Hier donnern Brecher gegen die Klippe aus Korallen, so daß das Wasser durch erodierte Tunnel bis zu 30 m hoch spritzt. Von diesen beeindruckenden „Blaslöchern" gibt es Hunderte. Am besten kommt man an einem windigen Tag bei Hochwasser hierher.

Nach Houma verkehren ziemlich häufig Busse und fahren dann weiter in Richtung Westen nach Fahefa. Von Fahefa ist es eine angenehme, 5 km lange Wanderung (oder Mitfahrt per Anhalter) zum Schutzgebiet für Flughunde (Flying Foxes Sanctuary) in Kolovai. Hier hängen entlang einer Straße über eine Länge von etwa einem Kilometer Tausende diese Tiere (*Pteropus tonganus*) in vielen Kasuarinenbäumen. Die Flughunde sind eigentlich Fledermäuse (die einzigen Säugetiere, die fliegen können) mit fuchsähnlichen Köpfen und einer Flügelspanne von bis zu einem Meter. Es sind ausgesprochene Nachttiere, die sich nach Einbruch der Dunkelheit auf Nahrungssuche begeben und tagsüber mit dem Kopf nach unten in den Bäumen hängen. Der Legende nach waren die Flughunde vor langer Zeit Geschenke einer jungen Samoanerin für einen tonganischen Seemann. Sie werden als heilig angesehen und dürfen nur von Angehörigen der königlichen Familie gejagt werden.

Da der Flughund *(Pteropus tonganus)* in Tonga geschützt ist *(tapu)*, ist Tonga auch die einzige Region in der Südsee, in der dieses Tier einigermaßen leicht zu sehen ist. In anderen Südseeländern wird dieses Tier von den Einheimischen zum Verzehr gejagt.

Kurz hinter Kolovai ist die Abzweigung nach Kolovai Beach (vgl. Abschnitt über die Unterkünfte weiter unten). Noch ein Stück weiter, fast am Ende der Insel, kommt man, wenn man nach links abbiegt, zum Ha'atafu Beach. Hier bestehen ausgezeichnete Möglichkeiten zum Surfen am Riff, so gut wie kaum sonst irgendwo in Tonga. Auch schnorcheln kann man hier sehr gut, sogar bei Ebbe. Dabei sind Dutzende von Fischarten zu sehen. Von Ha'atafu fahren Busse direkt zurück in die Stadt.

Die Umgebung von Mu'a: Der Stadt gegenüber, auf der anderen Seite der Lagune, steht gleich außerhalb von Mu'a ein Denkmal. Es erinnert daran, daß Capt. Cook hier 1777 mit seinem Schiff *Endeavor* ankerte und sich unter einem Banyanbaum ausruhte. Nach dieser Erholungsphase begab sich Cook auf den Weg zur damaligen Hauptstadt Lapaha, um den *Tu'i Tonga* Pau zu besuchen. Das ergibt die Möglichkeit, in Cooks Fußstapfen zu wandeln. Dabei kommt man durch das archäologisch interessanteste Gebiet von ganz West-Polynesien.

Von ungefähr 1200 n. Chr. an war Lapaha (Mu'a) für mehr als 600 Jahre der Sitz der *Tu'i Tonga*-Dynastie. Von der königlichen Residenz ist heute allerdings nichts mehr erhalten. Nur etwa 28 *Langi* (Grabhügel verstorbener Könige) findet man noch in und um Mu'a. Weil es dagegen bei Einheimischen Widerstände gibt, konnten diese Gräber bis heute nicht erforscht werden. Einige dieser großen rechteckigen Plattformen mit versetzten Schichten aus Korallen-Kalkstein sind schon von der Straße aus gut zu erkennen, unter anderem der Grabhügel des letzten *Tu'i Tonga* (1865). Da er Katholik war, wurde auf seinem *Langi* ein Kreuz errichtet.

Das schönste der terassenförmig angelegten Gräber, etwas versteckt an einer Seitenstraße gelegen, ist das *Paepae 'o Tele'a*, errichtet Anfang des 17. Jahrhunderts für den 28. *Tu'i Tonga*. Achten Sie dort einmal besonders auf die riesigen Monolithen an den Ecken, die Färbung der Oberfläche im oberen Teil und die Füße, die bis in den Grund hineinreichen. In seiner Gesamtheit hat dieses Grabmal Ähnlichkeit mit einem griechischen Tempel. Neben dem *Paepa 'o Tele'a* steht die *Namoala,* eine dreistöckige Pyramide mit einem noch immer intakten Beisetzungsgewölbe oben. Zwei weitere Gewölbe gibt es im Hehea-Hügel, der gegenüber der *Namoala* liegt.

Die *Langi* von Lapaha gehören zu den beeindruckendsten älteren Gräbern in der Südsee. Sie brauchen einen Vergleich mit den *Moai* auf der Osterinsel oder mit Nan Madol auf Ponape nicht zu scheuen. Sie alle sind archäologische Stätten gleichen Ranges. Einen fast überirdischen Hauch und eine besondere Atmosphäre bekommt diese Gegend dadurch, daß man aus der näheren Umgebung das Schlagen der *Tapa*-Schlegel hören kann. Zu erreichen sind die *Langi* mit einem Bus von Nuku'alofa. Bis Mu'a sind es 20 km. Gefahren wird tagsüber (bis 15.00 Uhr) relativ häufig, was einen Besuch sehr erleichtert.

Ha'amonga'a Maui: Der Bus in Richtung Niutoua bringt Sie zu diesem berühmten Trilithon, das 32 km östlich von Nuku'alofa steht. Es ist Tongas erhabenstes Relikt und aus Kalkstein, aber ohne einzelne Schichten innerhalb des Gesteins. Der Torbogen besteht aus drei riesigen, rechteckigen Steinblökken. Das sind zwei aufrechte Säulen aus Korallengestein, jede fast 5 m hoch, die einen Sturz von 5,8 m Länge mit einem Gewicht von 8.165 kg tragen. Der Name bedeutet übersetzt „Last des Gottes Maui“. Wie diese Konstruktion gerade hierher kam und wie sie entstand, erklärt eine Legende. Danach soll der Held Maui diesen Trilithon von der Insel Wallis allein auf seinen Schultern nach Tonga gebracht und auf einer Stange getragen haben, die Maui auf den Schultern hatte.

Es gibt aber auch noch zahlreiche weitere Theorien über die Herkunft. Nach einer soll der massive, 12 Tonnen schwere steinerne Torbogen der Eingang zum Sitz eines Königs gewesen sein. Von der Anlage des früheren tonganischen Herrschers ist jedoch nichts erhalten. Andere nennen die Anlage „Tongas Stonehenge" und behaupten, die Vertiefungen in dem Trilithon könnten den Zweck gehabt haben, die Jahreszeiten genau zu bestimmen. Um das zu beweisen, wurden vom Trilithon drei Pfade zur Küste angelegt. Über einen erhebt sich die Sonne zur Zeit der Tagundnachtgleiche, über die anderen jeweils am kürzesten und längsten Tag des Jahres. Wenn das stimmen sollte, wäre es möglich gewesen, die beste Zeit für das Pflanzen und Ernten von Yams und für Fahrten über das Meer zu bestimmen. Am weitesten verbreitet ist jedoch die Auffassung, daß die Vertiefungen lange nach dem Bau des Trilithon geschaffen wurden und mit einem astronomischen Kalender nichts zu tun haben.

Weil wissenschaftliche Untersuchungen an alten Monumenten in Tonga nur selten erlaubt wurden, ist bisher nicht sicher, wann und warum das Ha'amonga'a Maui erbaut wurde. Nach der Tradition der Einheimischen ist es mit Tu'itatui, dem 11. *Tu'i Tonga*, in Verbindung

Das Trilithon Ha'amonga'a auf der Insel Tongatapu. Ha'amonga'a bedeutet übersetzt „Last, wie sie nur von zwei Menschen getragen werden kann". Man glaubt, daß der Torbogen aus Korallenfelsen in dem Dorf Niutoua einst das Eingangstor zum königlichen Grundstück in der alten tonganischen Hauptstadt gewesen sei. Das Gewicht der zwei aufrecht stehenden Steine wird auf jeweils 30–40 Tonnen geschätzt. Das Verbindungsstück ist 6 m lang. Das Bauwerk wurde um 1200 n. Chr. auf Veranlassung von König Tu'itatui errichtet. Das war ein Herrscher, der befürchtete, daß in seiner Familie Zwietracht entstehen könnte und daher veranlaßte, daß jeder der aufrecht stehenden Steine einen seinen Söhne verkörperte und der Sturz, der in diese beiden Steine oben eingesetzt wurde, die Verbindungen zwischen den Söhnen ausdrückt. In der Nähe befindet sich eine 2,7 m hohe Platte, an die sich der König gelehnt habe soll, wenn er sich an sein Volk gewandt habe, um dadurch zu verhindern, daß ihm von hinten ein Speer in den Rücken gebohrt werden könnte. Sein Name bedeutet übersetzt „König, der die Knie trifft", weil er seinen Dienern einen scharfen Schlag versetzt haben soll, wenn die ihm zu nahe kamen.

zu bringen, der um 1200 n. Chr. herum regierte. Vielleicht hat dieser König befürchtet, daß seine beiden Söhne nach seinem Tod in Streit geraten könnten, und deshalb das Trilithon als Symbol für das Band der Brüderlichkeit errichten lassen, damit die sich einigen. Solange das Monument stehen bliebe, würde sein Zauber für Harmonie sorgen. In der Nähe steht eine 2,7 m hohe Platte, gegen die sich, so wird berichtet, der König gelehnt habe, wenn er sich an sein Volk wandte. Das sei ein Schutz gewesen, um zu verhindern, daß jemand ihn von hinten mit einem Speer durchbohre. Sein Name bedeutet „König, der die Knie trifft", weil Tu'itatui jedem einen kräftigen Schlag gegeben habe, der ihm zu nahe gekommen sei. Die Verkehrsverbindungen zum Trilithon sind schlecht, denn Busse dorthin fahren nur alle paar Stunden. Wenn Ihnen ein kurzer Blick auf das Bauwerk genügt, dann können Sie mit dem gleichen Bus wieder nach Mu'a zurückfahren, denn er dreht in Niutoua, nur 1 km entfernt, um. Sprechen Sie dies aber mit dem Fahrer vorher ab. Der Trilithon steht unmittelbar an der Straße. Wenn Sie mehr Zeit haben, dann gehen Sie über einen der Pfade zum Strand hinunter und legen dort ein Picknick ein. Man kann dort auch schwimmen oder bei Ebbe am Riff entlanggehen (dafür festes Schuhwerk mitbringen).

Die Ostküste: Von der Bushaltestelle an der Polizeiwache in Mu'a sind es noch 3 km bis zum Ort Haveluliku. Ein Bus fährt auf dieser Strecke aber nicht mehr. Fragen Sie im Ort jemanden, der Ihnen die *Makatolo* zeigt. Das sind die riesigen Steine, die der Halbgott Maui angeblich von der Insel Eua nach einem umherirrenden Huhn warf. Die 'Anahulu-Höhle finden Sie unweit des Ortes an der Küste. Um die Stalaktiten in der Höhle zu erforschen, benötigen Sie allerdings eine Taschenlampe. In dem großen Süßwasserteich in der Höhle können Sie ein erfrischendes Bad nehmen. Ganz Mutige können von diesem Gewässer aus noch in ein weiteres schwimmen. Lassen Sie aber Ihre Sachen nicht an gut sichtbarer Stelle liegen, weil es hin und wieder Diebstähle gibt.

Bei Ebbe kann man an dem Hang nach Süden zum Laulea Beach laufen. Er liegt hinter einem geschützten Korallengestein. An dem Strand können Sie zelten oder auch einfach im Sand schlafen. Dieser Küstenstreifen bietet gute Möglichkeiten zum Schwimmen und einen herrlichen Blick auf die Insel Eua. Der Strand zieht sich dann ohne Unterbrechung bis 'Oholei hin. Hier finden an mehreren Tagen in jeder Woche abends tonganische Festessen statt. Sporadisch verkehren auch Busse vom Ort Lavengatonga, unweit von 'Oholei, zurück in die Stadt.

Der Süden von Tongatapu: An der Südküste, 4 km von Vaini und ebenfalls mit einem Bus zu erreichen, befindet sich Hufangalupe („Tor der Tauben"). Das ist eine große, natürliche Brücke aus Korallen mit einer sandigen Bucht, die an beiden Seiten von hohen Klippen eingerahmt wird. Richten Sie es auf dem Weg dorthin so ein, daß Sie die Brücke mit der dahinterliegenden See vor sich haben. Wenn Sie von dort zurückkehren, dann achten Sie auf den Weg links, der an der tiefsten Stelle einer kleinen Senke zum Strand führt. Hier kann man gut zelten, wenn man sich genug Wasser mitbringt. Bei gutem Wetter und bei Ebbe kann man sich als Schnorchler auch an der Seite über das Riff hinauswagen.

Ein kleines Museum mit Funden, Kunsthandwerk und Kunstgegenständen aus dieser Gegend gibt es im Tupou College in Tuloa, 3 km abseits der Straße zum Flughafen (Tel. 32-240). Ein Bus verkehrt dorthin jedoch nicht. Feste Öffnungszeiten gibt es nicht, aber man kann telefonisch eine Besichtigung vereinbaren. Das Tupou College ist die älteste weiterführende Schule in der ganzen Südsee und wurde bereits 1866 von Missionaren der Freien Wesley-Kirche gegründet.

Der kleine Vogelpark und der Zoo südlich von Veitongo sind ebenfalls einen Besuch wert (montags und dienstags geschlossen, Eintritt frei).

UNTERKUNFT

Preiswerte Quartiere: Auch wenn es ein wenig abseits gelegen ist, so ist Sela and Atolo's Guest House (Postfach 24, Nuku'alofa, Tel. 21-430) seit langem ein Treffpunkt von Besuchern und Entwicklungshelfern aus dem Ausland. Vermietet werden 18 saubere Zimmer, mit Gemeinschaftsbad als Einzelzimmer für 12 P und als Doppelzimmer für 25 P. In einem Schlafsaal kann man für 8 P übernachten. Für ein Doppelzimmer mit eigenem Bad und heißer Dusche werden 35 P berechnet. Vollpension mit reichlichen Gerichten können die Gäste ebenfalls erhalten. Hier ist insbesondere das Frühstück eine runde Sache. Wenn Krach Sie stört, dann lassen Sie sich ein Zimmer möglichst weit entfernt vom Videorekorder und vom Speiseraum geben, denn sonst werden Sie die halbe Nacht wach bleiben. Dieses Quartier eignet sich gut zum Entspannen und um andere Leute kennenzulernen.

Nicht weit entfernt steht Kuluni's Guest House (Postfach 1062, Nuku'alofa, Tel. 21-185), manchmal auch einfach K's genannt. Hier ist oben auch ein Balkon vorhanden. Die Übernachtungspreise sind etwas niedriger als bei Sela.

Im Kimiko's Guest House (Postfach 639, Nuku'alofa, Tel. 22-170) an der Vuna Road werden 8 kahle Zimmer mit Gemeinschaftsbad für 10 P pro Person vermietet (einschließlich Frühstück). Bei längeren Aufenthalten werden Ermäßigungen gewährt. Den Gästen steht ein Kühlschrank, aber keine Kochgelegenheit zur Verfügung.

Das Beach House an der Vuna Road (Postfach 249, Nuku'alofa, Tel. 21-060) ist eines der letzten noch vorhandenen alten Gästehäuser in der Südsee, die immer häufiger Appartements mit Selbstversorgung oder den vereinheitlichten Motels weichen müssen. Hätte er es gekannt, so wäre dies sicher ein Platz für Somerset Maugham gewesen. Hier kann man in einem Einzelzimmer für 15 P, in einem Doppelzimmer für 25 P und in einem Dreibettzimmer für 30 P übernachten (mit Gemeinschaftsbad und Frühstück). Auch wenn das Beach House keine Werbung betreibt, sind die 8 vorhandenen Zimmer häufig von jungen amerikanischen und japanischen Entwicklungshelfern belegt, so daß eine vorherige Reservierung ratsam ist. Die Bank am Wasser, gegenüber vom Beach House, ist ein guter Platz, um Kontakte zu knüpfen.

Im Fasi-Moe-afi Guest House neben dem Fremdenverkehrsamt an der Vuna Road (Postfach 597, Nuku'alofa, Tel. 22-289) wird jedes der 6 Zimmer mit einem guten Frühstück zur Alleinbenutzung für 16 P und an zwei Gäste für 26 P vermietet. Die Beleuchtung in den Zimmern könnte allerdings besser sein, so daß Sie nach einem nach außen hin fragen sollten. Die Verwalter Heidi und Boris Stavenow aus Hamburg versorgen die Gäste mit allen nur denkbaren Informationen über die ganze Insel. Das Café nebenan (sonntags geschlossen) eignet sich gut für eine Tasse Kaffee und ein Sandwich auf der Terrasse, wo man zusehen kann, wie die Welt vorüberzieht. Auch wenn die Mitarbeiter dafür sorgen könnten, daß dieses Haus etwas sauberer gehalten wird, ist es häufig voll belegt.

Ginette, die den Laden mit den *Tapa*-Sachen neben dem Baha'i-Tempel in der Fatafehi Road betreibt, vermietet auch Einzelzimmer für 10 P und kocht für 4 P pro Person. Sie ist sehr humorvoll und unterhält auch einen Buchtausch, aber dort ist es nichts für Leute, die keine Katzen mögen.

Eines der wenigen preiswerten Quartiere in der Stadt mit Kochmöglichkeiten ist Angeles Guest House (Postfach 1617, Nuku'alofa, Tel. 23-930). Die 12 sauberen Zimmer mit Gemeinschaftsbad werden als Einzelzimmer für 20 P, als Doppelzimmer für 30 P und als Dreibettzimmer für 45 P vermietet. Hier laufen aber manchmal nachts Ratten herum.

Im Hotel Phoenix (Private Bag 26, Nuku'alofa, Tel. 23-270) kann man im alten Gebäude in einem Einzelzimmer für 10 P und in einem Doppelzimmer für 15 P übernachten. „Luxuszimmer" werden zur Alleinbenutzung für 28 P und an zwei Gäste für 35 P vermietet. Auf dem Gelände dieses Hotels befinden sich auch ein Nachtclub und ein ganz ordentliches China-Restaurant (auch sonntags geöffnet).

Im Motel Lotolua an der Unga Road (Postfach 1336, Nuku'alofa, Tel. 23-763) kann man in einem der drei Zimmer allein für 15 P und zu zweit für 20 P übernachten. Wenn man mindestens eine Woche bleibt, werden Ermäßigungen gewährt. Kochmöglichkeiten sind hier vorhanden.

Wenn Sie morgens um 5.00 Uhr mit der Fähre nach Eua wollen, liegt das Hotel Moana gegenüber dem Anleger Faua ganz günstig (Postfach 169, Nuku'alofa, Tel. 21-440). Vermietet werden vier kleine *Fales*, jeweils mit eigenem Bad, für 10 P (Einzelzimmer) bzw. 15 P (Doppelzimmer). Wegen der Bar nebenan kann es jedoch recht laut werden.

Im zweistöckigen Baby Blue Guest House (Postfach 33, Nuku'alofa, Tel.

23-349), gelegen unweit vom Kahana Lagoon Resort südöstlich der Stadt, kann man in einem der sechs Zimmer mit Gemeinschaftsbad und Kochgelegenheit allein für 8 P und zu zweit für 15 P übernachten. Leider ist es zu abgelegen, um als erste Wahl in Erwägung gezogen zu werden.

Ein weiteres Quartier mit Kochgelegenheit ist das Motel Olota'ane, auch Motel Fale Maama genannt (Postfach 367, Nuku'alofa, Tel. 22-560). Man findet es an der Straße vom Flughafen, 4 km südlich der Stadt. Die acht geräumigen *Fales* in einer Gartenanlage werden allerdings nur wochen- oder monatsweise und nur an Gäste vermietet, die beteuern, Christen zu sein.

Mittelklassehotels: In den Capt. Cook Vacation Apartments (Postfach 838, Nuku'alofa, Tel. 23-615), gelegen mit Blick auf die Lagune einen Kilometer westlich des Königspalastes, werden sieben Doppelzimmer angeboten, in denen man allein für 39 P, zu zweit für 54 P und zu dritt für 69 P unterkommt. Zu jedem der Apartments gehören eine Küche, ein Wohnzimmer und ein eigenes Bad, aber die Hausverwaltung könnte sauberer sein. Weiter westlich werden im Alekina Townhouse (Tel. 22-135) zehn Kleinwohnungen mit jeweils zwei Schlafzimmern für 100 P angeboten. Für zwei Paare ist das eine gute Wahl.

26 Zimmer stehen im Motel Friendly Islander an der Vuna Road neben den Öltanks, 3 km östlich der Stadt, zur Verfügung (Postfach 142, Nuku'alofa, Tel. 23-810). Für ein Quartier mit einem Schlafzimmer und Ventilator muß man hier allein oder zu zweit 50 P und für ein Quartier mit zwei Schlafzimmern allein oder zu zweit 65 P und zu dritt 75 P bezahlen. Alle haben eine Kochgelegenheit und einen Balkon und liegen im zweistöckigen Hauptgebäude. *Fales* ohne Kochgelegenheit werden an einen Gast oder an zwei Gäste für 75 P vermietet. Ein Schwimmbecken steht ebenfalls zur Verfügung. Bleibt man mindestens eine Woche, kann über eine Preisermäßigung verhandelt werden. Auf dem Grundstück befinden sich auch ein Restaurant, das von zwei deutschen Schachspielern betrieben wird, und der Nachtclub 'Ofa Atu. Der Manager Papiloa Foliaki war früher Abgeordneter im Parlament und ist eine ganz interessante Person. Das von einer Familie betriebene Motel bietet einen individuellen Service und ist von einigen Lesern sehr gelobt worden. Andere waren aber auch gegenteiliger Meinung. Wenn Sie als Gast die Rechnung mit einer Kreditkarte bezahlen wollen, dann fragen Sie bei der Ankunft, ob das möglich ist, auch wenn das in der Broschüre dieses Hauses behauptet wird.

Das Kahana Lagoon Resort (Postfach 192, Nuku'alofa, Tel. 21-144) liegt an der Fanga'uta-Lagune , etwa 5 km südöstlich der Stadt. Mit 50 P zur Alleinbenutzung, 65 P für zwei Gäste und 74 P für drei Gäste sind die 11 strohgedeckten *Fales* ihr Geld wert. Wenn man einen ganzen Monat bleiben will, erhält man noch eine Ermäßigung. Die

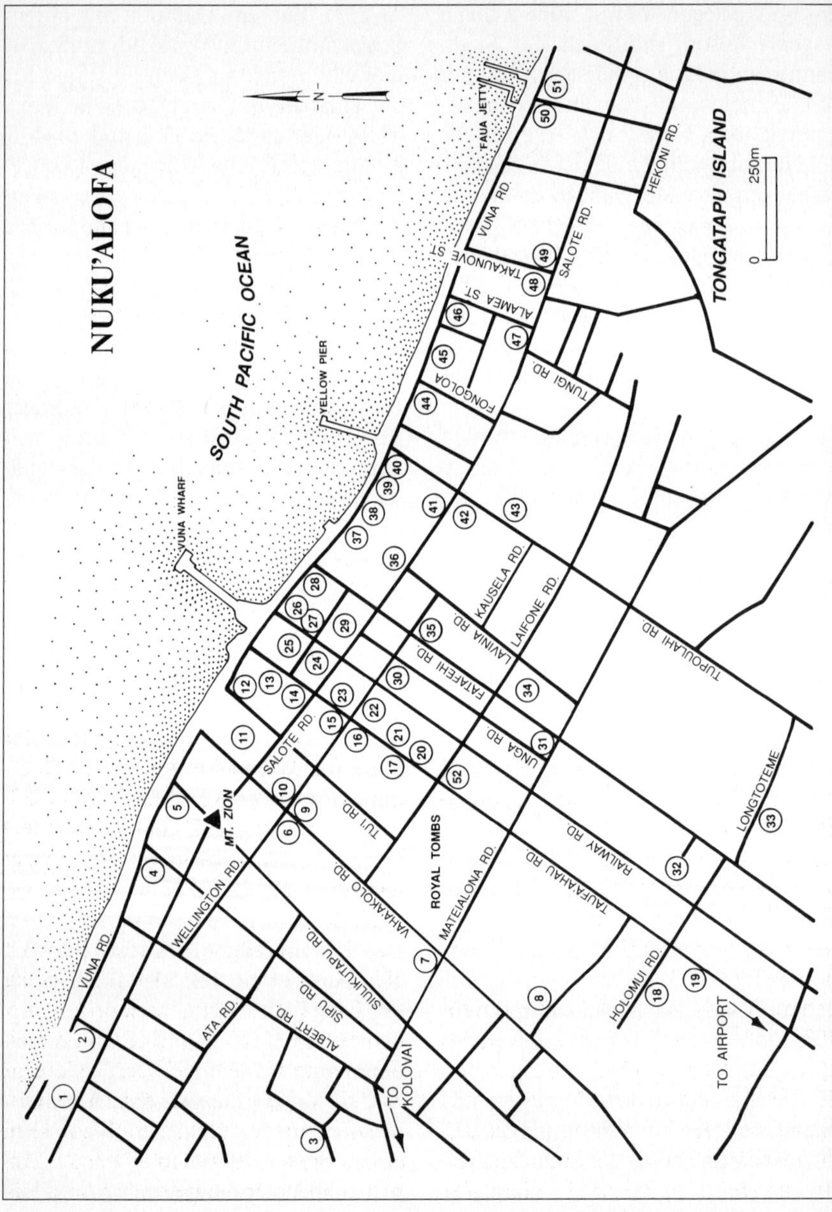
NUKU'ALOFA
SOUTH PACIFIC OCEAN
N
VUNA WHARF
YELLOW PIER
'FAUA JETTY
TONGATAPU ISLAND
0
250m
VUNA RD.
WELLINGTON RD.
ATA RD.
ALBERT RD.
SIPU RD.
SIULIKUTAPU RD.
VAHAAKOLO RD.
TU'I RD
SALOTE RD.
MT. ZION
ROYAL TOMBS
MATEIALONA RD.
TAUFAAHAU RD.
RAILWAY RD.
UNGA RD.
FATAFEHI RD.
LAVINIA RD.
KAUSELA RD.
LAIFONE RD.
TUPOULAHI RD.
LONGTOTEME
HOLOMUI RD.
TO AIRPORT
TO KOLOVAI
FONGOLOA
TUNGI RD.
ALAMEA ST
TAKAUNOVE ST
VUNA RD.
SALOTE RD.
HEKONI RD.

NUKU'ALOFA

1. Capt. Cook Vacation Apartments
2. Restaurant Sunrise Taloa
3. Atenisi-Institut
4. Restaurant Seaview
5. Residenz des britischen Hochkommissars
6. Jahrhundertkirche
7. Königin-Charlotte-College
8. Bibliothek im South Pacific Center
9. Chez Alisi and André
10. Vilai-Kaserne
11. Königspalast
12. Sportplatz (Pangai Soccer Field)
13. Bank of Tonga
14. Postamt
15. Teta Tours
16. Deutsches Honorarkonsulat
17. Hotel Ramanlal und Discothek/Tungi-Arkade
18. Rugbyplatz Tenfaiva
19. Budget Rent-a-Car
20. Buchhandlung Friendly Islands
21. Snack Bar John's Place
22. Restaurant Fale Fakalato
23. Langafonua Handicraft Center
24. Polizeiwache und Gefängnis
25. Schatzkammer und Philatelistisches Büro
26. Büro der Shipping Corporation of Polynesia
27. Parlament
28. Ministerien
29. Talamahu-Markt und Bushaltestellen
30. Loni's Twin Theater
31. Kirche von Tonga
32. Kuluni's Guest House
33. Sela and Atolo's Guest House
34. Hotel Phoenix
35. Angeles Guest House
36. Fa'onelua Tropical Gardens
37. Fremdenverkehrsamt
38. Fasi-Moe-Afi Guest House
39. Büro des Pangaimotu Island Resort und Fahrradvermietung
40. Hotel Dateline
41. Chinesisches Restaurant Tong-Hua
42. Australisches Hochkommissariat
43. Tonga Club
44. Beach House
45. Kimiko's Guest House
46. Yacht Club
47. Joe's Tropicana Top Club
48. Telefon- und Telegraphenamt (Cable und Wireless Office)
49. Fred's Restaurant
50. Hotel Moana und Büro von Coralhead Diving
51. Davina's Restaurant
52. Katholische Basilika

Zimmer zur Selbstbewirtschaftung sind groß und attraktiv und an der Decke mit *Tapa* sowie an den Wänden mit authentischem tonganischem Dekor geschmückt. Zudem sind in allen Zimmern, aus denen man herrliche Blicke auf die Lagune hat, Fernsehgeräte und Videorekorder vorhanden.

Luxushotels: Das dreistöckige staatliche Hotel International Dateline an der Vuna Road (Postfach 39, Nuku'alofa, Tel. 23-411) wurde 1967 erbaut, um die Gäste bei der Krönung von König Taufa'ahau Tupou IV. unterbringen zu können. Die Preise für eines der 76 Zimmer im alten Flügel entlang der Vuna Road mit Klimaanlage, eigenem Bad und Kühlschrank beginnen bei 83 P (Einzelzimmer), 97 P (Doppelzimmer) bzw. 108 P (Dreibettzimmer). Im angrenzenden neuen Flügel an der Tupoulahi Road ist es nur wenig teurer. Das Restaurant in diesem Hotel ist eines der wenigen, die auch am Sonntag geöffnet sind. Außerdem kann hier am Donnerstag, Freitag und Samstag nach dem Abendessen nach den Klängen einer Band getanzt werden. Im Hotel versucht man, anspruchsvoll zu sein, und verbietet das Essen in kurzen Hosen, T-Shirts und Sandalen. Allerdings ist das wegen der schlampigen Bedienung und des nicht gerade guten Essens fast schon eine Farce. Dennoch: Ein kaltes Bier neben dem Schwimmbecken des Hotels eignet sich gut als Krönung eines Nachmittags, zumal auch Leute, die nicht im Hotel wohnen, gegen eine kleine Gebühr das Schwimmbecken mitbenutzen dürfen. An den meisten Abenden werden in der Kalila Lounge kostenlos Videofilme gezeigt, wobei man allerdings davon ausgeht, daß die Zuschauer wenigstens ein Getränk bestellen. Man kann zudem nach den Gesangs- und Tanzvorführungen fragen, die an manchen Abenden um 20.30 Uhr beginnen (gegen Eintrittsgebühr). Ferner wird montags um 19.30 Uhr neben dem Schwimmbecken ein Barbecue angeboten.

Das Hotel Ramanlal über einer Reihe von Läden in der Taufa'ahau Road (Postfach 74, Nuku'alofa, Tel. 23-344) gehört den Brüdern Ramanlal, den Söhnen eines Inders aus Fidschi und einer Tonganerin. Sie sind die Leute, die den privaten Tourismus in Tonga richtig voranbringen. Die 60 Zimmer mit eigenem Bad, Kühlschrank und lauter Klimaanlage sind nur spärlich beleuchtet und mit 75 P für ein Einzelzimmer, 82 P für ein Doppelzimmer sowie 92 P für ein Dreibettzimmer eigentlich zu teuer. Ein indisches Restaurant und eine Diskothek befinden sich ebenfalls in dieser Anlage.

Im Hotel Nuku'alofa gegenüber vom Hotel Ramanlal (Postfach 32, Nuku'alofa, Tel. 24-244) werden 10 Zimmer mit Klimaanlage und eigenem Bad für 50 P (Einzelzimmer) bzw. 65 P (Doppelzimmer) vermietet. Hier gibt es ebenfalls ein Schwimmbecken und eine Bar. Geleitet wird dieses neue Haus von Deutschen.

Unterkünfte am Strand: Wer nach Tonga kam, um Sand, Bräune und Salz zu spüren, ist bestens aufgehoben im Good Samaritan Inn am Kolovai Beach, 20 km westlich von Nuku'alofa (Postfach 306, Nuku'alofa, Tel. 41-022). Untergebracht werden die Gäste in 12 kleinen *Fales* mit Gemeinschaftsbadezimmern (9 P pro Person). Bessere Zimmer mit eigenem Bad werden an Alleinreisende für 24 P, an ein Paar für 30 P und an drei Personen für 40 P vermietet. Gegen eine kleine Gebühr darf man auf dem Grundstück auch ein Zelt aufschlagen. Kochmöglichkeiten gibt es hier nicht, aber es steht ein Restaurant, zugleich Bar, zur Verfügung, in dem man ganz gut, aber mit Blick auf den nicht gerade berauschenden Strand auch recht teuer essen kann. Der französische Miteigentümer André bereitet einige hervorragende Gerichte zu – eine Freude für jeden Gaumen. Das Inn gibt es schon eine ganze Zeit und sieht etwas ermüdet aus, ist aber immer noch eine gute Wahl. Man kommt dorthin mit dem Bus nach Hihifo bis Kolovai und muß dann noch 1 1/2 km zu Fuß gehen.

Surfer werden sich zum Motel Ha'atafu Beach begeben (Postfach 490, Nuku'alofa, Tel. 41-088), das fast am Ende der Straße und 3 km nördlich von Kolovai liegt. Dort gibt es zwar zeitweise Engpässe in der Wasserversorgung, aber man findet dort den schöneren Strand vor, an dem hervorragend geschnorchelt werden kann. Die 6 strohgedeckten *Fales* werden für 50 P als Einzelzimmer und für 70 P als Doppelzimmer vermietet (einschließlich Vollpension und Benutzung nicht motorbetriebener Sportgeräte). Die Bäder werden auch hier gemeinschaftlich genutzt. Bleibt man mindestens einen Monat – und nicht wenige Besucher tun dies – erhält man eine Ermäßigung von 10 %. Im Restaurant hat man sich auf Fischgerichte spezialisiert, serviert nach australischer Art. Die Abendessen finden bei Kerzenlicht statt, und die Kerosinlampen des Motels tragen ebenfalls zu einer gemütlichen Atmosphäre bei. Finden sich genügend Teilnehmer, so arrangiert man Touren für Schnorchler, Angler oder Surfer zu den draußen liegenden Riffen. Das Motel steht direkt an Tongas beliebtestem Surfstrand, der nur 5 Minuten zu Fuß von der Bushaltestelle Ha'atafu entfernt liegt.

Im abgelegenen Keleti Beach Resort an der Südküste (Postfach 192, Nuku'alofa, Tel. 21-179), 10 km von Nuku'alofa entfernt, muß man für eines der vier *Fales* mit eigenem Bad und kaltem Wasser allein 30 P, zu zweit 40 P und zu dritt 50 P bezahlen. In vier Doppel-*Fales* mit Gemeinschaftsbädern kann man in einem Einzelzimmer für 16 P und in einem Doppelzimmer für 20 P übernachten. Ein Familien-*Fale* für 2 Erwachsene und 2 Kinder ist für 50 P pro Übernachtung zu haben. Wochenpreise mit Vollpension werden ebenfalls angeboten. Kochmöglichkeiten stehen zwar nicht zur Verfügung, aber dafür wird zu moderaten Preisen tonganisches Essen im westlichen Stil in einem Restaurant angeboten, von dem aus man auf das Meer blicken kann. Es kann sein, daß ein paar der sieben Kinder von Eigentümer Soeli Ofa bei einem großartigen Festessen im tonganischen Stil (12 P), das jeden Freitagabend stattfindet, einige traditionelle Tänze aufführen. Dienstags wird abends ein Barbecue angeboten, und sonntags ist das Abendessen ein Fest für ganze Familien. In großen gezeitenabhängigen Becken am Fuß der Anlage kann man zwischen bunten tropischen Fischen schnorcheln. Für eine Fahrt mit einem Taxi von hier in die Stadt muß man mit etwa 5 P und zum Flughafen mit ca. 8 P rechnen.

Alle drei Anlagen liegen an Stränden für *Palangi*, also an Stränden für Touristen. Das bedeutet, daß Besucher dort ungehindert und ohne die Gefühle von Einheimischen zu verletzen auch am Sonntag schwimmen können. Die Zimmer sind am Samstagabend meistens voll belegt, so daß Sie klären sollten, ob noch ein Zimmer frei ist, bevor Sie sich auf den Weg begeben. Wenn Sie selbst motorisiert sind und nur einen Sonntag an einem der Strände verbringen wollen, dann melden Sie sich in der Ferienanlage Ihrer Wahl telefonisch zum Mittagessen an oder kaufen Sie sich am Samstag die Sachen, die Sie für ein Picknick benötigen.

Wenn Sie auf Tongatapu länger bleiben wollen, dann wenden Sie sich einmal an die House Rental Agency in der Tungi-Arkade (Postfach 134, Nuku'alofa, Tel. 22-01). Dort werden werktags von 9.30 bis 12.00 Uhr Apartments und ganze Häuser vermietet. Vergessen Sie aber auch nicht, daß auf alle Preise für Übernachtungen 5% Steuer erhoben werden.

Unterkünfte auf kleineren Inseln: Einige der kleineren Inseln vor Nuku'alofa hat man für den Tourismus erschlossen. Am nächsten gelegen ist die Insel Pangaimotu. Auf ihr gibt es im Pangaimotu Island Resort (Postfach 740, Nuku'alofa, Tel. 22-588) 5 *Fales*, die an Alleinreisende für 40 P und an Paare für 50 P vermietet werden. In diesen Preisen sind die Überfahrt und die Benutzung einiger Sporteinrichtungen eingeschlossen. Strom ist hier nicht vorhanden, und aus der Wasserleitung fließt nur leicht salziges Wasser, aber dafür steht ein Restaurant zur Verfügung. Das Riff um die Insel eignet sich ausgezeichnet zum Schnorcheln. Außerdem schaut die *Marner*, ein halbversunkenes Schiff, aus dem Wasser, die ebenfalls zur Erkundung einlädt. Diese Ferienanlage ist mit einem Büro neben dem Hotel Dateline vertreten.

Das Sun Islands Resort auf der Insel Makaha'a (Postfach 44, Nuku'alofa, Tel. 23-335), gleich hinter Pangaimotu, ist das neueste Versteck auf einer Insel unweit von Tongatapu. Bisher stehen dort keine Bungalows, aber ein Restaurant und eine Bar sind schon vorhanden. Dort sind Leute, die in einem Zelt übernachten, willkommen. Alle Wassersportarten können auch schon betrieben werden. Diese Anlage befindet sich noch im Ausbau, so daß Sie sich erkundigen sollten, wie weit der inzwischen gediehen ist. Am nahegelegenen Riff kann man sich riesige Korallenformationen mit vielen kleinen Fischen ansehen. Das Schiff zu dieser Insel verläßt den Anleger Faua werktags um 10.00 Uhr und sonntags um 9.00 sowie 11.00 Uhr (Hin- und Rückfahrt 10 P).

Ein ganzes Stück weiter als Pangaimotu liegt die Insel Fafa mit dem Fafa Island Resort (Postfach 1444, Nuku'alofa, Tel. 22-800), das von den beiden Deutschen Bernd und Rainer geleitet wird. Hier müssen Gäste für eines der 8 normalen *Fales* mit Gemeinschaftsbadezimmern bei Alleinbenutzung 40 P, zu zweit 50 P und zu dritt 65 P bezahlen, während die besseren *Fales* am Strand mit eigenem Bad als Einzel- oder Doppelzimmer für 100 P und als Dreibettzimmer für 135 P vermietet werden. Für das Essen in dem angenehmen strohgedeckten Restaurant muß gesondert bezahlt werden (Vollpension pro Person 38 P). Diese Ferienanlage bietet eine breite Palette an sportlichen Aktivitäten in der smaragdgrünen Lagune, die die von Palmen bewachsene, 7 ha große Insel umgibt. Für die erste, 30 Minuten dauernde Überfahrt sind 10 P zu entrichten. Wohnen Sie in der Anlage, nimmt man Sie bei weiteren Fahrten in die Stadt kostenlos mit und wieder zurück.

Das Royal Sunset Island Resort auf der Insel Atata (Postfach 960, Nuku'alofa, Tel. 21-254), 11 km nordwestlich der Stadt, ist die abgelegenste Ferienanlage vor Tongatapu. Die 26 Doppeleinheiten mit jeweils 3 Betten, Küche und Ventilator werden an eine Person für 82 P, an 2 Personen für 92 P und an 3 Personen für 120 P vermietet. Hinzu kommen 43 P pro Person für Vollpension. Am Donnerstag und Sonntag wird hier ein Barbecue angeboten. Vorhanden sind auch ein Restaurant, ein Schwimmbecken, Tennisplätze, Paddel-, Segel- und Ruderboote sowie Schnorchelausrüstungen für die Gäste. Zu Tauchgängen kann man sich in der eigenen Tauchbasis dieser Ferienanlage anmelden, in der auch Ausrüstungen zum Tauchen vermietet werden (gegen Gebühr). Tauchen kann man unweit der Anlage von der Küste aus. Auch Fahrten zum Tiefseeangeln werden auf Wunsch arrangiert. Die Anlage liegt an einem hellweißen Sandstrand, von wo aus man im Egeria-Kanal hervorragend schnorcheln kann. Der Transfer zur Insel kostet von Nuku'alofa 26 P und vom Flughafen 40 P. Das Schiff legt auf der Insel täglich um 9.00 Uhr ab und kehrt um 10.30 Uhr von Nuku'alofa aus zurück. Die Architektur dieser Anlage im Stil von *Fales* ist ganz angenehm. Im übrigen teilen sich die Bewohner eines kleinen Dorfes die Insel mit den Touristen. Erwarten Sie aber keinen Luxus wie auf Hawaii.

ESSEN

Ein gutes Ziel, um Obst und Gemüse einzukaufen, ist der Talamahu-Markt (sonntags geschlossen). Hier kosten Papayas einzeln 20 Seniti, im Dutzend 1 P. Die jeweiligen Preise sind immer angegeben. In einer Ecke dieses Markts werden auch Kuchenstücke verkauft.

Im Restaurant Fale Fakalato über einem Laden in der Wellington Road (Tel. 24-044) kann man herzhafte deutsche Suppen, lockere Omeletts, Pizza und Waffeln mit Eis essen. Am beliebtesten ist hier das Essen zur Mittagszeit, aber donnerstags und freitags werden auch Abendessen angeboten (an den Wochenenden geschlossen).

In der Snack Bar John's Place an der Taufa'ahau Road (Tel. 21-246) werden Hamburger, gegrillte Hähnchen mit Chips und Kassava mit Curry aufgetischt. Hier ist werktags bis Mitternacht geöffnet, sonntags allerdings geschlossen. Miki's Barbecue nebenan (Tel. 23-435) ist ähnlich, aber etwas besser (sonntags geschlossen). Preiswerte tonganische Gerichte kann man in der nahegelegenen Tungi-Arkade erhalten (auch abends geöffnet).

Leckere exotische Speisen zum richtigen Preis werden im Japan-Restaurant Akiko's im Untergeschoß der katholischen Basilika angeboten (geöffnet montags bis freitags von 11.30 bis 13.30 Uhr und von 18.30 bis 20.30 Uhr). Das Tagesgericht mittags ist preiswert und gut. Etwas teurer ist das Menu zum Abendessen. Alkohol gibt es hier allerdings nicht. Probieren Sie auch einmal die japanischen Gerichte, die an der Wand angeboten werden. Dieses Lokal ist so beliebt, daß häufig eine ganze

Wegen der Bibliothek und des japanischen Restaurants im Untergeschoß ist die Basilika St. Anthony of Padua in Nuku'alofa ein Anziehungspunkt für viele Reisende.

Schlange auf Einlaß wartet. Kommen Sie daher früh, wenn Sie hier essen wollen.

Im Chez Alisi and André im Westen an der Wellington Road (Tel. 21-087) wird französische Küche angeboten, zubereitet aus frischen Produkten zu annehmbaren Preisen. Spezialitäten sind Meeresfrüchte: gegrillter Hummer mit ausgelassener Butter, Krabben in Knoblauchsoße und gebratener Fisch mit Pommes Frites und französischem Brot. Fragen Sie aber auch ruhig werktags einmal nach dem Tagesgericht für 4 P. Dieses Lokal steht unter der gleichen Leitung wie das Good Samaritan Inn und ist berechtigt, auch Alkohol auszuschenken. Daher können Sie hier zum Essen Ihr Bier oder Ihren Wein genießen. Sehr zu empfehlen!

Etwas Besonderes bietet man Ihnen im Restaurant Seaview in einem Kolonialhaus an der Vuna Road, westlich vom Königspalast (Tel. 23-709). Die beiden deutschen Gastgeber Traudel und Horst sorgen dafür, daß sowohl das Essen als auch die Atmosphäre hervorragend sind. Probieren Sie hier einmal das Schweinefilet mit Bananen- und Curry-Sauce. Zu einigen Gerichten gehören in diesem Lokal auch tropische Früchte. Es ist zum Abendessen montags bis samstags von 17.00 bis 22.00 Uhr geöffnet (Reservierungen empfehlenswert). Sie können aber auch von 15.00 bis 18.00 Uhr bei Kaffee und Kuchen im Garten sitzen (an den Wochenenden geschlossen).

Ebenfalls unter deutscher Leitung und spezialisiert auf internationale und tonganische Küche ist das Restaurant Sunrise Taloa westlich vom Wasser und hinter dem Seaview (Tel. 22-141). Hier ist zum Abendessen montags bis samstags zwischen 18.00 und 22.00 Uhr geöffnet, wobei freitags von 19.00 bis

20.00 Uhr Klaviermusik zu hören ist. Mittags kann man in diesem Lokal zwischen Dienstag und Freitag in der Zeit von 12.00 bis 14.00 Uhr essen.
Im chinesischen Restaurant Tong-Hua hinter dem Hotel Dateline wird scharf gewürztes Essen à la Szechuan serviert (Tel. 21-844, sonntags geschlossen). Die Tagesgerichte sind das Geld durchaus wert, und auch die normalen Menus sind empfehlenswert. Zum Essen wird kostenlos chinesischer Tee angeboten. Das Gebäude mit diesem Restaurant war früher eine Mormonenkirche. Ein weiteres chinesisches Restaurant mit dem zum Verwechseln ähnlichen Namen Hua Hua findet man in einem alten Haus in der Vuna Road, und zwar westlich vom Hotel Dateline (Tel. 21-780, ebenfalls sonntags geschlossen).
Ein weiteres gutes von Deutschen geführtes Lokal ist Fred's Restaurant an der Salote Road, ein paar Blocks östlich vom Tong Hua. Hier ißt man gut Hummer (zum Abendessen nur montags bis samstags geöffnet).
In Davina's Harbourside Restaurant (Tel. 23-385), gegenüber vom Fischmarkt am Anleger Faua, hat man sich auf Meeresfrüchte spezialisiert.
Sonntags sind alle diese Lokale bis auf John's Place geschlossen. Zum Abendessen geöffnet ist von 17.30 bis 22.00 Uhr aber auch das China-Restaurant im Hotel Phoenix.

UNTERHALTUNG

Das einzige in Nuku'alofa übriggebliebene Kino ist das Loni's (Tel. 23-621). *Das* Ziel, wo man sich am Donnerstag und Freitag abends trifft, ist die Space Walker Disco im Hotel Ramanlal (Tel. 23-344). Um eingelassen zu werden, muß man bald nach der Öffnung um 20.00 Uhr ankommen und ordentlich gekleidet sein (Eintritt 6 P). Joe's Tropicana Top Club in der Salote Road (Tel. 21-544) ist recht laut und auch ein wenig gefährlich, aber einen Versuch wert, wenn man den Mut hat. Ein guter Kompromiß ist der Nachtclub 'Ofa Atu im Motel Friendly Islander (Tel. 23-810), einige Kilometer östlich der Stadt. Ausländerinnen sollten in die letzten beiden allerdings nicht ohne männliche Begleitung gehen. Nachdem sie den ganzen Sonntag über geschlossen bleiben mußten, öffnen einige Clubs um Mitternacht wieder. Dort kann man dann bis Sonnenaufgang am Montag tanzen.
Einen Drink mit Vertretern der tonganischen Elite kann man im Tonga Club nehmen (Tel. 21-310). Dort muß man eigentlich Mitglied sein, wird aber auch dann eingelassen, wenn man richtig aussieht. Der Yacht Club an der Vuna Road ist ein gutes Ziel, um Besatzungsangehörige von Yachten zu treffen. Allerdings ist man dort mit kurzen Hosen und Sandalen nicht richtig angezogen.
Am Mittwoch und Freitag findet abends am Oholei Beach Oscar's Tongan Feast statt. Dem in einem *Umu* (Erdofen) gekochten Festmahl folgt in der Hina-Höhle eine Aufführung traditioneller Tänze. Gäste zahlen für die Fahrt, das Essen und die Show 34 P. Alkoholische Getränke werden jedoch

gesondert berechnet. Buchen können Sie diese Tour an der Rezeption in jedem Hotel. Das ist zwar ziemlich touristisch, aber doch sein Geld wert.

SPORT UND ANDERE FREIZEITBESCHÄFTIGUNGEN

Seit 1983 bieten Bob und Siola Holcomb von Coralhead Diving Ltd. (Postfach 211, Nuku'alofa, Tel. 22–176) mit den beiden Booten *African Queen* und *White Knuckles* von ihrer Basis gegenüber vom Anleger Faua aus Tauchgänge an. Ein Tauchgang vom Boot aus mit zwei Flaschen Sauerstoff kostet bei einem bis drei Tauchern pro Person 85 P, bei vier bis sechs Tauchern pro Person 60 P und bei sieben oder mehr Tauchern pro Person 50 P. Für ein Mittagessen auf der Insel Pangaimotu kommen noch 6 P hinzu. Abfahrt ist montags bis samstags um 9.00 Uhr, wobei auch Schnorchler willkommen sind, die 15 P zuzüglich 5 P für eine Maske und einen Schnorchel bezahlen müssen. Bei Coralhead Diving werden auch einwöchige Tauchkurse mit PADI-Zertifikat für 400 P pro Person angeboten, was eine ausgezeichnete Möglichkeit ist, das Tauchen zu lernen. Hier werden auch Ausrüstungen vermietet und repariert sowie Flaschen mit Sauerstoff aufgefüllt. Außerdem sind die Leute in dieser Tauchbasis spezialisiert auf Unterwasserfotografie und das Nachttauchen. In den kühleren Monaten von April bis August empfiehlt es sich, einen Tauchanzug zu tragen. Weitere Informationen erhält man im Büro dieser Tauchbasis am Wasser neben dem Hotel Moana. Beluga Diving in der Nähe bietet Ähnliches.

Einer der beliebtesten Tauchplätze ist das Hakaumama'o-Riff, 14 km nördlich von Tongatapu. Das ist eine tiefe Wand, in der eine große Zahl der brillanten Papageienfische lebt. Die Insel Malinoa im Südosten bietet eine große Vielfalt von Meereslebewesen an den sie umgebenden Riffen sowie an Land einen

Die Männer auf Tonga spielen mit Begeisterung Rugby. Hier auf dem Bild sehen Sie ein Spiel, zu dem sich Samoaner mit Tonganern trafen. Ort des Wettkampfes war Suva (Fidschi), wo sich Sportler von drei Nationen jährlich treffen und gegenseitig ihre Leistung messen (Three Nations Tournament).

Leuchtturm und einige alte Gräber. Beides sind geschützte Gebiete, in denen die Mitnahme von Fischen, Muscheln und Korallen verboten ist (Strafe bei Verstößen 200 P). Schwarze Korallen kann man am Kings-Riff unmittelbar vor Nuku'alofa sehen. Die Sichtweite reicht von 15 m in der Lagune von Tongatapu bis 50 m an den Barriereriffen. Zwischen April und Juni können Sie auf dem Tenfaiva Rugby Field freitags oder samstags um 15.00 Uhr Rugby spielen oder den Spielen zuschauen. Ist gerade Fußball-Saison (Mai bis Juli), können Sie die Spiele ebenfalls verfolgen. Man trifft sich jeweils samstags um 15.00 Uhr auf dem Pangai Soccer Field an der Uferstraße unweit der Bank of Tonga. Jogger treffen sich jeden Montag um 17.00 Uhr vor der Bank of Tonga, um sich wieder ein wenig fit zu machen. Dort kann man Ausländer kennenlernen, die in Tonga leben.

EINKÄUFE

Taschen, Körbe, *Tapa,* Matten und Muschelarbeiten kaufen Sie am besten bei Langafonua, dem Tongan Women's Association Handicraft Center in der Taufa'ahau Road (Tel. 21–014). Eine bessere Auswahl von hochwertigen Kunstgewerbegegenständen kann man sich im Friendly Islands Marketing Handicraft Shop neben dem Family Christian Bookshop in der Fatafehi Road ansehen (Postfach 523, Nuku'alofa, Tel. 23–155). Wenn Sie sich dort umgesehen haben, bleibt noch der Talamahu-Markt, wo Sie direkt von den Herstellern kaufen können. Sehr preiswerte Musikkassetten werden ebenfalls angeboten. Meiden Sie aber Einkäufe auf dem Markt, wenn Kreuzfahrtschiffe angekommen sind, weil dann alle Preise in die Höhe schießen. *Tapa* kauft man am besten bei den Herstellern. Die findet man leicht, wenn man bei Fahrten über die Insel das Schlagen hört.
Im Philatelistischen Büro im Gebäude der Schatzkammer an der Uferstraße (Tel. 23–066) können Sie Münzen aus reinem Gold zum angegebenen Wert und Erinnerungsmedaillen mit dem Bild des Königs erwerben. Sehr schöne Souvenirs und Geschenke sind auch die Ersttagsbriefe von Niuafo'ou.
Bisher hat der Staat das Monopol für den Verkauf von zollfreien Waren nicht aus der Hand gegeben und sich geweigert, den Hotels Ramanlal und Paradise International dafür eine Lizenz zu erteilen. Das Fehlen von Wettbewerb auf diesem Gebiet spiegelt sich in der begrenzten Auswahl im Hotel Dateline wider. Daher werden Sie wahrscheinlich nirgends einen Dia-Farbfilm finden. Bringen Sie aus diesem Grund besser alle Filme, die Sie benötigen werden, schon von zu Hause oder aus Fidschi mit.

DIENSTLEISTUNGEN

In der Bank of Tonga (Montag bis Freitag von 9.30 bis 15.30 Uhr geöffnet, Tel. 23–933) können Sie gegen Vorlage einer Kreditkarte von Eurocard/Mastercard oder Visa Bargeld erhalten. Um Bargeld zu wechseln, muß man seinen Reisepaß vorlegen. Die Bank verwahrt auch Wertsachen, wenn diese in einem versiegelten Umschlag verpackt sind. Man berechnet dafür 8 P pro Umschlag. Außerhalb der Schalterstunden der Bank wird zu einem etwas niedrigeren Kurs auch im Hotel Dateline Geld gewechselt.

Die Mitarbeiter im Postamt von Nuku'alofa (Tel. 21-700) können manchmal ziemlich abweisend sein, so daß es empfehlenswert ist, sich hier zunächst nach den Versandmöglichkeiten zu erkundigen, bevor man schwerere Sachen kauft. Es sollte möglich sein, per Seepost Pakete bis zu 20 kg zu versenden, auch wenn das häufig bestritten wird. Wenn Sie in solchen Fällen in Schwierigkeiten geraten, dann verlangen Sie den Amtsvorsteher zu sprechen. Achten Sie auch darauf, daß von Ihnen nicht zu viel Porto verlangt wird und Sie Wechselgeld in der richtigen Höhe erhalten. Auf der anderen Seite sind die Postgebühren in Tonga im Vergleich mit anderen Ländern ausgesprochen niedrig.

Das Telefon- und Telegrafenamt (Cable and Wireless Office) in der Salote Road (Tel. 23-499) ist 24 Stunden geöffnet, wenn Sie telefonieren möchten oder Telegramme aufgeben wollen. Auslandsgespräche können nicht selbst gewählt werden, sondern werden vermittelt. Manchmal muß man dann Stunden warten, bis die gewünschte Verbindung zustande kommt. Für ein Gespräch von drei Minuten Dauer nach Deutschland, Österreich oder der Schweiz muß man 9,60 P bezahlen. In einige Länder kann man auch R-Gespräche führen, allerdings nicht nach Deutschland. Ferngespräche innerhalb von Tonga sind ebenfalls sehr schwer zu führen und kosten 1 P.

Eine Verlängerung Ihrer Aufenthaltsgenehmigung erteilt kostenlos die Ausländerbehörde (Immigration Office) in der zentralen Polizeiwache an der Salote Road (Tel. 23-222). Öffnungszeiten sind werktags von 8.30 bis 12.30 Uhr und von 13.30 bis 15.30 Uhr.

Von den deutschsprachigen Ländern ist nur Deutschland mit einer diplomatischen Vertretung in Tonga präsent, nämlich durch einen Honorarkonsul (Tel. 23-477). Ansonsten kann man sich bei Bedarf an die Vertretungen von Australien (Tel. 23-244), Frankreich (Tel. 21-831), Großbritannien (Tel. 21-020), Südkorea (Tel. 21-633), Nauru (Tel. 21-810), Neuseeland (Tel. 23-122), Schweden (Tel. 22-855), Spanien (Tel. 21-196) und Taiwan (Tel. 21-766) wenden. Die Europäische Gemeinschaft hat ebenfalls ein Büro in Tonga eingerichtet (Tel. 23-820).

Ärztlich und zahnärztlich kann man sich für 2,50 P täglich von 8.30 bis 12.30 Uhr und von 13.30 bis 16.30 Uhr im Vaiola Hospital behandeln lassen (Tel. 23-200). Das Krankenhaus liegt am Stadtrand in Richtung Flughafen. Wenn Sie nicht gerade unbegrenzt viel Zeit oder nur noch ganz wenig Geld haben, ist es besser, sich für eine ärztliche Behandlung in das Deutsche Krankenhaus in der Wellington Road (Tel. 22-736) zu begeben. Dort meldet man sich, wenn möglich, vorher telefonisch an. Als Zahnarzt wurde uns Dr. Sione Kilisimasi empfohlen (Tel. 21-380). Er hat

seine Praxis in der Nähe der Fasi-Apotheke.
Wäsche können Sie bei den Frauen im Haus an der Ostseite der Bushaltestelle abgeben, wo für das Waschen pro Stück bezahlt werden muß. Sie finden die Wäscherei leicht, weil draußen ständig Wäsche auf der Leine hängt.
Yachten können an der Kaimauer im neuen kleinen Bootshafen neben dem Königin-Salote-Anleger, 3 km östlich von Nuku'alofa, festmachen. Der Kanal ist in der Mitte nur $2^1/_2$ m tief. Der Zoll ist am Kai vertreten, während man die Ausländerbehörde in der Stadt aufsuchen muß. Achten Sie darauf, daß auf Ihrem Boot alle Wertsachen gut verstaut sind, weil auf Yachten schon häufig Diebstähle vorgekommen sind.
Flüge mit Air New Zealand kann man bei der Agentur Union Travel in der Tungi-Arkade (Tel. 21-740) bestätigen lassen, während Air Pacific durch E.M. Jones Ltd. an der Taufa'ahau Road vertreten wird (Tel. 23-422). Wenn Sie die Dienste eines Reisebüros benötigen, dann ist Vital Travel in der Wellington Road (Postfach 838, Nuku'alofa, Tel. 23-617) zu empfehlen.

Informationen: Das Fremdenverkehrsamt von Tonga (Tonga Visitors Bureau) an der Vuna Road (Tel. 21-733) ist montags bis freitags zwischen 8.30 und 16.30 Uhr und samstags von 9.00 bis 12.00 Uhr geöffnet. Meistens sind die Mitarbeiter dort ganz hilfsbereit. Überprüfen Sie aber die dort erteilten Auskünfte. Gutes Kartenmaterial erhalten Sie beim Lands and Survey Dept. im 3. Stock des Regierungsgebäudes (Tel. 23-611).
Die Utue'a-Bücherei ist werktags von 11.00 bis 13.00 Uhr und von 16.00 bis 20.00 Uhr sowie samstags von 10.00 bis 13.00 Uhr geöffnet. Untergebracht ist sie unterhalb der katholischen Basilika. Um Bücher ausleihen zu können, muß man eine einmalige Jahresgebühr von 5 P bezahlen. Eine sehr gute Bücherei ist auch der Universität angegliedert. Sie gehört zum South Pacific Center und ist werktags von 9.00 bis 12.30 Uhr und von 13.30 bis 16.30 Uhr geöffnet, am Donnerstag morgens jedoch geschlossen. Fragen Sie dort unbedingt einmal nach der Sammlung alter tonganischer Kriegsstäbe.
Ein Besuch lohnt auch in der Buchhandlung Friendly Islands in der Taufa'ahau Road (Tel. 23-787), wo Sie auch Bücher der einheimischen Autoren 'Epeli Hau'ofa, Pesi Fonua, Konai Helu Thaman und Tupou Posesi Fanua erhalten können. Hier werden zudem Kassetten mit tonganischer Musik angeboten. Wenn Sie den Versandkatalog anfordern wollen, dann schreiben Sie an Friendly Islands Bookshop, Postfach 644, Nuku'alofa, oder an Vava'u Press, Postfach 427, Nuku'alofa.
Gelesene Bücher tauscht man im Büro des Pangaimotu Island Resort neben dem Hotel Dateline um. Und im Family Christian Bookshop, gegenüber der Tonga Development Bank in der Fatafehi Road (Tel. 22-562), kann man hervorragende Postkarten mit Motiven aus dem Leben und der Kultur Tongas

kaufen. Der Dateline Bookshop an der Wellington Road (Tel. 24-049) ist mit einer Zweigstelle auch am Flughafen vertreten.
Das private Atenisi-Institut im westlichen Teil der Stadt (Postfach 90, Nuku'alofa, Tel. 21-175) begann im Jahre 1963 seine Arbeit als Abendgymnasium, bietet aber jetzt Seminare auf dem Niveau einer Universität bis zu einem akademischen Grad an. Wenn Sie in irgendetwas ein „Experte" sind, kann es sein, daß der Direktor, Prof. Futa Helu, Sie zu einer Gastvorlesung vor den Studenten einlädt. Sollten Sie daran interessiert sein, dann schreiben Sie vor Ihrer Ankunft oder treffen Sie unmittelbar danach eine Vereinbarung. Bezahlt wird dafür nicht, aber es kann sein, daß Ihre Tätigkeit mit einer Einladung zum Essen endet.

REISEN AUF TONGATAPU

Bus: Busse fahren von zwei Haltestellen am Markt in Nuku'alofa in alle Teile von Tongatapu. Die Busse von der östlichen Haltestelle verkehren in den Ostteil der Insel (nach Mu'a 80 Seniti, nach Ha'amonga 1 P), die von der westlichen Haltestelle in westliche Richtung (nach Houma 50 Seniti, nach Kolovai 60 Seniti). Stadtbusse fahren von der Westseite ebenfalls ab. Die letzten Busse verlassen die Haltestelle gegen 17.00 Uhr.
Von Kolovai und Ha'amonga zurück nach Nuku'alofa kommt man spätestens um 15.00 Uhr. Sonntags verkehren keine Busse. Fahrten mit diesen Bussen sind preiswert, relativ zuverlässig und bilden eine großartige Möglichkeit, das Leben in Tonga zu beobachten.

Taxi: Für eine Fahrt mit einem Taxi ohne Taxameter in der Stadt vom Markt aus muß man 1 P, für eine längere Fahrt in die Umgebung 2 P und für eine Fahrt zum Flughafen 12 P bezahlen. Bevor Sie mit einem Taxi fahren, sollten Sie sich immer nach dem Preis für die Fahrt erkundigen. Einige Taxifahrer sind zugleich Fremdenführer und unternehmen Fahrten um die Insel für 50–60 P. Aber auch dafür muß man den Preis vorher vereinbaren. Ein Taxifahrer mit dem Namen Tevita (David) 'Ofa Helu (Postfach 957, Nuku'alofa, Tel. 23-276) ist besonders empfohlen worden, weil er sich als kenntnisreicher und freundlicher Chauffeur und Fremdenführer erwiesen hat. Es gibt aber noch zwei weitere Tevitas mit Taxis, so daß man sich, wenn man sich von ihm fahren lassen will, vergewissern muß, ob es der richtige ist. Eine Nachricht für Herrn 'Ofa Helu kann man im Beach House hinterlassen. Weil bereits von Diebstählen in Taxis berichtet wurde, indem die Fahrer zurückgelassene Gegenstände an sich genommen haben, als die Fahrgäste zum Fotografieren ausgestiegen waren, sollten Sie bei solchen Ausflügen mit Taxis vorsichtig sein. Zudem dürfen Sie nicht erwarten, an einem Sonntag auf der Straße ein Taxi zu finden. Wenn Sie sonntags mit einem Taxi fahren wollen, dann treffen Sie am Samstag zuvor mit einem Taxifahrer entsprechende Vereinbarungen.

Ausflugsfahrten: Ein einfacher Weg, Tongatapu kennenzulernen, ist die Teilnahme an einer ganztägigen Ausflugsfahrt mit einem Bus (25 P pro Person einschließlich Mittagessen). So etwas wird von Teta Tours (Postfach 215, Nuku'alofa, Tel. 21-688) und Gateway Tours (Postfach 956, Nuku'alofa, Tel. 21-215) angeboten. Halbtagsausflüge in den Osten oder Westen von Tongatapu kann man ebenfalls unternehmen. Wenn Sie an so etwas interessiert sind, dann melden Sie sich rechtzeitig an, weil dafür eine bestimmte Anzahl von Teilnehmern zusammenkommen muß und die Fahrten nicht täglich stattfinden. Die Büros dieser beiden Veranstalter befinden sich nebeneinander in der Taufa'ahau Road, nur ein kleines Stück vom Postamt entfernt.

Alle gewerblichen Ausflugsfahrten sind allerdings an Sonntagen verboten. An einem solchen Tag bietet sich eine gemütliche Bootsfahrt zu einer der Ferienanlagen auf den Inseln an, die weiter oben beschrieben sind. Am nächsten ist das Pangaimotu Island Resort (Tel. 22-588) gelegen, dessen Boot täglich um 11.00 Uhr ablegt, sonntags auch um 10.00 und 12.00 Uhr (Fahrt mit Mittagessen 21 P, nur Fahrt 11 P). Kinder werden zum halben Preis mitgenommen. Für eine Fahrt zum Sun Island Resort auf der Insel Makaha'a (montags bis samstags um 10.00 Uhr, sonntags um 9.00 und 11.00 Uhr) muß man 10 P bezahlen. Auf dieser Insel befindet sich auch eine Snack Bar. Vom Fafa Island Resort (Tel. 22-800) werden täglich um 11.00 Uhr hervorragende Tagesausflüge

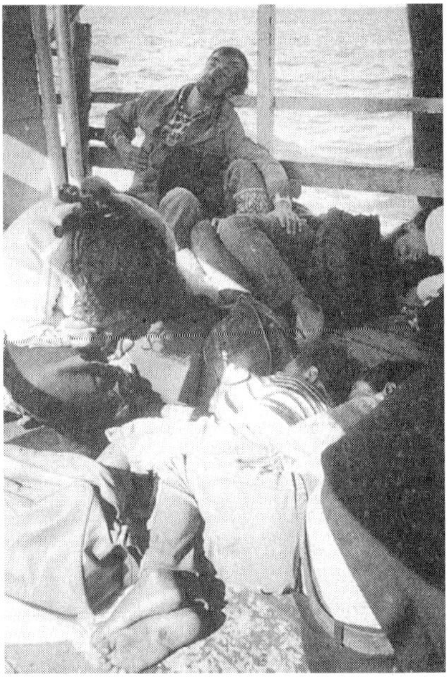

Auch bei rauher See wird während der Überfahrt von Nuku'alofa nach Eua ein kleines Nickerchen an Bord gehalten.

zum Preis von 25 P einschließlich Mittagessen organisiert. Alle diese Fahrten beginnen am Anleger Faua unweit vom Fischmarkt. Wenn das Wetter mitspielt, sind die Ausflüge eine ausgezeichnete Möglichkeit, dem frommen Nuku'alofa aus dem Weg zu gehen. Dann kann es aber auch überall sehr voll werden.

Eine andere gute Idee ist es, einen Ganztagesausflug zur Insel Malinoa mit dem 22 m langen Trawler *Anita* zu unternehmen, der 1944 in Schweden gebaut wurde und früher in der Nordsee eingesetzt war. Die Fahrten beginnen donnerstags und sonntags um 9.30

Uhr und kosten einschließlich Mittagessen 30 P. Die *Anita* mit ihren acht Kojen kann auch gechartert werden, wofür 2 Personen mit Verpflegung, Fischen, Segeln und Ausflügen an Land pro Tag 530 P und 8 Personen 1.120 P bezahlen müssen. Nach Voranmeldung ist gegen einen Zuschlag auch das Tauchen von diesem Schiff aus möglich. Buchungen nimmt Teta Tours entgegen.

Mietwagen: Avis im Hotel Ramanlal (Tel. 23-344) und Budget in der Taufa'ahau Road, südlich der Stadt (Tel. 23-510), bieten Wagen ohne Kilometerbegrenzung an. Mopeds sind an einer Stelle unweit von Chez Alisi und André für 15 P pro Tag erhältlich.

Um einen Wagen mieten zu können, muß man erst für 8 P auf der zentralen Polizeiwache (Tel. 23-222) einen tonganischen Führerschein erwerben. Die Höchstgeschwindigkeit beträgt innerhalb von Orten 40 km/h und außerhalb von Orten auf den Landstraßen 65 km/h.

Gefahren wird auf der linken Seite. Wenn Sie selbst fahren, dann hüten Sie sich davor, ein Schwein zu überfahren. Dafür muß ein hoher Schadenersatz geleistet werden.

Fahrrad: Ein Fahrrad kann man für den ersten Tag zum Preis von 10 P und für jeden weiteren Tag zum Preis von 5 P bei Niko's Bicycle Hire neben dem Hotel Dateline mieten. Manchmal verleihen auch die Jungen auf den Straßen ihre Räder für weniger Geld. Leider sind jedoch Kinderfahrräder nicht erhältlich. Wer sich länger in Tonga aufhält, sollte sich überlegen, ob er nicht ein Fahrrad kauft.

Tongatapu ist ein Paradies für Fahrradfahrer. Die Hauptstraßen sind in einem ausgezeichneten Zustand, und auch die Nebenstraßen sind ganz in Ordnung. Manchmal gewinnt man den Eindruck, daß die Straßen für Touristen angelegt wurden und nicht für die Tonganer, weil die Asphaltierung nicht selten an touristischen Sehenswürdigkeiten endet. Steile Hügel gibt es auf der Insel nicht, so daß die offene Landschaft dazu einlädt, sich mit Muße umzusehen. Reichliche Hinweisschilder machen es zudem einfach, das jeweilige Ziel zu finden, auch wenn man den Entfernungsangaben nicht trauen sollte. Das Fahrradfahren kann zwar ermüdend und staubig werden, aber freundliche Tonganer sind dann schnell zur Stelle, um zu lächeln und den pedaltretenden Besuchern zuzuwinken.

EUA

Auch wenn die 40 km lange Fahrt von Nuku'alofa nach Eua ein wenig Seetüchtigkeit voraussetzt, ist es doch ein schöner Wochenendausflug. Weil die touristischen Einrichtungen noch nicht so weit entwickelt sind, werden Sie sich hier sonntags nicht so bedrückt fühlen wie in Nuku'alofa, auch wenn man sich selbst unterhalten muß. Man kann auf der Insel kleine Ponies ohne Sattel mieten, aber die müssen eigentlich gar nicht strapaziert werden, weil alles auch leicht zu Fuß erreichbar ist.
Die Hügel dieser Insel sind im Gegensatz zur flachen Insel Tongatapu abwechslungsreich. Der dicht bewaldete Grat zur Ostseite der Insel hin fällt über senkrechte Klippen ins Meer. Der Westteil Euas wird überwiegend für Plantagen und Siedlungen in Anspruch genommen.
Alle Einrichtungen sind auf Eua sehr einfach, aber dafür fühlt man sich hier auch sehr wohl, wenn man sich einmal von den ausgetretenen Touristenpfaden entfernen und richtig ursprüngliches tonganisches Alltagsleben kennenlernen möchte. Eua ist aber auch eine recht kümmerliche, depressiv stimmende Insel, die erkennen läßt, warum so viele Tonganer in Auckland leben. Um die Insel richtig zu erkunden, sind drei ganze Tage Aufenthalt durchaus genug.

SEHENSWÜRDIGKEITEN

Matalanga'a Maui: Die Legende berichtet, daß der Halbgott Maui wutentbrannt seinen Stock in die Insel Eua bohrte und sie dann hin und her zog. Er war wütend über seine Mutter und wollte so die ganze Insel erschrecken. Um die große Vertiefung zu sehen, die von dieser Begebenheit übrigblieb, gehen Sie am besten vom Sägewerk und

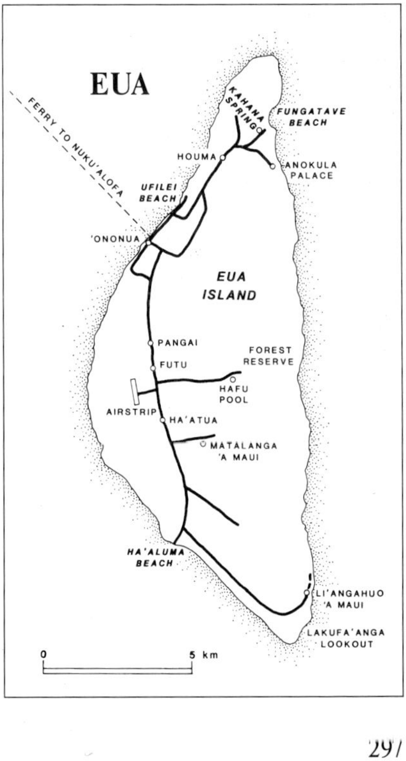

der Mormonenkirche Ha'atua in südliche Richtung und nehmen dann die dritte Abzweigung nach links. Dann sind noch 10 Minuten landeinwärts zu gehen. Um das Loch zu finden, benötigen Sie allerdings entweder einen guten Führer oder einen guten Spürsinn, denn es liegt mitten in einer Plantage rechts des Weges. Man erkennt es daran, daß die Bäume wegen der Vertiefung an dieser Stelle auch tiefer stehen. An Kletterpflanzen hat man Halt, um in das Matalanga'a Maui hinabzuklettern. Der Blick von unten herauf flößt Ehrfurcht ein, weil sich dann hohe, dschungelartig bewachsene Wände erheben.

Der Legende nach entstand Li'angahuo'a Maui auf Eua dadurch, daß der Halbgott Maui seinen Speer quer über die Insel warf und eine Klippe durchbohrte.

Der Süden von Eua: Die meisten Bewohner von Pangai und ihre Kinder, aber auch die Leute in den noch weiter südlich gelegenen Siedlungen, sind Flüchtlinge von der Insel Niuafo'ou, die 1946 nach einem verheerenden Vulkanausbruch ihre Heimatinsel verlassen mußten.

Die Straße, die vom Anleger nach Süden verläuft, endet nach 10 km beim Ha'aluma Beach. Dieser einsame Strand ist ein verwittertes Riff mit sandigen Pools, in denen es sich herrlich schwimmen läßt. Solange Sie sich in Strandnähe aufhalten, besteht auch keine große Gefahr. Sie können auch einige kleine Blaslöcher sehen und haben einen Blick auf die Insel Kalau.

Kurz bevor Sie zum Strand die abschüssige Straße hinuntergehen, müssen Sie nach links abbiegen und sich dann geradeaus halten. Bis zur Südspitze der Insel brauchen Sie dann etwa eine Stunde. Bei der Viehweide führt der Weg nach links und dann wieder nach Norden hoch zur Ostküste. Die erste Klippe, die Sie erreichen (sie liegt vom Weg aus gesehen auf der anderen Seite des Feldes), ist Lakufa'anga, wo die Tonganer einst Schildkröten aus der See herbeiriefen. Da diese Tiere aber in zu großer Zahl getötet wurden, blieben keine mehr übrig, die den Rufen folgen könnten. Wenn Sie sich die grünen Flecken unterhalb der Klippen genau anschauen, werden Sie Nistplätze vieler Seevögel entdecken.

Folgen Sie dann dem Weg noch ein wenig in Richtung Norden und halten Sie dabei links nach einer Senke Ausschau, die teilweise durch die Bäume erkennbar ist. Dies ist Li'angahuo 'a Maui, eine gewaltige Steinbrücke, die von der Natur geschaffen wurde. Sie erhebt sich direkt über der See, so daß Sie sie überqueren können. Sie liegt so gut in die Natur eingebettet, daß man sie gar nicht wahrnimmt, wenn man nicht genau darauf achtet. Um einen freien Blick auf diese Naturbrücke zu werfen, müssen Sie sich ganz um die Nordseite der Vertiefung begeben. Die Geschichte, wie das Matalanga'a entstand, ist aber noch nicht ganz beendet. Als Maui Eua genug hatte erbeben lassen, schleuderte er seinen Stock quer über die Insel. Er durchbohrte dabei die Klippen genau an dieser Stelle und drang dann weiter ins Meer vor, wo er den Tonga-Graben aushob. Wenn Sie, dies immer vor Augen, den herrlichen Anblick genossen haben, sollten Sie noch weiter entlang der Küste gehen. Sie können dann weitere Klippen sehen. Sie erklären, warum die Ostseite von Eua unbewohnt ist.

Der Norden von Eua: Der Hafen von 'Ononua ist die sicherste Stelle zum Schnorcheln. Der Ufilei Beach, nur 2 km nördlich des Anlegers auf der anderen Seite von Tongas einziger Flußbrücke, eignet sich zwar sehr gut für einen abendlichen Spaziergang, um sich die untergehende Sonne anzusehen, aber die Unterströmung ist hier besonders gefährlich.

Tongas schönster Aussichtspunkt liegt etwas östlich des Ortes Houma bei Anokula, wo sich der König 1983 einen neuen Palast erbauen ließ. Die alles überragenden Klippen fallen 120 m steil zur Küste hinab und bilden ein unvergleichliches Bild von Erhabenheit und Schönheit.

Nach diesem herrlichen Anblick halten Sie am besten Ausschau nach einem Weg, der nach Norden zur Kahana-Quelle (Kahana Spring) führt, die heute aber leider wegen eines Wasserversorgungssystems ihren Reiz verlor. Unmittelbar hinter der Quelle stoßen Sie auf einen weiteren Aussichtspunkt, der den Blick über die Ostküste freigibt. Dort befindet man sich direkt oberhalb des unzugänglichen Fungatave Beach.

Das Inselinnere: An den Hängen oberhalb von Futu kann man sich den schönsten tropischen Wald von Tonga ansehen. Dorthin gelangen Sie über die landeinwärts führende Straße, die etwas südlich vom Motel Haukinima zur Forestry Experimental Farm führt. Nach etwa 30 Minuten auf der Hauptstraße sind Sie beim Gebäude der Forstbehörde. Ein kleiner Teich, der Hafu Pool, liegt in der Nähe des Forstamtes. Sie erreichen ihn über einen Pfad, der rechts von der Straße abzweigt. Sehr aufregend ist der Teich aber nicht.

Ganz anders sieht es mit dem Wald aus. Die Forstbehörde pflanzte viele seltene Bäume und andere Pflanzen, und zudem leben viele Vögel in ihm, insbesondere Eisvögel und riesige Papageien. Allerdings sind sowohl der Wald als auch die in ihm lebenden Vögel von Dorfbewohnern bedroht, die die Bäume niederbrennen, um Land für den

Anbau von Süßkartoffeln und Yams zu gewinnen. Nach ein paar Jahren ist die Erde dann ausgelaugt, woraufhin die Bauern weiterziehen. Der Verlust der Bäume führt aber zum Absinken des Grundwasserspiegels, so daß der Insel Trockenheit droht. Wie in Brasilien und Indonesien brauchen auch die Regenwälder in Tonga einen größeren Schutz.

Ata: Die Insel Ata, 135 km südwestlich von Eua, ist seit den sechziger Jahren des vorigen Jahrhunderts unbewohnt, als König George Tupou I. anordnete, daß die 200 Bewohner nach Eua umzusiedeln seien, wo sie besser gegen die Verschleppung durch peruanische Sklavenhändler geschützt werden konnten. Auf Ata befindet sich ein erloschener Vulkan, von dem eine Spitze 382 m hoch ist. Das Fehlen eines Hafens und die abgelegene Lage lassen es unwahrscheinlich erscheinen, daß die Insel erneut besiedelt wird.

UNTERKUNFT

In Pangai, einige Kilometer südlich des Anlegers von 'Onohua, aber näher zum Flugplatz gelegen, steht das ziemlich einfache Motel Fungafonua (Postfach 1,'Onohua, Tel. 50-077) zum Übernachten zur Verfügung. In diesem Haus mit insgesamt 17 großen, aber recht kahlen Zimmern, auch Leipua Lodge genannt, zahlt man für ein Einzelzimmer 15 P und für ein Doppelzimmer 25 P (ohne Kakerlaken). Essen kann man hier auch, aber dann muß man vorher sagen, wann serviert werden soll, damit die Speisen nicht kalt auf den Tisch kommen. Hier wird man morgens um 6 Uhr durch den Krach neben dem Hotel beim Herstellen von Betonblöcken geweckt, wenn man nicht ohnehin die ganze Nacht wach geblieben ist, weil man wegen des ständigen Überfließens von Wasser aus dem Wasserbehälter des Hotels auf das Blechdach nicht schlafen konnte. Die Besitzerin Lilo Vaka'uta betreibt auch einen Laden gegenüber vom Anleger (nicht der an der linken Seite!), von wo Sie mit dem Lkw kostenlos zur Lodge fahren können, wenn Sie sich lange genug in der Nähe des Ladens aufhalten und die Geduld aufbringen, bis es endlich soweit ist. Lilo organisiert auch Fahrten über die Insel mit einem Allradfahrzeug für 10 P pro Person.

Eine weitere Übernachtungsmöglichkeit bietet das ziemlich heruntergekommene Haukinima Guest House in Futu (Tel. 50-088), 1 km südlich vom Motel Fungafunoa. Hier zahlt man für eine Übernachtung mit Kochgelegenheit, die zwar sehr einfach, aber eben vorhanden ist, im Einzelzimmer 12 P und im Doppelzimmer 17 P. Nur müssen Sie ein wachsames Auge auf Ihre Lebensmittel werfen. Der Manager Sione Manukia verkauft auch warmes Flaschenbier an Einheimische, die es gleich hinter dem Haus austrinken. Sein Wahlspruch lautet „Wenn Du mir hilfst, helfe ich Dir". Bei Drucklegung dieses Buches hatten beide Häuser keinen Strom und waren in einem schlechten Zustand. Sie bieten aber immerhin ein Dach über dem Kopf.

Wer am Strand an der unbewohnten Westseite der Insel zeltet, muß mit Diebstählen rechnen. Besser ist es, an der südöstlichen Seite herunterzuwandern und dort irgendwo sein Zelt aufzuschlagen. Dann müssen Sie aber alle Verpflegung und alles Wasser, das Sie benötigen, mitnehmen.

UNTERHALTUNG

Die günstigste Zeit für einen Besuch ist von Ende August bis Anfang September. Dann findet nämlich die Landwirtschaftsausstellung (Eua Agricultural Show) statt. Das Ausstellungsgelände befindet sich oberhalb des Krankenhauses in Futu. Das Nachtleben auf Eua beschränkt sich auf die Aktivitäten in der Maxi Disco Hall, direkt gegenüber vom Motel Haukinima. Samstags um 20.00 Uhr spielt eine Band, manchmal auch an anderen Abenden der Woche. Gebaut wurde diese Halle von Axel und Tania aus Düsseldorf, die sie nach ihrer Katze Maxi benannten. An den Abenden, an denen hier getanzt wird, ist die Halle gedrängt voll.

AN- UND WEITERREISE

Montags bis samstags fliegt eine Maschine von Royal Tongan Airlines (Tel. 50–188) dreimal täglich zwischen Nuku'alofa und Eua (einfacher Flug 15 P, Hin- Und Rückflug 25 P).

Die Shipping Corporation of Polynesia (Tel. 50–102) setzt zwei Schiffe für Fahrten zwischen Nuku'alofa und Eua ein (6 P), die Nuku'alofa dienstags bis samstags um 5.00 Uhr und montags bis samstags um 15.00 Uhr verlassen.

Auf Eua legen die Schiffe montags bis samstags um 7.00 Uhr und dienstags bis samstags am Nachmittag ab. Wegen der Passatwinde aus Südosten ist die vierstündige Fahrt nach Westen wesentlich weniger rauh als nach Osten.

Wenn Sie leicht seekrank werden, ist es daher besser, von Nuku'alofa nach Eua zu fliegen und für die Rückreise ein Schiff zu benutzen. Allerdings haben uns viele Leser geschrieben, daß ein Hin- und Rückflug sogar noch etwas günstiger sei.

DIE HA'APAI-GRUPPE

Die flachen Koralleninseln dieser Gruppe zwischen Nuku'alofa und Vava'u bilden für Strandbegeisterte ein wahres Paradies, denn rund um die meisten der unbewohnten Inseln erstrecken sich herrlich weiße Sandstrände. Wegen der trügerischen Untiefen in den umliegenden Gewässern wagen sich Yachten allerdings nicht bis zu diesen Inseln vor.

Die Ha'apai-Inseln liegen in zwei Gruppen zusammen, von denen Nomuka die größte der selten besuchten südlichen Inseln ist, während Lifuka inmitten der nördlichen Inselgruppe liegt.

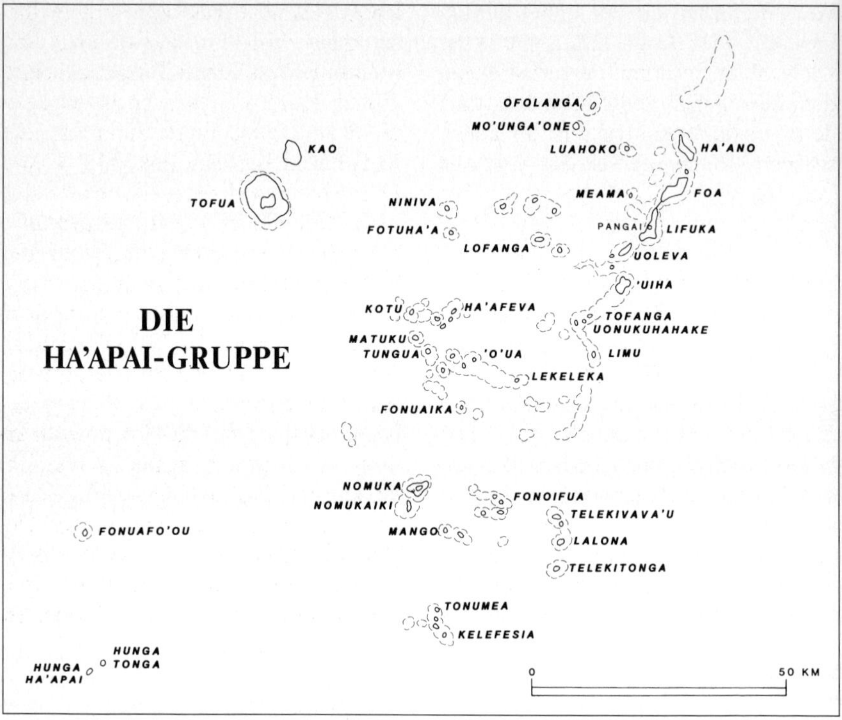

1774 und 1777 legte Capt. Cook längere Aufenthalte auf Nomuka ein, und bei einem Besuch von Lifuka im Jahre 1773 nannte er sie „Freundliche Insel“. Dabei war er sich aber darüber nicht im klaren, daß die Tonganer auf Lifuka bereits ein Komplott gegen ihn geschmiedet hatten und ihn umbringen wollten. Später dann, am 28. April 1789, ließen Fletcher Christian und seine Meuterer vor der Küste von Tofua Capt. William Bligh und seine 18 Getreuen in einem Ruderboot aussetzen. Damit begann eine der längsten Seereisen (6.500 km) in einem kleinen, offenen Boot, die je in der Geschichte der Seefahrt stattfanden. Dabei ruderten die Männer von den tonganischen Gewässern bis nach Timor, das damals zu den holländischen Westindischen Inseln gehörte. Ausdauer und Seemannsmut zeichneten diese Heldentat aus. Die Mannschaft hatte auf dieser anstrengenden Reise nur ein Opfer zu beklagen. Es war John Norton, der Quartiermeister der *Bounty.* Er fiel einer Auseinandersetzung zum Opfer, die kurz nach der Meuterei bei einem Aufenthalt auf Tofua mit Tonganern stattfand.

TOFUA

Die 56 km² große Insel Tofua ist eine Vulkaninsel mit einem flachen Plateau und etwa 500 m hoch. Die Küste ist im gesamten Verlauf felsig und steil. Die 10 Häuser und 3 Kirchen in Hokula unweit der Nordküste werden von den Menschen genutzt, die zur *Kava*-Ernte hierherkommen. Um von Manaka, einer kleinen Siedlung an der Ostküste, bis hoch an den Rand des Vulkans zu klettern, braucht man 4 Stunden. Die große und 4 km breite Kaldera im Inselinnern mit steilen Hängen an der Seite enthält einen Kratersee. Der Tofua ist noch immer ein tätiger Vulkan: Dampf und Gase strömen ständig aus einer Stelle an der Nordseite des Sees. Fährt man nachts mit einem Schiff an der Insel vorüber, wird man auch Flammen entdecken können.

KAO

Mit 1.046 m Höhe ist dieser erloschene Vulkan der höchste in Tonga. Bei guter Sicht ist sein klassischer Dreieckskegel von Lifuka aus zu sehen. Eine Anlegestelle ist nicht vorhanden, aber bei ruhiger See kann man an der Südseite der unbewohnten Insel ankern. Die niedrigeren Hügel sind dicht bewaldet, der Baumbestand nimmt jedoch mit zunehmender Höhe ab. Dann wird es kahl. Der Vulkan Kao kann durchaus an einem Tag erklommen werden, aber das wird ein langer Tag.

FONUAFO'OU

Diese Insel gehört zu den erstaunlichsten Naturphänomenen auf der ganzen Welt, weil eine Laune der Natur auf dieser 72 km nordwestlich von Tongatapu gelegenen Insel etwas Besonderes entstehen ließ. Erstmals beobachteten Besatzungsmitglieder der *Falcon* im Jahr 1865 diese Besonderheit. Der Name Fonuafo'ou bedeutet „Neues Land“, was zutreffend ist, weil aus bisher unerforschten Gründen die Insel entweder flach unter Wasser liegt oder manchmal 100 m hoch und 3 km lang aus dem Wasser herausragt. Sie ist vulkanischen Ursprungs, und vielleicht ist darin der Grund zu suchen.

Läuft man auf der Insel herum, meistens bis zum Knöchel in heißer, schwarzer Schlacke (Lava), dann kann man die trostlose, schwarze Oberfläche hautnah kennenlernen. Nach neuesten Forschungsergebnissen tauchte Fonuafo'ou in den vergangenen 120 Jahren fünfmal völlig unter.

LIFUKA UND ANGRENZENDE INSELN

Die meisten Besucher, die nach Ha'apai kommen, verbringen ihren Aufenthalt auf Lifuka und auf den angrenzenden Inseln. Alles Notwendige an Einrichtungen findet man im Ort Pangai. Er ist relativ groß, verschlafen und verträumt und liegt an einer Straße, die parallel zum Strand verläuft. Hier gibt es sogar Strom. Aber nach nur 5 Minuten Fußweg aus dieser „Metropole“ gelangen Sie in völlige Einsamkeit, in der Sie allein unter Kokospalmen die Atmosphäre auf sich wirken lassen oder an einsamen Stränden Erholung finden können. Die Frauen von Ha'apai weben

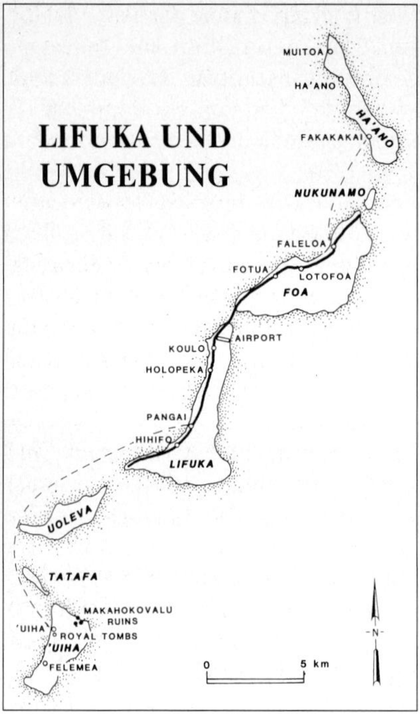

sehr feine Gegenstände aus Pandanus. Bevor Sie so etwas einkaufen, sollten Sie sich aber genau umsehen.

Sehenswürdigkeiten: An der Holopeka Road am Südende der Stadt steht der Königspalast mit vielen schönen alten Bäumen auf dem Grundstück. Der König kommt jedes Jahr Ende September oder Anfang Oktober wegen der Landwirtschaftsmesse hierher, die auf dem Feld auf der anderen Seite der Straße stattfindet. Einen Block weiter südlich kann man die Ruine der Kirche der Heiligen Teresa sehen, die 1982 von einem Hurrikan zerstört wurde, nachdem sie vorher bereits von Erdbeben beschädigt worden war. Die Uhr am Glockenturm zeigt aber immer noch die richtige Zeit an.

Nur ein wenig weiter nördlich vom Königspalast und dann einen Block auf der Faifekau Road landeinwärts kommt man zur Methodistenkirche, vor der 1975 auf seltsame Weise im Gras ein Kreuz entstand. Man hat diese Stelle inzwischen durch Zement gekennzeichnet. Die Palasi Road, die nächste Straße weiter nördlich, führt zu einem einsamen Strand mit herrlich goldfarbenem Sand. Er erstreckt sich entlang der Ostseite von Lifuka und ist nur 5 Minuten von der Stadt entfernt.

Vom Südende von Lifuka, 3 1/2 km von der Stadt entfernt, kann man bei Ebbe über das Riff zur nur von wenigen Tonganern bewohnten Insel Uoleva waten, vor deren südwestlichem Ende hervorragend geschnorchelt werden kann. Achten Sie aber auf Strömungen.

Unmittelbar nördlich von Pangai befinden sich das Grab und das Denkmal von Reverend Shirley Baker (1836–1903), einem Wesley-Missionar. Baker war ein Berater von König George Tupou I., als es darum ging, das Gleichberechtigungsgesetz (1862) und die Verfassung (1875) auszuarbeiten. Im Jahre 1880 trat Baker als Minister zurück und übernahm im Namen des alt gewordenen Königs die Regierung. Um seine Macht zu stärken, veranlaßte er den König, mit der Hauptverwaltung der Methodisten in Australien zu brechen und die unabhängige Freie Wesley-Kirche zu gründen. Als Baker auch noch

Tonganer verfolgen ließ, die zur Wesley-Kirche in Australien loyal bleiben wollten, und immer diktatorischer regierte, ließ der britische Hohe Kommissar in Fidschi ein Kriegsschiff entsenden, das ihn 1890 nach Fidschi brachte. Dort mußte Baker Bericht erstatten und sich rechtfertigen. Später gestattete man ihm, sich wieder in Ha'apai niederzulassen.

Foa: Zwischen Lifuka und Foa verläuft ein Damm, über den vom frühen Morgen bis gegen 14.00 Uhr Busse von Pangai nach Faleloa, dem nördlichsten Ort von Foa, fahren. Zu Fuß können Sie von dort in 30 Minuten die Nordspitze der Insel erreichen, wo Sie auf die Insel Nukunamo sehen können. Die gehört dem König. Wegen der recht tückischen Strömungen ist ein Waten durch das Wasser zur Insel gefährlich. Bei ruhigem Wasser kann man dort aber gut schnorcheln.
Nach neuesten Berichten ist am ausgezeichneten Strand am Nordende von Foa der exklusive Foa Island Beach Club (Tel. 60–444) eröffnet worden. In dieser Luxusanlage sollen traditionelle *Fales* mit allen Annehmlichkeiten der modernen Welt verbunden sowie den Gästen alle möglichen sportlichen Betätigungen und eine ausgezeichnete Verpflegung geboten werden. Einzelheiten waren bei Drucklegung dieses Buches allerdings noch nicht zu erfahren.
Die Einheimischen fahren mit Motorbooten von der Insel Ha'ano zum Anleger bei Faleloa. Mit diesen Booten besteht nachmittags auch meist eine Rückfahrgelegenheit. Eine einfache Fahrt kostet ungefähr 1 P. Wer im Ort zelten oder übernachten möchte, muß dazu eine Genehmigung einholen.

Uiha: Mit den kleinen Booten, die vom alten Anleger oder vom Strand bei Pangai ablegen, ist die Anreise zu dieser Insel südlich von Lifuka für Besucher relativ einfach. Da es aber meist nur eine Fahrgelegenheit pro Tag gibt, muß man häufig über Nacht auf Uiha bleiben. Lassen Sie sich auf jeden Fall Zeit mit der Rückfahrt, denn sonst wird aus einer Überfahrt für 1 P leicht eine Fahrt für 25 P, weil der Bootsführer dann behauptet, das ganze Boot sei gechartert worden. Offizielle Unterkünfte stehen auf Uiha nicht zur Verfügung, aber es sollte möglich sein, wegen einer Übernachtung etwas zu arrangieren.
Bis sie von Uiha nach Nuku'alofa verlegt wurden, befanden sich auf dieser Insel auch die Beisetzungsplätze für die Königsfamilie. Schauen Sie sich einmal das *Makahokovalu,* ein altes Denkmal aus 8 miteinander verbundenen Steinen an. Sie erreichen es in etwa einer Stunde zu Fuß vom Ort Uiha aus. Mitten im Ort steht auch die alte Kanone des britischen Schiffes *Port au Prince,* das 1806 vor der Nordwestküste von Lifuka ausgeplündert wurde.

Ausflüge: Der katholischen Missionsstation in Pangai (Tel. 60–098) gehört ein gutes, 10 m langes Boot, die *Folau Moe'Eiki.* Es ist für den Verkehr zwischen den Inseln geeignet, kann bis zu

20 Personen aufnehmen und hat unter Deck sogar zwei Kabinen. Findet man genügend Teilnehmer, dann ist eine Fahrt mit diesem Boot nach Tofua und Kao ein schöner Ausflug. Mietet man das Boot für 3 Tage, kostet es 500 P. Verpflegung muß jedoch selbst mitgebracht werden. Pater Falenaka von der katholischen Missionsstation hilft auch, einen Führer für Wanderungen auf Tofua und Koa zu finden und für Übernachtungsmöglichkeiten in Ortschaften auf abgelegenen Inseln der Ha'apai-Gruppe zu sorgen.

Unterkunft: Übernachten kann man in Pangai im Evaloni Town House (Mrs. Sitali Hu'akau, Postfach 56, Pangai, Tel. 60–029), gelegen hinter dem Fremdenverkehrsamt. Eine Übernachtung in einem der 6 Zimmer kostet hier 7 P (Einzelzimmer) bzw. 12 P (Doppelzimmer). Eine Kochgelegenheit fehlt, aber man kann für 4 P ein Frühstück oder Mittagessen und für 8 P ein Abendessen erhalten. In diesem Haus kann man auch nach den einfachen Hütten am Strand in der Plantage nördlich der Stadt fragen.

Im nahegelegenen komfortablen Fonongava'inga Guest House (Mrs. Langilangi Vi, Postfach 14, Pangai, Tel. 60–038) stehen 5 Zimmer zur Verfügung, die als Einzelzimmer für 6 P und als Doppelzimmer für 10 P vermietet werden. Hinzu kommen 12 P für Vollpension. Man kann aber auch für 1 P pro Tag die Küche mitbenutzen und für 7 P pro Tag ein Fahrrad mieten. Sehr zu empfehlen.

Im ruhigen Niu'akalo Beach Hotel, gelegen nördlich der Stadt zwischen Pangai und Holopeka (Postfach 18, Pangai, Tel. 60–028), werden 16 Zimmer in Bungalows auf einem landschaftlich schönen Grundstück unmittelbar an einem langen Sandstrand (leider nicht sehr gut zum Baden geeignet) vermietet. Hier kostet ein kleines Zimmer in einem der Bungalows mit 4 solchen Zimmern und Gemeinschaftsbad als Einzelzimmer 16,50 P und als Doppelzimmer 22 P, während die Zimmer mit eigenem Bad in besseren Bungalows mit 2 solchen Zimmern als Einzelzimmer für 27,50 P und als Doppelzimmer für 32 P vermietet werden. Einen ganzen Bungalow mit 2 Zimmern kann man für 60 P haben. Zu jedem Bungalow gehört auch ein Gemeinschaftsraum für die Gäste, allerdings ist in der ganzen Anlage nur kaltes Wasser vorhanden. Man kann auch in einem tonganischen *Fale* für 5 P übernachten oder auf dem Grundstück für 3 P pro Person zelten. In einem gesonderten Restaurant, zugleich Bar, werden ausgezeichnete Gerichte serviert. Schnorchelausrüstungen, Boote und Fahrräder können die Gäste ebenfalls mieten. Die charmanten Gastgeber, Frau Seletute Falevai, ihr Ehemann und Sohn sowie zwei Töchter, sind sehr hilfsbereit. Auch diese Anlage ist sehr zu empfehlen.

Eine weitere Unterkunft ist das Mele Tonga Guest House in Holopeka, zwischen dem Flugplatz und Pangai, in dem 6 Zimmer als Einzelzimmer für 5 P und als Doppelzimmer für 8 P vermie-

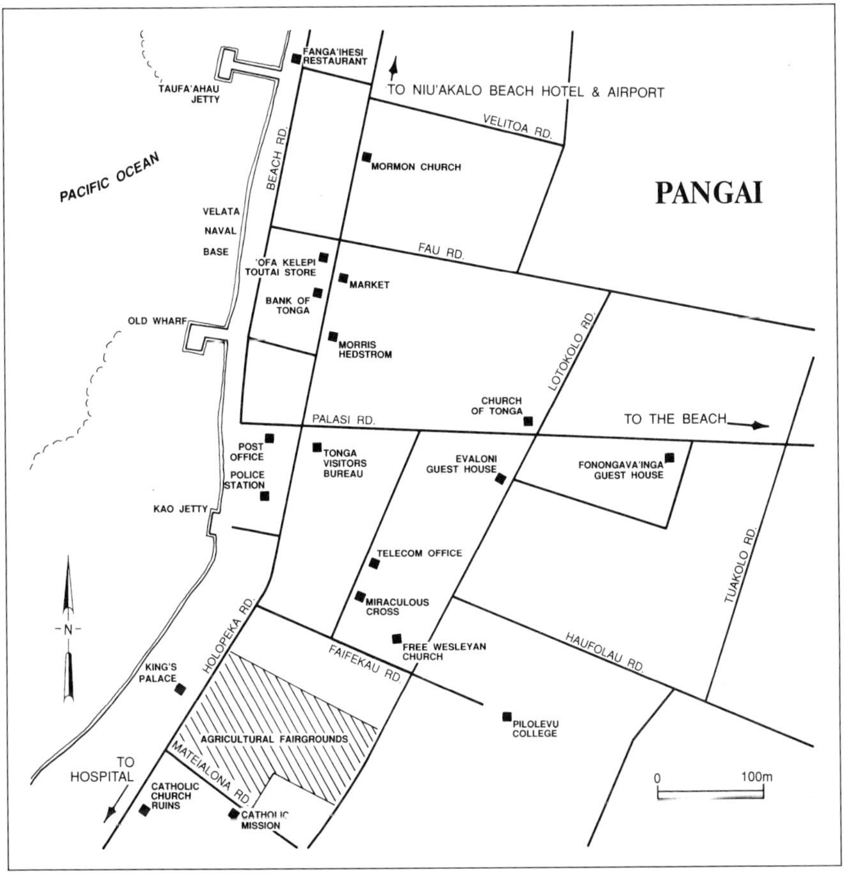

tet werden. Hier stehen auch Kochmöglichkeiten zur Verfügung. Dieses Quartier liegt unmittelbar am Meer.
Plätze zum Zelten gibt es am Nord- und Südende von Lifuka.

Essen und Unterhaltung: Das Restaurant Fanga'ihesi (Tel. 60-125), gelegen am Ende des Tauta'ahua-Anlegers in Pangai, ist - wenn es geöffnet ist - ganz in Ordnung. Das ist aber nicht oft der Fall. Regelmäßiger kann man in der Bar einen Drink zu sich nehmen, in der samstags auch getanzt wird. Sein Tanzbein kann man manchmal auch in Hallen von Kirchen schwingen. Erkundigen Sie sich bei Interesse danach. In mehreren Salons in ganz Pangai kann man abends für einen kleinen Obolus *Kava* trinken.

Dienstleistungen: Einkaufen kann man in Pangai in mehreren einfachen Geschäften und auf dem Markt gegenüber der Bank of Tonga (in der Reiseschecks gewechselt werden). Das Niu'ui Hospital (Tel. 60–201) liegt mehrere Kilometer südlich vom Kai. Mit einem Büro ist das Fremdenverkehrsamt an der Holopeka Road im Zentrum der Stadt vertreten (Tel. 60–733). Dort kann man Broschüren und Auskünfte erhalten. Das Telegraphenamt (Tel. 60–111), von dem aus Fern- und Auslandsgespräche geführt werden können, findet man in der kleinen Straße hinter dem Fremdenverkehrsamt.

An- und Weiterreise: Täglich außer sonntags fliegt eine Maschine von Royal Tongan Airlines, in Pangai mit einem Büro gegenüber vom Fremdenverkehrsamt vertreten (Tel. 60–566), von Tongatapu (77 P) und Vava'u (55 P) nach Ha'apai. Das ist eine nützliche Ergänzung zu den Schiffen für den Fall, daß Sie nur einige Tage in Pangai verbringen möchten.

Wenn Sie sich für einen Weiterflug von Ha'apai entscheiden, sollten Sie den unbedingt vor der Abreise aus Nuku'alofa buchen. Die Maschine landet nämlich nur dann in Ha'apai, wenn mindestens 2 Passagiere dort einoder aussteigen wollen. Der Flughafen Koulo (HPA) liegt 5 km nördlich von Pangai. Eine Transportmöglichkeit in den Ort läßt sich ohne große Mühe finden.

Die Fähre der Shipping Corporation of Polynesia (Tel. 60–699) legt auf der Fahrt nach Norden am Dienstag und Mittwoch frühmorgens und auf der Fahrt nach Süden am Donnerstag und Freitag mitten in der Nacht in Pangai an. Sie macht auch in Ha'afeva, zwischen Nuku'alofa und Pangai, fest. Der Anleger von Pangai (Taufa'ahau) ist nicht weit vom Stadtzentrum entfernt. Halten Sie sich nach rechts, wenn Sie das Schiff verlassen haben. Alle Angaben sind allerdings rein theoretisch. Deshalb sollten Sie vorsorglich noch einmal vor Ort fragen, ob sich etwas verändert hat.

DIE VAVA'U-GRUPPE

Diese Inselgruppe aus Kalkstein besteht im Norden aus hohen Klippen, während im Süden eine Unzahl kleinerer Inseln liegt, die wesentlich flacher sind. Fast wie ein Labyrinth durchziehen die Gewässer das Gebiet zwischen diesen vielen Inseln, die sich an einer Stelle hoch emporheben und an anderer Stelle wieder unter Wasser liegen. Vava'u bietet viel Abwechslung, so daß viele Besucher von einer Sehenswürdigkeit zur anderen unterwegs sind. Dabei schauen sie immer wieder auf die Karte, um überhaupt verfolgen zu können, wo sie sich denn nun überhaupt befinden. Diese unsagbar schöne Landschaft wird nur noch von den Rock Islands von Belau übertroffen.

Von den 34 erhobenen, dicht bewaldeten Inseln sind 21 unbewohnt. Schiffe nähern sich den Inseln durch den fjordähnlichen, 11 km langen Ava-Pulepulekai-Kanal, der zum malerischen, von Land umschlossenen Hafen Port of Refuge führt - einen der schönsten in der ganzen Südsee. Die äußerst attraktive Hauptstadt Neiafu, 275 km nördlich von Nuku'alofa, liegt landschaftlich so, daß man einen herrlichen Blick auf den Hafen hat. Als 1781 ein spanisches Schiff unter Kapitän Mourelle auf der Reise von Manila nach Mexiko zufällig auf Vava'u stieß, taufte er den Hafen von Neiafu „Puerto de Refugio". Diesen Namen trägt er noch heute.

Viele gut geschützte Anlegestellen in den einzelnen Buchten lassen Vava'u ein beliebtes Ziel für Yachten sein. Sie eignen sich auch gut für Fahrten mit Tourenkajaks. Strände findet man schon seltener. Auf sie stößt man höchstens auf den kleinen äußeren Inseln. In den letzten Jahren hat die wirtschaftliche Bedeutung von Vava'u zugenommen. Hier wird die meiste der Vanille aus Tonga auf Plantagen von über

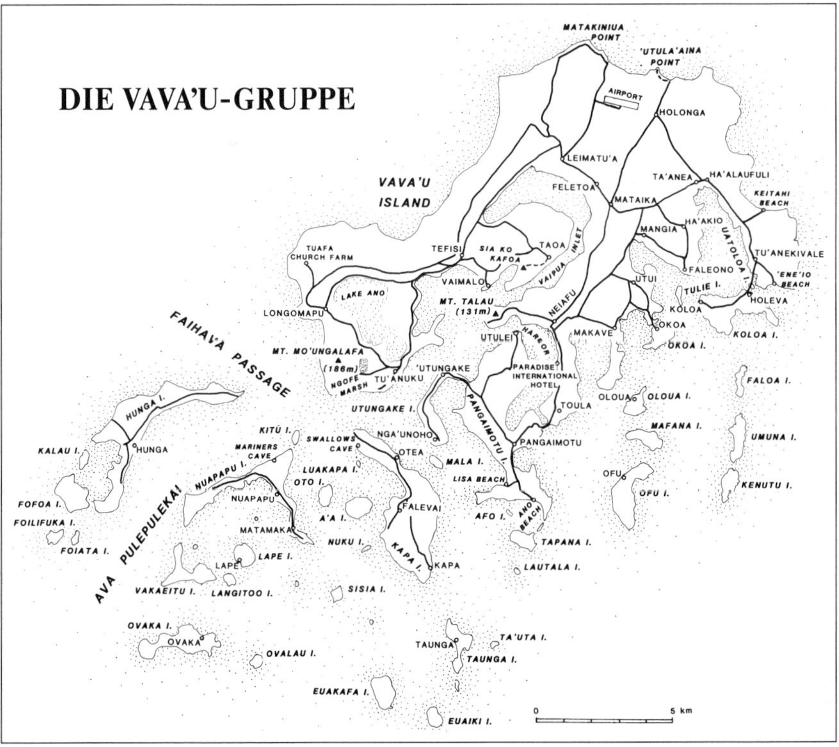

500 ha geerntet. Große Mengen Taro werden ebenfalls exportiert. Außerdem verspricht man sich etwas von riesigen Muschelbänken und Anlagen zur Züchtung von schwarzen Perlen. Im Jahre 1990 wurde in Neiafu zudem ein kleines Gewerbegebiet eröffnet.

Vava'u ist wirklich reizend. Je länger man bleibt, desto mehr mag man die Inselgruppe und desto mehr stellt man sich auf das geruhsame Leben ein. Seien Sie aber vorsichtig, wenn Sie in Neiafu barfuß laufen, denn große Tausendfüßler verursachen schmerzhafte Bisse.

SEHENSWÜRDIGKEITEN

Neiafu ist eine kleine Stadt mit rund 5.000 Einwohnern, die man in ein paar Stunden gründlich kennenlernen kann. Eines der Gräber auf dem Friedhof, einen Block hinter der Bank of Tonga, ist ein typischer *Langi*.

Um einen Blick auf den Port of Refuge und den größten Teil des Archipels werfen zu können, klettern Sie am besten auf den 131 m hohen Talau. Das ist der Hügel mit der flachen Spitze, der Neiafu im Westen überragt. Sie erreichen ihn über die Straße zwischen der Polizeiwache und dem Markt. Folgen Sie ihr, bis sie sich wieder zu senken beginnt. Dort finden Sie rechts auch schon einen Weg. Um auf den Gipfel zu gelangen, müssen Sie ebenfalls nach rechts abbiegen. Von der Stadt aus ist dies ein wirklich einfacher Weg.

Bei der Ortschaft Toula, von Neiafu in einer halben Stunde zu Fuß zu erreichen, gibt es an der Küste eine große Höhle mit einem Süßwasserteich. Dort können Sie auch schwimmen. Die Höhle erreichen Sie, indem Sie zunächst die Ortschaft durchqueren und hinter einem Friedhof dann den Hügel hinaufgehen. Bei Ebbe können Sie den Weg zurück zur Stadt am Strand entlang in etwa einer Stunde schaffen.

Ein anderer, ebenso schöner Weg bei Ebbe führt vom Motel Stowaway Village am Ufer entlang nach Makave. Dabei kommen Sie unterwegs an einer Süßwasserquelle vorbei. Die Straße, die südlich von Neiafu verläuft, führt über zwei Dämme, bevor sie dann den Ort Nga'unoho (10 km) erreicht. Hier gibt es einen sehr schönen sauberen Strand.

Die Insel Vava'u: Um einen Blick auf die Nordküste werfen zu können, müssen Sie von Neiafu in Richtung Norden nach Holonga fahren und etwa 2 km hinter dem Ort nach links abbiegen. An dieser Stelle beginnt der Weg in Richtung Strand hinunter. Hier müssen Sie dann etwa 500 m nach rechts weitergehen. Wenn Sie das geschafft haben, kommen Sie genau am Utula'aina Point heraus. Das ist eine Klippe, die sich einige 100 m über dem Meer erhebt. Ein Tag ist schnell verbracht, wenn Sie alles Sehenswerte in dieser Gegend erkunden wollen.

Lassen Sie sich im Ort Feletoa das Grab von Finau Ulukalala II. zeigen. Es befindet sich hinter dem Haus, das gegenüber der Grundschule steht. Der große, rechteckige *Langi* ist von mächtigen Steinquadern umgeben. Finau war der

Blick vom Utula'aina Point bei Holonga entlang der wilden Nordküste von Vava'u in östliche Richtung.

tyrannische König von Vava'u, der Will Mariner gefangenhielt und auch Tongatapu eroberte. Noch vor zwei Jahrhunderten war Feletoa das Zentrum der Macht von Vava'u. 1808 erbaute man hier auch eine polynesische Festung. Von ihr ist heute jedoch kaum etwas erhalten geblieben.

Von der Tuafa Church Farm, am Westende der Insel, haben Sie einen herrlichen Blick auf Hunga und viele kleine Inseln im Süden. Der Ngofe Marsh beim Ano-See ist völlig von Schilf überwuchert.

Vorgelagerte Inseln: Bei den meisten Rundfahrten auf Vava'u werden auch die Mariner-Höhle, die Swallows-Höhle und die Insel Nuku besucht. Die Mariner-Höhle ist ein Hohlraum auf der Insel Nuapapu, südwestlich von Neiafu, und durch einen Unterwassertunnel zu erreichen. Unter den Einheimischen erzählt man sich die Geschichte von einem jungen Adligen, der in dieser Höhle seine Geliebte versteckte. Er befürchtete nämlich, daß der recht despotische König ihm dieses junge Mädchen streitig machen könnte. Allabendlich kam er mit Essen und Wasser hier zur Höhle. Schließlich aber baute der junge Mann mit Hilfe seiner Freunde ein seetüchtiges Kanu und brachte darin seine Herzensdame nach Fidschi. Die Höhle wurde nach Will Mariner benannt, der die Geschichte aufschrieb und sie bekannt machte.

Um die Höhle zu finden, müssen Sie von der Nordostspitze von Nuapapu etwa 300 m entlang der Klippen laufen. Halten Sie nach einer Stelle Ausschau, in der dunkles, tiefes Wasser zu sehen ist. Die Felsen rechts von der Unterwasseröffnung sind durch Kalziumablagerungen gesprenkelt. Die Stelle ist außerdem an einer einsam stehenden Kokospalme weit oberhalb zu erkennen. Eine Schnorchelausrüstung ist zum Betreten der Höhle angebracht. Gute Schwimmer schaffen es aber auch ohne. Die

Öffnung liegt bei Ebbe etwa einen Meter unter dem Meeresspiegel. Um in die Höhle zu gelangen, müssen Sie etwa 4 m unter Wasser schwimmen. Das Wasser ist durch das Sonnenlicht zwar hell, aber tauchen Sie dennoch vorsichtig auf, sonst könnten Sie sich leicht den Kopf an einem vorspringenden Felsen stoßen.

Leichter zu erreichen ist die Swallows-Höhle auf der Insel Kapa, in die ein kleines Motorboot hineinfahren kann. Es gibt an dieser Stelle Seeschlangen und einen steil abfallenden Hang. Beide Höhlen öffnen sich nach Westen hin, so daß die besten Lichtverhältnisse zum Fotografieren nachmittags bestehen. Der Tagesausflug zu den Höhlen wird meist mit einem Picknick auf der Insel Nuku beendet.

Bootsausflüge zu den Höhlen kosten pro Person 10–25 P. Der genaue Preis hängt davon ab, wo man bucht und wieviele Leute teilnehmen. Wenn Sie Zweifel an dem Zustand des Bootes haben, dann sehen Sie es sich vor der Buchung an, denn Sicherheitsvorkehrungen sind nur im Ansatz vorhanden. Als empfehlenswert hat sich Soki Island Tours erwiesen, was alle Eigentümer von Gästehäusern bestätigen können. Außerdem werden solche Fahrten von Niva Island Tours, Sione Island Tours und Orion Charters veranstaltet.

UNTERKUNFT

Im Potauaine Tu'iniua Guest House (Postfach 65, Neiafu, Tel. 70–157), einen Block westlich des Marktes, werden vier einfache Zimmer für 5 P pro Person vermietet. Eine Gemeinschaftsküche ist vorhanden.

Eines der besten Quartiere ist das saubere und attraktive Hill-Top Guest House (Tel. 70–209), das beeindruckende Blicke auf Neiafu und den Hafen ermöglicht. Die sieben Zimmer mit Gemeinschaftsbad werden als Einzelzimmer für 12 P, als Doppelzimmer für 18 P und als Dreibettzimmer für 7 P pro Person vermietet. Ein Apartment für 4 Personen mit eigenem Bad steht für 36 P ebenfalls zur Verfügung. Als Einrichtungen für die Gäste sind eine Küche, eine Bücherei und eine Waschmaschine vorhanden. Fahrräder und Kajaks kann man ebenfalls mieten. Werktags werden auch ausgezeichnete Gerichte mit drei Gängen für 9 P angeboten. Der österreichische Manager Hans und seine tonganische Frau Sela sind zudem sehr freundlich. Wenn man vorher anruft, wird man vom Flugplatz oder vom Anleger kostenlos abgeholt.

Ganz gut ist auch das Tufumolau Guest House mit 6 Zimmern (Frau Ofa Lafaele Vaipuna, Tel. 70–379). Das ist genau das, was man sucht, wenn man in einer charmanten tonganischen Familie leben und dennoch etwas Privatsphäre behalten möchte. Hier kann man auch auf einem verstimmten Klavier spielen. Der Übernachtungspreis beträgt 8 P pro Person. Man kann aber auch für weniger Geld hinter dem Haus ein Zelt aufschlagen. Kochmöglichkeiten sind vorhanden, aber Ofa bereitet auf Anfrage für die Gäste auch Abendessen zu, die man nicht bereut. Sonntags bereitet die Familie Lafaele ein Essen in einem *Umu* (Erdofen) zu. Lassen Sie sich aber von ihren vier Hunden und zwanzig Schweinen nicht reizen.

In ein paar Minuten Fußweg vom Tufumolau Guest House am alten Hafen vorbei nach Süden kommt man zum Motel Stowaway Village (Postfach 102, Neiafu, Tel. 70–137) mit 18 Zimmern. Hier werden Unterkünfte mit Gemeinschaftsbad in Einzelzimmern für 16 P, in Doppelzimmern für 30 P und in Dreibettzimmern für 45 P sowie in Doppelzimmer mit eigenem Bad ebenfalls für 45 P angeboten. Manchmal steht für 2 Personen zum Preis von 37 P auch noch das „Prinzessinnen-*Fale*" zur Verfügung, das von einer Tochter des Königs bewohnt wurde, als die Vava'u einmal besuchte. Eine Kochgelegenheit ist zwar nicht vorhanden, aber im Restaurant und in der Bar nebenan bekommen Sie alles Eß- und Trinkbare. Am Freitag und Samstag am Abend muß man sich allerdings mit der lauten Musik aus den Lautsprechern des Nachtclubs abfinden. Donnerstags bietet man Inselrundfahrten an.

Das Vava'u Guest House mit seinen 16 Zimmern (Herr Mikio Filitonga, Postfach 148, Neiafu, Tel. 70–300) steht direkt gegenüber vom Hotel Paradise International und vermittelt den Eindruck eines Sommerlagers. Einzelzimmer im alten Gebäude kosten bei Mikio 12 P, Doppelzimmer 20 P, jeweils ohne eigenes Bad, und 25 bzw. 35 P in einem der vier neuen *Fales* mit allen Einrichtungen und Frühstück. Bei diesen Preisen darf man keinen Luxus erwarten und muß sich vor den Tausendfüßlern hüten, die aus der Kanalisation kommen. Kochgelegenheiten fehlen zwar, aber die werktags im Restaurant angebotenen reichlichen Mahlzeiten schmecken gut. Allerdings ist die Bedienung ausgesprochen langsam. Dort sind auch Gäste willkommen, die nicht im Haus wohnen. Sonntags um 17.30 Uhr werden Speisen aus einem *Umu* angeboten (nur nach Voranmeldung).

Das Hotel Paradise International auf einem Hügel unweit von Neiafu mit Blick auf den Hafen Port of Refuge (Postfach 11, Neiafu, Tel. 70–211) wurde 1981 von dem amerikanischen Millionär Carter Johnson gekauft, der sein Bestes unternommen hat, um dieses Haus auch in den Jahren mit wenigen Touristen ansprechend zu erhalten. Die Preise für eines der 43 Zimmer mit eigenem Bad beginnen bei 24 P (Einzelzimmer), 31 P (Doppelzimmer) und 38 P (Dreibettzimmer), jeweils mit Ventilator, und gehen in die Höhe bis 80 P (Einzelzimmer), 90 P (Doppelzimmer) und 100 P (Dreibettzimmer) für ein Luxusquartier mit Klimaanlage und Blick auf den Hafen. Nach amerikanischen Maßstäben sind das ganz günstige Preise. In den preiswerteren Zimmern fließt nur kaltes Wasser, aber die Zimmer sind sauber und mit Unmengen von Handtüchern sowie guten Betten ausgestattet. Im Restaurant dieses Hauses werden Gerichte der amerikanischen Küche angeboten. Täglich außer sonntags werden um 21.00 Uhr auch Videofilme gezeigt. Wenn Sie im Hotel

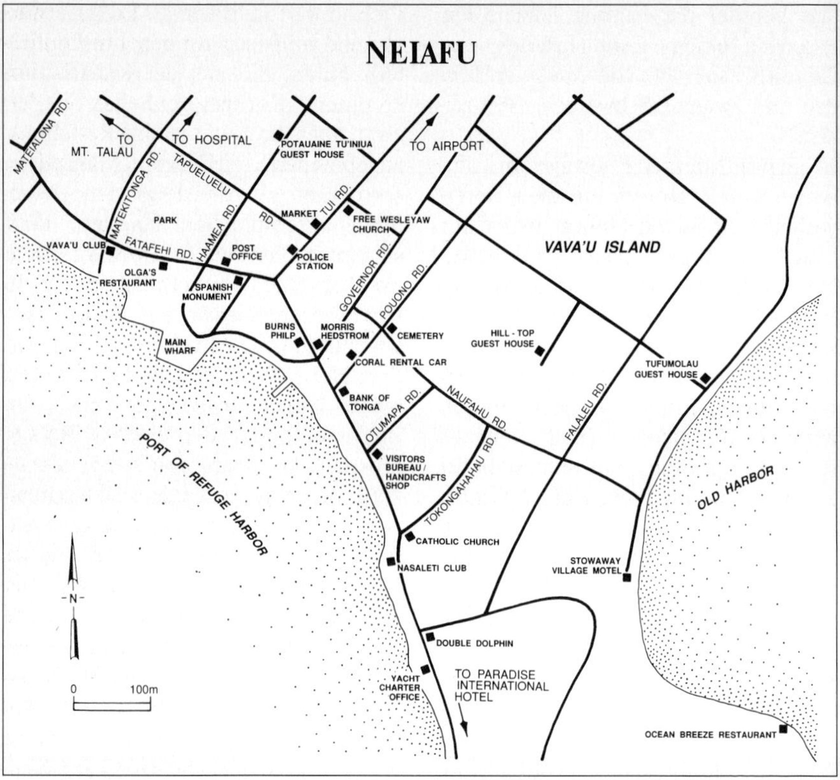

wohnen, können Sie sich die Liste der vorhandenen Filme zeigen lassen und sich daraus Ihren Wunschfilm zur Vorführung aussuchen. Bei der „Happy Hour“ zwischen 18.00 und 19.00 Uhr täglich ist die Bar im Hotel Paradise International ein gutes Ziel, um Besatzungsangehörige von Yachten und andere Besucher kennenzulernen. Getanzt wird hier zu den Klängen einer Band mittwochs, freitags und samstags am Abend. Richtig los geht es aber erst nach 22.00 Uhr. Besucher von Vava'u, die nicht in diesem Hotel wohnen, können das Schwimmbecken für 2 P pro Tag mitbenutzen.

Das Tongan Beach Resort (Postfach 104, Neiafu, Tel. 70–380) liegt in der Nähe des Dorfes 'Utungaki, etwa 9 km von Neiafu entfernt. Viel Strand gibt es dort nicht, aber die 12 vorhandenen Bungalows (als Einzelzimmer 64 P, als Doppelzimmer 72 P) sind komfortabel und bieten viel Schrankflächen, einen Tisch, reichlich Licht, einen Deckenventilator sowie eine gute Belüftung.

Tauch- und Angelmöglichkeiten sowie Bootsvermietungen sind ebenfalls vorhanden. Für den Transfer von Neiafu und zurück mit einem Boot muß man 40 P bezahlen. Der größte Nachteil dieser Anlage sind die Kosten für Verpflegung in dem lustigen strohgedeckten Restaurant. Man muß sich schon einige Mühe geben, damit die Rechnung für Speisen und Getränke pro Tag nicht so hoch wie der Preis für eine Übernachtung wird. Auf der anderen Seite ist die Anlage ein gutes Ziel für Tagesausflügler aus Neiafu, die den Strand mitbenutzen dürfen, wenn sie wenigstens ein paar Getränke bestellen. Sonntags wird in einer wunderschönen und entspannten Atmosphäre im Freien ein Barbecue serviert. Wenn Sie dorthin hungrig gegen, werden Sie ein Abendessen nicht mehr benötigen.

Auf der Insel Tapana wurde vor kurzem ein spanisches Restaurant eröffnet, in dem es auch möglich ist, für 18 P pro Person zu übernachten. Bootsfahrten zu dieser Insel können im Potauaine Tu'iniua Guest House arrangiert werden. Danach kann man sich aber auch im Fremdenverkehrsamt erkundigen.

ESSEN

Die größeren Lebensmittelgeschäfte, wie Morris Hedstrom und Burns Philp, schließen werktags um 16.00 Uhr, samstags um 12.00 Uhr. Daher muß man rechtzeitig einkaufen. Die Auswahl in den Läden ist allerdings nicht sehr groß. Sogar Eier und Butter sucht man manchmal vergeblich. Samstags sind zudem die Brotregale regelmäßig leer. Der Sailoame-Markt in Neiafu ist immer voll von Menschen, die alle die gleichen Waren verkaufen wollen: Bananen, Karotten, chinesisches Gemüse, Kokosnüsse, grüne Bohnen, Maniok, Papayas, Tomaten, Taro, Yams, Zucchini und manchmal auch Orangen. Die wenigen Gemüsesorten, die hier angeboten werden, erhält man nur, wenn man bis spätestens um 6.30 Uhr auf dem Markt ist. Dort kann man für etwa 2 P auch etwas essen.

Im Restaurant Bounty gegenüber der Polizeiwache werden gute Sandwiches und Zimtbrötchen zu niedrigen Preisen angeboten. Die Fish and Chips schmekken ebenfalls gut, aber meiden Sie das Lammfleisch mit Curry. Das mundet viel besser bei Olga's Refreshment and Dressmaker (Tel. 70-064), gelegen zwischen dem Postamt und dem Vava'u Club. Olga fertigt auch Maßkleidung an, aber dafür muß man ihr genug Zeit lassen.

Hochwertige Handarbeiten kann man im Double Dolphin Snack Bar and Gift Shop an der Hauptstraße, gegenüber vom Büro für das Chartern von Yachten, erhalten, aber David, der kanadische Eigentümer, verkauft mittags auch richtig sündhafte Hamburger mit Hummer (sonntags geschlossen).

Im Restaurant Bellevue von Günter Haak, vom Hotel Paradise International die Straße nach Osten hinunter, hat man zwar einen herrlichen Blick auf den Hafen, aber die Qualität der angebotenen Gerichte nimmt ab, wenn

Günter nicht im Hause ist. Nehmen Sie sich hier zudem vor den kleinen Portionen und dem Gemüse aus Dosen in acht.

UNTERHALTUNG

Im Vava'u Club kann man herrliche Ausblicke genießen und zu günstigen Preisen Bier trinken. Allerdings fühlen sich hier mehr Männer allein zum Trinken wohl als Frauen und Paare. Hier gibt es zudem einen riesigen Billardtisch, an dem alle möglichen Spiele ausgetragen werden. Außerdem kann man sich an Videospielen vergnügen, wenn man sich im Herzen noch jung fühlt.

Eine ganz nette Mischung aus Touristen und Einheimischen trifft sich häufig im Neiafu Club (Tel. 70–566). Wenn man sich hier erst einmal beim Barkeeper in das Gästebuch eingetragen hat, erinnert der sich beim nächsten Besuch sofort wieder an den Namen.

Zur Abwechslung können Sie im Nasalet Club gegenüber der katholischen Kirche jeden Abend gegen eine kleine Gebühr auch das wässrige *Kavatonga* trinken.

Allein die Gesänge sonntags am Morgen in der Kirche der Freien Wesley-Gemeinde an der Tui Road, gegenüber vom Markt, sind fast schon den Preis für einen Flug nach Vava'u wert. Rugbyspielen kann man von April bis Juni am Samstagnachmittag auf dem Fangatongo-Platz, nur ein kleines Stück abseits der Straße auf den Talau, zusehen.

Die beste Zeit, um Vava'u zu besuchen, ist die erste Woche im Mai zum Vava'u Festival, das zu Ehren des Geburtstages des Kronprinzen begangen wird. Dann werden Kunstgewerbegegenstände ausgestellt, Wettbewerbe zwischen Streichorchestern veranstaltet, Konzerte von Blasorchestern gegeben und Sportveranstaltungen ausgetragen. Außerdem finden dann der Vava'u Marathon, Paraden, weitere Konzerte, Tanzvorführungen und Festessen statt. Für diese Zeit muß man eine Unterkunft lange im voraus gebucht haben. Das gilt auch für die Zeit der Landwirtschaftsausstellung im September, zu der sogar der König anwesend ist.

Feste: An Samstagen findet immer irgendwo auf einer Insel ein Fest statt, manchmal aber auch mittwochs, donnerstags und freitags. Da dies immer mit einem Festessen einhergeht, können daran für 15 P pro Person auch Gäste teilnehmen. Die Auswahl ist groß und reicht meist vom Ferkel über Tintenfisch, anderen Fischen, Muscheln, Hummer, Langusten bis zum Taro, alles gebraten. Zubereitet wird es im *Umu*. In halben Kokosnußschalen serviert man dabei gekochte Papayas mit Kokosmilch in der Mitte. Unmengen von Wassermelonen runden die Mahlzeiten ab. Gegessen wird auf Matten sitzend auf dem Fußboden. Verbunden sind solche Feste mit Tänzen, Gitarrenmusik und Ausstellungen von Kunstgewerbegegenständen.

Diese Feste sind in ihrer Art jedoch recht unterschiedlich. Hören Sie sich also um, bevor Sie sich für eines entscheiden. Anmelden kann man sich im Hotel Paradise International (Tel.

70-211) und im Büro von Moorings (Tel. 70-016). Den besten Ruf genießt 'Aisea-Sikaleti (Lisa Beach). Ebenfalls empfehlenswert ist es bei Matoto Lotavao (Ano Beach). Allerdings kann es auch vorkommen, daß ein Festessen wieder abgesagt wird, weil sich dafür nicht genügend Teilnehmer angemeldet haben. Im Restaurant Ocean Breeze am alten Hafen südwestlich von Neiafu (Tel. 70-582) wird jeden Donnerstag am Abend ein tonganisches Festessen mit Vorführungen veranstaltet (25 P). Derzeit ist das wahrscheinlich das beste Ziel, um große Portionen essen, sich aus einer langen Weinkarte ein Getränk aussuchen und die ausgezeichneten Ausblicke genießen zu können.

SPORT UND ANDERE FREIZEITBESCHÄFTIGUNGEN

Peter Goldstern von Vava'u Water Sports (Postfach 150, Neiafu, Tel. 70-193), gelegen neben dem Büro von Moorings, bietet Tauchgänge mit einer Flasche Sauerstoff für 69 P und mit zwei Flaschen für 85 P an. Pauschalen für sechs Tauchgänge sind ebenso erhältlich wie Ausrüstungen zum Tauchen. Weil er die Tauchbasis bereits seit 1982 betreibt, kennt Peter die besten Stellen zum Tauchen. Ein Tauchkurs mit PADI-Zertifikat kostet bei ihm 375 P. Außerdem kann man bei ihm Katamarane und Segelboote (beides zum Preis von 20 P für 4 Stunden) mieten. Eine weitere Tauchbasis, Dolphin Pacific Diving (Tel. 70-380), hat sich auf dem Gelände des Tongan Beach Resort angesiedelt.

Taucher begeben sich gern zum Wrack der *Glen McWilliam*, eines Kopra-Dampfers, der 1917 im Port of Refuge brannte und dann sank. Große Fische und Muscheln kann man bei diesem Wrack in 20 m Tiefe sehen, das durch eine Boje gleich hinter dem Anleger für Yachten markiert ist. Viele weitere gute Tauchplätze sind nur 30 Minuten mit einem Motorboot von Neiafu entfernt.

EINKÄUFE

Legt ein Kreuzfahrtschiff an, dann bilden fliegende Händler schnell einen ganzen Markt. Hier haben Sie bei dieser Gelegenheit die beste Möglichkeit in der ganzen Pazifikregion, preiswert Souvenirs einzukaufen, denn die Preise in Vava'u sind niedriger als in Nuku'alofa. Das Langafonua Handicraft Center (Tel. 70-356) finden Sie an der Hauptstraße neben dem Fremdenverkehrsamt. Einen weiteren Laden mit Kunstgewerbe, den FIMCO Handicraft Shop, gibt es zwischen dem ersten und dem Hotel Paradise International.

DIENSTLEISTUNGEN

In der Bank of Tonga in Neiafu (Tel. 70-068) werden Bargeld und Reiseschecks gewechselt, im Hotel Paradise International nur Bargeld, aber auch nur dann, wenn die Bank geschlossen ist. Telefongespräche kann man vom Postamt aus führen. Wenn Sie erkrankt sind, können Sie sich im Ngu-Krankenhaus (Tel. 70-201) an der Nordwestseite der Stadt behandeln lassen. Für Verlängerungen der Aufenthaltserlaubnis ist die Polizeiwache unweit vom Markt zu-

ständig. Yachten zahlen, wenn sie am Anleger des Hotels Paradise International festmachen wollen, 10 P pro Woche. In dieser Gebühr ist die Benutzung aller Hoteleinrichtungen enthalten.
Im Fremdenverkehrsamt (Visitors Bureau) werden die üblichen Prospekte und Broschüren verteilt. Es ist aber am Samstag und Sonntag geschlossen (Tel. 70–115). Wenn Sie eines davon finden, ist das kleine Büchlein *A Walking Tour of Neiafu, Vava'u* von Pesi und Mary Fonua ganz interessant.

AN- UND WEITERREISE

Flug: Royal Tongan Airlines (Tel. 70-149) fliegt Vava'u täglich außer sonntags von Ha'apai (55 P) und einmal in jeder Woche von Niuafo'ou (130 P) sowie Niuatoputapu (104 P) an. Von Nuku'alofa fliegen Maschinen außer sonntags viermal täglich nach Vava'u (103 P). Die Flüge sind jedoch häufig ausgebucht oder werden kurzfristig abgesagt, ohne daß für Ersatz gesorgt wird. Außerdem fliegt Samoa Air (Tel. 70–477) Vava'u zweimal wöchentlich von Pago Pago an (165 US-Dollar).
Der Flughafen Lupepau'u (VAV) liegt 11 km nördlich von Neiafu. Für eine Fahrt mit dem Bus des Hotels Paradise International bis in die Stadt muß man 4 P bezahlen, aber Hausgäste zahlen nichts. Im Bus der Fluggesellschaft kostet es 2 P, während man für die Fahrt mit einem Taxi 7 P bezahlen muß.

Schiff: Die Schiffe fahren bis zum Anleger. Die Fähre der Shipping Corporation of Polynesia (Tel. 70–128) verläßt Vava'u zur Fahrt nach Ha'apai und Nuku'alofa mittwochs um 18.00 Uhr und donnerstags um 20.00 Uhr. Das ist eine Reise von 21 Stunden Dauer, für die man an Deck 42 P bezahlen muß. Zweibettkabinen (170 P) sind nur bei der Fahrt am Donnerstag zu haben. Das Büro der Reederei befindet sich am Anleger. Näheres finden Sie im Einführungsteil.

Der Mt. Talau auf Vava'u erhebt sich über dem Port of Refuge. Vor Anker liegt gerade ein Frachter der Warner Pacific Line, der Fracht entlädt.

Die „W“ Islands Line fährt mit einem kombinierten Passagier- und Frachtschiff monatlich nach Apia, Pago Pago und Fidschi (120 P). Schwierig ist es, Informationen darüber zu bekommen, wann Schiffe zu den Niuas fahren.

Yachtcharter: Vava'u ist eine der am meisten gepriesenen Gegenden in der Südsee für Yachten mit über 50 Ankerplätzen der Weltklasse. Mehrere große Unternehmen in den USA bieten nun Fahrten mit Yachten in dieser Gegend an. Die bedeutendste ist die in Florida beheimatete Firma Moorings (Tel. 70–016). Die Preise reichen von 314 US-Dollar pro Tag für ein kleines Boot für zwei Paare bis zu 569 US-Dollar für ein Boot, auf dem bis zu 10 Personen Platz haben. Da diese Kosten sich auf das ganze Boot beziehen, ist es nicht so teuer, wie es zunächst scheint. Allerdings kommen noch 29 US-Dollar pro Person und Tag für Verpflegung hinzu.

Wenn Sie nicht selbst segeln können (das wird geprüft), müssen Sie noch einen Skipper für 60 US-Dollar pro Tag mitnehmen. Vielleicht brauchen Sie aber auch noch einen Koch (50 US-Dollar pro Tag) und einen Führer (55 US-Dollar pro Tag), für die die Verpflegung ebenfalls bezahlt werden muß. Eine Gruppe von 6 Personen kann aber auch eine luxuriöse Yacht mit Besatzung pauschal für 6.202 US-Dollar einschließlich Verpflegung und aller Getränke mieten. Weitere Einzelheiten über das Chartern von Yachten finden Sie im Einführungsteil.

Weitere Verkehrsmittel: Um Mitglied einer Crew an Bord einer Yacht zu werden, sollten Sie entweder eine Nachricht im Hotel Paradise International oder an der Bar des Neiafu Club aushängen oder im Hotel fragen. Für Yachttörns ist die Saison von März bis Oktober. Bis September sind auch die Aussichten gut, eine Überfahrt nach Fidschi zu finden. Später fahren die Boote meist in südliche Richtung nach Neuseeland.

Auch bei Einheimischen können Sie mitfahren, die ihre Kinder morgens zur Schule in Neiafu bringen und dann in ihr Heimatdorf zurückkehren. Nachmittags kehren sie zurück, um ihre Kinder wieder abzuholen. Das ermöglicht es, morgens in ihr Dorf mitzufahren, dort einen halben Tag mit Schnorcheln oder einem Picknick zu verbringen und nachmittags zurückzukehren. Fragen Sie ruhig einmal nach einer solchen Mitfahrgelegenheit bei der Benzinpumpe am Kai in Neiafu und bieten Sie für jede Strecke als Bezahlung 2 P an.

Die Lkw und Minibusse, die vom Markt in Neiafu abfahren, verkehren in fast alle Richtungen. Ein fester Fahrplan besteht jedoch nicht. Sehr gut erreichbar sind die Orte Leimatua und Tu'anekivale. Wer nach Holonga möchte, nimmt zunächst einen Bus bis Mataika oder Ha'alaufuli und geht den Rest zu Fuß.

Das Trampen ist relativ problemlos. Haben Sie aber den Eindruck, daß das Fahrzeug ein Lkw ist, der Leute gegen Bezahlung mitnimmt, dann bieten Sie in jedem Falle ebenfalls eine Bezahlung an. Man wird kaum mehr als 1 P verlangen.

Taxifahrer berechnen für den ersten Kilometer Fahrt 1,50 P und für jeden weiteren Kilometer 50 Seniti.

Auch wenn Vava'u hügeliger als Tongatapu ist, bietet ein Fahrrad eine gute Möglichkeit herumzukommen. Es kann bei Chanel Boy Scouts Bike Hire, vom Hotel Paradise International in Richtung Stadt, für etwa 7 P pro Tag gemietet werden.

Einen Wagen kann man bei Coral Rental Car (Tel. 70–565) für 50 P pro Tag mieten. Einige Straßen sind zwar recht rauh, aber die Landschaft ist wunderschön.

DIE NIUAS

Die abgelegenen vulkanischen Inseln Niuatoputapu, Tafahi und Niuafo'ou liegen auf halbem Wege zwischen Vava'u und Samoa und werden, genau wie Samoa, oft von zerstörerischen Hurrikanen heimgesucht. Zwei der Inseln haben ihren Namen nach einer Kokospalmenart erhalten, die nur auf ihnen vorkommt (*Niu*). Erstaunlicherweise waren es diese Inseln, die von den beiden Europäern Schouten und Le Maire 1616 als erste Tonga-Inseln gesichtet wurden. Die Zahl der heutigen Besucher auf den Niuas ist unbedeutend, aber sie bieten doch eine ganze Menge und sind es wert, besucht zu werden, wenn man sich einen Flug dorthin leisten kann (und der Flug auch stattfindet).

NIUATOPUTAPU

Die Insel Niuatoputapu liegt 300 km nördlich von Vava'u, ist etwa dreieckig und von einem zentralen, 150 m hohen Bergkamm gekennzeichnet. Der kann vom Dorf Vaipoa im Norden bestiegen werden. Überall auf dem Kamm verlaufen viele Buschwege. Wo immer sich die Möglichkeit bietet, sind kleine Felder angelegt. Umgeben ist die Erhebung von flachem Land, fast wie der Rand eines Hutes. Alles ist noch einmal umgeben von herrlichen weißen Sandstränden. An der Nordseite gibt es eine geschützte Lagune, während an der Südseite eine kräftige Brandung auf die Insel stößt.

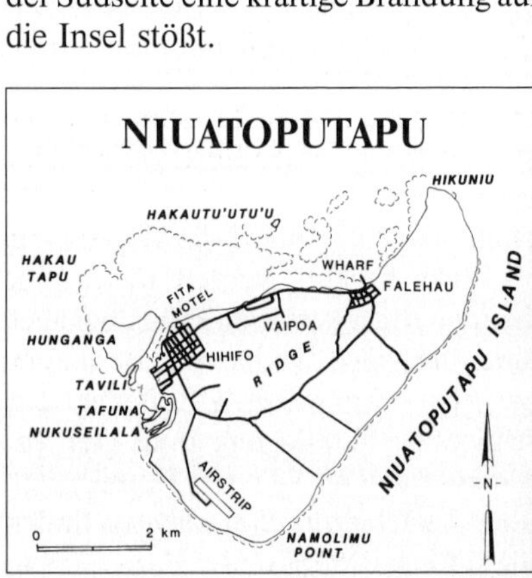

Auf einem großen Teil der Insel sind Plantagen angelegt, auf denen Kokospalmen für die Kopraproduktion und ausgezeichnete Limonen wachsen. Im Südteil der Insel hat man aber noch etwas von dem ursprünglichen Wald belassen, der allerdings immer weiter zusammenschrumpft. Alle etwa 1.300 Einwohner der Insel leben in drei Dörfern entlang der Nordküste.

Einrichtungen und Sehenswürdigkeiten: Das Verwaltungszentrum Hihifo liegt etwa 3 km nördlich des Flugplatzes. Einen ganz gut sortierten Laden unterhält das Produce Board in Hihifo. Reiseschecks können Sie im Postamt wechseln. Übernachten kann man in Sione Vias Niuatoputapu Guest House in sechs kleinen *Fales*, in denen man allein 18 P und zu zweit 22 P bezahlen muß (mit Gemeinschaftsbädern). Am Strand bei Hihifo tummeln sich unzählige Schweine.

Die besten Strände finden Sie auf der Insel Hunganga, zu der man bei Ebbe waten kann. Landschaftlich besonders reizvoll ist der Kanal zwischen Hihifo und Hunganga, wo sich der weiße Sand wunderschön gegen die Palmen abhebt. Über all dem erhebt sich in einigem Abstand der Kegel der Insel Tafahi.

Die Wasserwege im Süden des Ortes sind weniger reizvoll, aber idyllische Badeplätze. In Hihifo selbst steht Ihnen zum Schwimmen der lange Süßwassersee Niutoua Spring zur Verfügung. Er liegt in einer Senke und eignet sich herrlich für ein kühlendes Bad am Nachmittag. Weiter östlich, in Vaipoa, gibt es unweit der Mormonenkirche eine Bäkkerei.

Der Anleger von Falehau ist für Yachten ein guter Ankerplatz und für jedermann ganz fantastisch zum Schwimmen geeignet. Niuatoputapu ist eine noch recht unberührte Insel, auf der Pferd und Wagen noch immer zum Straßenbild gehören. Hier werden auch sehr feine Pandanusmatten hergestellt. Die beste Reisezeit, um diese Insel zu besuchen, ist Mitte bis Ende August. Dann kommt auch der König zur alljährlich stattfindenden Landwirtschaftsschau hierher.

An- und Weiterreise: Royal Tongan Airlines fliegt wöchentlich von Nuku'alofa (207 P) und Vava'u (104 P) nach Niuatoputapu (NTT). Flugverbindungen zwischen den Inseln der Niuas bestehen nicht, oft auch nicht zu den Niuas. Zwar wird Fluggästen ein Ticket verkauft, aber dafür erhält man das Geld zurück, wenn man die Wahrheit herausfindet und feststellt, daß der gebuchte Flug gar nicht stattfinden wird.

Etwa alle sechs Wochen legt auch ein Versorgungsschiff auf seiner Fahrt von Nuku'alofa und Vava'u hier an. Daneben verkehrt noch die *Moana II* der „W" Islands Line, die manchmal auf dem Weg zwischen Nuku'alofa und Pago Pago auf der Insel anlegt. Für Yachten ist Niuatoputapu die Anlaufstelle, um die Zollformalitäten zu erledigen. Die meisten halten sich in dieser Gegend zwischen August und November auf dem Weg von Samoa nach Vava'u auf.

TAFAHI

Die fruchtbare, kegelförmige Insel Tafahi liegt nur 9 km nördlich des Anlegers von Niuatoputapu. Hier werden hervorragendes *Kava* und eine ausgezeichnete Vanille hergestellt, die beide zu den besten ihrer Art in der Südsee gehören. Es leben nur ein paar hundert Menschen auf Tafahi. Bei Flut erreicht man die Insel von Niuatoputapu mit kleinen Booten. Eine Überfahrt mit einem solchen Boot kostet 5 P, wenn es ohnehin fährt, während man für eine Charterfahrt 50 P bezahlen muß. 154 Treppenstufen aus Beton führen vom Anleger zu einer Ansammlung von Häusern, die sich am Nordhang von Tafahi zusammendrängen.

Der Aufstieg bis zum Gipfel des 555 m hohen erloschenen Vulkans von Tafahi dauert nur 3 Stunden. Für frisches Trinkwasser ist oben auf dem Berg gesorgt, denn es rinnt aus Bambusrohren. An Tagen mit wirklich guter Fernsicht ist von hier aus sogar Samoa auszumachen. In einem halben Tag haben Sie die Insel auch am Strand entlang umrundet.

NIUAFO'OU

574 km von Nuku'alofa entfernt liegt Niuafo'ou, Tongas nördlichste Insel. Fidschi und Samoa sind von hier viel näher als die übrigen Tonga-Inseln. Trotz des neuen Flugplatzes gehört Niuafo'ou zu den einsamsten und abgelegensten Inseln der Welt. Eine weitere Verbindung zur Außenwelt stellt das Versorgungsschiff dar. Es kommt einmal im Monat auf der Fahrt von Nuku'alofa nach Pago Pago hier vorbei. Da es keinen Anleger gibt, können die Schiffe nur vor Futu an der Westseite der Insel vor Anker gehen.

Viele Jahre hindurch gelangten Postsendungen auf einem recht ausgefallenen Weg nach Niuafo'ou. Vorbeifahrende Frachter warfen Benzinfässer, die man in Ölzeug gewickelt hatte und in denen sich die Post befand, einfach über Bord. Im Wasser warteten schon Schwimmer, um sie in Empfang zu nehmen. Dadurch entstand die zweite Bezeichnung für die Insel, nämlich „Tin Can Island", also „Blechkanisterinsel". Bei schlechtem Wetter wurden die Postsendungen mit Raketen vom Schiff auf die Insel geschossen. Einer der ersten Händler auf Niuafo'ou, Walter George Quensell, war zugleich Posthalter und machte die Insel dadurch berühmt, daß

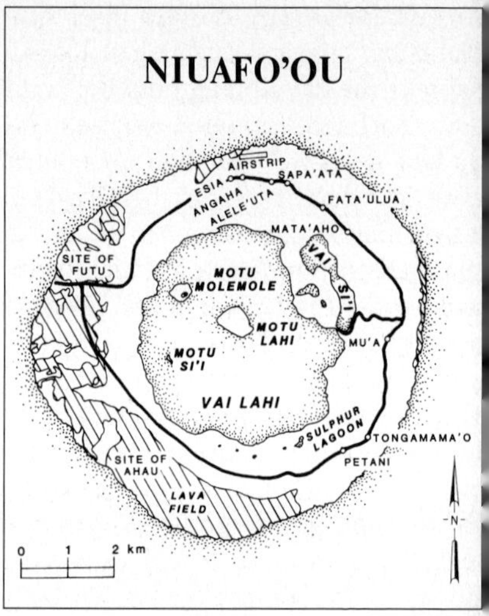

er die Sendungen mit farbenfreudigen Stempeln versah. Diese besonderen Stempel von Niuafo'ou, zuerst im Jahre 1983 verwendet, sind bei Sammlern sehr viel wert.

Das Land: Niuafo'ou ist ein zusammengefallener Vulkankegel, der früher einmal 1.300 m hoch war. Heute bringt es der Nordrand der Kaldera nur noch auf 210 m Höhe. Im Zentrum der Insel befindet sich der Kratersee Vai Lahi, der fast 5 km breit und 84 m tief ist. Aus diesem See erheben sich kleine Inseln, die ebenfalls wieder eigene Kraterseen enthalten. In dem schwefelhaltigen Wasser leben die gräulichen *Lapila*-Fische.

Derzeit ruht der Vulkan und somit auch die Insel, aber im Süden und Westen zeugen noch die kahlen, schwarzen Lavafelder von früheren Ausbrüchen. Sie fanden zu Beginn dieses Jahrhunderts statt. Unerbittlich floß die schwarze Masse an den Hängen herab und zerstörte 1853 den Ort 'Ahau und 1929 Futu. Nachdem 1946 auch Angaha unter Lavamassen begraben wurde, evakuierte die Regierung die 1.300 Bewohner auf die Insel Eua. Viele von ihnen leben dort heute noch. 1958 wagten sich die ersten 200 ehemaligen Bewohner wieder nach Niuafo'ou, und 1976 waren es schon wieder 678 Menschen, die hier lebten. Sichtbare Spuren des Ausbruchs von 1946 sind noch in der näheren Umgebung des Flugplatzes zu entdecken.

Abgesehen von den Lavafeldern ist die Insel dicht bewaldet. Die Brutvögel (*megapodius pritchardis*) legen hier ihre Eier 2 m tief in den warmen Sand an den heißen Quellen beim See. Die natürliche Hitze der Magma, die hier bis dicht an die Erdoberfläche reicht, übernimmt dann das Ausbrüten der Eier. Die jungen Vögel erblicken schon voll im Federkleid das Licht der Welt. Den Zugang zum See finden Sie über Wege von allen Seiten.

Einrichtungen: Die meisten Behörden auf Niuafo'ou sind in Esia, während man das Telegraphenamt und das Büro für zivile Luftfahrt in Sapa'ata findet. Leider gibt es auf der Insel keine offiziellen Unterkünfte, aber einige Einheimische nehmen Gäste gegen Bezahlung auf.

An- und Weiterreise: Niuafo'ou (NFO) ist theoretisch einmal wöchentlich durch den Flug mit einer Maschine von Royal Tongan Airlines von Nuku'alofa (233 P) und Vava'u (130 P) zu erreichen. In der Praxis bestehen die Chancen aber nur 50 : 50, weil die Flugpiste so angelegt wurde, daß häufig gefährliche Winde darüber hinwegpeitschen. Wenn das geschieht, muß das Flugzeug ohne Landung ganz bis Vava'u zurückfliegen. Dann können die Bewohner sehen, wie ihre lange erwartete Fracht dorthin zurückkehrt, woher es gekommen ist, und müssen darauf noch mindestens eine weitere Woche warten.

KLEINES TONGANISCHES WÖRTERBUCH

Die wichtigsten Sprachen in West-Polynesien sind Tonganisch und Samoanisch. Auch wenn die meisten Leute in dieser Gegend Englisch sprechen, werden ein paar Worte Tonganisch Ihren Aufenthalt bereichern. Achten Sie dabei auf die vielen Knacklaute (im folgenden durch ein Apostroph gekennzeichnet). Wissen sollte man auch, daß die Buchstaben ng miteinander verbunden ausgesprochen werden, also wie Tong-a und nicht wie Ton-ga. Die Vokale klingen genauso wie im Deutschen.

'io	ja
'ikai	nein
kataki	bitte
fakamolelmole	bitte
malo	danke
malo 'aupito	vielen Dank
malo e lelei	hallo
Fefe hake?	Wie geht es Dir (Ihnen)?
sai pe	ganz gut
talitali fiefia	willkommen
Tulou	Entschuldigung
ko e ha	was
'alu a e	auf Wiedersehen (zu einer Person, die geht)
nofo a e	auf Wiedersehen (zu einer Person, die zum Übernachten bleibt)
mou o a e	auf Wiedersehen (zu mehreren Personen, die gehen)
mou nofo a e	auf Wiedersehen (zu mehreren Personen, die zum Übernachten bleiben)
ha'u	komme (Einzahl)
omai	kommt (Mehrzahl)
alu	gehe (Einzahl)
o	geht (Mehrzahl)
mohe	schlafen
Kaukau	Bad
Fale	Haus
'i fe	wo
heni	hier (neben mir)
hena	dort (neben dir)
'Alu hangatonu	Gehen Sie geradeaus.
Afe to'omata'u	Biegen Sie nach rechts ab.
tu'u	halt
Ko fe 'a e fale malolo?	Wo ist die Toilette?
Tangata	Mann
Fefine	Frau
Tamasi'i	Knabe
Ta'ahine	Mädchen
Fakaleiti	Transvestit
Palangi	Fremder, Ausländer
Kohai ia?	Wer ist das?
koau	ich
ko koe	du
ko moutolu	ihr
'oku mau	wir
'oku nau	sie
Kaume'a	Freund
'Ofa	Liebe
sai	gut
kovi	schlecht
lahi	groß, viel
si'i	klein
malohi	stark
'Oku ou fieinua.	Ich bin durstig.
'Oku ou fiekaia.	Ich bin hungrig.
malo pe	nein, vielen Dank (beim Essen)
makona	gesättigt
Fe'unga	Das ist genug.
'ikai ha taha	nichts
Ika	Fisch
Niu motu'u	reife Kokosnuß
niu mata	Kokosnuß zum Trinken des Safts
'oku fiha	wieviel
ma'ama'a	billig
mamafa	teuer
ko e me'a 'e fiha	wie viele
taha	eins
ua	zwei
tolu	drei
fa	vier
nima	fünf
ono	sechs
fitu	sieben
valu	acht
hiva	neun
tahanoa	zehn

tahataha	elf	*teau*	einhundert
uanoa	zwanzig	*tahaafe*	eintausend
uanima	fünfundzwanzig	*tahamano*	zehntausend

Megapode von der Insel Niuafo'ou

LITERATUR-VERZEICHNIS

REISEBERICHTE

Fischer, Susanne/Schoenicke, Jochen:
Riffe unterm Regenbogen
München: Droemer Knaur, 1986
(Knaur Taschenbuch Band 4620)

Gizycki, Renate von:
Nachbarn in der Südsee
Frankfurt/M.: S. Fischer, 1986
(Fischer Taschenbuch Band 3884)

Kruparz, Heinz:
Südsee – Traum und Wirklichkeit
Berwang: Steiger, 1986

Stingl, Miloslav:
Mein polynesisches Abenteuer - Bei den Wikingern der Südsee
Leipzig: Brockhaus, 1975
(Ullstein Taschenbuch Band 32038, 1981)

Viedebantt, Klaus:
33mal Neuseeland und Polynesien
München, Zürich: Piper, 1986

GESCHICHTE, KUNST, KULTUR

Freeman, Derek:
Liebe ohne Agressionen - Margaret Meads Legende von der Friedfertigkeit der Naturvölker
München: Kindler, 1983

Koch, Gerd:
Südsee gestern und heute - Der Kulturwandel bei den Tonganern
Berlin: Reimer, 1955

Mead, Margaret:
Kindheit und Jugend in Samoa
München: dtv, 1970
(dtv Taschenbuch Band 4032)

Scheurmann, Erich:
Samoa aus der Sicht des Papalagi
München: Heyne, 1989
(Heyne Taschenbuch Band 7942)

Stingl, Miloslav:
Das letzte Paradies – Eine Kulturgeschichte Polynesiens
Leipzig: Prisma, 1986

POLITIK, ZEITGESCHEHEN

Bruno, Sabine/Schade, Anette:
Fiji, Samoa, Tonga
München: Beck, 1993
(Beck'sche Reihe Band 854)

GEO Spezial:
Südsee
Hamburg: Gruner + Jahr, 1990

LITERATUR-VERZEICHNIS

Kreisel, Werner:
Die pazifische Inselwelt
Darmstadt: Wisenschaftl.
Buchgesellschaft, 1991

Mackensen, Götz:
Zum Beispiel Samoa
Bremen: Übersee-Museum, 1977

Ortlepp, Gunnar:
Südsee – das verlorene Paradies
Reinbek: Rowohlt, 1986
(Spiegel-Buch Band 71)

Scheurmann, Erich:
Der Papalagi –
Die Reden des Südsee-Häuptlings
Tuiavii aus Tiavea
Zürich: Tanner, 1977
(dtv Taschenbuch Band 25062, 1991)

Stevenson, Robert Louis:
In der Südsee
Zürich: Diogenes

Wendt, Albert:
Der Clan von Samoa
Wuppertal: Hammer, 1982

ROMANE, ERZÄHLUNGEN

Konsalik, Heinz G.:
Südsee-Roman
Berg. Gladbach: Lübbe, 1989
(Bastei Lübbe Taschenbuch
Band 11377)

BILDBÄNDE

Matussek: Hans-Joachim:
Südsee –
Trauminseln am anderen Ende der Welt
Luzern: Reich, 1991

REGISTER

REGISTER

WEITERE BÜCHER AUS DEM VERLAG GISELA E. WALTHER, BREMEN

Reisehandbuch Polen

von David Stanley

240 Seiten mit 20 Abbildungen und Illustrationen sowie 23 Karten und Plänen

1. Auflage 1991
ISBN 3-923550-24-3

Tschechoslowakei-Handbuch

von David Stanley

208 Seiten mit 20 Abbildungen und Illustrationen sowie 25 Karten und Plänen

1. Auflage 1991
ISBN 3-923550-25-1

Ungarn-Handbuch

von David Stanley

160 Seiten mit 4 Abbildungen und Illustrationen sowie 25 Karten und Plänen

1. Auflage 1989
ISBN 3-923550-18-9

Wanderhandbuch Spanien

von Marc Dubin

288 Seiten mit 46 Abbildungen und Illustrationen sowie 28 Karten und Plänen

1. Auflage 1991
ISBN 3-923550-20-0

WEITERE BÜCHER AUS DEM VERLAG GISELA E. WALTHER, BREMEN

USA-Handbuch

von Kevin Young (Hrsg.)

800 Seiten mit 31 Karten und Plänen

3., überarbeitete Auflage 1991
ISBN 3-923550-30-8

Costa Rica-Handbuch

von Rob Rachowiecki

448 Seiten mit 18 Abbildungen und Illustrationen sowie 46 Karten und Plänen

1. Auflage 1992
ISBN 3-923550-34-0

Jamaika-Handbuch

von Harry S. Pariser

240 Seiten mit 41 Abbildungen und Illustrationen sowie 14 Karten und Plänen

1. Auflage 1990
ISBN 3-923550-22-7

Brasilien-Handbuch

von Mitchell Schoen und William Herzberg

496 Seiten mit vielen Abbildungen und Illustrationen sowie zahlreichen Karten und Plänen

1. Auflage 1990
ISBN 3-923550-19-7

WEITERE BÜCHER AUS DEM VERLAG GISELA E. WALTHER, BREMEN

Wanderhandbuch Türkei

von Marc Dubin und Enver Lucas

220 Seiten mit 27 Abbildungen und Illustrationen sowie 20 Karten und Plänen

1. Auflage 1989
ISBN 3-923550-17-0

Israel-Handbuch

von Neil Tilbury

480 Seiten mit über 30 Abbildungen und Illustrationen sowie über 60 Karten und Plänen

1. Auflage 1990
ISBN 3-923550-16-2

Jemen-Handbuch

von Pertti Hämäläinen

ca. 350 Seiten mit über 40 Abbildungen und Illustrationen sowie etwa 30 Karten und Plänen

2., überarbeitete Auflage 1993
ISBN 3-923550-36-7

Indien-Handbuch

von Crowther, Finlay, Raj und Wheeler

944 Seiten mit 118 Abbildungen und Illustrationen sowie 214 Karten und Plänen

3., überarbeitete Auflage 1992
ISBN 3-923550-31-6

WEITERE BÜCHER AUS DEM VERLAG GISELA E. WALTHER, BREMEN

Nepal-Handbuch

von Tony Wheeler und Richard Everist

528 Seiten mit 115 Abbildungen und Illustrationen sowie 48 Karten und Plänen

1. Auflage 1992
ISBN 3-923550-21-9

Wanderhandbuch Nepal

von Stan Armington

416 Seiten mit 26 Abbildungen und Illustrationen sowie 24 Karten und Plänen

1. Auflage 1993
ISBN 3-923550-33-2

Indonesien-Handbuch

v. Cummings, Forsyth, Noble, Samagalski u. Wheeler

912 Seiten mit vielen Abbildungen und Illustrationen sowie zahlreichen Karten und Plänen

1. Auflage 1992
ISBN 3-923550-23-5

Java- und Bali-Handbuch

v. Cummings, Forsyth, Noble, Samagalski u. Wheeler

432 Seiten mit 55 Abbildungen und Illustrationen sowie 65 Karten und Plänen

1. Auflage 1991
ISBN 3-923550-26-X

WEITERE BÜCHER AUS DEM VERLAG GISELA E. WALTHER, BREMEN

Südsee-Handbuch

von David Stanley

ca. 672 Seiten mit vielen Abbildungen und Illustrationen sowie 150 Karten und Plänen

4., überarbeitete Auflage 1993
ISBN 3-923550-40-5

Fidschi-Handbuch

von David Stanley

ca. 256 Seiten mit über 30 Abbildungen und Illustrationen sowie über 60 Karten und Plänen

4., überarbeitete Auflage 1993
ISBN 3-923550-41-3

Mikronesien-Handbuch

von David Stanley

352 Seiten mit vielen Abbildungen und Illustrationen sowie zahlreichen Karten und Plänen

1. Auflage 1987
ISBN 3-923550-12-X

Tahiti- und Polynesien-Handbuch

von David Stanley

336 Seiten mit 115 Abbildungen und Illustrationen sowie 30 Karten und Plänen

1. Auflage 1993
ISBN 3-923550-37-5